U0920877

2012 中国上市公司业绩评价报告

中　联　研　究　院
中联智汇投资基金
中联资产评估集团有限公司
中兴财光华会计师事务所
中联造价咨询有限公司
中联税务师事务所
中国上市公司业绩评价课题组

中国时代经济出版社

图书在版编目(CIP)数据

中国上市公司业绩评价报告(2012)/中联研究院等编著.
—北京:中国时代经济出版社,2012.5
ISBN 978-7-5119-1102-5
Ⅰ.①中… Ⅱ.①中… Ⅲ.①上市公司-经济评价-
中国-2012 Ⅳ.①F279.246
中国版本图书馆CIP数据核字(2012)第072571号

书　　名:中国上市公司业绩评价报告(2012)
作　　者:中联研究院等
社　　址:北京市丰台区右安门外玉林里25号
邮政编码:100069
发行热线:(010)83910203
传　　真:83910203
邮购热线:(010)83910203
网　　址:www.cmepub.com.cn
电子邮箱:zgsdjj@hotmail.com
经　　销:各地新华书店
印　　刷:北京联兴盛业印刷股份有限公司
开　　本:1/16
字　　数:500千字
印　　张:22
版　　次:2012年5月第1版
印　　次:2012年5月第1次印刷
书　　号:ISBN 978-7-5119-1102-5
定　　价:78.00元

中国上市公司业绩评价课题组成员

顾问： 孟建民

组长： 王子林　沈　莹

成员： 廖家生　刘绍娓　孙庆红　徐文石　穆东升

范树奎　潘　明　余蓓蕾　邓艳芳　金　阳

陈志红　刘　松　鲁杰刚　王　恺　唐章奇

刘朝晖　王淑贤　孔祥坡　田祥雨　孟鸿鹄

刘　凯　腾　飞

目 录

第一章

中国上市公司业绩的宏观经济背景

一、中国经济金融形势分析

2011 年，受货币紧缩、地产调控、日本地震、欧债危机、高铁事故、政策转向等事件的冲击，全球经济复苏的不稳定性和不确定性进一步增加，中国作为全球第二大经济体和其他新兴经济体一样面临通货膨胀、金融脱媒以及经济增长放缓等局面。

（一）中国经济增速放缓

2011 年，实现国内生产总值（GDP）47.2 万亿元，按可比价格计算，比上年增长 9.2%，增速比上年低 1.2 个百分点，和 2009 年并列 2003 年以来最低。2011 年四个季度 GDP 同比增长分别为 9.7%、9.5%、9.0% 和 8.9%，逐季下滑，表明在外部环境以及经济自身面临增长结构调整等因素共同作用下，中国经济增速已经逐渐放缓。

由于 GDP 统计是基于增加值数据计算出来的，而固定资产投资和社会消费品零售总额等指标与 GDP 的统计口径并不一致，所以工业增加值更能体现经济运行情况。

2011 年，按可比价格计算，工业增加值同比增速为 13.9%，相比 2010 年的 15.7% 有了较大幅度的回落。如果不考虑金融危机期间的 2008 和 2009 年，如 GDP 增速一样，它也创造了 2002 年以来的最低增速，显著低于 2002 年以来 16%～17% 的历史平均水平。

从原油、发电量、生铁、粗钢、水泥和汽车等主要工业品产量的月度增速来看，近几个月均出现了下滑趋势，且部分品种（比如粗钢、生铁和汽车）还出现了零增长或负增长。一般认为，工业品产量的数据可信度较高一些，因此，该等指标的下滑预示着经济增速的下滑可能会超过预期。

（二）CPI 高位回落

2011 年，在能源资源、劳动力等要素成本上升、通货膨胀预期较强、国内需求较快增长等多种因素共同作用下，全年 CPI 同比涨幅为 5.4%，超过 4% 的官方既定目标，比上年高 2.1 个百分点，创下了 2008 年以来的新高。全年食品价格的同比涨幅达到 11.8%，尽管低于 2007 年和 2008 年的水平，但也已经是过去 10 年的第三高水平。此外，非食品价格的涨幅虽然下半年有所回落，但仍然处在过去十年的最高水平。

2011 年 7 月份以来，CPI 同比增速从高点 6.5% 逐步回落至 12 月的 4.1%；从环比增速来看，7 月份以来 CPI 的环比涨幅均低于 2003 ~ 2010 年的历史同期水平，这说明即便存在基数效应因素的影响，CPI 也确实出现了回落的态势

表 1 -2　中国过去十年 CPI 增长一览表

年份	2011	2010	2009	2008	2007	2006	2005	2004	2003	2002
CPI（100%）	105.40	103.30	99.30	105.90	104.80	101.50	101.80	103.90	101.20	99.20

数据来源：Wind 资讯

（三）金融脱媒

在资产脱媒方面，通货膨胀引发的负利率压迫社会资金离开银行系统，存款增长乏力，理财产品、地产信托、高利贷应运而生，资金预期回报率不断提高；在负债脱媒方面，银行信贷占全社会融资比重不断下降，“便宜的钱”比例下降。“金融脱媒”造成全社会资金成本不断上升，直接导致债券收益率上升和股票估值下滑，造成了股、债双熊。

（四）货币供应量进入底部

2011 年前六个月，中国央行每个月都上调存款准备率 0.5 个百分点，导致银行体系流动性紧张，信贷投放能力不足，相应货币供应量增速也开始下滑，这在下半年表现得尤为明显。广义货币供应量 M2 同比增速 2011 年 12 月仅为 13.61%，相比 2010 年 12 月的 19.7% 大幅下滑；狭义货币供应量 M1 的同比增速下滑幅度更大，从 2010 年 12 月的 21.2% 下滑至 2011 年 12 月的 7.85%。从历史上看，M1 和 M2 的同比增速或许已经见底，其中 M1 的增速已经接近 2008 年金融危机时期的水平，而 M2 的增速已经低于 2008 年金融危机时的水平。

（五）贸易顺差进一步缩窄，净出口贡献率再次为负

2011 年，中国贸易顺差为 1551 亿美元，比上年减少 264 亿美元。2008 年，中国的贸易顺差曾接近 3000 亿美元，随后三年，贸易顺差逐年回落，其中 2009 年和 2011 年的回落幅度较大，2011 年更是回落到仅为 2008 年一半左右的水平。

从出口增速来看，2011 年全年 20.3% 的增速相比 2010 年的 31.3% 大幅回落，且也低于金融危机之前的水平；从进口增速来看，2011 年全年 24.9% 的增速虽然高于金融危机之前的水平，但相比 2010 年的 38.7% 也大幅回落，其中一般贸易的进口增速更是大幅回落，这说明金融危机以来中国实行的国内经济刺激计划已经逐渐式微。

从对经济增长的贡献来看，2011 年货物和服务净出口对 GDP 增长的贡献率是 -5.8%，

继2009年之后再次为负。这说明在全球经济依然低迷的情况下，对外贸易对中国经济的拉动力在减弱。

（六）房地产投资和销售齐回落，短期房价下行压力加大

2010年以来，中国实施了以限贷、限购和限价为主的严厉房地产调控，在2011年取得阶段性成果。虽然房地产开发投资同比增速依然保持在27.9%的高位，但相比2010年的33.2%已经有所回落，这说明2011年开发商的投资热情在紧缩政策的压力下有所降温，但还在可控的范围内。2012年的形势目前还不太明朗，由于2011年下半年以来，开发商购置土地面积和新开工面积大幅回落，甚至出现了零增长和负增长，预计2012年房地产开发投资增速将有所回落，但回落的幅度也将取决于保障房建设的速度和力度。

一般来说，房地产销售情况是房价的先行指标，2011年下半年以来，房地产销售额和销售量同比增速开始下滑，四季度尤为明显。2011年商品房销售面积同比增长仅为4.9%，增速比前三季度回落8个百分点，比2010年回落5.7个百分点。随着销量的持续下滑，2012年上半年房价下行压力将显著增大。

（七）股票市场指数震荡下行，市场交易量下降

2011年，股票指数震荡下行。年末，上证综合指数和深证成分指数分别收于2199点和8919点，比2010年末分别回落21.7%和28.4%。沪、深两市A股平均市盈率分别从2010年末的21.6倍和45.3倍回落到2011年年末的13.4倍和23.5倍。创业板指数下行较多，年末深圳证券交易所创业板指数收于730点，比2010年末回落35.9%。2011年，上证指数最高为3057.33点，最低为2166.21点，波幅为891.12点。2011年底，沪深两市上市公司2，342家，总市值21.5万亿元。

股票市场成交量有所减少。2011年，沪、深股市累计成交42.2万亿元，同比下降22.7%；日均成交1728亿元，同比少成交527亿元。创业板累计成交金额为1.89万亿元，比上年末增长20.1%。年末，沪、深股市流通市值为16.5万亿元，比上年末减少14.6%。创业板流通市值为2504亿元，比上年末增长24.9%。

股票市场筹资额大幅减少。2011年，各类企业和金融机构在境内外股票市场上通过发行、增发、配股等方式累计筹资5799亿元，同比少筹资5520亿元。其中，A股融资5073亿元，同比少融资3882亿元。

二、国际经济金融形势分析

2011年，全球经济复苏放缓，主权债务危机升级蔓延，经济下行风险凸显。美国经济下

图 1-1 2011 年上证指数走势

半年出现积极信号。欧元区财政和金融风险交替上升，增长前景不容乐观。日本受严重地震海啸灾害冲击，经济出现衰退后略有反弹。新兴经济体增长势头普遍趋缓，部分国家面临较为严重的通货膨胀和短期资本大进大出的风险。2011 年全球经济增长率为 3.8%，其中美国、欧元区、日本、新兴与发展中经济体 2011 年的经济增长率分别为 1.8%、1.6%、-0.9% 和 6.2%，比 2010 年分别低 1.2 个、0.3 个、5.3 个和 1.1 个百分点。国际贸易增速回落，商品贸易增长 6.6%，同比下降 6 个百分点；国际金融市场剧烈动荡，各类风险明显增多。

（一）主要经济体经济形势

美国经济增长势头有所回升，通胀、就业形势略有改善。2011 年第四季度 GDP 增速上升。12 月份失业率为 8.5%，环比下降 0.2 个百分点，失业总人数为 1310 万，为 2009 年以来的最低水平。通胀压力也有所减轻，12 月 CPI 同比上涨 3.0%，已连续 3 个月回落。贸易赤字水平自 7 月以来逐月回落，11 月份有所上升，为 477.5 亿美元。财政赤字问题仍然十分严重。2011 财年联邦财政赤字为 1.3 万亿美元，赤字占 GDP 比例为 8.7%，较 2010 年的 9.0% 略有下降，但仍为 1945 年后第三高的赤字比率。

欧元区经济复苏动力减弱，国别增速进一步分化。根据欧洲中央银行预测，欧元区 2012 年经济增长将降至 -0.4 ~1% 之间，有陷入新一轮衰退的可能。欧元区通胀连续 13 个月高于 2% 的目标，12 月 HICP 同比上涨 2.7%。从国别来看，德国第三季度 GDP 同比增长 2.6%，连续两个季度下滑，但仍明显快于欧元区其他国家。法国第三季度 GDP 同比增速 1.6%。而希腊、葡萄牙等重债国形势持续恶化，第三季度 GDP 同比分别萎缩 5.2% 和 1.7%。为解决债务危机，欧盟出台了一系列改革方案，但效果仍待市场检验。12 月标准普尔和惠誉分别调降了多个欧元区国家的信用评级展望。

地震灾害冲击日本经济，贸易和债务情况恶化。受 3 月地震和海啸灾害影响，2011 年日本经济增长先降后升。消费价格指数持续处于低位，12 月份核心 CPI 同比负增长 0.2%。受日元升值、地震灾害和外部需求下降影响，2011 年日本出口形势恶化，全年贸易逆差为 2.5 万亿日元，时隔 31 年再次成为贸易赤字国。地震灾害导致财政支出大幅增加，政府债务负担进一步加重，第三季度末债务余额创 954 万亿日元的历史新高，债务余额与 GDP 之比为 199%。2012 财年预算预计支出 90 万亿日元，其中 44 万亿需通过负债融资。

受国内政策持续紧缩、经济周期性下行以及外部需求下降等多重因素影响，主要新兴经济体增长速度普遍放缓，面临稳增长、控通胀和防止短期跨境资本流动大幅波动的挑战。印度第三季度 GDP 同比增长 6.9%，连续六个季度增速下滑。巴西第三季度 GDP 环比增长为零，同比仅增长 2.1%，创下 2009 年第一季度以来的新低。此外，南非、土耳其、印尼、越南等新兴市场国家也面临增长显著放缓的局面。经济增长前景恶化影响了投资者对新兴市场国家资产的信心，加上欧元区银行出售在这些国家的资产以弥补自身资金缺口，部分新兴市场国家出现了资本外流、本币贬值的趋势，加大了宏观政策决策的难度。

（二）国际金融市场：发达国家显著跑赢新兴市场

2011 年全球金融市场，主要发达国家股市表现远好于新兴经济体。尽管困扰市场的主要问题如欧债危机、美国债务上限以及美国国债信用评级遭到下调事件均发生在欧美发达国家，但通览全年环球股票市场，美国股市表现最好，截至 12 月 30 日，道琼斯指数、纳斯达克指数分别收于 12218 点、2605 点，较上年末分别上涨 5.5%、1.8%。而经济增速较快的新兴国家股市，尤其是亚洲新兴国家却跌幅较大，包括上证 A 股下跌 22%，中资港股下跌 20%，中资美股下跌 27%，印度 -24%，俄罗斯 -18%，巴西 -12%；MSCI 新兴市场指数下跌 20%。跨资产类别来看，2011 年避险资产如黄金和美国国债大幅跑赢其他资产类别，其中黄金期货和新兴经济体股市的回报之差高达 33%。

2011 年有三个“转折”事件，对全球市场产生了重大影响，分别是：油价转折、金价转折、瑞士法郎转折。

1. 原油价格转折

2011 年 5 月初，国际原油价格受本·拉登被击毙、美元反弹等消息影响结束升势年初以来升势出现暴跌，5 月 5 日单日大幅下挫 8%。之后 6 月初的欧佩克维也纳会议之后，沙特阿拉伯、科威特等国决定单方面增产，国际油价继续下挫。6 月 23 日，IEA 意外宣布将释放 6，000 万桶战略原油储备以弥补由于利比亚原油停产造成的供应缺口。同时，交易所对保证金（margin）账户加强监管。之后原油价格持续低迷，8 月 9 日 WTI 价格曾跌穿每桶 80 美元水平，10 月 4 日更收于年内新低每桶 75.67 美元，较 4 月 29 日收盘高点每桶 113.93 美元下跌了 34%。

2. 黄金价格转折

2011 年 8 月底之前大部分时间里，黄金价格一路飙升，跑赢大部分资产类别；但 8 月 23 日两大交易所 CME 和 SGE 同时宣布上调保证金比例，金价在两日内下跌超过 7%。在 9 月 5 日创下每盎司 1924 美元的历史新高之后受欧债危机升级、美元反弹以及美联储 9 月底议息会议未直接推出量化宽松措施等影响，越来越多的投资者抛售黄金并转向美元资产，金价在 9 月出现 2008 年以来最大单月跌幅 11%。

3. 瑞士法郎转折

瑞士法郎在 2011 年 7 月底之前表现一直比较平稳，但 7 月以来随着欧债危机不断蔓延与升级，瑞士法郎作为避险货币资产受到追捧大幅升值。瑞士央行在 8 月初连出组合措施包括将指导利率降为零、两度提高存款准备金以及重启 2008 年金融危机时使用过的货币互换工具，并终于在 9 月 6 日出人意料地宣布将瑞士法郎与欧元挂钩，设定汇率上限 1 欧元兑换 1.2 瑞士法郎，瑞士法郎重新回到 1.2～1.24 区间水平。

（三）主要经济体货币政策

财政风险和金融风险交替上升导致全球经济复苏不确定性增加，各主要发达经济体央行保持极度宽松的货币政策，并继续实施包括量化宽松在内的非常规货币政策。2011 年，美联储继续维持 0～0.25% 的联邦基金利率目标区间。2012 年初，美联储表示极低的基准利率水平将可能至少维持到 2014 年底。日本银行继续维持“零利率”政策，将银行间无担保隔夜拆借利率保持在 0～0.1% 的区间。为应对欧债危机，欧洲中央银行利率政策由紧转松，继 4 月、7 月加息后，分别于 11 月 3 日、12 月 8 日将主要再融资利率从 1.5% 降低至 1% 的历史最低水平。英格兰银行继续将基准利率维持在 0.5% 的历史最低水平。此外，美联储在 6 月底按期结束第二轮资产收购计划，于 9 月 21 日宣布实施“扭转操作”，卖出 4000 亿美元的 3 年期及以下期限的短期国债，并买入相同金额的 6 到 30 年期的长期国债。为应对欧债危机，向市场注入美元流动性，美联储联合欧洲中央银行、日本银行、英格兰银行、加拿大央行和瑞士央行等五家央行于 11 月 30 日宣布，将美元货币互换利率下调 50 个基点，并将互换协议延期至 2013 年 2 月 1 日。欧洲中央银行自 11 月起推出 400 亿欧元的新一轮担保债券购买计划，采用长期再融资操作（LTROs）以低息向银行体系提供流动性，降低了资产抵押债券作为抵押品的信用评级门槛，并将存款准备金率从 2% 降至 1%。为应对不稳定的外部环境，缓解地震灾害冲击，日本银行推出总额 5000 亿日元的中小企业融资支持框架；将资产购买规模从年初的 40 万亿日元逐步扩大到 55 万亿日元；为地震灾区金融机构提供总规模为 1 万亿日元的低息贷款，并将申请贷款的截止日期延长至 2012 年 4 月 30 日。英国于 10 月 6 日将政府债券购买计划扩大 750 亿英镑至 2750 亿英镑以刺激经济复苏。

新兴经济体货币政策有所分化。主要新兴经济体同时面临经济放缓和通胀压力，但随着外部环境的恶化，货币政策由紧转松。韩国、菲律宾、秘鲁、马来西亚以及智利在上半年加息后保持基准利率水平不变，俄罗斯、巴西、泰国、印度尼西亚等第四季度相继降息以刺激经济增长。其中，泰国中央银行 11 月 30 日将隔夜回购利率降低 25 个基点至 3.25%，为两年来首次降息。巴西中央银行于 8 月、10 月和 11 月三度降息，以应对经济减速。12 月 16 日，印度储备银行宣布将回购利率维持在 8.5% 的水平不变，结束了长达 19 个月的加息周期。

三、2012 年中国上市公司业绩展望

（一）2012 年宏观经济金融环境

1. 国际经济金融环境

国际货币基金组织在 2012 年 1 月发布的《世界经济展望》中预测，2012 年全球经济活动将减弱，下行风险将进一步增大。2012 年，全球经济增长率将降至 3.3%。其中，美国经济增长率为 1.8%，与 2011 年持平；欧元区 2012 年将衰退 0.5%；日本灾后产业链恢复，增速将反弹至 1.7%；新兴经济体增速将降至 5.4%。

展望未来，全球经济主要面临以下风险：一是主权债务危机正向整个欧元区蔓延，一旦失控，将引发新一轮全球经济系统性风险。二是主要发达经济体缺乏可信的财政整顿计划，可能在中长期影响复苏。三是全球银行体系风险增加，“去杠杆化”形势严峻，可能对实体经济造成冲击。四是新兴经济体经济增速进一步放缓，同时面临通胀和资本流动逆转的风险，宏观调控难度加大。五是贸易保护主义抬头。

2. 国内经济金融环境

2012 年，中国经济与社会发展仍处于重要战略机遇期，经济保持平稳较快发展具备不少有利条件。各地推动城镇化、工业化和区域协调发展的热情很高，消费扩张势头较好，服务业潜力巨大，经济长期增长的基本面没有发生变化。随着前期欧债危机进一步深化，国际经济复苏步伐放缓，国内经济下行压力有所增加，国家宏观政策根据形势变化及时进行了预调微调，2011 年第四季度 GDP 同比增长 8.9%，经季节调整后的主要经济数据环比增速略有回升，显示经济内生增长动力依然较强。

当然也要看到，当前经济环境仍十分复杂。我国经济发展已显现出“长期矛盾和短期问题相互交织，结构性因素和周期性因素相互作用，国内问题和国际问题相互关联”的阶段性特征，一方面，解决体制性、结构性矛盾，缓解不平衡、不协调、不可持续问题的要求更为迫切，难度更大。另一方面，经济运行面临不少新情况、新问题，金融领域也存在一些突出问题和潜在风险。

（二）主要影响因素

1. 经济增长稳中求进

受欧债危机等因素影响，2012 年中国经济将稳中求进，全年 GDP 计划增长。但在投资结构改善、外贸顺差减小、消费稳中趋旺等因素带动下，我国经济增长的可持续性正在巩固，新一轮经济上升周期进一步孕育。

2012 年的经济增长将主要由内需拉动。固定资产投资方面，2012 年房地产、基建等投资增速可能有所放缓，从而在一定程度上拉低总体投资速度。同时，制造业尤其是新兴产业、农田水利、西部开发等领域投资仍将保持较快增速，这有利于改善投资和经济结构。总体来看，“十二五”时期，各地的投资热情仍然很高，投资增长的回旋余地很大。消费增长局面将较为稳定，在房地产调控以及部分城市汽车限购等政策的影响下，2011 年的消费品零售总额增速受到了一定影响，但这也积蓄了消费潜力。如果 2012 年有政策适当引导，消费实际增速可能快于 2011 年。2012 年，消费可能成为中国经济的首要拉动力。

2. 通胀压力减缓

与前两年相比，2012 年我国的物价稳定存在不少有利因素。首先，经济景气度的下行有利于抑制需求型通胀，稳健货币政策的实施很大程度上消除了物价上涨的货币基础。其次，从近年来的实际情况看，国际大宗商品价格如果出现明显上涨，需要宽松流动性和经济需求的双重推动，短期来看世界经济不具备这一条件。这意味着我国输入性通胀压力暂时放缓。再次，目前猪肉、粮食等重要食品供给较为充足，居住类价格在房地产调控的影响下涨幅趋稳，国内新的物价上涨“推手”并不明显。

在上述因素的综合作用下，预计 2012 年 CPI 涨幅在 3% ~4% 之间，比 2011 年明显回落。但在劳动力成本上升、油气电等资源产品价格改革等因素带动下，当前我国通胀水平的“底部”可能已经抬高。“十二五”乃至更长时期，除非出现经济明显下降导致短期的通缩风险之外，我国将长期面临一定的通胀威胁。

3. 外贸进出口增长继续回落

2012 年外贸面临的国内外环境将更加复杂，新问题和新挑战将继续出现，保持外贸平稳较快增长的难度较大。从国内来看，2012 年国内企业经营成本上升压力仍较大。劳动力供求的结构性短缺成为常态，工资上涨不可逆转。从国际来看，各国对全球贸易市场的争夺加剧，保护主义升温。海外主要经济体可能复苏乏力，欧洲主权债务危机尚未得到根治，全球可能面临无序性的宏观政策，侵蚀全球经济复苏基础。我们预计，2012 年上半年，进出口将延续 2011 年下滑的态势，继续出现回落。下半年由于全球经济增长潜在不利因素基本被市场消化，全球经济再次步入缓慢增长复苏通道，进出口将重回较快增长轨道。

（三）上市公司业绩将有所下滑

2012 年上市公司的实际业绩表现主要取决于两个方面：

1. 经济下行所带来的上市公司整体利润增速下滑

历史分析发现，经济增速同上市公司利润变化高度相关。2003～2011 年上市公司净利润增速同 GDP 增速相关系数为 70%，而 2007 年至今二者相关系数高达 82%。同时，通胀也会通过毛利率影响企业利润。宏观经济下行背景下，2012 年上市公司整体盈利增速不容乐观，上市公司业绩存在下调可能。

2. “去杠杆”和“降周转”下未来上市公司 ROE 水平或将下行

2010 年一季度以来 ROE 水平一直维持在较高水平，主要来自于财务杠杆的持续放大和资金周转率的不断提升，而销售净利率则已经连续多个季度出现下滑。一旦驱动财务杠杆拉升和资产周转加速的外在因素消退，将对上市公司未来 ROE 水平带来较大向下压力。

在毛利率持续下降、费用率有所提升的背景下未来净利率水平提升空间有限；而需求回落与库存因素的双重压力将持续抑制资产周转率上行；财务杠杆率在稳中偏紧的货币环境下也将存在向下调整压力。综合这三个因素，“去杠杆”和“降周转”的背景下，未来上市公司的 ROE 水平仍存在向下调整压力。

（1）经济回落背景下净利率提升空间有限

从 2011 年上市公司年报看，上市公司单季毛利率水平自 2010 年四季度以来已经连续下行；而三项费用率继续上升，其中销售费用和财务费用率上升明显，这两项因素是上市公司净利率水平持续受压的根源。

展望 2012 年，经济继续回落背景下，上市公司毛利率水平仍将承受较大压力；从费用变化看，流动性紧缩的滞后效应显现将推动上市公司借贷成本和财务费用上升；而伴随人口红利消失和劳动力成本上升，管理费用也具有向上刚性，由此未来上市公司费用率很难明显下降。

（2）需求回落与库存压力抑制资产周转率上行

上市公司整体（剔除金融）资产周转率水平在 2009 年 1 季度之后持续小幅回升，目前已超出历史均值水平。通过分析宏观经济变量的分析发现，GDP 增速同上市公司资产周转率存在较高一致性，二者相关水平达到了 37%，而且 GDP 增速基本上领先或同步于资产周转率的变化。如果未来 GDP 增速下行至 8.5% 左右，依靠需求拉动资产周转率继续上行将存在很大困难。

从库存水平看，依然在历史较高水平，去库存风险和压力也将持续存在，这将在很大程度上抑制资产周转率的持续上行。

（3）流动性偏紧将推动财务杠杆率的向下调整

2011年上市公司权益乘数持续提升，创下2008以来新高，正面驱动ROE水平持续高位。上市公司财务杠杆率的持续上升与政府2008年之后的宽松货币政策密不可分。虽然货币政策全面紧缩的时代已经终结，但并不意味新一轮全面放松的开始，未来货币更可能遵循定向宽松、有保有压的思路。而伴随前期货币紧缩效应的显现，未来上市公司财务费用将明显提升，而持续偏紧的货币环境也将引发上市公司财务杠杆向下调整的压力。

（四）找寻上市公司业绩明星

如果说2011年是传统增长模式开始终结的一年，那么2012年是中国经济增长模式亟待转型的一年，由于外部经济环境和国内经济政策的共同作用，转变经济增长方式显得更为急迫。从历史上看，财政政策增长方式的转变中扮演着重要的作用，尤其是在目前货币政策腾挪空间有限的背景下。另外2012年是通胀回落的一年，上下游的价格关系导致部分行业受益于通胀回落毛利攀升。因此基于我们对经济金融环境和整体上市公司业绩的判断，我们认为在积极财政政策和通胀回落中，业绩明星会出现在那些业绩增速和盈利水平相对稳定的行业，如：食品饮料、纺织服装、旅游、信息服务、信息设备、医药、零售、节能减排、智能电网、特高压、通讯设备、智能交通、安防等行业和细分行业。

1. 寻找通胀回落过程中毛利率上升的行业

2012年通胀回落，房地产投资以及出口回落明显，上游产品由于需要下降价格下降更为明显，这一点已经在近期的物价走势中明显地表现出来。下游产品受需求刚性的影响下滑相对较缓，上下游的竞争中处于有利地位。

历史的数据显示，1995～1998年中国通胀水平回落期间，信息服务、食品饮料、纺织服装以及信息设备等行业的毛利率出现了较为明显的回升，2008～2009年的物价回落中，信息设备、食品饮料、纺织服装、餐饮旅游等行业的毛利率也出现了较为明显的回升。结合目前的行业状况，我们认为食品饮料尤其是高端的产品市场控制力具有明显的优势，在上游成本下降的过程中毛利率有望继续走高；纺织服装、信息设备、信息服务和旅游等行业毛利率都有望继续提升。

2. 寻找新兴产业中有能力提高投资规模的细分行业

从近期政策安排看，培育发展战略性新兴产业、改造提升传统产业、加快重点能源生产基地和输送通道建设、积极有序发展新能源、发展服务业特别是现代服务业、加快壮大文化产业已经开始逐步布局。其中对于节能减排的要求力度最大，当前环保部已经以与各责任单位签订目标责任书的方式，详细列出了各省（区、市）和企业集团重点减排项目清单，要求必须按照规定的时间完成重点减排项目建设。作为政府投资标的，其增长具有较高的确定性。另外，智能电网的推广、特高压的建设、通讯网络和物联网的建设以及城市交通和安全的建设都将成为“十二五”的重要内容，而且更为重要的是，智能电网、特高压、通讯网络和城市交通安全等项目的推广有较为强大的央企或者中央财政作为支持，投资规模的扩大具有较高的操作性。

3. 关注大众消费品

作为经济转型和近期财政政策的主要任务，调整收入分配，提高转移支付水平，改善民生方面的政策力度将在2012年进一步加大，我们看到，政策一直致力于在体制上有实质性的突破，将提升最低工资标准、出台个人所得税法修正政策和进一步推进收入分配改革纳入日程，以加快调整国民收入分配格局，并开始着手社会保障制度的完善。此外，在今年融资成本大幅增加和需求不振双重压力下，政策也通过财税安排以收入分配改革为代表的深层次制度改革的实施及其效果将是一项长期的历程和工作，而从更具直接效果的角度出发，十二五以来，政策也一直致力于从需求端发力，通过各种补贴和税收优惠措施促进相关消费品的消费，对于相关行业而言，直接的政策促进带来的短期效果更为明显。

民生政策虽然不能从根本上改变目前的收入水平，但有助于提高工薪阶层的支付能力和社会保障，有助于提高社会的消费倾向，对普通消费和零售的稳定增长有明显的促进作用。建议关注医药、零售、旅游等行业。

第二章

中国上市公司业绩评价结果综述

2011 年，面对复杂多变的国际形势和国内经济运行出现的新情况新问题，我国坚持实施积极的财政政策和稳健的货币政策，不断加强和改善宏观调控，国民经济继续朝着宏观调控预期方向发展，2011 年全年经济增长呈温和回落态势。

在流动性紧缩和经济增长放缓预期的双重影响下，股票市场单边下跌贯穿了 2011 年全年，年底上证指数收盘 2199 点，较 2010 年下跌 21.69%。市场走过了单边下跌的历程，在反复的急速震荡下跌中寻找市场估值的合理区域。资本市场基础性建设在继续加强，市场融资功能保持高效，转融通方案出台，退市政策破冰而出。截至 2011 年末，上市公司突破 2300 家，投资者开户总数超过 20259 万户，证券市值为 25 万亿元，证券化率达到 53.88%。本章通过深入剖析 2011 年上市公司财务效益、资产质量、偿债风险、发展能力和市场变现状况，来见证证券市场基石的业绩表现。

一、上市公司业绩评价结果

按照中国上市公司业绩评价体系，本书以统一测算的评价标准为基准，运用功效系数法，同时考虑到上市公司的市场表现后，对 2011 年度中国上市公司业绩进行了评价，从整体来看 2276 户上市公司（不包括金融和 B 股，本文以下如无特指按此口径）的业绩在 2011 年出现了略微下降。2011 年综合得分 61.72 分，与 2010 年综合得分 62.24 有所下降。亏损比例继续下降，2011 年的亏损面为 7.16%，相比 2010 年的 5.69% 有所上升，这与全球市场欧债危机和我国经济结构调整密不可分。

2011 年上市公司的期末总资产为 227064 亿元，而当年的 GDP 为 471563.7 亿元，占当年 GDP 的 48.15%。2011 年上市公司共实现营业收入 188392 亿元，同比增长 24.27%，占当年 GDP 的 39.95%，2011 年实现净利润 10644 亿元。

下面分别从财务效益状况、资产质量状况、偿债风险状况、发展能力状况和市场表现状况五个方面对评价结果逐一说明。

（一）财务效益状况

2011 年上市公司的财务效益状况平均得分为 21.93 分，基本和 2010 年的 21.99 分持平。评价财务效益状况的指标包括两个基本指标（扣除非经常性损益净资产收益率和总资产报酬率）和三个修正指标（营业利润率、盈利现金保障倍数和股本收益率）。财务效益状况各项指标年度变化情况详见表2－1。

表2－1　财务效益状况指标年度对比表

分析指标		2011年上市公司平均值	2010年上市公司平均值	增长率（%）
基本指标	净资产收益率（%）	11.15	12.54	－11.08
	总资产报酬率（%）	7.45	8.09	－7.91
修正指标	营业利润率（%）	6.70	7.70	－12.99
	盈利现金保障倍数	1.06	1.24	－14.52
	股本收益率（%）	49.53	51.08	－3.03
综合得分		21.93	21.99	－0.27

在各项财务效益状况指标中，2011年净资产收益率、总资产报酬率和股本收益率比2010年有一定幅度的降低；2011年营业利润率、盈利现金保障倍数和股本收益率都较2010年有不同程度的降低；使得2011年度整体财务效益状况略差于2010年整体财务效益状况。

1. 行业分析

采掘业上市公司实现利润总额4494亿元，占上市公司全部实现利润总额的33.24%，实现净利润3476亿元，占上市公司全部实现净利润的32.66%；2011年行业财务效益得分为29.23分，相比上市公司平均值高出33.29%，扣除非经常性损益净资产收益率和总资产、报酬率、营业利润率、盈利现金保障倍数和股本收益率都高于上市公司平均值，其中：扣除非经常性损益净资产收益率平均值为15.93%，较上市公司平均值11.15%，高出约42.87%；该行业实现净利润为4494亿元，比2010年的3313亿元增加35.65%；股本收益率更是达到了88.5%，是上市公司平均水平的1.79倍；总资产报酬率11.78%，高于上市公司7.45%，说明2011年采掘业上市公司资产收益水平和业务收益水平高于A股全部上市公司水平。

制造业、交通运输和仓储业、批发和零售贸易业、房地产业、社会服务业、传播与文化产业的财务收益状况和上市公司平均水平基本保持一致。其中房地产业的营业利润率为21.01%远高于上市公司平均水平6.6%；传播文化业和交通运输及仓储业的营业利润率分别为12.66%和10.23%也远高于上市公司平均水平。但房地产业的盈利现金保障倍数仅为－0.98，远低于上市公司平均水平1.06，在一定程度上说明房地产业在2011年的现金流不容乐观，这与我国对房地产业的调控政策密不可分。

农林牧副渔业、电力煤气及水的生产和供应业、建筑业、信息技术业和综合业略低于上市公司平均水平。其中信息技术业的营业利润率为3.69%远低于上市公司平均水平6.6%；其总资产报酬率仅为3.9%，远低于上市公司平均水平7.45%。

2. 规模分析

100亿以上规模企业实现利润总额8894亿元，占上市公司全部实现利润总额的

65.79%，实现净利润6929亿元，占上市公司全部实现净利润的65.09%；2011年财务效益得分为23.38分，相比上市公司平均值高出6.61%，扣除非经常性损益净资产收益率、盈利现金保障倍数和股本收益率都高于上市公司平均值，而总资产报酬率和营业利润率略低于上市公司平均水平。

50~100亿以上规模企业实现利润总额1305亿元，占上市公司全部实现利润总额的9.7%，实现净利润1043亿元，占上市公司全部实现净利润的9.8%；2011年财务效益得分为21.56分，略低于上市公司平均值21.93分，扣除非经常性损益净资产收益率、盈利现金保障倍数和股本收益率都低于上市公司平均值，而总资产报酬率和营业利润率高于上市公司平均水平。

10~50亿以上规模企业实现利润总额2187亿元，占上市公司全部实现利润总额的16.18%，实现净利润1735亿元，占上市公司全部实现净利润的16.3%；2011年财务效益得分为20.34分，低于上市公司平均值21.93分，扣除非经常性损益净资产收益率、营业利润率、盈利现金保障倍数和股本收益率都低于上市公司平均值，而总资产报酬率略高于上市公司平均水平。

10亿以下规模企业实现利润总额1134亿元，占上市公司全部实现利润总额的8.39%，实现净利润938亿元，占上市公司全部实现净利润的8.81%；2011年财务效益得分为21.61分，低于上市公司平均值21.93分，扣除非经常性损益净资产收益率、盈利现金保障倍数和股本收益率都低于上市公司平均值，而总资产报酬率和营业利润率高于上市公司平均水平。

3. 中联五强

从上市公司的财务效益指标来看，排在前五家的情况如下表2-2：

表2-2 2011年度中国上市公司财务效益中联五强排行榜

名次	股票代码	股票简称	财务效益得分
1	000858	五粮液	35
2	601088	中国神华	35
3	600585	海螺水泥	35
4	601006	大秦铁路	35
5	600188	兖州煤业	35

在财务效益状况中，排名前五名的以中央大型企业为主，2011年属于中国铁路建设的高峰期，受益于国家铁路建设的大规模投入、铁路行业的产业结构调整和高速铁路建设的逐渐兴起等因素，2011年大秦铁路的财务效益表现突出；受益于国家对煤矿企业的整顿，大量中小型煤矿关停，2011年兖州煤业和中国神华的财务效益表现突出；受益于国内需求上升，五粮液业绩表现良好。

（二）资产质量状况

2011年度上市公司的资产质量状况平均得分为9.25分，略高于2010年的9.20分。评价资产质量状况的指标包括两个基本指标（总资产周转率和流动资产周转率）和两个修正指标（应收账款周转率和存货周转率）。资产质量状况各项指标年度变化情况见表2-3。

表2-3 资产质量状况指标年度对比表

分析指标		2011年上市公司平均值	2010年上市公司平均值	增长率（%）
基本指标	总资产周转率（次）	0.91	0.88	3.41
	流动资产周转率（次）	1.86	1.93	-3.63
修正指标	存货周转率（次）	4.14	4.36	-5.05
	应收账款周转率（次）	14.01	14.78	-5.21
综合得分		9.25	9.20	0.54

从上表可以清晰地看出，2011年总资产质量有所上升，但流动资产周转率、应收账款周转率和存货周转率均比较2010年有一定幅度下降。说明2011年企业经济受国内外宏观环境的影响，虽然其资产质量有小幅提高，但企业经营风险依然严峻。

1. 行业分析

从行业来看，资产质量状况表现较好行业如采掘业和交通运输、仓储业，得分分别为13.15和12.55，2011年采掘业的总资产周转率、流动资产周转率、应收账款周转率和存货周转率均高于上市公司平均水平，表明其应收账款周转率高，资金回收能力强，这与其主要采用款到发货的结算方式密切相关。2011年交通运输、仓储业存货周转率为24.17，远远高于2011年上市公司平均存货周转率4.14。

农林牧副渔业、电力煤气及水的生产和供应业、建筑业、社会服务业、传播与文化产业的资产质量状况都高于上市公司平均水平。其中电力煤气及水的生产和供应业的资产质量得分达到了11.81，也远高于上市公司平均水平9.25，其资存货周转率达到了12.13是上市公司平均水平的近3倍。

制造业、信息技术业、批发和零售贸易业、房地产业和综合业的资产质量状况均低于上市公司平均水平。房地产行业资产质量状况处于行业最差，其资产质量得分为0，这一方面与其行业性质有关，一方面也与国家宏观调控政策分不开。批发和零售贸易业的资产质量得分为8.5分，信息技术业和制造业的得分分别为9.24和9.23都略微低于上市公司平均水平。

2. 规模分析

100亿以上规模企业2011年资产质量得分为10.63分，相比上市公司平均值高出14.92%，总资产周转率、流动资产周转率、应收账款周转率和存货周转率都高于上市公司平均值。

50~100亿以上规模企业2011年资产质量得分为15分，高于上市公司平均值62.16%，总资产周转率、流动资产周转率、应收账款周转率和存货周转率都低于上市公司平均值。

10～50亿以上规模企业2011年资产质量得分为9.46分，略高于上市公司平均值，总资产周转率和上市公司平均水平持平；而流动资产周转率、应收账款周转率和存货周转率都低于上市公司平均值。

10亿以下规模企业2011年资产质量得分为8.25分，低于上市公司平均值，总资产周转率、流动资产周转率、应收账款周转率和存货周转率都低于上市公司平均值。

3. 中联五强

从2011年上市公司质量状况得分来看，有85家公司质量指标得分为满分，占上市公司总数的3.73%。

表2－4 2010年度中国上市公司资产质量中联五强排行榜

名次	股票代码	股票简称	资产状况得分
1	600104	上汽集团	15.00
2	600160	巨化股份	15.00
3	000876	新希望	15.00
4	600633	浙报传媒	15.00
5	600340	华夏幸福	15.00

上汽集团资产质量排名第一主要得益于其较好的资产经营状况，其存货周转率、流动资产周转率较高，规模效益极大地提高了公司的资产质量。

（三）偿债风险状况

2011年度上市公司的偿债风险状况平均得分为9.05分，略低于2010年的9.07分。评价偿债风险状况的指标包括两个基本指标（资产负债率、获利倍数）和三个修正指标（现金流动负债比率、速动比率和带息负债比率）偿债风险状况各项指标年度变化情况见表2－5。

表2－5 偿债风险状况比较表

分析指标		2011年上市公司平均值	2010年上市公司平均值	增长率（%）
基本指标	资产负债率（%）	59.04	57.60	2.50
	获利倍数	7.88	9.32	－15.45
修正指标	现金流动负债比率（%）	11.60	15.97	－27.36
	速动比率（%）	72.33	73.82	－2.02
	带息负债比率（%）	46.03	45.08	2.11
综合得分		9.05	9.07	－0.22

从上表可以看出，2011年资产负债率和带息负债率有所增加，说明在经济危机影响下，多数中国上市公司为了企业发展，负债有所增加；但现金流动负债比率较2010年有较大幅度降低，获利倍数的下降，表明企业利润有所下调。

1. 行业分析

在偿债风险控制方面，表现较好的行业有传播与文化产业、信息技术业、社会服务业和采掘业等。这些行业资产负债率均低于全市场平均资产负债率，其中传播与文化产业、社会服务业和采掘业已获利息倍数分别为 193.07、22.56 和 18.05，明显高于全市场平均水平 7.88，可以认为，以上行业的利润相对较高。

农林牧副渔业、电力煤气及水的生产和供应业等其他行业偿债能力均低于上市公司平均水平。其中房地产业资产负债率高达 72.22%，远高于上市公司平均水平 59.04%，整个行业的偿债风险随着资产负债率的上升持续加大。电力煤气及水的生产和供应业的偿债能力得分仅为 4.74，与上市公司平均水平 9.05 有很大差距，其已获利息倍数仅为 1.92，远低于市场 7.88 的水平，同时其资产负债率为 71.24，也仅次于房地产业位列于行业第二位。

2. 规模分析

100 亿以上规模企业 2011 年偿债能力得分为 8.35 分，相比上市公司平均值低约 7.73%，资产负债率、已获利息倍数、现金流动负债比率和带息负债比率均高于上市公司平均水平，仅速动比率低于上市公司平均水平。

50～100 亿以上规模企业 2011 年偿债能力得分为 8.41 分，低于上市公司平均值 7.07%，资产负债率、速动比率和带息负债比率均高于上市公司平均水平，已获利息倍数、现金流动负债比率低于上市公司平均水平，其已获利息倍数仅为 5.65。

10～50 亿以上规模企业 2011 年偿债能力得分为 8.99 分，略低于上市公司平均值，其资产负债率、已获利息倍数、速动比率和带息负债比率均和上市公司平均水平相当，仅现金流动负债比率低于上市公司平均水平。

10 亿以下规模企业 2011 年偿债能力得分为 10.03 分，高于上市公司平均值，资产负债率、现金流动负债比率和带息负债比率均低于上市公司平均水平，已获利息倍数和速动比率均高于上市公司平均水平。尤其已获利息倍数更是达到了 23.87，是上市公司平均水平的近 3 倍。

从资产规模可以看出，伴随着资产规模的增加，资产负债率上升，其偿债能力得分逐渐降低。

3. 中联五强

从上市公司的偿债能力指标来看，排在前五家的情况如下表 2－6：

表 2－6　2011 年度中国上市公司偿债风险状况中联五强排行榜

名次	股票代码	股票简称	偿债风险得分
1	002230	科大讯飞	15.00
2	600763	通策医疗	14.99

续　表

名次	股票代码	股票简称	偿债风险得分
3	600897	厦门空港	14.99
4	002038	双鹭药业	14.99
5	300267	尔康制药	14.99

随着人们对健康的日益重视，健康医疗类上市公司偿债风险各项指标今好于上市公司平均水平。

（四）发展能力状况

2011年度上市公司的发展能力状况平均得分为12.36分，低于2010年的12.98分。评价发展能力状况的指标包括两个基本指标（营业收入增长率和资本扩张率）和四个修正指标（累计保留盈余率、三年营业收入增长率、营业利润增长率和总资产增长率）。2011年发展能力各项指标年度变化情况见表2－7。

表2－7　发展能力状况比较表

分析指标		2011年上市公司平均值	2010年上市公司平均值	增长率（%）
基本指标	营业收入增长率（%）	24.27	37.70	－35.62
	资本扩张率（%）	17.20	22.63	－23.99
修正指标	累计保留盈余率（%）	40.82	38.94	4.83
	三年主营业务平均增长率（%）	21.50	19.50	10.26
	营业利润增长率（%）	7.12	22.95	－68.98
	总资产增长率（%）	20.41	47.00	－56.57
综合得分		12.36	12.98	－4.78

上市公司的发展能力是公司能否持续稳定经营的一个重要方面，国民经济的稳定增长保证了总体营业收入的增长，随着2011年中央经济货币政策收紧、结构调整，营业收入增长率放缓，从2010年的37.7%，放缓到2011年的24.27%，增长速度放缓了35.62%，与之同时，上市公司总资产增长率，从2010年的47%，放缓到2011年的20.41%，增幅下调了达56.57%，营业利润增长速度也同时放缓，2011年增速仅为7.12%。

1. 行业分析

2011年社会服务业在发展能力方面各指标变化较大，营业收入增长率、资本扩张率、三年营业收入增长率、营业利润增长率和总资产增长率分别为58.06%、32.13%、32.2%、28.28%和35.9%，均超过2011年上市公司平均值24.27%、17.2%、21.5%、7.12%和20.41%。

采掘业、制造业、建筑业、房地产业和传播与文化业的发展能力指标均高于上市公司平均水平。其中采掘业的累积保留盈余率更是达到了62.64，超过上市公司平均水平约50%；传播与文化产业的总资产增长率也超过上市公司平均水平的50%，其营业利润增长率达到了43.87%，远远超过行业上市公司的平均水平7.12%。

农林牧副渔业、电力煤气及水的生产和供应业、交通运输及仓储业和信息技术业等发展能力指标均落后与上市公司平均水平，2011年信息行业资本扩张率仅为8.97%，仅为上市公司平均水平的50%左右，整个信息行业的扩张步伐进一步放缓成效尚未显现。

2. 规模分析

100亿以上规模企业2011年发展能力得分为11.94分，相比上市公司平均值低约4.64%，营业收入增长率、资本扩张率、三年营业收入增长率、营业利润增长率和总资产增长率均低于上市公司平均水平，仅累积保留盈余率高于上市公司平均水平。

50~100亿以上规模企业2011年发展能力得分为12.49分，高于上市公司平均值1.44%，营业收入增长率、资本扩张率、三年营业收入增长率和营业利润增长率均高于上市公司平均水平，仅累积保留盈余率和总资产增长率低于上市公司平均水平。

10~50亿以上规模企业2011年发展能力得分为12.76分，高于上市公司平均值，营业收入增长率、资本扩张率、三年营业收入增长率、营业利润增长率和总资产增长率均高于上市公司平均水平，仅累积保留盈余率低于上市公司平均水平。

10亿以下规模企业2011年发展能力得分为13.35分，高于上市公司平均值，营业收入增长率、资本扩张率、三年营业收入增长率、营业利润增长率和总资产增长率均高于上市公司平均水平，仅累积保留盈余率低于上市公司平均水平。尤其营业利润增长率更是达到了32.37，是上市公司平均水平的4.5倍。

从资产规模可以看出，伴随着资产规模的增加，营业收入增长率下降，总资产增长率下降，资本扩张率下降，其发展能力得分逐渐降低。

3. 中联五强

从上市公司的发展能力指标来看，排在前五家的情况如下表2－8：

表2－8　2011年度中国上市公司发展能力状况中联五强排行榜

名次	股票代码	股票简称	发展能力得分
1	600104	上汽集团	20.00
2	000876	新希望	20.00
3	600031	三一重工	20.00
4	600340	华夏幸福	20.00
5	000703	恒逸石化	20.00

在购置税优惠、以旧换新、汽车下乡、节能惠民产品补贴等多种鼓励消费政策叠加效应的作用下，汽车、机械上市公司发展能力状况指标中表现较好。

（五）市场表现状况

上市公司业绩评价的主旨在于倡导“业绩市”，从连续几年的研究中可以看出股价与上市公司业绩之间的正相关关系趋于增强。上市公司业绩增长会明显推升股市，特别在景气周期的初期和中期阶段。如2006年开始出现明显的经济上升，GDP增幅超过12%，直到2008年才开始下降；股市则在2005年四季度开始起步，一路上涨直到2008年三季度才结束。

2011年度上市公司的市场表现状况平均得分为9.13分，高于2010年的9分。评价市场表现状况的指标包括市场投资回报率和股价波动率。

2010~2011年上市公司股价波动率分别为94.83%、96.03%，均体现了当年股价的大幅波动，2011年市场投资回报率为-31.17%，远低于2010年市场投资回报率12.19%。由于受国家4万亿经济刺激计划等众多利好影响，2010年后由于经济过热，物价上涨，政府调整银行存款准备金率和存贷款基准利率导致大盘回落，市场投资回报率降低。

1. 行业分析

2011年受欧债危机等外部因素影响及国内货币政策等因素的影响，A股股价一路走低，各个行业的投资回报率均呈下降趋势。由于受三网融合等政策的刺激，传播与文化以13.61分位居各行业前列，高于平均分49.5%，其投资回报率为-12.75%，但在众多行业中名列前茅，其他行业的投资回报率均为-20%～-30%左右。

2. 规模分析

100亿以上规模企业2011年市场表现得分为9.49分，相比上市公司平均值高约3.98%，投资回报率为-28.45%。

50~100亿以上规模企业2011年市场表现得分为8.58分，低于上市公司平均值6.08%，投资回报率为-32.56%。

10~50亿以上规模企业2011年市场表现得分为9.05分，低于上市公司平均值百分之多少，投资回报率为-30.97%。

10亿以下规模企业2011年市场表现得分为9.23分，高于上市公司平均值约1.1%，投资回报率为-31.61%。

3. 中联五强

从上市公司的市场表现指标来看，有89家公司质量指标得分为满分，占上市公司总数的3.91%。排在前五家的情况如下表：

市场表现较好的前五位如下表2-9。

表2-9　2011年度中国上市公司市场表现状况中联五强排行榜

名次	股票代码	股票简称	市场表现得分
1	600687	刚泰控股	15.00
2	002344	海宁皮城	15.00
3	000731	四川美丰	15.00
4	002005	德豪润达	15.00
5	000982	中银绒业	15.00

上市公司市场表现状况指标表现较好，德豪润达2011年公司营业利润增长率高达2633.22%，较好的发展能力，使得广田股份有着市场表现较好。刚泰控股营业收入增长率达到了1149.38%，营业利润增长率达到了1926.74%，使得投资者对其企业发展前景看好，企业31.41%的投资回报率也体现出企业有较好的市场表现。

◎资料链接：

2011年中国证券市场十大新闻

★ 地方政府性债务问题引起关注；
★ 证监会“换帅”郭树清力推新政；
★ 深交所完善创业板退市制度；
★ 国务院清理整顿交易场所；
★ 人民币对美元即期汇价连续触及跌停水平；
★ CPI涨幅高位回落货币政策预调微调；
★ 证监会首次解聘重组委委员；
★ 双汇“瘦肉精”事件重伤基金；
★ “国家队”汇金再度入市操作；
★ A股指数跌幅位列全球主要市场第一。

2011年国际财经十大新闻

★ 中国取代日本成为世界第二大经济体；
★ 日本发生巨灾严重冲击全球产业链；
★ 施特劳斯-卡恩涉嫌性侵案；
★ 中国概念股遭遇寒流；
★ 美债评级遭历史性下调；
★ 国际金价创历史新高；
★ 美国爆发“占领华尔街”示威活动；
★ “苹果教父”史蒂夫·乔布斯辞世；
★ 俄罗斯正式加入世界贸易组织；
★ 欧洲债务危机继续扩散升级。

二、上市公司业绩评价结果分析

总体来看，2011 年在宏观经济形势复杂多变的情况下，上市公司整体业绩继续保持增长态势，但增速有所放缓，自主创新和经济结构调整的效果进一步显现。中国经济正在经历结构性转型的阵痛，资本市场的单边下跌预示着传统产业结构的发展空间已经走到尽头，经济增长正在寻找新的发展驱动力。未来调整经济增长方式，深化改革是必经之路。

（一）上市公司业绩受宏观经济影响巨大，业绩增速放缓

随着 A 股上市公司数量增加和行业代表性增强，上市公司业绩增长与宏观经济表现密切相关。在 2008 年以后，这种相关性显著增强，体现了“上市公司是我国经济的晴雨表”。

2011 年世界经济进入金融后危机时代，我国上市公司的业绩增速明显放缓。2011 年我国货币政策收紧，上市公司市值缩水明显。稳健的货币政策在一定程度上加剧了资本市场单边下跌走势，使得股市资金不断流出，上市公司市值大幅缩水。

截至 2011 年 12 月 30 日，A 股上市公司市值为 21.33 万亿元，较 2010 年缩水 18.96%。2011 年沪市上市公司共实现营业收入、营业利润、归属于上市公司股东的净利润分别为 178389 亿元、21859 亿元、16423 亿元。与 2010 年相比，分别增长 28.6%、17.18% 和 15.92%，增长幅度明显小于 2010 年增幅。沪市上市公司 2011 年实现加权平均每股收益和净资产收益率分别为 0.55 元和 14.99%。与 2010 年相比，净资产收益率下降 2%。同时，深市上市公司营业收入较 2010 年增长 17.99%，其中主板、中小板和创业板的增长率分别为 15.79%、22.83% 和 26.27%；净利润同比增长 6.91%，其中主板、中小板和创业板的增长率分别为 5.00%、8.89% 和 12.83%。深市上市公司净资产收益率为 11.56%，与上年基本持平。

（二）中国要素禀赋结构变化，引起上市公司生产成本不断上涨

长期以来，我国经济发展的一个显著优势就是劳动力资源丰富，我国的二元经济特征十分明显，劳动力无限供给是我国的比较优势。然而，在工资上涨的压力下，我国的经济发展发生了很大的变化，首先是劳动密集型产业（尤其是以农民工为主要劳动力的劳动力密集型的行业）的竞争力将受到影响，经济增长方式将由劳动密集型向资本及技术密集型调整；其次，劳动力及价格的上涨对于经济总量增长、经济结构调整以及物价控制等等方面都产生了深远的影响。要素禀赋结构的变化在上市公司业绩中一览无余。

2011 年上市公司年报统计显示，由于能源资源、生产要素成本不断上涨，部分行业盈利空间受到挤压。2011 年 A 股上市公司营业成本增速为 25.80%，高于营业收入增速 2.41

个百分点，导致毛利率从2010年的31.56%下降到30.23%；同时，2011年期间费用率11.14%，较2010年上升0.32个百分点，利润空间进一步受到挤压。

（三）在宏观调控银行紧缩银根后，使得上市公司付息压力加大

2011年初面对通货膨胀压力不断加大的形势，中国人民银行先后6次上调存款准备金率共3个百分点，3次上调存贷款基准利率共0.75个百分点。进入下半年，随着国内经济增长趋稳和稳健货币政策效果逐步显现，加之国际大宗商品价格整体出现回落，价格上涨压力有所减轻，主要价格指标开始趋稳回落，物价上涨过快的势头得到了初步遏制。进入10月份以后，针对欧洲主权债务危机继续蔓延、国内经济增速放缓、价格涨幅逐步回落等形势变化，央行暂停发行三年期央票，下调存款准备金率0.5个百分点。

总体看来，在资金成本方面，2011年央行的连续加息直接增加上市公司的利息支出，深市主板475家上市公司财务费用同比增长28.14%，其中利息支出同比增加12.16%。在劳动力成本方面，2011年深市主板、中小板和创业板上市公司职工平均薪酬支出涨幅分别为16.91%、15.48%、12.52%。总体薪酬占当期营业收入比重超过10%的上市公司547家，占深市全部上市公司的38.58%，较去年上升了6.28个百分点。

（四）上市公司现金流下降趋势明显，呈现出纸面富贵的幻境

值得注意的是，上市公司经营活动现金流下降趋势明显。由于稳健的货币政策的实施，加之存货和应收账款占用资金的增加，2011年上市公司出现不同程度的经营活动现金流下降问题：深市上市公司经营活动现金流净值降幅达70.81%。其中：深市主板、中小板和创业板上市公司经营活动现金流降幅分别达55.15%、84.89%和95.83%。

现金为王是企业界的共识。随着我国从紧的货币政策，现金流的管理成为企业管理的核心。作为企业发展典范的上市公司更应如此，加强管理，规范运行，建构厚实的发展积淀。

（五）上市公司回报股东意识增强，分红水平提高

2011年11月，中国证监会为了全力推动提升上市公司分红水平，要求上市公司完善分红政策及其决策机制。长期以来，A股上市公司、监管当局更多地把注意力放在股市的融资功能上，忽视了给投资者以必要的回报。具体表现在上市公司偏好送红股，忽视现金红利。而红股并不是红利，现金并没有从公司流向股东，只不过是股东在公司的钱重新记账而已。同时，A股市场的股息率长期偏低。现金红利政策的推行可以促进上市公司提升资金的使用效率，降低管理者代理成本、缓解上市公司与中小股东的利益冲突。股息率提高了，投资者对买卖差价的依赖就会降低，这有助于抑制A股市场的投机气氛，抑制A股市场的利润操纵行为。

经初步统计，沪市共有571家上市公司在2011年报中提出了利润分配或资本公积金转增股本方案，占已披露2011年报公司总数的60.87%。其中，拟进行现金分红的公司有58.96%，拟分配的现金红利总额占全体公司净利润总额的比例为29.55%。分红公司数和分红比例均比2010年有所上升。

深市共1052家上市公司推出现金分红预案，占样本公司数的73.67%，同比上升8.4个百分点，现金分红覆盖面进一步提高。上市公司分红预案统计显示，2011年平均股利支付率29.19%。

A股市场“第一高价股”贵州茅台2011年年报抛出了诱人的分红预案：拟每10股派发现金红利39.97元（含税），共计派发股利41.5亿元，创下A股分红史上每股分红的最高纪录。

此外，今年是一个高送转的大年，如川润股份在年报中推出了向全体股东每10股派发现金红利1元（含税），并以资本公积金每10股转增10股的分配预案。在利好消息刺激下，川润股份2月以来连续上涨，连续23个交易日收出阳线，期间最大涨幅超过了100%。

（六）上市公司研发投入增加，自主创新和结构调整效果显现

2011年，上市公司研发投入显著增加，研发强度不断增大，全年研发支出金额合计992.30亿元，平均每家0.69亿元，较2010年增加27.73%。其中，深市主板上市公司平均研发支出1.23亿元，同比增加24.79%；中小板公司平均研发支出0.50亿元，增速为31.22%；创业板公司平均研发支出0.24亿元，同比上升37.75%，其占营业收入比重达到5.04%，高于中小板2.53%和主板3.05%的水平。数据还显示，深市战略性新兴产业上市公司已达506家，占上市公司总数的35.41%，其中2011年新增98家。

随着中国经济结构调整效果的逐渐显现，具有创新性和高成长性的上市公司将成为未来中国经济转型的原动力，资本市场也会在对具有成长潜力的公司进行价值发现中重回升势。

（七）多层次板块特征凸显，各行业苦乐不均

多层次资本市场上市公司是目前我国不同规模、不同发展阶段以及不同行业、不同领域实体经济的典型代表，其板块业绩特点不仅反映了宏观经济变化对各类企业经营成果的影响，更体现出多层次资本市场对不同成长阶段、多样化自主创新企业的有力支持。2011年沪深两市上市公司业绩评价呈现出显著的板块特征，各行业苦乐不均。

1. 传播与文化业上市公司业绩凸显，进入了全面繁荣发展时代

传播与文化业是市场经济条件下繁荣发展社会主义文化的重要载体，党的十七大明确提出，要积极发展公益性文化事业，大力发展文化产业，激发全民族文化创造活力，更加自觉、更加主动地推动文化大发展大繁荣。

2011年纳入评价范围的传播与文化产业类上市公司共有31户，整体评价结果明显高于

上市公司平均水平，发展增幅进入业绩评价前三甲。这类上市公司以较低的资产负债率经营带来了财务效益及偿债能力的提高。

2011 年传播与文化业的总体评分为 71. 97 分，位居行业第二位，仅次于采掘业，远高出上市公司平均水平 61. 72 分。其资产负债率仅为 36. 73%，远低于上市公司平均水平 59. 04%；其已获利息倍数为 193. 07，是上市公司平均水平的 24. 5 倍；其股价在所有行业中表现最为稳定，波动率仅为 69. 71%，远低于上市公司平均水平 96. 03%。

2. 白酒行业维持高景气度，一二线酒增长稳健、部分三线酒高速增长

2011 年上市公司白酒板块实现总收入 783. 2 亿，同比分别增长 44. 4%；实现净利润 247. 4 亿，同比增长 57. 9%；产量方面，白酒行业 2011 年供给实现产量 1025. 6 万千升，同比增长 30. 7%；增速远超板块内其他子行业。其中，酒鬼酒和沱牌等三线白酒年报和一季报持续亮眼，增速明显快于二线酒，二线酒整体增速快于一线酒。

随着出厂价提升和终端零售价不断提高，以及终端的正常放量，高档白酒仍旧处于"量价齐升"的局面。全国地产主销的白酒零售价大幅上涨催生三线白酒业绩在去年底普遍较好（2011 年全国地产主销的白酒终端零售价大幅上涨 40% 以上）。酒鬼和沱牌等三线酒业绩增速惊人，增长来自营销和渠道变革带来的量增，以及产品结构调整和提价带来的价增。

国家统计局公布销售额在 2000 万以上的白酒企业主营业务收入和利润总额 2011 年分别为 3746. 7 亿和 571. 6 亿元，同比分别增长 40. 3% 和 51. 9%，从上述数据来看，白酒行业仍旧维持高景气度，收入增长和利润增速均维持在高位。

3. 银行业成最赚钱行业

上市银行 2011 年总营收达 2. 23 万亿元，同比增长 27%；净利润总额达 8750 亿元，同比增长 29%，平均单家净利为 546. 88 亿元。16 家上市银行净利润总额达 8750 亿元，平均日赚 24 亿元。

2011 年上市银行的平均净利润增长率为 38. 86%，其中位居首位的深发展达 64. 55%，排名垫底的中国银行也达到了 18. 93%。每股收益方面，16 家上市银行的平均每股收益为 1. 14 元，相比上年同期的 0. 89 元增长了 28%。

按 2011 年上市银行净利润总额 8750 亿元计算，16 家上市银行平均日净赚约 24 亿元。银行的巨额利润和高增长与其他上市公司形成鲜明对比。所有上市公司年平均营业收入仅相当于银行的 6. 8%，上市公司年平均净利润更仅相当于银行的 1. 5%。

另外，从盈利能力来看，2011 年上市银行平均净资产收益率（ROE）达 20. 68%，比去年的 19. 97% 提高了 3. 55%。其中，ROE 前三位分别为兴业银行、招商银行和民生银行，分别达到 24. 62%、24. 17%、23. 89%。ROE 增速最快的是民生银行，比上年同期增长了 30. 57%。

4. 汽车行业增收不增利，行业盈利能力下滑

2011 年行业收入增速为 10.79%，净利润增速为 -2.11%。2011 年汽车行业毛利率为 16.36%，低于 2010 年的 17.00%。其中汽车销售及服务表现较好，由于高毛利的售后服务占比提升，2011 年毛利率同比小幅提升 0.81 个百分点到 10.2%，2011 年汽车销售及服务行业净利润同比增长 -27.56%，低于 2010 年 34.44% 的同比增速。

5. 房地产行业存货水平上升，资金压力凸显

宏观调控对房地产上市公司的影响已经显现。2011 年深交所房地产开发与经营行业公司资产负债率处于较高水平，平均达 72.88%，较 2010 年上升 2.16 个百分点，短期负债占比进一步上升。2011 年房地产上市公司净资产收益率为 14.89%，未见明显下滑，但房地产上市公司存货水平继续增加，平均现金流量净额为 -6.01 亿元，整体资金压力凸显。

此外，受多重因素影响，个别新兴行业也承受了较大的压力。以光伏行业为例，2011 年伴随着产能释放以及多个国家缩减补贴等影响，行业内上市公司业绩大幅下滑，净利润降幅达 23.50%。与此同时，存货和应收账款分别增加 58.02% 和 98.42%。

第三章

2011年度“中联百强”上市公司

一、2011 年度"中联百强"上市公司

按照中国上市公司业绩评价体系，我们以统一测算的评价标准为基准，运用功效系数法，对截至2012 年4 月30 日公布年报的 A 股上市公司（不包括保险和 B 股上市公司）业绩进行了评价排序，最终得出了2011 年度中联上市公司价值百强排行榜（以下简称："中联百强"）。其中上汽集团以综合得分94.70 分夺得冠军，五粮液以4.57 分之差屈居亚军，洋河股份、贵州茅台、工商银行、泸州老窖、建设银行、长城汽车、巨化股份、中国神华分列排行榜的第3－10 名。

表3－1　中联百强排行榜表

名次	股票代码	股票简称	综合得分	名次	股票代码	股票简称	综合得分
1	600104	上汽集团	94.70	51	601699	潞安环能	80.50
2	000858	五粮液	90.13	52	000602	金马集团	80.50
3	002304	洋河股份	89.84	53	000422	湖北宜化	80.42
4	600519	贵州茅台	89.63	54	002311	海大集团	80.32
5	601398	工商银行	89.47	55	600780	通宝能源	80.31
6	000568	泸州老窖	88.91	56	600690	青岛海尔	80.27
7	601939	建设银行	88.64	57	002572	索菲亚	80.25
8	601633	长城汽车	88.55	58	002458	益生股份	79.95
9	600160	巨化股份	87.74	59	000157	中联重科	79.94
10	601088	中国神华	87.35	60	601101	昊华能源	79.92
11	600585	海螺水泥	87.00	61	600111	包钢稀土	79.83
12	000876	新希望	86.92	62	601233	桐昆股份	79.81
13	601857	中国石油	86.09	63	002142	宁波银行	79.79
14	600028	中国石化	85.77	64	601117	中国化学	79.64
15	600036	招商银行	85.52	65	600406	国电南瑞	79.54
16	600887	伊利股份	85.42	66	000983	西山煤电	79.32
17	600403	大有能源	85.32	67	000888	峨眉山 A	79.19
18	600809	山西汾酒	84.52	68	002186	全聚德	78.89
19	601899	紫金矿业	84.45	69	000656	金科股份	78.86

续 表

名次	股票代码	股票简称	综合得分	名次	股票代码	股票简称	综合得分
20	002415	海康威视	84.40	70	600395	盘江股份	78.85
21	601006	大秦铁路	84.37	71	000550	江铃汽车	78.85
22	600188	兖州煤业	83.92	72	000527	美的电器	78.84
24	600633	浙报传媒	83.79	74	600897	厦门空港	78.52
25	600016	民生银行	83.73	75	600508	上海能源	78.52
26	000596	古井贡酒	83.70	76	300015	爱尔眼科	78.39
27	601009	南京银行	83.36	77	600687	刚泰控股	78.37
28	601888	中国国旅	83.24	78	600582	天地科技	78.28
29	600340	华夏幸福	83.11	79	000598	兴蓉投资	78.28
30	600741	华域汽车	83.05	80	600350	山东高速	78.19
31	600348	阳泉煤业	82.73	81	002038	双鹭药业	78.19
32	000651	格力电器	82.67	82	002195	海隆软件	78.15
33	600060	海信电器	82.55	83	601988	中国银行	78.06
34	000937	冀中能源	82.51	84	601898	中煤能源	78.05
35	000703	恒逸石化	82.25	85	601678	滨化股份	77.93
36	600066	宇通客车	82.02	86	002234	民和股份	77.88
37	002299	圣农发展	82.00	87	000430	张家界	77.68
38	601998	中信银行	81.91	88	600723	首商股份	77.62
39	002081	金螳螂	81.69	89	600362	江西铜业	77.52
40	600271	航天信息	81.61	90	601566	九牧王	77.46
41	600309	烟台万华	81.53	91	000423	东阿阿胶	77.44
42	002051	中工国际	81.42	92	300267	尔康制药	77.23
43	002146	荣盛发展	81.30	93	601666	平煤股份	77.22
44	002033	丽江旅游	81.24	94	600547	山东黄金	77.15
45	600763	通策医疗	81.11	95	600077	宋都股份	77.13
46	600489	中金黄金	81.04	96	000417	合肥百货	77.13
47	600600	青岛啤酒	81.02	97	600801	华新水泥	76.82
48	600123	兰花科创	80.71	98	000789	江西水泥	76.82
49	000869	张裕A	80.57	99	600971	恒源煤电	76.81
50	002385	大北农	80.54	100	000538	云南白药	76.75

◎资料链接：

上汽集团：汽车龙头表现稳健、优于行业

★ 公司披露一季报：1Q12 收入增 13.7% 为 1239.7 亿，实现净利润同比增 7% 为 56.1 亿。每股收益 0.51 元，每股净资产 9.87 元。

★ 上汽集团市占率进一步提高为 23.6%。一季度上汽集团销量同比 8.1% 为 114.1 万辆，市占率同比提高 2.5 个百分点为 23.6%。

★ 汽车行业销量一季度同比增幅为负，全行业利润率同比下降，预计上汽集团下属大部分子公司，尤其是自主业务的利润率同比有所下降，但下半年有望逐步好转。

★ 2012 年展望

★ 从上汽集团在其 2011 年年报中披露的 2012 年规划看，公司对 2012 年盈利能力的提升信心较足：上汽集团计划 2012 年力争实现整车销售 430 万辆（+7.5%），预计营收约 4500 亿元（3.5%），营业成本约 3600 亿元，相当于毛利率提高 0.9 个百分点为 20%。

★ 新帕萨特旺销将显著提升上海大众盈利能力；年内两合资公司新产能投放有助缓解产能不足的局面；汽车企业车型结构，尤其是重量级新车的推出是盈利能力的关键，而不仅仅是产能利用率的高低程度。

来源于：中证网

二、2011 年度中联百强上市公司概述

2011 年是“十二五”的开局之年，中国经济遭遇了来自外部和内部环境的双重考验。国际面临国际金融危机的深度影响仍在继续，发达经济体复苏步履维艰，欧元区主权债务危机仍然不断发酵与扩散，新兴经济体增速回落和物价上涨交织在一起，低迷的世界经济不断蔓延；国内面临调整经济增长结构，控制通货膨胀和高房价的客观要求，在如此严峻的情况下，中国的经济增长速度虽然有所放缓，但仍实现了 9.2% 的增长速度，且 CPI 控制在 5.4% 的水平，可以说中国经济在世界一花独秀。作为中国经济主力军上市公司业绩增速受到了一定的影响，根据 Wind 数据，2011 年 A 股上市公司营业总收入达到 22.24 万亿，同比增速为 23.49%，与 2010 年 35.4% 的增速相比，略有降低。在此背景下，中联百强作为证券市场大舞台的绝对的主角，却也实现了超预期的增长，交出了高效益、高质量、高成长的漂亮答卷。从评价结果来看，2011 年中联百强整体表现优异，平均综合得分为 81.49 分，比全部上市公司平均水平 61.72 分高出 19.77 分，高于平均水平 32.03%。从财务数据来看，中联百强具有超越上市公司平均水平的业绩和成长性，业绩上，中联百强 2011 年度实现营业总收入 84067.28 亿元，占上市公司营业总收入 211435.80 亿元的 39.76%；净利润

11240.86亿元，占上市公司净利润总额19732.60亿元的56.97%；规模上，中联百强2011年度资产总额710525.25亿元，占全部上市公司资产总额978866.00亿元的72.59%；所有者权益总额59675.09亿元，占全部上市所有者权益总额141380.86亿元的42.21%。

（一）制造业、采掘业成为中联百强的主力军

2011年度中联百强中，制造业坐拥56个席位，比2010年少15家企业；采掘业占据了20个席位，比2010年多3家企业；百强分布于13个行业。

制造业、采掘业的繁荣标示着我国的股市有着强大的物质基础，证券市场的蓬勃发展与国民经济的物质增长有着必然而紧密的联系。制造业以绝对优势连续几年入主百强。采掘业家数名列第二，采掘业目前主要包括煤炭，天然气等资源类企业，我国宏观经济的高速发展，拉动了资源需求，提升了采掘业发展速度。

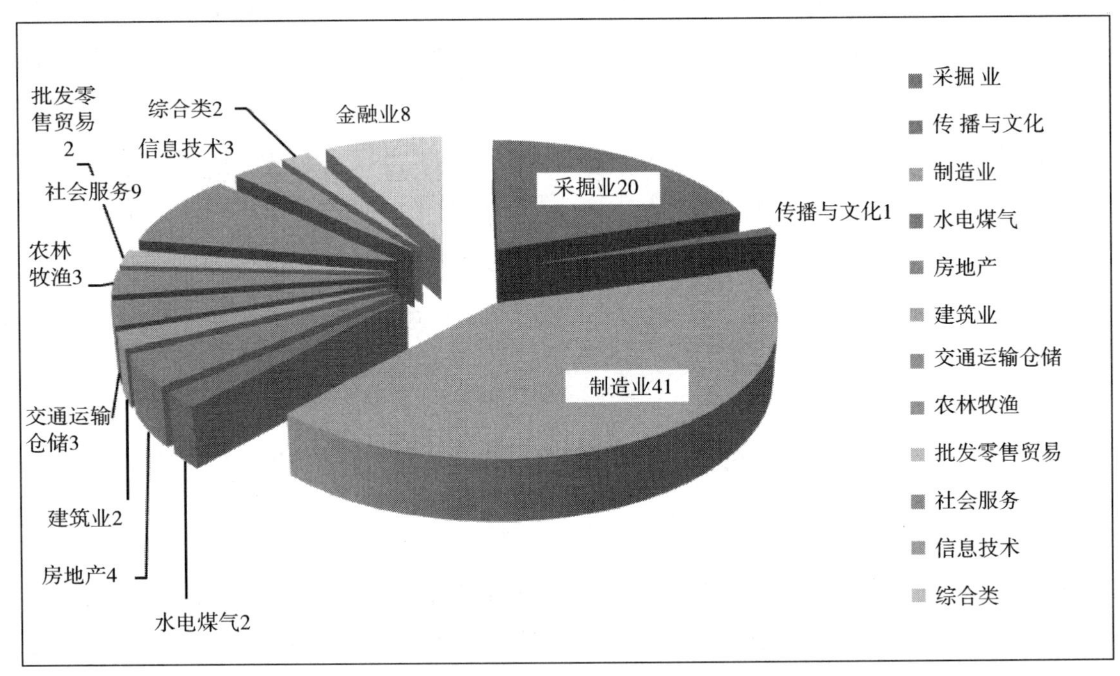

图3-1 2011年中联百强行业分布

（二）中联百强分布趋于集中化，东部和中部地区仍是我国经济的命脉

2011年中联百强分布于全国21个省、自治区和直辖市。东部地区中联百强企业达到61家，但比去年减少五家，东部成为中联百强的主要集中地，在北京、浙江省、山东省等几个省市表现的得尤为突出；西部地区中联百强数量为13家，比2010年增加2家；中部地区中联百强数量为25家，比2010年增加3家；东北地区发展形势不容乐观，百强只有1家；值得注意关注的是，吉林、黑龙江、天津、海南、陕西、青海、新疆、甘肃、宁夏、西藏2011年无缘中联百强。

表 3－2 2011 年中联百强地域分布三年比较表

区域	省份	2009 年	2010	2011
东北	吉林省	1	1	
	黑龙江省			
	辽宁省	2		1
	小计	3	1	1
东部	北京	14	11	20
	福建省	3	7	4
	广东省	13	12	6
	江苏省	7	10	4
	山东省	11	12	12
	上海	5	5	4
	天津			
	河北省	5	3	3
	浙江省	2	6	8
	海南省	1		
	小计	61	66	61
西部	陕西省			
	广西壮族自治区	1		1
	贵州省	2	2	2
	内蒙古自治区	3	1	2
	青海省			
	四川省	4	3	5
	云南省	1	1	2
	新疆	3	2	
	重庆	2	1	1
	甘肃省	1		
	宁夏回族自治区	1		
	西藏自治区		1	
	小计	18	11	13
西部	中部			
	安徽省	3	7	4
	河南省	1	4	3
	湖北省			2
	湖南省	5	1	5
	江西省	2	3	3
	山西省	7	7	8
	小计	18	22	25
合计		100	100	100

在连续三年的中联百强榜单上，讲述着中国经济的发展态势：东部和中部地区仍是我国经济的命脉，东北老工业基地已经明显落后于全国。

（三）各板进入百强企业家数变化不大

2011 年上海主板百强增加 7 家，深证主板减少 9 家，中小板与去年持平，创业板增加 1 家。2011 年，虽然中国经济遭遇了来自外部和内部环境的双重考验，但上海主板蓝筹股仍表现优异，中联百强占比增加 7%。

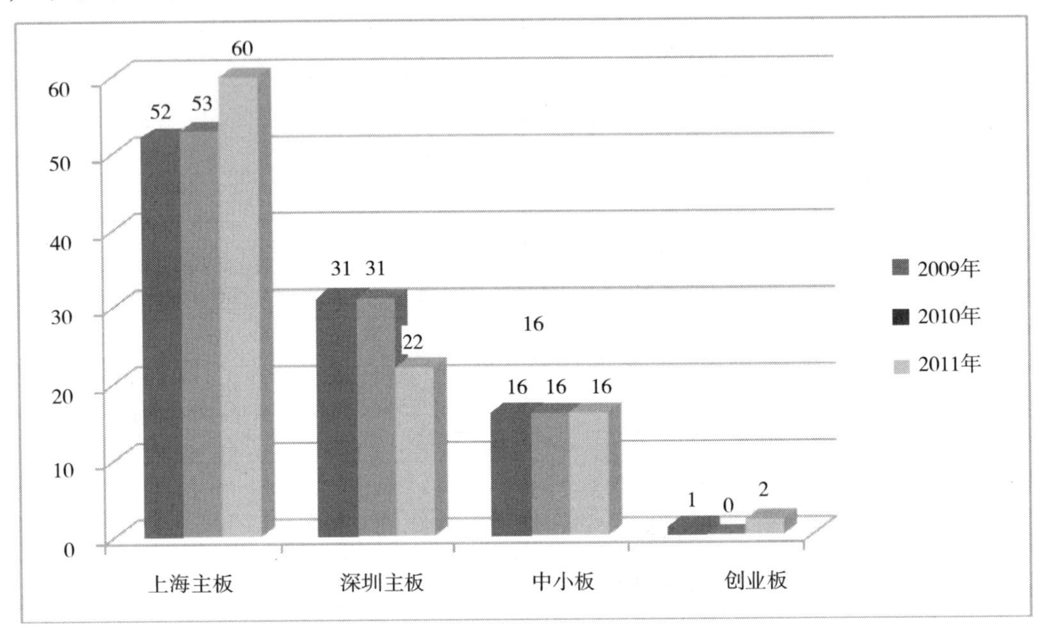

图 3－2　中联百强近三年分布图

（四）国企占据“中联百强”主导地位，民企席位增加

在 2011 年度中联百强中，国企 68 家入驻百强，与 2010 年度相比减少 7 户，其中：央企公司有 21 家，与 2010 年度相比减少 2 户；地方国企 47 家，与 2010 年度相比减少 5 户。国企在中联百强处于绝对主导地位，但可喜的是民企也在逐渐发展壮大，2011 年在中联百强中占比增加 7%。

（五）2011 年度中联百强榜中榜－连续三年登榜公司

1. 表 3－3 显示 2009、20010、2011 年连续三年荣登“中联百强”共 34 家公司，其中煤炭开采最多共计 7 家。

2. 可持续发展能力最强的公司：上汽集团、中国石化、紫金矿业 3 家公司在百强中名次逐年提升。

3. 每股收益最高的公司：贵州茅台 2011 年每股收益 8.44 元；

4. 发展速度最快的公司：在百强公司排名中建设银行由 2009 年的 87 名到 2011 年的 7 名，提升了 80 名；

5. 最具送红股和分红实力的公司：2011 年末，贵州茅台每股留存收益 21.75 元；贵州茅台 2011 年度分红方案拟"10 派 39.97 元"创 A 股现金分红之最。

表 3-3 连续三年荣登百强公司

排名	证券代码	简称	各年排名			近三年累计分红占比（%）	2011 年每股留存收益（元/股）
			2011 年	2010 年	2009 年		
1	600104	上汽集团	1	2	4	16.10	4.45
2	000858	五粮液	2	14	2	37.14	4.84
3	002304	洋河股份	3	3	12	32.49	8.32
4	600519	贵州茅台	4	27	18	54.44	21.75
5	000568	泸州老窖	6	64	6	107.90	3.71
6	601939	建设银行	7	7	87	73.21	1.43
7	601088	中国神华	10	81	56	68.02	5.80
8	600585	海螺水泥	11	13	7	23.63	5.29
9	601857	中国石油	13	23	16	111.07	3.84
10	600028	中国石化	14	80	100	62.57	4.11
11	600809	山西汾酒	18	79	11	79.68	4.07
12	601899	紫金矿业	19	35	45	61.96	0.70
13	600188	兖州煤业	22	9	31	57.62	6.28
14	600741	华域汽车	30	18	55	54.53	2.04
15	000651	格力电器	32	99	54	43.09	5.20
16	002081	金螳螂	39	73	34	33.80	2.35
17	600271	航天信息	40	28	9	67.45	3.96
18	002146	荣盛发展	43	30	29	22.09	1.65
19	600489	中金黄金	46	69	49	22.60	1.97
20	600600	青岛啤酒	47	47	90	30.54	4.24
21	000869	张裕 A	49	86	14	92.03	7.44
22	601699	潞安环能	51	17	28	73.58	3.63
23	600690	青岛海尔	56	4	71	27.35	2.00
24	000157	中联重科	59	46	30	46.83	1.71
25	002142	宁波银行	63	20	65	45.93	2.29
26	000983	西山煤电	66	40	95	80.39	2.74
27	600395	盘江股份	70	61	99	106.51	2.42
28	000550	江铃汽车	71	8	96	71.46	6.50
29	000527	美的电器	72	32	80	18.80	3.09
30	600508	上海能源	75	48	37	23.44	7.68
31	000423	东阿阿胶	91	92	52	69.67	3.15
32	600547	山东黄金	94	59	61	16.54	2.99
33	600971	恒源煤电	99	34	39	42.35	2.75
34	000538	云南白药	100	78	23	19.29	5.20

注：分红和留存收益数据来自 wind

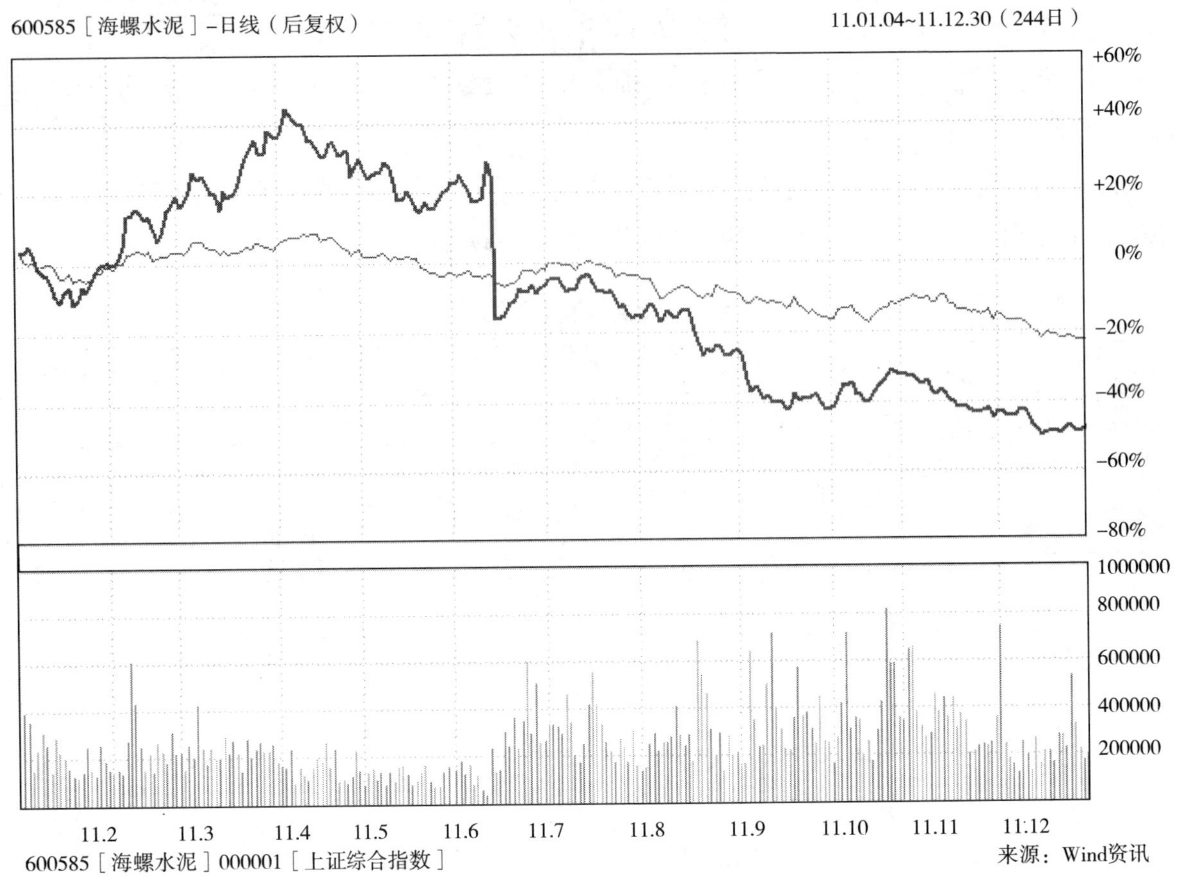

图3-4　海螺水泥走势图与上证综合指数比较

三、全部上市公司分类榜单

(一) 最具发展潜力公司——2011年前10名公司

表3-4

排名	股票代码	股票名称	2011较2010提升名次
1	601088	中国神华	71
2	600036	招商银行	67
3	000651	格力电器	67
4	600028	中国石化	66
5	600809	山西汾酒	61
6	000568	泸州老窖	58
7	000869	张裕A	37
8	000596	古井贡酒	36
9	002081	金螳螂	34
10	600066	宇通客车	30

注：不包括当年重组的ST公司

本榜单为2011年度业绩评价排名与2010年业绩评价排名相比，名次提升最快的前10名的公司。2011年，在我国调结构改变经济增长方式背景下，这些公司仍保持较高速增长，说明这些公司具有较强的发展潜力。

（二）分红最丰厚的公司——2011年现金分红前10名公司

表3－5

排名	股票代码	股票名称	2011年度现金分红方案（含税）
1	600519	贵州茅台	10派39.97元
2	000869	张裕A	10送3派15.20元
3	002304	洋河股份	10转2派15.00
4	300271	紫光华宇	10转10派15.00元
5	900948	伊泰B股	以10派15.00元
6	000568	泸州老窖	10派14.00元
7	002563	森马服饰	10派10.00元
8	002520	日发数码	10转5派10.00元
9	002648	卫星石化	10转10派10.00元
10	002293	罗莱家纺	10派10.00元

来源：东方财富网

本榜单为分红前10名的公司。现金分红较高说明公司2011年经营净现金流比较好，公司营运资金较为宽裕，取得良好的收益不忘对投资者的回报；资本公积转增股本说明公司具有丰厚的资本公积扩张股本，增加了注册资本。

（三）业绩最牛公司——2011年基本每股收益前10名公司

表3－6

排名	股票代码	股票名称	2011年每股收益（元/股）
1	600519	贵州茅台	8.44
2	002601	佰利联	4.49
3	002304	洋河股份	4.47
4	002648	卫星石化	4.20
5	000703	恒逸石化	3.71
6	000869	张裕A	3.62
7	000338	潍柴动力	3.36
8	600340	华夏幸福	3.28
9	002310	东方园林	2.99
10	600123	兰花科创	2.91

来源：wind数据，于2011年12月31日已上市的公司，以及剔除ST公司和当年重大重组的公司

本榜单为基本每股收益前10名的公司，说明公司2011年盈利能力较强。

本榜单为每股收益后10名的公司。有些公司为近2~3年连续亏损，存在着退市风险。2011年，这些公司盈利能力很差。

（四）最让投资者踏实公司——2011年股息率前10名公司

表3-7

排名	股票代码	股票名称	2011年股息率（%）
1	300271	紫光华宇	10.29
2	000778	新兴铸管	6.35
3	000088	盐田港	6.33
4	002003	伟星股份	6.07
5	600377	宁沪高速	6.01
6	601006	大秦铁路	5.22
7	601988	中国银行	5.08
8	002372	伟星新材	4.98
9	600004	白云机场	4.96
10	601939	建设银行	4.94

来源：华股财经

本榜单为股息率前10名的公司。股息率是已分股息与股票价格之间的比率。2011年，公司的股息率较高，说明公司具有较高的投资价值。

（五）长线价值投资公司——2011年加权净资产收益率前10名公司

表3-8

排名	股票代码	股票名称	加权净资产收益率（%）
1	002648	卫星石化	75.24
2	600636	三爱富	63.50
3	000411	英特集团	60.01
4	600031	三一重工	55.96
5	002304	洋河股份	49.16
6	600160	巨化股份	48.24
7	002006	精功科技	46.59
8	600816	安信信托	46.05
9	000049	德赛电池	45.41
10	002081	金螳螂	45.30

注：截止2011年12月31日已上市的公司，剔除了ST公司和当年重大重组的公司

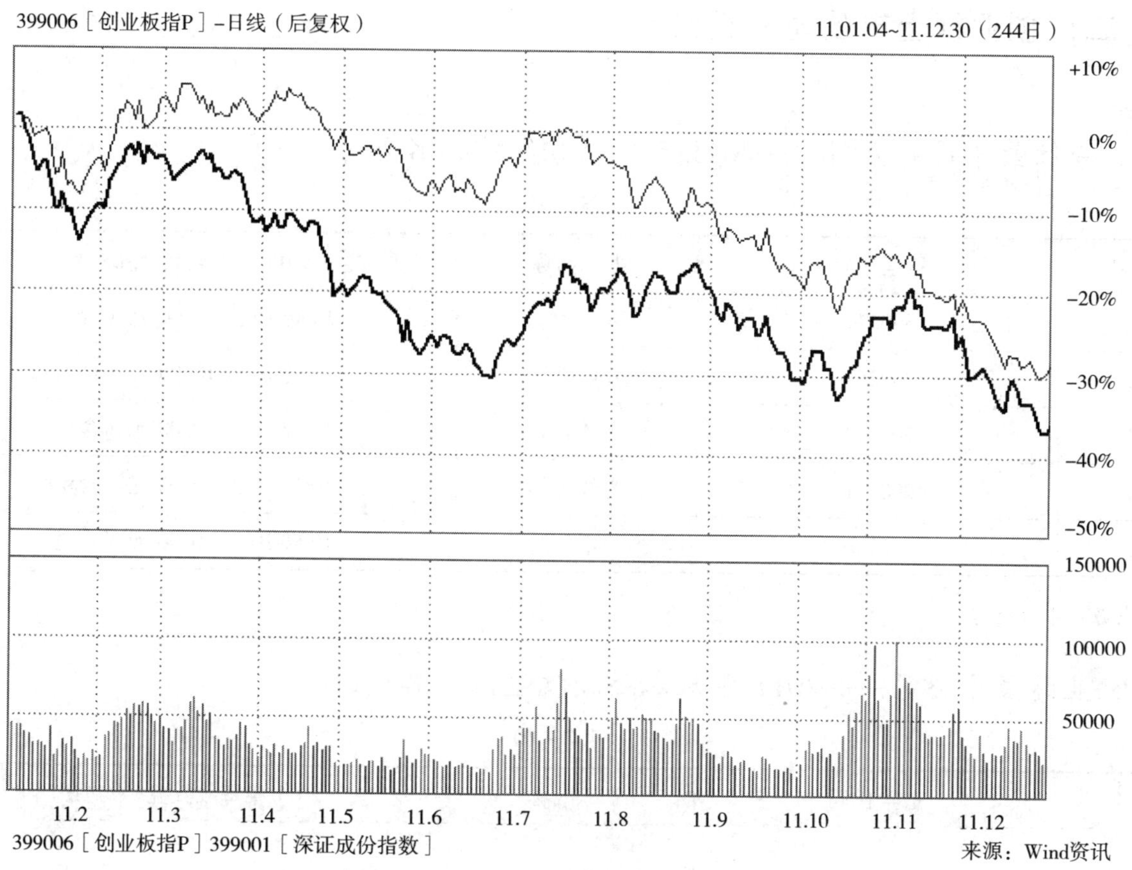

图 3－5 创业板指数和深圳成份指数比较

本榜单为加权净资产收益率前 10 名的公司。说明 2011 年公司经营业绩良好，净资产回报率较高，盈利能力较强。

四、2011 年度创业板"特征榜"

（一）创业板上市公司盈利能力比较突出

2011 年，创业板公司平均营业收入增速 26. 27%，领先于全部上市公司 8. 28 个百分点。平均净利润增速为 12. 83%，均领先于全部上市公司 5. 92 个百分点。创业板公司聚焦细分行业，呈现轻资产特征并具有相对较高的研发投入比例，一定程度上有利于其维持较高的销售毛利率。2011 年创业板上市公司平均毛利率达 35. 22%，显著高于主板和中小板，显示了较强的盈利能力。

（二）创业板上市公司分类榜单

1. 分红最丰厚的公司——2011 年现金分红前 5 名公司

表 3－9

排名	股票代码	股票名称	2011 年度现金分红方案
1	300271	紫光华宇	10 转 10 派 15.00 元（含税）
2	300257	开山股份	10 转 10 派 10.00 元（含税）
3	300183	东软载波	10 转 12 派 10.00 元（含税）
4	300251	光线传媒	10 转 12 派 10.00 元（含税）
5	300146	汤臣倍健	10 转 10 派 10.00 元（含税）

来源：东方财富网

2. 业绩最牛公司——2011 年基本每股收益前 5 名公司

表 3－10

排名	股票代码	股票名称	2011 年每股收益（元/股）
1	300257	开山股份	2.47
2	300183	东软载波	2.13
3	300251	光线传媒	1.88
4	300204	舒泰神	1.71
5	300146	汤臣倍健	1.70

来源：wind 数据统计，截止 2011 年 12 月 31 日已上市的公司

3. 最让投资者踏实公司——2011 年股息率前 5 名公司

表 3－11

排名	股票代码	股票名称	2011 年股息率（%）
1	300271.	紫光华宇	10.51
2	300046	台基股份	4.79
3	300134	大富科技	4.79
4	300251	光线传媒	4.18
5	300186	大华农	4.12

来源：wind 数据统计，截至 2011 年已上市，2011 年 5 月 4 日已实施分红的公司

4. 长线价值投资公司——2011 年加权净资产收益率前 5 名公司

表 3－12

排名	股票代码	股票名称	加权净资产收益率（%）
1	300276	三丰智能	42.88
2	300281	金明精机	32.80
3	300275	梅安森	32.52
4	300279	和晶科技	31.57
5	300267	尔康制药	27.66

来源：wind 数据统计，截止 2011 年 12 月 31 日已上市的公司

◎资料链接：

市场培育期产销两旺汤臣倍健非直销领域一枝独秀

★ 自汤臣倍健 2010 年底以高达 110 元/股发行价登陆创业板后，股价一直表现强势，在分红扩股上，连续两年 10 转 10 派 10 元，截至昨日，复权后的公司股价超过 210 元，相比当初发行价，几乎达一倍涨幅，而汤臣倍健对应的动态 PE 值在 28 倍左右。

★ 2010 年，汤臣倍健净利润 0.92 亿元，同比增长 76.54%；2011 年，净利润 1.86 亿元，同比增长 102.41%；2012 年一季度净利润高达 1.07 亿元，同比增长 161.1%。上市以来，汤臣倍健的盈利规模已从 2009 年的 0.52 亿元，上升至去年的 1.86 亿元，两年几乎翻两番。

★ 作为我国膳食营养补充剂非直销行业的龙头公司，汤臣倍健的市场占有率一直排在第一位。根据保健食品协会预测，2012 年，膳食营养补充剂非直销市场规模将达 160 亿元，庶正康讯预测，2015 年该行业的销售规模将达到 300 亿元，即保守估计，如果汤臣倍健市场占有率不变，其未来 3 年的销售可翻倍。

★ 在渠道上，汤臣倍健目前已有大大小小 2 万多个终端，截至 2011 年底，汤臣倍健的连锁门店为 438 家，终端仍在不断扩大中。今年 2 月，汤臣倍健对旗下子公司增资 1.56 亿元，用于对连锁门店的扩张，预计未来 2 年内，门店数量增加 1.66 倍。同时，公司斥资 8225 万元在 13 座中心城市的重点商业区域购买店铺，建直营店。

★ 今年 5 月募投产能开始投产后，将缓解产能紧张的状况。同时汤臣倍健将投资 1.6 亿元用于扩大珠海生产基地产能项目，该项目对片剂、粉剂、软胶囊、硬胶囊的总产能分别比原募投计划产能增加约 62%、313%、50%、100%，新产能

将在2013年下半年和2014年陆续达产。

★ 根据国家工商行政管理总局商标局于4月27日在中国商标网上发布的“商标局在商标管理案件中认定并公布的410件驰名商标（六）”公告中，公司的“汤臣倍健”商标被认定为驰名商标。

来源于：每日经济新闻

第四章

煤炭行业上市公司业绩评价

煤炭工业是关系国家经济命脉和能源安全的重要基础产业。煤炭是我国的主体能源，在一次能源结构中占70%左右，尤其是我国处在“富煤、贫油、少气”的背景下，未来40～50年时间内，我国的经济结构仍以煤炭为主导能源。2011年是“十二五”规划的开局之年，受全球性金融危机、欧债危机以及调整能源结构、保护环境、控制污染等因素的影响，煤炭在一次能源结构中的比重明显下降，但煤炭经济运行总体保持平稳，煤炭需求旺盛，供给总量增加，市场供需基本平衡，价格小幅波动，安全生产形势总体稳定好转，全年煤炭产量35.2亿吨，消费总量35.7亿吨。展望2012年，随着我国经济稳定发展对煤炭的需求稳步增加，煤炭行业也将会稳步发展，但随着经济发展趋缓、煤炭供给能力增强、煤炭出口减少、进口增加，煤炭在供需平衡和价格上可能会受到影响。

一、煤炭行业上市公司业绩评价结果

截至2011年末，煤炭行业上市公司共计为39家其中沪市为27家，深市为12家。在2011全年，上市的39家煤炭行业公司资产总额合计10888.35亿元，所有者权益合计6008.53亿元，其中归属母公司的所有者权益合计5235.43亿元。2011年完成营业收入7671.13亿元，比上年增长40.39%，实现净利润1036.82亿元，比上年增长17.71%。与全国上市公司总额相比，总资产和净利润所占比例分别为4.80%和9.74%。

2011年，煤炭行业上市公司总体业绩表现较为突出，综合分析煤炭行业上市公司业绩得分为78.4分，评价分值居各行业第5名，高于上市公司平均61.7分的27.1%，比A股百强企业综合得分81.8分低3.4分。39家煤炭行业上市公司中有15家进入2011年上市公司业绩评价综合得分的百强名单。业绩评价结果类型为优秀的有中国神华和大有能源2家，比上年减少了19家；业绩为良好的有兖州煤业、阳泉煤业等17家，比上年增加了16家；业绩为中的有露天煤业、郑州煤业等15家，比上年增加了13家；业绩为低的有爱使股份1家，比上年减少3家；业绩为差的有四川圣达等4家，比上年减少1家。

根据2011年综合评价结果显示，上市的煤炭企业中有中国神华一家进入10强；进入上市公司100强的煤炭企业则有15家。

表4－1　2011年度煤炭行业中联十强排行榜

名次	评价单位代码	股票代码	综合得分	在全部上市公司中排名
1	601088	中国神华	87.35	10
2	600403	大有能源	85.32	17
3	600188	兖州煤业	83.92	22
4	600348	阳泉煤业	82.73	31
5	000937	冀中能源	82.51	34
6	600123	兰花科创	80.71	48
7	601699	潞安环能	80.50	51
8	601101	昊华能源	79.92	60
9	000983	西山煤电	79.32	66
10	600395	盘江股份	78.85	70

基于对煤炭行业上市公司的整体评价，下面分别从财务效益、资产质量、偿债风险、发展能力、市场表现况五个方面对煤炭行业上市公司进行具体分析。

（一）财务效益

从综合得分来看，煤炭行业上市公司财务效益状况优于全国上市公司平均水平。

表4－2反映了煤炭行业上市公司财务效益状况评价结果。从中显示出煤炭行业上市公司财务效益状况高于全国所有上市公司的平均水平；同上年相比，盈利现金保障倍数和股本收益率分别增长了11.28%和3.91%，且远远高于上市公司平均值；其他指标虽持平或略有下降，但也都高于上市公司平均值；综合得分也比上市公司平均值高出38.85%。煤炭行业整体的财务效益基本指标较佳，资产收益率稳定。

煤炭行业的营业利润率和股本收益率等指标远远高于上市公司平均水平，而营业利润率比上年降低了18.74%。较高的营业利润率和股本收益率体现了煤炭行业年盈利水平依然保持高水平，这主要是得益于煤价稳定和需求的增加。

表4－2　煤炭行业财务效益状况比较

评价指标		2011年上市公司平均值	2011年行业值	2010年行业值	增长率（%）
基本指标	扣除非经常性损益净资产收益率（%）	11.15	18.62	18.92	－1.59
	总资产报酬率（%）	7.45	14.62	14.63	－0.68
	得分	21.23	35.00	35.00	0.00
修正指标	营业利润率（%）	6.70	17.76	21.04	－18.47
	盈利现金保障倍数	1.06	1.48	1.33	11.28
	股本收益率（%）	49.53	132.82	127.82	3.91
综合得分		21.93	30.45	29.68	2.59

（二）资产质量

从综合得分来看，煤炭行业上市公司资产质量状况优于全国上市公司平均水平。

表4－3列示了煤炭行业上市公司资产质量状况评价结果。在煤炭行业上市公司资产质量状况指标中，各项指标均比2010年有不同程度增长，除总资产周转率略低于上市公司平均值外，其余各项指标都高于平均值；存货周转率13.19，远高于上市公司平均值9.25。

表4－3　煤炭行业资产质量状况比较

评价指标		2011年上市公司平均值	2011年行业值	2010年行业值	增长率（%）
基本指标	总资产周转率（次）	0.91	0.78	0.67	16.42
	流动资产周转率（次）	1.86	2.17	1.84	17.93
	得分	9.57	9.76	8.54	14.29
修正指标	应收账款周转率（次）	14.01	24.91	23.47	6.14
	存货周转率（次）	4.14	13.19	12.06	9.37
综合得分		9.25	12.11	11.11	9.00

与2010年比较可知，2011年煤炭行业上市公司总体上资产质量显著上升，其中主要受整合重组和交易结算方式的影响，煤炭行业上市公司2011年平均应收账款周转率24.91次，比2010年高出6.14%；存货周转率13.19次，比2010年高出9.37%，同时也远高于上市公司平均应收账款周转率和存货周转率。

（三）偿债风险

从综合得分来看，2011年煤炭行业上市公司偿债风险状况好于全国上市公司平均水平。

表4－4列示了煤炭行业上市公司偿债风险状况评价结果。在煤炭行业上市公司偿债风险状况指标中，平庄煤业得分排名第一，其资产负债率为16.14%，低于上市公司及行业平均；速动比率为370.86%，高于行业平均。

表4－4　煤炭行业偿债风险状况比较

评价指标		2011年上市公司平均值	2011年行业值	2010年行业值	增长率（%）
基本指标	资产负债率（%）	59.04	44.82	41.60	7.74
	已获利息倍数	7.88	17.29	30.14	－42.63
	得分	9.26	11.54	12.87	－10.33
修正指标	速动比率（%）	72.33	103.79	131.73	－21.21
	现金流动负债比率（%）	11.60	46.90	54.78	－14.38
	带息负债比率（%）	46.03	46.63	49.28	－5.38
综合得分		9.05	11.26	11.47	－1.83

与2010年相比较，2011年煤炭行业上市公司偿债风险状况平均得分下降1.83%，说明在煤炭行业生产规模扩大的过程中，各个公司的营运资金需求增加，相应偿债风险也随之有所加大。

（四）发展能力

从综合得分来看，2011年煤炭行业上市公司发展能力状况好于全国上市公司的平均水平。

表4－5列示了煤炭行业上市公司发展能力状况评价结果。在煤炭行业上市公司发展能力状况指标中，山煤国际得分排名第一，主要原因是公司强化煤炭实体产业提升产能、发挥传统贸易优势扩大销售、推进金融资本运作，从而导致资本扩张率与总资产增长率等指标均居行业前列。

表4－5　煤炭行业发展能力状况

评价指标		2011年上市公司平均值	2011年行业值	2010年行业值	增长率（%）
基本指标	营业收入增长率（%）	24.27	40.39	34.87	15.83
	资本扩张率（%）	17.20	17.73	19.07	-7.03
	得分	12.40	15.28	11.49	32.99
修正指数	累计保留盈余率（%）	40.82	47.06	42.13	11.70
	三年营业收入增长率（%）	21.5	28.73	30.04	-4.36
	总资产增长率（%）	20.41	24.04	14.84	61.99
	营业利润增长率（%）	7.12	19.34	32.79	-41.02
综合得分		12.36	14.90	12.80	16.41

2011年煤炭行业上市公司营业收入增长率从2010年的34.87%升至40.39%，营业收入稳步增长，并高于上市公司平均值。一方面得益于宏观经济发展对煤炭需求的持续增长，另一方面也反映出在经济发展不稳定因素增加的环境下煤炭行业的抗风险能力。

（五）市场表现

2011年，大盘在经济刺激政策淡出、股指期货做空机制实施、房地产调控力度加大、欧债危机、美国推出二次量化宽松政策等因素影响下表现不佳，上证综指全年跌幅超过20%，煤炭行业作为国民经济的重要支柱，其与整体经济走势高度相关，因而煤炭指数跟随市场行情同步下跌。具体情况见图4－1。

从综合得分来看，煤炭行业上市公司市场表现状况总体上高于全国上市公司的平均水平。

表4－6列示了煤炭行业上市公司市场表现状况评价结果。在煤炭行业上市公司市场表

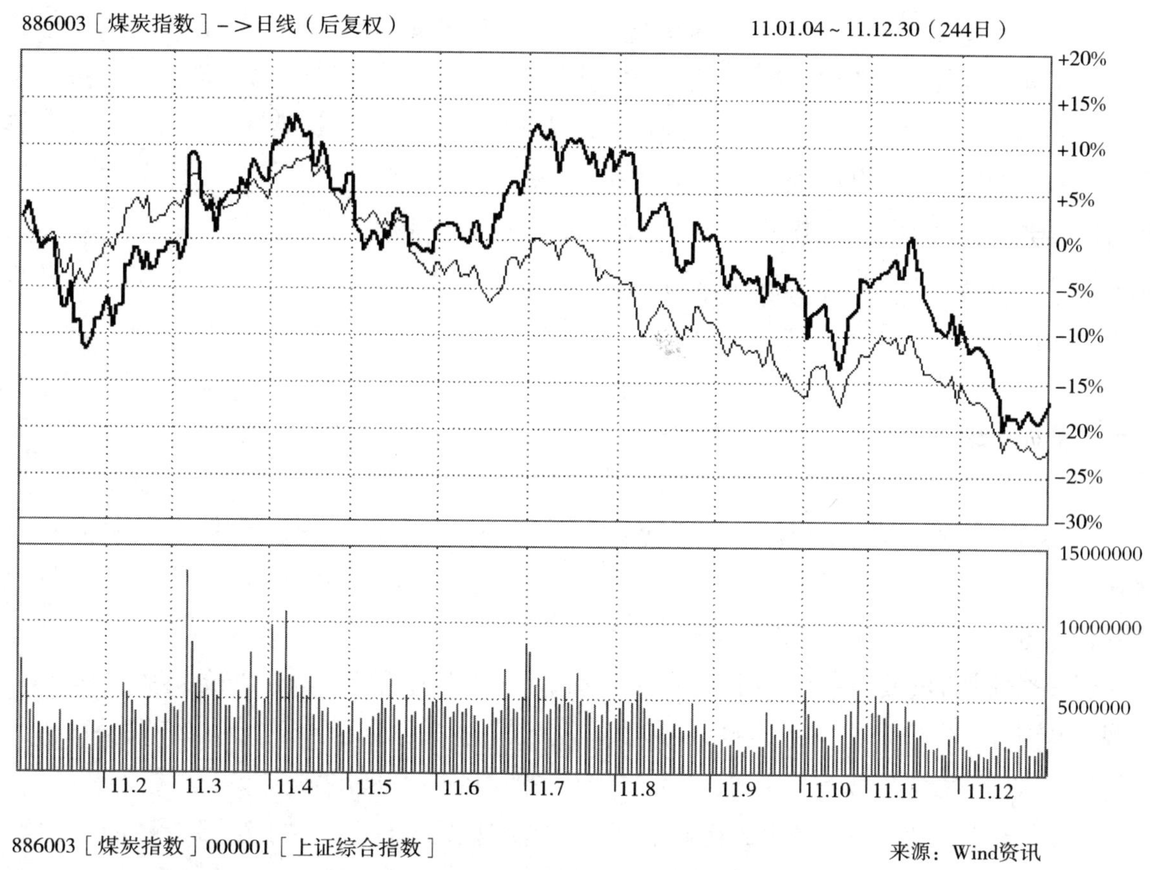

图4-1 煤炭指数与大盘指数波动

现状况指标中，美锦能源得分名列第一，其相对较好的表现主要是由于资源整合和能源化工产业链的循环延伸，导致投资者的追捧。

表4-6 煤炭行业公司市场表现比较

评价指标	2011年上市公司平均值	2011年行业值	2010年行业值	增长率
市场投资回报率（%）	-31.17	-28.38	10.55	-369.00
股价波动率（%）	96.03	93.19	117.87	-20.94
得分	9.13	9.72	8.15	19.26

2011年上市公司市场投资回报率为-31.17%，远低于2010年的12.19%。受大盘整体低迷影响，煤炭行业上市公司仅有19家市场投资回报率高于全国上市公司平均水平，其中最高的为金瑞矿业25.33%，仅有4家市场投资回报率为正，其余35家公司的投资回报率为负。

二、煤炭行业上市公司业绩影响因素分析

2011年，我国煤炭工业仍处在国民经济持续发展对能源旺盛需求的发展机遇期，保持了产销的稳定增长，同时也经受了全球性、区域性经济危机带来的国内经济趋缓以及结构调

整、转变方式、环境压力和新型能源的挑战。在国家宏观政策措施的引导下，稳步推进煤炭基地建设，形成了资源资产化、区域集团化、股权多元化的战略格局，整个行业保持健康发展态势，在宏观经济持续向好和产业政策的引导下，结构调整步伐加快，自主创新能力增强，煤炭产量大幅增长，煤矿安全生产形势稳定好转，对外开放稳步推进，有力地保障了国家煤炭的稳定供应，使得我国煤炭工业发展站在了新的更高的历史起点上。

煤炭行业取得辉煌的业绩主要取决于经济和社会发展、资源保障与合理配置、转变方式和结构调整、产业技术进步与创新、煤炭经济运行调控及安全生产保障等影响因素。

（一）国民经济和社会持续发展决定了煤炭需求的稳定增长

2011年，在世界经济呈现复杂多变的背景下，我国抓住经济运行中的主要矛盾，将稳定物价总水平作为宏观调控的首要任务，推动经济增长由政策刺激向自主增长有序转变，宏观调控取得积极成效，经济增长减速平稳。

作为经济发展的重要支撑，我国原煤产量与GDP总体呈现同向增长趋势。煤炭产业在国民经济发展中发挥了重要作用，推动着我国经济快速增长和社会进步。作为国民经济传统产业和基础产业的煤炭产业有力地保障了国家经济和社会发展的需要。

2011年，煤炭产量增加到35.2亿吨，约占一次能源生产总量的78.6%；消费总量35.7亿吨，约占一次能源消费总量的72.8%。煤炭生产和消费总量同比分别增加2.1和1.9个百分点。主要耗煤行业中，电力行业煤炭消费19.5亿吨，增长10.8%；钢铁行业消费5.7亿吨，增长6.3%；建材行业消费5.1亿吨，增长7.9%；化工行业消费1.6亿吨，增长13.5%。

（二）资源保障和合理配置为煤炭工业发展奠定了基础，为煤炭上市企业拓展了空间

近些年，我国地质勘察投入加大，煤炭资源储量增加，保障程度增强。截至2010年底，全国煤炭保有查明资源储量13412亿吨，比2005年增加约3000亿吨，其中西部地区占全国增量的90%以上，为煤炭开发战略西移奠定了基础。

国家为了有效控制煤炭规模总量，保持供需平衡，同时为了减少对整装资源的破坏以达到资源的充分利用，对矿区规划、矿权设置及资源配置强化了管理，对矿井规模、服务年限、开采工艺及前期投入要求更高、标准更严，提高了办矿的门槛，使得实力较弱、规模较小的企业无法轻易涉足煤炭，同时大型煤炭基地内资源也优先向大型煤炭企业集团配置，优先核准大型现代化煤矿建设项目，这就给规模企业和上市公司腾出更大的发展空间，国电、华电、京能、保利等非煤企业也纷纷进军煤炭行业。

（三）产业结构调整和发展方式转变为行业发展注入新的活力

为适应国家能源生产和利用方式变革，转变经济发展方式，提高发展质量，建设资源节

约型、环境友好型社会的总体要求，在煤炭产业结构上，逐步形成了以煤为主，煤电路港化和装备制造、煤炭物流等相关产业联营或一体化的多元发展格局。新型煤化工产业逐渐兴起，煤制油、煤制天然气、煤制烯烃等现代煤化工项目有序发展，既为煤炭行业发展注入新的活力，也为可持续发展奠定了基础。

国家鼓励煤炭企业实施跨地区、跨行业、跨所有制的重组整合，推进小型煤矿兼并重组，大幅度减少办矿主体，进一步提高了煤炭集中度和行业竞争能力。到 2011 年底，我国已经组建形成了 7 个亿吨级企业，特别是神华集团的煤炭产销量居世界第一，产量超过 4 亿吨。据统计，截至 2010 年底，全国年产 120 万吨及以上大型煤矿 661 处，产量 18.8 亿吨，占全国的 58%。其中千万吨级煤矿 40 处，产量 5.6 亿吨，占全国的 17%。到 2015 年，我国规模以上煤矿企业数量将控制在 4000 家以内，形成 12 个亿吨级、16 个 5000 万吨级特大型煤炭企业。煤矿数量将控制在 1 万处以内，建成安全高效煤矿 600 处，千万吨矿井（露天）60 处。

（四）科技进步与创新为产业发展增添新的动力

煤炭行业始终坚持“科教兴煤”战略，使煤炭科技水平取得突飞猛进的发展。我国机械化采煤技术已经达到国际先进水平，能够生产具有世界先进水平的年产 600 万吨煤的综采工作面成套设备，并成功地研制了 2500 千瓦大功率电牵引采煤机，世界最大的竖井钻机和年处理 400 万吨煤的煤炭洗选技术装备，具备设计、施工、装备及管理千万吨级露天矿和大中型矿区的能力，综合机械化采煤等现代化成套设备广泛使用，特殊凿井技术、综合机械化放顶煤技术、“三下”采煤技术、瓦斯抽放技术、民用型煤和水煤浆技术等达到和接近世界先进水平。

“十二五”规划提出：积极推进煤炭基础理论与关键技术研究，重点围绕三项基础理论、十个重点领域、八项关键技术组织研究与攻关，建设九个示范工程，推广八十项先进适用技术，推进行业科技进步和自主创新，为煤炭工业节约发展、清洁发展、安全发展和可持续发展提供支撑。

◎链接 1：

中国：煤炭科技发展步入“快车道”

2011 年 08 月 02 日作者：佚名

核心提示

★ 煤炭行业是我国重要的能源基础产业。煤炭行业要实现科学发展，必须坚持科教兴煤战略，提高自主创新能力，依靠科技进步，大力发展先进生产力，促进煤炭行业节约发展、清洁发展、安全发展和可持续发展。

源自：中国煤炭科技创新网

（五）煤炭经济健康平稳运行为行业发展提供了机遇

2011年，我国煤炭经济运行总体保持平稳，煤炭需求旺盛，供给总量增加，市场供需基本平衡，价格小幅波动。

1. 煤炭产量平稳增长。2011年大型企业煤炭产量21.8亿吨，同比增长10.9%。千万吨级以上企业47家，产量占全国的63%。过亿吨企业增加至7家，总量接近10亿吨。主要产煤省区煤炭产量较快增长，山西省全年产量8.72亿吨、内蒙古9.79亿吨、陕西省4亿吨，三省区合计产量约22.5亿吨。估计全国煤炭产量较2010年增长10%以上。

2. 煤炭净进口增加。据海关总署统计，2011年全国累计进口煤炭1.82亿吨，同比增长10.8%；同期，全国累计出口煤炭1466万吨，同比下降23.0%；净进口1.68亿吨，同比增长15.05%。

3. 煤炭消费继续增长。主要耗煤行业中，估算全年电力行业煤炭消费19.5亿吨，增长10.8%；钢铁行业消费5.7亿吨，增长6.3%；建材行业消费5.1亿吨，增长7.9%；化工行业消费1.6亿吨，增长13.5%。

4. 固定资产投资保持较快增长。自2006年的六年以来，煤炭行业累计完成投资接近1.7万亿元。据国家统计局数据分析，2010年底煤矿建设规模17.9亿吨，其中在建规模11.86亿吨。

5. 煤炭价格小幅波动，基本平稳。受供求关系、成本、国家政策、上下游产品价格、国际市场煤价、其他能源价格、煤炭库存和煤炭进出口等多种因素共同影响，2011年煤炭价格基本稳定在高位运行，上涨动力减弱，从11月中旬出现下滑，没有出现大起大落，对煤炭行业上市公司总体业绩没有大的影响。

（六）安全生产形势稳定好转为行业发展营造良好环境

安全生产事关人民群众生命财产安全，事关改革开放、经济发展和社会稳定大局。煤炭行业坚持科学发展、安全发展理念，始终贯彻“安全第一、预防为主、综合治理”方针，采取了一系列重大举措，完善法制、增加投入、加强监管，建设完善了井下安全避险“六大系统”，建立了矿井领导跟班下井制度，加大了应急救援体系的建设，煤矿安全生产体制机制逐步完善，安全保障能力不断提高，安全生产形势稳步好转。

2011年全国煤矿共发生事故1201起，同比减少202起，下降14.4%；事故死亡人数1973人，同比减少460人，下降18.9%；百万吨死亡率0.564，达到历史最高水平。

◎链接 2：

全国煤矿瓦斯防治现场会在安徽合肥召开

★ 2011 年 11 月 11 日至 12 日，国家发展改革委、安全监管总局、科技部、能源局、煤矿安监局在安徽合肥市联合组织召开全国煤矿瓦斯防治现场会。

源自：煤矿安全网

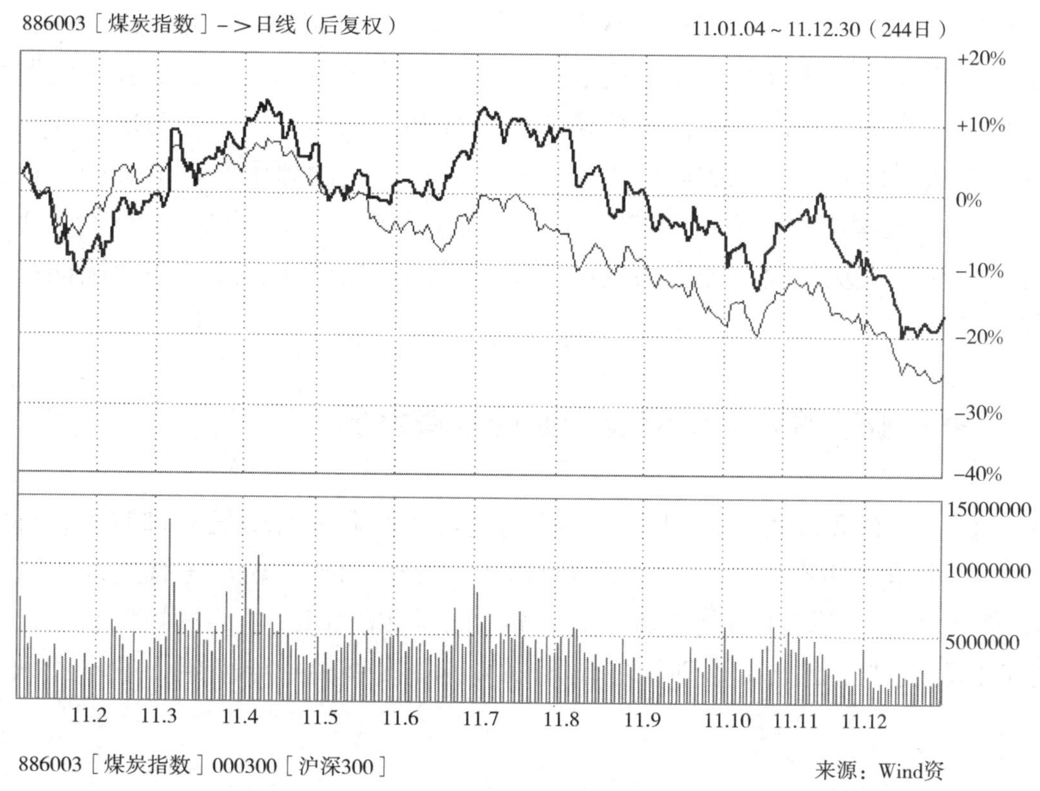

图 4－2　2011 年度煤炭行业与沪深 300 指数比较

三、2012 年度煤炭行业前景分析

展望 2012 年，从宏观经济角度看，中国宏观经济在“十二五”期间仍将持续平稳较快发展。从产业链角度来看，大规模的基础设施建设，维持电力、钢铁、建材和化工行业持续增长的良好势头，使煤炭产业链下游行业保持平稳增长，维持煤炭工业较高的景气度。在各级政府积极推进煤炭产业结构调整和资产重组的大环境下，未来国内煤炭企业市场集中度将显著提升，煤炭市场竞争格局也将得到根本改变。

煤炭行业面临巨大发展机遇，其发展具有诸多有利因素：煤炭行业在能源供应中不可动摇的主导地位巩固了其作为支柱产业发展的地位；国家积极的产业政策保障了煤炭行业的可持续发展；宏观经济的高速发展为煤炭需求持续增长提供了坚实的支撑；技术创新为煤炭行业发展提供强大动力等。但煤炭行业也同时面临着复杂多变的国内外形势，存在不确定因素。

（一）能源基础地位不可动摇

煤炭是我国的主体能源，煤炭工业是关系能源安全和国民经济命脉的重要基础产业，煤炭是确保中国未来20年经济可持续增长的战略资源，其经济价值将在未来稳步提高。

我国资源禀赋的特点是富煤、贫油、少气。石油、天然气对外依存度不断提升（2011年底我国石油对外依存度达到56.5%，天然气对外依存度达到24.3%），现阶段我国大幅提高石油天然气利用比重，还存在经济承受能力和许多不确定因素。从维护我国能源长期安全稳定供应的战略和煤炭资源的可靠性、价格的低廉性和利用的可清洁性考虑，在未来较长的时间里，煤炭作为我国主体能源的地位很难改变，它在一次能源生产和消费中所占比重一直保持到60%以上。我国电力燃料的76%、钢铁能源的70%、民用燃料的80%、化工燃料的60%均来自于煤炭。煤炭行业已经成为国民经济发展的支柱产业，煤炭在我国能源消费中具有不可替代的地位。

（二）国家产业政策有利于煤炭行业的健康发展

近年来，国家加强和改善宏观调控，在控制高耗能产业过快增长、抑制不合理能源需求的同时，坚决关闭非法和不具有安全生产条件的小煤矿，推进煤炭资源整合，清理在建项目，控制超能力生产，较好地抑制了煤炭固定资产投资和生产总量的过快增长。

《煤炭工业发展“十二五”规划》提出了煤炭工业发展的指导思想、基本原则、发展目标、重点任务。

◎链接3：

煤炭工业发展“十二五”规划

前　言

★ 煤炭是我国的主体能源，在一次能源结构中占70%左右。在未来相当长时期内，煤炭作为主体能源的地位不会改变。煤炭工业是关系国家经济命脉和能源安全的重要基础产业。煤炭工业发展“十二五”规划，根据《国民经济和社会发展第十二个五年规划纲要》和《能源发展“十二五”规划》编制，在总结分析发展现状、存在问题和面临形势的基础上，提出了“十二五”时期煤炭工业发展的指导思想、基本原则、发展目标、主要任务和政策措施，是指导煤炭工业健康发展的纲领性文件。

源自：中国煤炭工业网

国家不仅确定了煤炭在我国基础能源的战略地位，而且指明了煤炭工业发展方向，这将有利于我国煤炭行业长期健康、可持续发展。

（三）宏观经济的高速发展，为煤炭需求持续增长提供了可能

我国煤炭需求与国民经济增长特别是工业增长存在较强的正相关性，我国煤炭工业的快速发展得益于我国经济的持续快速发展。由于经济增长强劲，一些工业如钢铁、电力、化工、汽车以及交通运输、建筑和居民生活等用煤相对较大，引发了煤炭需求量的快速增长，煤炭行业已经成为国民经济发展的支柱产业，并且煤炭需求旺盛的势头在相当长的时期内不会改变。

国际国内多年的实践充分证明，一个国家能源消耗的多少，与一个国家的经济发展水平、工业化水平、居民的消费结构、国家的产业结构和城市化水平密切相关。当前，我国经济进入了以发电、钢铁、建材、房地产、家用电器迅速发展为代表的重工业化时期。经济的高速发展、消费结构迅速升级、我国城市化水平迅速提速，为煤炭行业发展创造了巨大的市场需求。

随着我国经济持续高速增长，包括煤炭在内的能源需求增长明显加快，一段时间内呈现出供不应求的局面。相关下游行业的发展为煤炭行业提供了巨大的发展空间。电力、钢铁工业用煤继续快速增长，建材工业用煤基本维持不变，煤化工产业成为新的增长点。我国正在加快交通运输等基础设施的建设步伐，同时，电力实现“南北互供，全国联网”，使得在全国范围内高成本输送煤炭改为在网上迅捷调度及输送电力成为可能，这将加速煤炭向二次能源—电力的转化，促进煤炭行业加速增长。预计 2012 年电煤需求增长较快。受工业经济较快发展和一些高耗能行业生产扩张的影响，电力和煤炭需求迅速上升。预计 2012 年全国煤炭产量同比增加 3 亿吨，全国煤炭销售量预计增加 2. 8 亿吨，增幅 7. 85%。在 2012 年新增销售量中，动力煤增加 2. 4 亿吨。电力行业 2011 年、2012 年新增装机容量 9600 万千瓦，新增机组电煤需求 2. 1 亿吨。

电力改革也将给煤炭行业创造新的机遇。电力改革对煤炭产销的影响主要表现在：（1）多家经营电网有利于实现社会效益最大化目标，打破行业垄断，改善煤电行业之间的社会分配不公问题；（2）打破电力垄断降低用电成本，促进经济发展，增加经济发展对煤炭的消费需求；（3）实现电力的网上调度及输送，可以最大限度发挥坑口电厂优势，有利于煤炭的转化；（4）引入竞争机制，初步形成电力企业之间的竞争格局，用电大户煤炭企业由此间接受益；（5）环境折价标准的引入，要求煤炭企业注意提高产品质量，有利于煤炭洗选加工企业的发展；（6）有利于推进煤炭电力资本整合。

（四）技术创新为煤炭行业发展提供动力

现代科学技术的飞速发展为我国煤炭行业带来了无限生机，随着煤炭工业技术水平的提

高，一大批技术含量高、生产效率高、经济效益好的现代化矿井先后建成投产，大大提升煤炭行业整体生产水平，综合机械化采煤工艺成为煤炭开采主流。目前，我国煤炭汽化技术已比较成熟；煤炭间接液化技术在国外已经商业化，美国已完成第二代直接液化技术，我国目前也正在进行液化煤的性能和工艺条件试验以及商业化可行性研究；水浆煤技术在西方发达国家已经成熟，目前我国的研究开发也取得了重大进展。煤炭液化和气化技术为煤炭成为洁净能源创造了条件，煤炭清洁开采技术和洗选新技术成果的推广应用，大大提高了煤质，减少了污染，为煤炭产业开拓了广阔的市场。

◎链接4：

坚持科教兴煤推进煤炭科技进步

——全国煤炭工业科学技术大会定调“十二五”煤炭科学发展

【摘要】：

★ 煤炭行业是我国重要的能源基础产业。煤炭行业要实现科学发展，必须坚持科教兴煤战略，提高自主创新能力，依靠科技进步，大力发展先进生产力，促进煤炭行业节约发展、清洁发展、安全发展和可持续发展。

★ 正4月17日，第七次全国煤炭工业科学技术大会在北京人民大会堂隆重召开。本次会议的主要任务是：动员全行业坚持科教兴煤战略，提高自主创新能力，4月17日，第七次全国煤炭工业科学技术大会在北京人民大会堂隆重召开。本次会议的主要任务是：动员全行业坚持科教兴煤战略，提高自主创新能力，发展先进生产力，推进煤炭结构调整，转变经济发展方式，提高煤炭工业发展的科学化水平。

源自：《中国煤炭工业》

（五）煤炭运力瓶颈制约有效缓解　煤炭供应能力增强

“十二五”期间，我国将建成“三纵三横”特高压交流骨干网架和13项直流输电工程(其中特高压直流10项)，形成大规模“西电东送”、“北电南送”的能源配置格局。其中，“三纵”是：锡林郭勒盟—南京、张北—南昌，陕北—长沙高压输电通道。“三横”是：蒙西—潍坊、晋中—徐州、雅安—皖南高压输电通道。随着这些特高压电网建成投入运营，将明显缓解铁路、公路煤炭运输压力。如“宁东—山东”660千伏直流输电工程正式投运，相当于给山东增加400万千瓦装机，每年将可减少煤炭铁路或港口转运量约1000多万吨。

“十二五”期间，煤炭运能将进一步增加，2010年建成的太中银、包西线煤炭运能将逐步发挥；2011年京沪高铁、京广高铁建成后客货分线将增加部分煤炭运能以及目前正在建设山西中南部煤运通道、兰新二线等，将使得“十二五”期间的煤炭运力制约明显缓解。

煤炭运输瓶颈制约缓解，全国煤炭供应能力增强，必将对煤炭市场产生较大的影响。

（六）大宗商品、进出口、汇率、资源税对煤炭行业的影响

钢铁、有色金属、煤炭、石油等大宗商品的价格及其行业指数跟国际宏观经济形势密切相关，这几大板块的价格指数及这些行业的股票价格指数密切关联，以石油为例，石油价格的变动对煤炭价格存在一定的影响，煤炭与石油存在一定的替代关系。当石油价格发生变化时，必然会导致石油的需求下降，煤炭的需求上升，从而提高煤炭的价格。另外一方面，石油价格的上升，会提高工业品的生产成本，从而产生由生产成本推动的通货膨胀。通货膨胀拉动大宗商品价格上升，煤炭价格也会相应上升。一方面是因为整体物价上涨的带动作用，另一方面，煤炭作为大宗商品有保值防通胀的作用，更加促使煤炭价格的上升。

受经济建设发展，煤炭资源分布，主要用煤行业需求变化，煤炭进出口政策变化，中国煤炭铁路运输瓶颈制约等因素的影响，我国煤炭进出口发生很大变化，2011 年我国进口煤炭 1.83 亿吨，同比增长 10.82%；出口煤炭 1465 万吨，同比下降 22.98%；净进口煤炭 1.68 亿吨（不包括 4000 万吨褐煤）。“煤炭净进口”局面的出现将会使国内煤炭企业面临着进口煤炭的激烈竞争，从而推动煤炭企业提高经济增长质量、实现循环可持续发展。

我国正式启动了具有实质意义的人民币汇率形成机制的市场化改革。人民币升值对中国宏观经济运行和各行各业可能带来的影响是错综复杂的，对煤炭行业的影响将会是增加进口、降低出口。由于我国出口比例比较低，所以对我国煤炭行业影响不会很大。

我国资源税改革的主要方向是：（1）细化稀缺资源的征税标准，加大对稀缺煤种的保护力度；（2）征收方式由目前的从量定额计征改为从价计征为主、从量定额计征为辅，建立对市场价格反应机制；（3）引入“回采率”指标，根据不同回采率实行不同的费率，以充分体现出保护煤炭资源和限制开采的政策导向。资源税改革对焦煤的调整幅度比较大，但对整个煤炭行业的影响有限，反而将大大推动煤炭产业转型，促进整个行业的可持续发展。

（七）煤炭工业发展存在的问题和不利因素

煤炭工业虽然取得了长足进步，但发展过程中资源支撑难以为继、生产与消费布局矛盾加剧、整体生产力水平较低、安全生产形势依然严峻、煤炭开发利用对生态环境影响大、行业管理不到位等不协调、不平衡、不可持续问题依然突出。

自 2011 年第四季度以来，受全球性金融危机、欧债等多重因素影响，我国经济增速下行明显，煤炭市场需求增速回落，价格下滑，库存增加，企业应收账款增加。煤炭市场在供应平衡、相对宽松中结构性过剩表现明显。

从长远来看，初步预测到 2015 年，我国煤炭需求总量约为 40 亿吨（含净进口 2 亿吨），而全国各省份规划的煤炭产能约 56 亿吨，煤炭产能过剩趋势明显，即将面临供大于求；煤炭工业发展还面临着项目建设高峰期带来的负债率上升、部分煤矿资源接续紧张等问题；

“十二五”期间国家将对优质炼焦煤和无烟煤资源实行保护性开发，具体措施可能包括总量控制、鼓励兼并重组、限制出口、控制矿权审批节奏等；以新能源、可再生能源最终取代化石能源的必然趋势，都将给煤炭工业发展带来挑战。

“十二五”期间中国的发展所面临的内外背景较以往复杂，尤其是人口发展红利丧失、能源环境承载力严重不足、产业空壳化等内在压力，同后危机时代中国作为新兴主导力量参与国际规则制定的外在机遇交互作用，国际政治经济格局的重新洗牌，新技术、新产业的不断涌现，使得“十二五”期间中国的发展面临着改革开放以来变数最多、国内外形势也最为复杂的阶段，煤炭行业不可避免的受其影响。

◎链接5：

2011煤炭行业十大新闻

★ TOP1 全面提升煤炭工业发展的科学化水平形成行业共识

4月17日，中国煤炭工业协会在人民大会堂召开了第七次全国煤炭科学技术大会，主题报告中提出了“全面提升煤炭工业发展的科学化水平”指导思想。

★ TOP2 国家确定煤炭工业发展“十二五”规划目标

3月14日，第十一届全国人民代表大会第四次会议批准《中华人民共和国国民经济和社会发展第十二个五年规划纲要》，提出了煤炭工业发展方向和任务。国家能源局组织编写了《煤炭工业发展“十二五”规划》进一步确定了煤炭工业发展的目标、任务和重点项目。

★ TOP3 煤矿职工工伤保险和意外伤害保险列入《煤炭法》

4月22日，第十一届全国人民代表大会常务委员会第二十次会议通过了《煤炭法》部分条款修改案，国家主席胡锦涛签署第45号主席令予以公布。《煤炭法》第四十四条修改为：“煤矿企业应当依法为职工参加工伤保险缴纳工伤保险费。鼓励企业为井下作业职工办理意外伤害保险，支付保险费。”

★ TOP4 煤矿企业兼并重组步伐加快

10月21日，国务院办公厅转发国家发展改革委《关于加快推进煤矿企业兼并重组的若干意见》，要求通过兼并重组，使全国形成一批年产5000万吨以上的特大型煤矿企业集团

★ TOP5 煤矿井下紧急避险系统建设积极推进

2月和3月，国家安监总局、国家煤监局相继下发《煤矿井下紧急避险系统建设管理暂行规定》和《井下避险“六大系统”建设基本规范》，对煤矿井下紧急避险系统的设计、建设、使用、维护和管理提出具体要求，

★ TOP6 国际煤炭采矿技术交流及设备展览会成为亚太地区最大展会

10月28日，由中国煤炭工业协会主办、中国中煤能源集团有限公司协办的第十四

届中国国际煤炭采矿技术交流及设备展览会在北京农展馆举行。本届展览会展出面积近4万平方米，来自24个国家和地区的430多家公司参展，观众达到8万多人次。

★ TOP7 我国煤炭进口量有望突破2亿吨

据海关公布数据，2011年前11个月我国进口硬煤1.61亿吨、褐煤3436万吨。2011年，我国煤炭进口量有望突破2亿吨。

★ TOP8 大型煤炭企业诚信建设取得显著成效

2011年，全国有72家煤炭企业通过信用等级评价。评价结果是：AAA级信用企业57家，AA级信用企业15家。

★ TOP9 世界首套60万吨煤制烯烃工程投产

由我国自主开发建成的世界首套60万吨煤制烯烃工程投产，现已生产聚烯烃48.5万吨，此外，神华鄂尔多斯百万吨级煤炭直接液化装置累计运行5818小时，已生产油品78.7万吨，两个项目均实现了安全稳定满负荷的商业化运行。

★ TOP10 全国煤炭工业劳动模范评选工作启动

12月20日，由人力资源和社会保障部与中国煤炭工业协会共同开展的“全国煤炭工业先进集体、劳动模范和先进工作者评选”工作正式启动，将评选出全国煤炭工业先进集体220个，全国煤炭工业劳动模范和先进工作者420名。

来源：中国煤炭报

附表：

2011年煤炭行业上市公司业绩评价结果排序表

行业排名	全部上市公司排名	股票代码	股票简称	综合得分（100分）	每股收益（元）	总资产报酬率（%）	净资产收益率（%）	总资产周转率（次）	流动资产周转率（次）	资产负债率（%）	获利倍数	营业收入增长率（%）	资本扩张率（%）	市场投资回报率（%）	股价波动率（%）	年末资产额（万元）	营业收入净额（万元）	净利润（万元）
1	10	601088	中国神华	87.35	2.25	18.29	21.05	0.57	1.96	34.23	29.49	36.91	14.70	5.32	57.62	39754800.00	20819700.00	5150700.00
2	17	600403	大有能源	85.32	1.56	36.25	49.99	1.75	4.00	49.27	26.36	3811.97	1562.05	-27.67	64.84	1047480.94	950221.23	140825.91
3	22	600188	兖州煤业	83.92	1.75	14.66	21.70	0.57	1.53	56.04	32.52	39.96	16.46	-19.14	92.87	9750412.95	4876834.49	864413.56
4	31	600348	阳泉煤业	82.73	1.17	15.60	23.62	2.02	3.68	53.66	26.04	81.53	29.09	-47.13	95.78	2791273.46	5072007.72	271138.07
5	34	000937	冀中能源	82.51	1.32	15.22	21.21	1.19	3.02	57.25	7.53	81.53	30.46	-16.08	103.97	3805318.74	3756908.07	304721.33
6	48	600123	兰花科创	80.71	2.91	15.64	19.80	0.53	1.38	42.61	16.53	30.91	22.45	-13.23	51.03	1518702.78	760796.34	156767.35
7	51	601699	潞安环能	80.50	1.67	14.32	23.46	0.70	1.33	54.53	20.06	4.66	23.24	-27.88	91.16	3457155.82	2242627.99	333961.82
8	60	601101	昊华能源	79.92	1.30	18.43	18.36	0.71	1.86	28.16	53.13	71.74	17.00	-23.17	94.57	1076024.28	695070.63	131608.18
9	66	000983	西山煤电	79.32	0.89	13.51	19.62	0.90	2.10	57.22	10.41	79.27	17.32	-46.05	104.62	3864311.93	3037241.57	300511.04
10	70	600395	盘江股份	78.85	1.55	20.51	24.80	0.73	1.91	38.83	34.34	36.49	17.08	-37.29	96.22	1222440.11	746493.18	171935.75
11	73	600546	山煤国际	78.73	1.45	10.76	21.21	2.48	3.48	68.19	4.74	80.52	132.54	-27.50	62.10	3460209.84	6976057.49	166909.51
12	75	600508	上海能源	78.52	1.96	19.71	20.62	1.04	3.97	27.36	67.08	13.79	20.45	-33.42	79.79	1045111.83	1008062.78	143265.68
13	84	601898	中煤能源	78.05	0.72	9.80	11.40	0.64	1.70	39.87	110.40	24.70	11.46	-16.65	48.52	15852251.00	8887240.90	1030536.60
14	93	601666	平煤股份	77.22	0.78	12.16	17.18	1.32	3.94	44.37	71.24	9.45	12.60	-35.98	72.24	1966470.77	2506863.89	177462.81
15	99	600971	恒源煤电	76.81	1.01	12.09	17.42	0.69	2.32	50.23	34.83	18.91	12.19	-39.62	89.74	1243643.21	831214.89	101985.23
16	118	601001	大同煤业	76.09	0.65	18.51	17.15	0.80	1.65	26.04	79.85	37.92	11.23	-41.57	88.54	1889509.68	1441793.25	227547.95
17	132	000780	平庄能源	75.36	0.89	19.31	22.08	0.75	1.26	16.14	0.00	22.24	23.15	-31.24	68.82	537796.10	394361.12	90235.75
18	178	601918	国投新集	73.97	0.73	10.44	17.97	0.39	3.14	64.71	6.41	14.94	10.25	-20.27	54.79	2223143.68	805559.37	134474.89
19	270	000933	神火股份	70.61	0.69	8.09	17.24	1.12	3.45	76.96	2.78	81.62	16.20	-41.22	102.10	3007716.28	3069907.33	111101.09
20	318	002128	露天煤业	69.48	1.21	25.97	37.68	0.84	3.52	39.53	23.97	14.63	24.41	-44.54	106.80	805915.29	650247.19	165615.24
21	448	600121	郑州煤电	66.55	0.18	4.65	9.12	2.47	4.42	71.45	9.49	59.44	6.09	-15.55	55.93	685722.57	1558687.62	17346.69
22	525	600997	开滦股份	64.83	0.64	7.74	10.36	1.10	2.46	57.69	4.01	28.90	15.21	-47.85	101.32	1942497.59	1953354.97	79520.19
23	571	000683	远兴能源	63.80	0.23	11.18	12.20	0.54	2.04	45.61	5.28	34.36	8.82	-36.11	83.89	601345.29	313515.17	38294.71
24	603	601011	宝泰隆	63.04	0.59	10.44	10.95	0.76	2.35	37.78	3.22	23.26	183.97	-31.31	110.92	463614.20	282210.82	21350.69
25	610	000552	靖远煤电	62.92	0.40	13.16	15.15	1.52	2.62	31.76	0.00	32.69	15.16	-43.56	65.48	73350.70	102952.44	7081.34
26	701	000571	新大洲A	61.24	0.20	12.31	12.49	0.46	1.76	45.36	10.22	32.32	-21.19	-20.49	61.62	255921.43	108516.36	19819.15
27	910	000723	美锦能源	57.98	0.14	4.02	4.12	1.65	2.39	43.44	4.51	11.94	4.97	8.21	51.52	92959.67	153115.18	2112.72
28	1114	000159	国际实业	54.44	0.68	13.64	17.74	0.39	0.56	36.21	10.63	65.72	17.34	-45.32	127.96	317704.43	123779.46	33288.17
29	1223	600381	贤成矿业	52.73	0.14	5.56	8.31	0.10	0.23	41.11	11.36	289.11	0.00	-10.09	78.12	393601.94	23880.36	9145.35
30	1270	600714	金瑞矿业	51.88	0.11	6.42	8.23	0.41	2.21	63.57	3.85	11.64	8.56	25.33	173.43	108326.55	42191.48	3117.80
31	1300	600721	百花村	51.37	0.28	6.45	10.46	0.29	1.48	75.11	2.73	73.69	4.65	-21.06	124.34	440989.43	120983.69	11227.22
32	1321	600397	安源股份	51.02	0.11	8.04	4.95	0.69	2.41	66.56	2.41	26.26	4.58	-29.25	61.73	217695.67	151399.65	3523.31
33	1322	000968	煤气化	51.01	0.40	7.08	7.85	0.53	1.38	47.17	10.03	7.26	7.71	-45.63	120.15	761961.93	377919.88	30462.97
34	1367	600740	山西焦化	50.21	0.09	2.91	4.57	1.00	2.46	84.99	1.35	21.03	3.47	4.29	150.36	840311.23	775316.43	5663.63
35	1392	600652	爱使股份	49.79	0.04	4.73	4.08	0.57	2.13	45.46	2.95	10.43	-5.01	-31.86	113.06	344307.36	211525.14	7862.83
36	1905	000835	四川圣达	38.57	0.01	9.41	0.77	2.01	2.95	32.88	1.36	24.26	2.84	-54.08	125.14	67300.09	136403.14	344.44
37	2115	600408	安泰集团	29.48	-0.38	-2.83	-14.41	0.78	1.47	56.54	-0.78	11.38	8.14	-29.75	124.76	730435.70	550592.13	-44037.48
38	2233	600179	ST黑化	20.61	-0.96	-22.54	-81.19	1.01	3.31	79.03	-13.04	-1.07	-56.98	-36.30	141.81	132579.50	155798.30	-37521.21
39	2285	600392	太工天成	13.19	-1.01	-12.59	-49.15	0.39	0.60	73.53	-3.67	9.11	-39.46	-62.22	136.65	93213.47	39950.66	-16080.40

第五章

钢铁行业上市公司业绩评价

钢铁工业是国民经济中的基础材料工业，在经济建设、社会发展、财政税收、国防建设以及稳定就业等方面发挥着重要作用。

回首过去的2011年，市场需求放缓，钢价走势不容乐观，运行成本居高不下，企业盈利不佳，钢铁企业又度过了艰难的一年。但是不容忽视的是，行业在淘汰落后产能、兼并重组、区域规划调整、海外投资等方面取得了积极的成果，年内出台的钢铁产业“十二五”规划也为今后五年的产业发展指明了方向。2012年仍将是充满不确定性的一年，在全球经济持续低迷及国内经济增长放缓的背景下，钢铁行业的发展必将面临更大的挑战，“在艰难中转型”将是2012年钢铁行业的主基调。

一、钢铁行业上市公司业绩评价结果

截至2011年末，钢铁行业A股上市公司共计34家，其中盈利29家，亏损5家，即有85.29%的公司实现盈利，比2010年下降了8.65%；钢铁行业上市公司总资产共计13500.94亿元，占上市公司总资产的5.95%；

2011年全国2276家上市公司共计完成营业收入188392.47亿元，34家钢铁行业上市公司完成营业收入14863.28亿元，占上市公司全部营业收入的7.89%；全部上市公司共计实现净利润10644.20亿元，钢铁行业上市公司实现净利润176.72亿元，占上市公司全部实现净利润的1.66%。

2011年钢铁行业整体评价结果为中，行业业绩综合得分53.44分，比全市场的61.72分低13.42%，34家钢铁行业上市公司中无一家企业进入2011年上市公司业绩评价综合得分的百强名单。业绩为良的仅有新兴铸管、鲁银投资2家；业绩为中的有20家；业绩为低的有5家；业绩为差的有7家。

表5－1　2011年度钢铁行业中联十强排行榜

名次	股票代码	股票名称	在全部上市公司中排名
1	000778	新兴铸管	194
2	600784	鲁银投资	249
3	600507	方大特钢	324
4	600307	酒钢宏兴	331

续 表

名次	股票代码	股票名称	在全部上市公司中排名
5	000708	大冶特钢	344
6	000709	河北钢铁	655
7	600295	鄂尔多斯	657
8	600117	西宁特钢	659
9	600126	杭钢股份	672
10	002110	三钢闽光	737

基于对钢铁行业上市公司的整体评价，下面分别从财务效益状况、资产质量状况、偿债风险状况、发展能力状况、市场表现状况五个方面对钢铁行业上市公司进行具体分析。

（一）财务效益

从综合得分来看，2011 年钢铁行业上市公司财务效益状况差于全国上市公司平均水平。

表 5－2 列示了 2011 年钢铁行业上市公司财务效益状况评价结果。在钢铁行业上市公司财务效益状况指标中，得分排名前五位的有三家的行业综合评价得分亦在前五名之列，其中鄂尔多斯财务效益排名第一。鄂尔多斯 2011 年实现营业收入 136.32 亿元，比 2010 年增长 16.14%；实现营业利润 16.88 亿元，比 2010 年增长 10.08%，归属上市公司所有者的净利润 8.76 亿元，比 2010 年增加 3.21%。在 2011 年钢铁行业整体不景气的环境下，鄂尔多斯能保持一定的利润增长率，一方面是由于其多元化的业务模式，另一方面是其电冶板块业务营业利润率为 33.55%，大大高于钢铁行业的 1.26%。公司冶金产业 2011 年前三季度实现了良好效益，第四季度市场情况发生变化后，公司及时调整策略，以产销平衡、压缩库存、清收货款作为经营目标，较好地应对了市场环境的变化。

表 5－2 钢铁行业财务效益状况比较表

分析指标		2011 年上市公司平均值	2011 年行业值	2010 年行业值	增长率（%）
基本指标	扣除非经常性损益净资产收益率（%）	11.15	2.65	6.31	－58.00
	总资产报酬率（%）	7.45	3.23	4.58	－29.48
	得分	21.23	13.67	15.80	－13.48
修正指标	营业利润率（%）	6.70	1.26	2.79	－54.84
	盈利现金保障倍数	1.06	4.53	1.78	154.49
	股本收益率（%）	49.53	14.75	27.99	－47.30
综合得分		21.93	16.27	17.44	－6.71

与 2010 年的情况相比较，2011 年钢铁行业上市公司总体上财务效益状况急剧恶化，除盈利

现金保障倍数以外的其他指标均低于2010年行业值，也大大低于2010年全部上市公司平均值。

（二）资产质量

从综合得分来看，钢铁行业上市公司资产质量状况优于全国上市公司平均水平。

表5－3列示了钢铁行业上市公司资产质量状况评价结果。在钢铁行业上市公司资产质量状况指标中，杭钢股份、新兴铸管和八一钢铁得分排在前两位，其中杭钢股份为满分。上述两家企业在运营中保持了较高的存货周转率，杭钢股份和新兴铸管2011年存货周转率分别为12.81次和11.34次，大大高于行业平均水平6.03次。

表5－3　钢铁行业资产质量状况比较表

分析指标		2011年上市公司平均值	2011年行业值	2010年行业值	增长率（%）
基本指标	总资产周转率（次）	0.91	1.15	1.10	4.55
	流动资产周转率（次）	1.86	2.98	3.04	－1.97
	得分	9.57	12.79	12.59	1.59
修正指标	应收账款周转率（次）	14.01	61.60	57.38	7.35
	存货周转率（次）	4.14	6.03	5.86	2.90
综合得分		9.25	12.76	12.64	0.95

与2010年比较可知，2011年钢铁行业上市公司总体上资产质量略有上升，但变化不大，其中主要受交易结算方式的影响，钢铁行业上市公司2011年平均应收账款周转率61.60次，比2010年高出7.35%。同时也远高于上市公司平均应收账款周转率，这主要与钢铁行业公司一贯坚持“款到发货”有关。

（三）偿债风险

从综合得分来看，2011年钢铁行业上市公司偿债风险状况差于全国上市公司平均水平。

表5－4列示了钢铁行业上市公司偿债风险状况评价结果。在钢铁行业上市公司偿债风险状况指标中，大冶特钢得分排名第一，其资产负债率为38.33%，大大低于上市公司及行业平均；速动比率为61.35%，高于行业平均。

表5－4　钢铁行业偿债风险状况比较表

分析指标		2011年上市公司平均值	2011年行业值	2010年行业值	增长率（%）
基本指标	资产负债率（%）	59.04	63.79	62.50	2.06
	获利倍数	7.88	2.15	3.34	－35.63
	得分	9.26	6.23	6.96	－10.49

续 表

分析指标		2011 年上市公司平均值	2011 年行业值	2010 年行业值	增长率（%）
修正指标	速动比率（%）	72.33	43.52	41.85	3.99
	现金流动负债比率（%）	11.60	11.86	9.49	24.97
	带息负债比率（%）	46.03	57.82	56.17	2.94
综合得分		9.05	6.23	6.63	-6.03

与2010年相比较，2011年钢铁行业上市公司偿债风险状况综合得分略有下降，资产负债率及已获利息倍数等指标均出现一定程度恶化，主要因为2011年信贷紧缩导致资金成本上升以及盈利水平下降所致。

（四）发展能力

从综合得分来看，2011年钢铁行业上市公司发展能力状况差于全国上市公司的平均水平。

表5-5列示了钢铁行业上市公司发展能力状况评价结果。在钢铁行业上市公司发展能力状况指标中，酒钢宏兴得分排名第一，主要原因是公司具备一定的成本优势和地缘优势。公司拥有矿山，具备一定的铁矿石自给率；公司为西北地区建筑钢材龙头企业，所在区域处工业化前期阶段，钢材需求伴随当地工业化进程发展，有望持续增长，国家钢铁工业发展规划也有利于其长期发展。

表5-5　钢铁行业发展能力状况比较表

分析指标		2011 年上市公司平均值	2011 年行业值	2010 年行业值	增长率（%）
基本指标	营业收入增长率（%）	24.27	15.46	31.52	-50.95
	资本扩张率（%）	17.20	6.28	6.76	-7.10
	得分	12.40	9.85	9.71	1.44
修正指标	累计保留盈余率（%）	40.82	35.19	37.16	-5.30
	三年营业收入增长率（%）	21.50	9.22	11.59	-20.45
	总资产增长率（%）	20.41	9.77	10.39	-5.97
	营业利润增长率（%）	7.12	-49.17	182.95	-126.88
综合得分		12.36	8.66	11.05	-21.63

2011年钢铁行业上市公司营业收入增长率从2010年的31.52%降至15.46%，增速降幅很大。由于国内外经济形势的日趋复杂，下游需求放缓，2011年钢铁行业上市公司业绩下滑明显，整个钢铁行业进入下行走势。

（五）市场表现

2011 年，大盘在国外经济持续乏力、国内经济增长放缓预期增强等因素影响下一路走低，上证综指全年跌幅接近 20%。前三季度，在保障房和高铁投资等政策面的支撑下，钢铁指数尚能跑赢大盘；进入四季度以来，随着下游需求减弱、钢材价格暴跌，钢铁指数下跌幅度超过了大盘的跌势。具体情况见图 5－1。

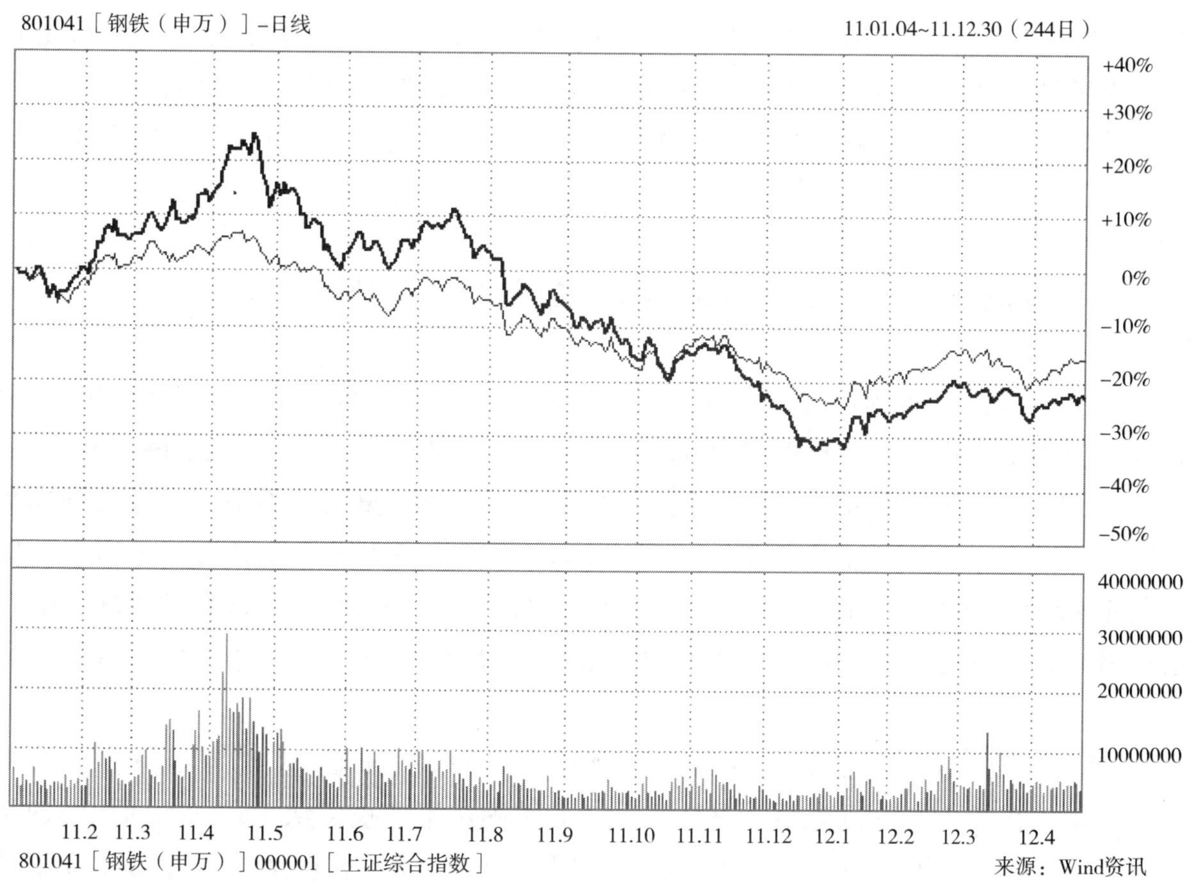

图 5－1 钢铁指数与大盘指数波动

从综合得分来看，钢铁行业上市公司市场表现状况与全国上市公司的平均水平相差不大。

表 5－6 列示了钢铁行业上市公司市场表现状况评价结果。在钢铁行业上市公司市场表现状况指标中，久立特材得分名列第一，其相对较好的表现主要得益于其不锈钢管行业龙头地位，公司各类工业用不锈钢产量占据行业第一位，是国内少数几家能同时采用国际先进的挤压工艺和国内先进的穿孔工艺进行生产的企业。

表 5－6 钢铁行业公司市场表现状况比较表

分析指标	2011 年上市公司平均值	2011 年行业值	2010 年行业值	增长率（%）
市场投资回报率（%）	－31. 17	－27. 56	－19. 66	－
股价波动率（%）	96. 03	102. 41	107. 69	－4. 90
得分	9. 13	9. 52	6. 40	48. 75

2011 年上市公司整体市场投资回报率为负，钢铁行业上市公司继续 2010 年的低迷，34 家钢铁上市公司有 33 家的投资回报率为负。

二、钢铁行业上市公司业绩的影响因素分析

作为典型的经济周期性行业，钢铁行业景气周期与经济增长周期高度正相关。2011 年，在整体宏观经济弱势运行的情况下，受原材料价格高位波动、国际市场疲软、信贷收紧以及下游行业需求增速减缓等因素影响，我国钢铁工业生产运行处于高成本、低盈利状态。四季度，虽然铁矿石价格有所下跌，但是由于钢材销售价格暴跌，导致钢铁行业仍处于低利润状态。

（一）产量居高不下，下游需求放缓，钢材价格呈下行走势

2011 年 1～12 月，我国粗钢、生铁和钢材累计产量分别为 68327 万、62969 万和 88131 万吨，同比分别增长 8.89%、8.43%和 12.30%，增速较 2011 年同期分别下降 0.41 个、上升 1.03 个、下降 2.40 个百分点，钢铁产量仍处高位。尽管产量居高不下，但投资规模仍在持续扩大，2011 年中国钢铁业固定资产投资约 5000 亿元，同比增长近 20%，创历史新高。

从需求来看，2011 年，我国钢材表观消费量累计达 8.48 亿吨，比 2010 年增长 10.1%，增速有所放缓，其中粗钢表观消费量为 6.49 亿吨，同比增长处于近十年的较低水平，仅高于 2008 年。

2011 年，城镇固定资产投资及钢铁行业的主要下游行业房地产、汽车、其他主要耗钢工业用钢需求均出现不同程度减缓。具体来看，城镇固定资产投资从 5 月开始同比增速呈逐月下滑态势，并从 9 月开始回落至 25%以下，全年增长 23.8%；房地产行业由于政策调控的影响，行业投资开发额的同比增长也从 9 月开始从 30%回落至 25%，并在 12 月下滑至 12.3%。9 月的新开工面积同比增幅从 32.5%回落至 8.9%，并在 10 月继续回落至 1.9%，行业下行拐点逐步显现，至 12 月呈现负增长；汽车行业全年也缺乏抢眼表现，与往年的较高增速相比显得比较疲弱，个别月份同比和环比出现负增长；工程机械行业一季度表现较好，但随后也一路下行，挖掘机等子品种也出现不同程度的负增长；此外铁路投资也由于高铁事故以及资金紧张等问题连续回落。

表 5－7　2011 年钢铁业主要下游行业月度同比增速

同比变动（%）	1 月	2 月	3 月	4 月	5 月	6 月	7 月	8 月	9 月	10 月	11 月	12 月
城镇固定资产投资	－	－	25.00	25.40	25.80	25.60	25.40	25.00	24.90	24.90	24.50	23.80
房地产开发投资额	－	－	33.20	34.60	35.40	28.90	36.50	31.60	25.00	25.00	20.10	12.30
商品房销售面积	－	－	15.80	－9.90	18.50	25.40	17.80	13.50	9.50	－9.90	－1.70	－6.70

续 表

同比变动（%）	1月	2月	3月	4月	5月	6月	7月	8月	9月	10月	11月	12月
商品房施工面积	–	–	10.50	11.80	22.40	20.90	16.60	23.30	12.10	-2.70	14.10	-21.70
新开工面积	–	–	19.50	26.90	22.20	22.80	34.00	32.50	8.90	1.90	9.10	-18.90
工业增加值	–	14.90	14.80	13.40	13.30	15.10	14.00	13.50	13.80	13.20	12.40	12.80
机械工业总产值	22.40	22.30	21.50	17.70	15.80	19.50	16.30	19.10	17.70	16.20	16.70	–
汽车产量	13.30	6.30	9.90	-1.50	-1.90	3.70	-1.40	9.70	2.50	1.30	-1.20	-6.40
发电设备	47.50	84.90	44.70	8.10	-8.20	17.70	5.50	19.40	21.90	-11.80	15.00	3.10
洗衣机	9.10	3.30	12.20	31.80	27.20	31.90	14.80	11.70	12.70	10.40	-9.30	-1.80
电冰箱	25.30	4.20	21.00	10.90	16.00	22.10	21.10	13.50	16.90	26.90	27.50	32.90
空调	57.80	51.20	48.40	32.50	29.40	37.60	28.70	36.50	4.50	-3.80	-1.00	4.50

资料来源：万得资讯、中银国际研究

出口方面，由于国际经济形势日趋复杂，2011 年我国出口钢材 4888 万吨，同比增长 14.9%，增速同比大幅下滑 58.1 个百分点，钢材出口维持低位，出口价格环比下降。

受去库存压力及内外需求减缓影响，2011 年钢材价格呈下行走势，前三季度国内市场钢材价格综合指数月度平均值在 130.74～136.04 之间波动，进入四季度，由于市场需求疲软钢材价格持续下滑。12 月末，中国钢铁工业协会 CSPI 钢材综合价格指数为 120.45 点，环比下降 1.88 点，降幅为 1.54%；同比下降 7.84 点，降幅为 6.11%。

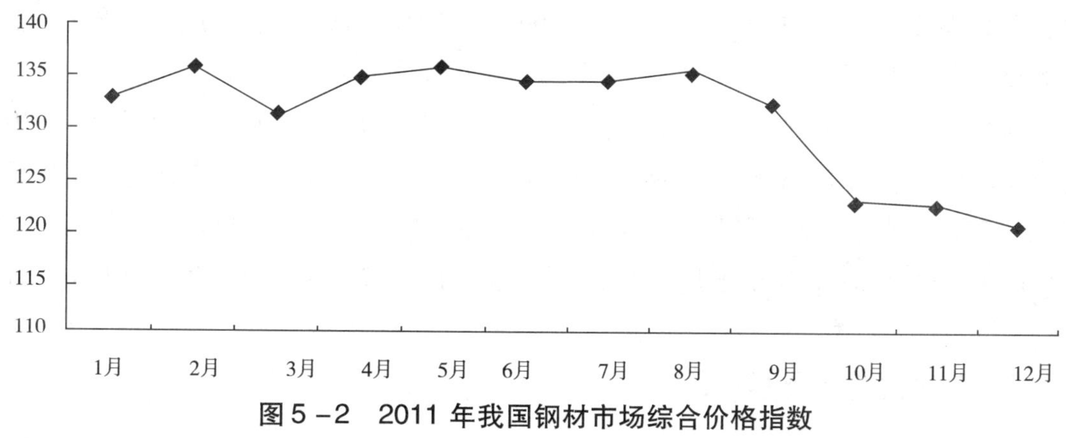

图 5－2 2011 年我国钢材市场综合价格指数

资料来源：中国行业信息研究网

（二）行业运行成本仍处高位，企业盈利水平较低

铁矿石的高成本是造成钢铁企业微利的重要原因，自 2010 年力拓等三大矿山铁矿石年度定价机制变为季度均价定价模式后，我国进口铁矿石价格开始节节攀升。2011 年 1～12 月，我国累计进口铁矿石 6.86 亿吨，同比增长 10.9%，平均到岸价格为 163.84 美元/吨，同比上升 28.1%。2011 年，钢铁企业因进口铁矿石价格上涨多支出约 250 亿美元，成为推高企业生产成本的重要因素。

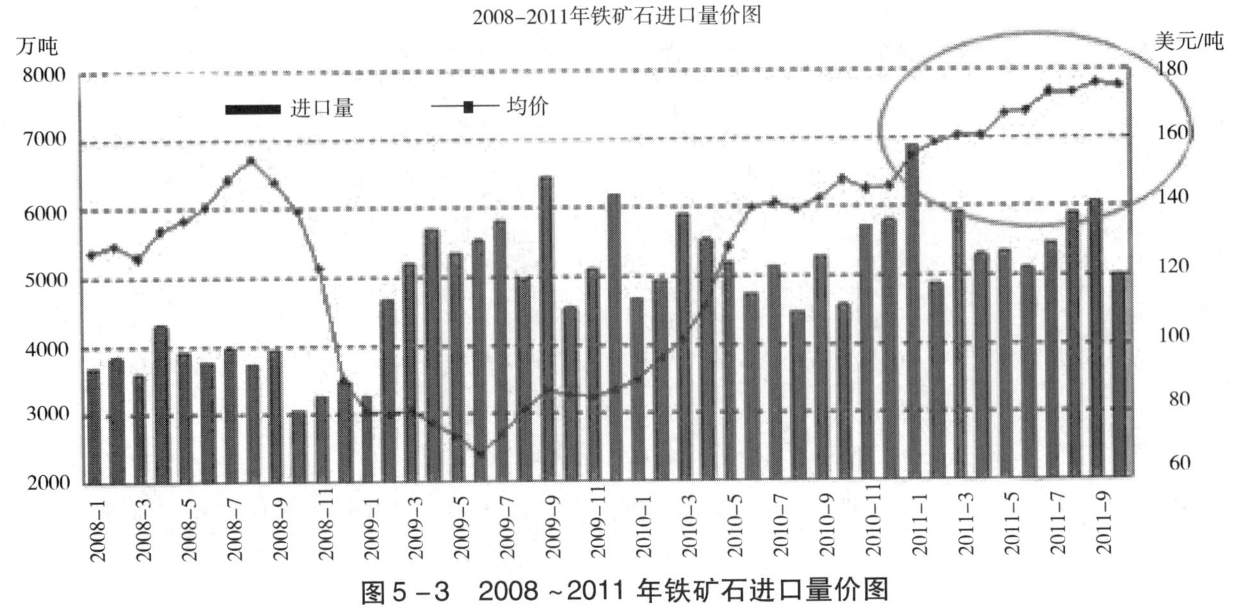

图5-3　2008～2011年铁矿石进口量价图

资料来源：欧浦钢网

虽然2011年四季度以来，受钢材价格暴跌、钢厂减产以及铁矿暴利引致更多投资的影响，铁矿石价格从高位回落，但目前钢铁企业仍面临高成本、低效益的困难，未来钢铁企业成本压力能否缓解仍极大受制于铁矿石价格的走势。

另一方面，2011年在货币政策紧缩、资金成本大幅增加的情况下，钢铁企业的财务成本大幅增加。34家钢铁行业上市公司2011年的财务费用比2010年上升22.19%。这主要是由于银行承兑汇票贴现量大幅上升以及贴现率不断上调所致。

由于钢材价格下跌，而原材料价格相对坚挺，同时钢厂减产缺乏足够弹性，2011年我国钢铁企业盈利水平整体不容乐观。34家钢铁行业上市公司2011年实现利润176.72亿元，同比下降42.12%，销售净利率仅为1.28%，亏损企业5家，亏损面达14.71%。而且，行业内大部分国有企业利润率低于平均水平，而大部分民营企业利润率则高于平均水平。

（三）特种钢整体表现好于普通钢

虽然2011年钢铁行业整体表现不佳，但特钢企业普遍表现出较好的盈利能力，具体来看，2011年钢铁行业上市公司中盈利水平同比增幅居前列的多数为特钢企业，如方大特钢、西宁特钢、久立特材和太钢不锈等，而与此相比大型普碳钢厂比如鞍钢和马钢等则出现明显亏损或是同比的大幅下滑。特钢盈利相对较好一方面是由于特钢价格相对普碳钢来说较为稳定，2011年9、10月份普碳钢大幅暴跌的同时特钢价格跌幅相对平缓；另外在下游需求普遍表现不佳的情形下，特钢某些品种的下游却表现相对突出，比如说石油石化输送和开采行业以及能源建设行业。

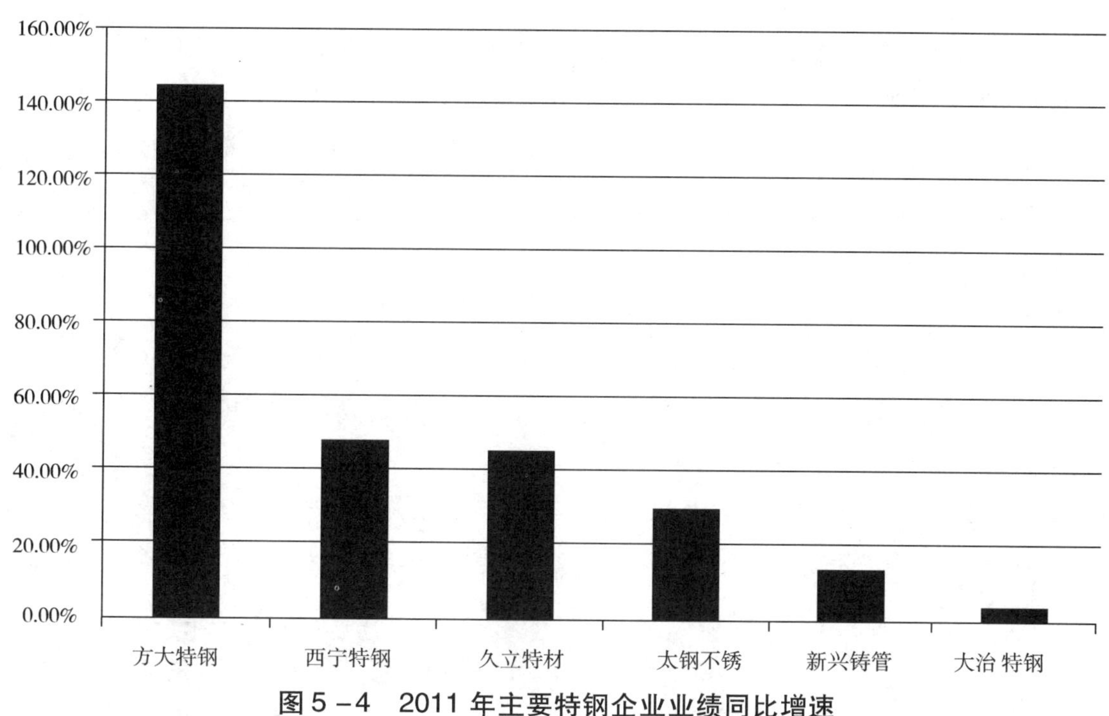

图 5 -4 2011 年主要特钢企业业绩同比增速

资料来源：万得资讯

（四）具备地缘、产品集中度和资源优势的企业业绩好于行业平均水平

虽然 2011 年全国呈现产能过剩局面，但华东、中南、西南和西北地区大部分省市存在钢材需求缺口，一定程度上惠及当地钢铁企业，例如伴随国家西部大开发和当地工业化的不断推进，西北地区的钢材需求缺口较大，酒钢宏兴作为西北地区建筑钢材龙头企业，2011 年在行业内的业绩排名位居前列。新兴铸管、大冶特钢和宝钢等企业由于主要产品市场占有率高，且技术领先同行，企业市场议价能力和风险规避能力更强，业绩也有较好表现。另外，由于铁矿石价格长期高位运行，具备资源优势的企业盈利能力要强于行业平均水平，比如西宁特钢作为一家资源型钢铁企业，2011 年在钢铁行业上市公司中业绩排名居前十列。

◎资料链接：

2011 年我国钢铁行业大事记

★ 1 月 9 日，广钢股份公布重组方案，将置出原有的钢铁制造相关业务，并通过资产置换及非公开发行变身电梯制造企业。

★ 1 月 26 日，国务院常务会议再度推出八条房地产市场调控措施（下称“新国八条”），要求强化差别化住房信贷政策，对贷款购买第二套住房的家庭，首付款比例不低于 60%，贷款利率不低于基准利率的 1. 1 倍。

★ 2月28日，印度宣布自3月1日起上调铁矿石块矿和粉矿的出口税至20%，此前块矿出口税为15%，粉矿为5%。

★ 3月，江苏5家民营钢企成立江苏沿海钢铁集团，现有产能共1300万吨左右，“十二五”期间建成2000万吨、在“十三五”期间建成3500万吨精品钢铁基地。

★ 4月15日，大连商品交易所推出焦炭期货合约。

★ 6月17日，工信部表示原则同意鞍山钢铁集团公司与福建省三钢（集团）有限责任公司的联合重组方案。双方进行重组，目的是福建宁德的千万吨沿海大型钢铁项目。

★ 7月1日，工信部下发了2011年工业行业淘汰落后产能淘汰名单。此次淘汰落后产能共涉及2255家企业。其中淘汰落后产能炼铁3122万吨、涉及96家企业，炼钢2794万吨、涉及58家企业，焦炭1975万吨、涉及87家企业。

★ 8月10日国务院召开会议，决定开展高速铁路及其在建项目安全大检查，适当降低新建高速铁路运营初期的速度，对拟建铁路项目重新组织安全评估。

★ 9月20日，中国钢铁工业协会联合中国五矿化工进出口商会和中国冶金矿山企业协会宣布，正式推出中国铁矿石价格指数，并从10月份起每周对外公开发布。

★ 11月3日，国家工信部印发《钢铁工业“十二五”发展规划》《规划》明确了钢铁工业“十二五”时期的发展目标，并预测我国粗钢产量最高峰可能出现在2015~2020年期间，峰值约7.7~8.2亿吨。

★ 12月，工信部下达“十二五”工业领域行业淘汰落后产能目标：淘汰炼铁落后产能4800万吨，炼钢4800万吨，焦炭4200万吨，电石380万吨，铁合金740万吨。

（资料来源：我的钢铁网）

三、2012年钢铁行业前景分析

2012年，国家将有序推进“十二五”规划确定的重大项目开工建设，继续加大对保障性安居工程、水利建设等投入力度，重点支持“三农”和节能减排等领域基础设施建设，并且随着CPI高位回落、通胀压力有所减轻，也为宏观调控政策的灵活调整提供了空间，这些因素仍将对国内钢材需求形成一定支撑。但在宏观经济增长预期放缓，下游需求短期内难以好转的大趋势下，预计2012年国内市场钢材需求虽将保持一定增长，但增幅会有所回落。同时，产能过剩问题仍将继续存在，钢材价格可能继续低位运行，而原材料成本压力无法得到根本性改善，2012年钢铁行业仍将处于微利时期。同时，围绕节能减排、产业结构调整、并购重组等中心问题，2012 年钢铁行业将在艰难中继续转型。

（一）产能过剩短期内难以有效改善，需求仍将面临较大压力，钢材价格可能继续低位运行

2011 年，我国粗钢累计产量达到 6.83 亿吨，累计同比增长 8.9%，经过多年快速发展，粗钢产量已经连年递增，产能过剩的压力十分明显，且下游行业需求不足，进一步增加了产能压力。

对于钢材需求量较大的房地产市场而言，其低迷状态可能延续。从当前情况来看，全国房地产市场出现了大范围降价的迹象，楼市的低迷使得钢铁市场的下游需求减弱，国家对楼市的调控短期内很难改观，而保障房建设是否能够顺利进行目前也还没有定论，后期房地产市场对于钢材需求的拉动作用存在较多不确定性；2011 年的我国汽车市场产销量同比增速明显低于上一年度。为治理道路拥堵北京实行摇号限购政策，随后贵阳市也出台限购政策，后期其他城市有可能相继进行限购来治理交通拥堵，另一方面政府可能会出台更严格的环保政策，汽车市场下行风险较大，从而降低了钢铁需求量；我国造船业 70% 以上的订单来自出口需求，由于全球经济不景气，航运市场持续低迷，2011 年我国新承接船舶订单量 3622 万载重吨，同比下降 52%，目前全球经济尚无明显复苏迹象，造船业的低迷将继续影响我国钢铁业的钢材需求。

综合来看，后期钢铁需求的复苏压力重重，而产能压力较大，钢铁业还将面临经营困难的局面。随着国内通胀降低，2012 年国内市场流动性会有所好转，下游行业持续下滑的态势能够得到一定抑制，但好转的条件尚不具备。2012 年春节过后，工地迟迟没有开工，终端需求释放缓慢，虽然钢价在 2 月底 3 月初开始步入一波上涨通道，但是需求仍然不畅，加上“两会”定调 GDP 增长目标调低至 7.5%，是八年来首次低于 8%，引发市场对 2012 年下游需求继续放缓的预期，对钢铁市场信心恢复形成一定的压力，钢材价格可能继续低位运行。

（二）原材料价格短期内或有下降，但长期看钢铁企业仍将面临成本压力

2011 年钢铁业持续低迷，下游房地产、造船等行业对钢材需求不足，钢厂纷纷减产、停产，进而减少了对铁矿石的需求量，加之国内已经积累了大量的铁矿石库存，后期对铁矿石的需求将有所减弱。预计 2012 年全球铁矿石供应量有望超过需求量，有专业机构分析预测，2012 年全球铁矿石新建项目将增加产能 2.2 亿吨，铁矿石市场供给紧张的局面可能得到一定改观。从供需两方面因素考虑，后期铁矿石价格一定程度上有望维持低位，短期内或将缓解钢企的成本压力。但对进口铁矿石依赖不能得到根本性解决，长期来看铁矿石价格仍将维持刚性。

（三）随着《钢铁工业“十二五”发展规划》的发布，特钢企业及具备地

缘、产品集中度和资源优势的企业将进一步受益

为了保障我国钢铁行业更加良好的发展，促进产业优化升级，工信部于2011年11月7日发布了《钢铁工业“十二五”发展规划》（以下简称《规划》）。

《规划》要求钢铁工业要在淘汰落后和兼并重组的背景下，大力推进技术创新和产品升级换代工作，同时对不锈钢、特殊钢等重点产品进行了预测；《规划》在详细部署“十二五”期间我国钢铁行业的重点任务时，将产品升级换代放在第一位。一是普通产品的技术标准要提高，如建筑用钢方面要求加强高强钢筋的推广应用力度，要求完善高强度螺纹钢筋生产及市场配送体系，促进建筑钢材的升级换代和减量应用；二是鼓励有实力的企业开发高端钢材品种，以避免高档次钢材品种同质化发展，从建筑、机械、汽车、家电、造船、电力等多个细分行业出发，提出了具体的开发目标；三是重点发展特殊钢品种。从技术开发、生产控制到下游应用都作了严格部署，这给大型的有技术实力的企业和特殊钢企业提供了更多的机会，如太钢不锈、宝钢股份、西宁特钢等。

《规划》在产业布局上也提出了具体的指导意见，提出了我国钢铁行业的长远布局，环渤海、长三角地区原则上不再布局新建钢铁基地，河北、山东、江苏、辽宁、山西等地减量调整；湖南、湖北、河南、安徽、江西等中部地区等量置换；西部地区部分市场相对独立，立足资源优势，承接产业转移，结合区域差别化政策，适度发展钢铁工业。特别提出要加快湛江、防城港钢铁精品基地建设，福建宁德地区也将加速推进，促进海西区的经济发展。有利于沿江、沿海和资源地区钢铁行业的发展。

（四）随着钢铁行业进入“微利”时期，产业转型升级的逐步推进，行业内可能出现新的利润增长点

我国钢铁行业发展到目前，已进入“微利”时期，行业长期存在的产能过剩、产品结构不合理及布局不合理等问题很难在短期得到有效解决，钢铁企业要想创造更好的效益必须在积极解决上述问题的同时寻求新的利润增长点，国家的产业发展政策也为其提供了更多的机会，钢铁企业可以结合自身优势围绕钢铁供应链、资源链、技术链发展一定的非钢产业。例如，鞍钢采取多角化经营战略，与国际知名公司合作，重点发展重型机械制造、耐火材料，和矿渣、煤化工、线材制品深加工等产业，已经取得了一定成绩；太钢以新材料开发和工程技术输出为重点，着力打造多元产业新优势；杭钢按照“依托钢铁发展非钢，发展非钢反哺钢铁”的战略思路，不断加大非钢产业培育力度，取得较好的经济效益。

附表：

2011 年钢铁行业上市公司业绩评价结果排序表

行业排名	全部上市公司排名	股票代码	股票简称	综合得分（100分）	每股收益（元）	总资产报酬率（%）	净资产收益率（%）	总资产周转率（次）	流动资产周转率（次）	资产负债率（%）	获利倍数	营业收入增长率（%）	资本扩张率（%）	市场投资回报率（%）	股价波动率（%）	年末资产额（万元）	营业收入净额（万元）	净利润（万元）
1	194	000778	新兴铸管	73.09	0.76	8.79	13.22	1.77	3.11	58.96	6.40	39.62	11.28	-27.80	106.06	3271657.88	5252766.32	175454.49
2	249	600784	鲁银投资	71.20	1.19	13.87	43.80	2.05	3.02	73.04	12.29	32.54	46.23	-6.07	120.39	345764.47	569186.90	30071.03
3	324	600507	方大特钢	69.26	0.56	13.29	29.67	1.53	3.51	66.28	6.73	9.65	47.07	-40.64	111.08	989544.36	1333397.90	76739.75
4	331	600307	酒钢宏兴	69.12	0.37	6.24	13.32	1.47	2.95	71.71	4.64	39.54	12.82	-24.19	92.18	4470496.20	5515343.80	152658.98
5	344	000708	大冶特钢	68.82	1.30	14.81	21.51	2.01	4.32	38.33	22.75	17.34	14.19	-34.68	110.88	470139.13	926182.82	58493.14
6	655	000709	河北钢铁	62.03	0.13	3.46	3.83	1.08	2.81	68.25	1.72	14.05	44.55	-25.52	82.88	14104069.18	13334372.71	145265.32
7	657	600295	鄂尔多斯	61.97	0.85	9.03	17.28	0.48	1.06	67.53	3.67	16.19	15.40	-40.35	111.2	3054130.70	1363206.00	163031.10
8	659	600117	西宁特钢	61.91	0.44	8.41	11.96	0.65	2.52	73.28	2.33	16.39	15.32	-27.26	89.20	1341040.09	820799.45	48847.47
9	672	600126	杭钢股份	61.67	0.36	6.38	8.31	2.48	3.65	55.75	3.84	15.02	5.53	-18.78	73.31	905199.25	2232644.30	32541.46
10	737	002110	三钢闽光	60.83	0.47	7.55	8.93	2.31	4.62	67.20	1.87	20.66	8.93	-33.55	94.15	902148.11	1928186.89	25325.86
11	779	600019	宝钢股份	60.14	0.42	4.17	6.97	1.00	3.00	50.90	129.04	10.07	1.91	-22.52	85.02	23109974.58	22250468.47	773580.02
12	787	000825	太钢不锈	60.07	0.32	4.44	8.00	1.49	4.28	61.92	2.71	10.35	9.25	-30.67	89.58	6581241.66	9622025.96	178941.45
13	806	600581	八一钢铁	59.68	0.63	6.53	13.71	2.22	5.92	71.82	2.62	18.11	9.33	-38.47	129.71	1301653.92	2795119.70	48155.51
14	857	002318	久立特材	58.73	0.54	7.36	7.85	0.97	1.68	39.08	5.60	21.14	6.99	-14.09	45.83	252044.84	216157.57	12119.79
15	860	600005	武钢股份	58.69	0.11	2.88	3.38	1.17	4.87	61.30	2.35	33.68	31.51	-28.64	90.47	9610067.33	10105831.05	94890.59
16	888	002075	沙钢股份	58.22	0.18	9.02	12.96	1.38	2.77	58.43	3.29	19.65	9.94	-31.31	137.42	1014409.91	1500058.74	53947.43
17	1095	601003	柳钢股份	54.65	0.14	5.80	6.86	2.25	4.15	72.51	1.58	14.22	-0.40	-30.04	98.29	1916498.50	4239099.70	36226.12
18	1161	000761	本钢板材	53.70	0.25	2.90	5.21	1.31	2.85	62.11	4.51	10.38	3.42	-26.50	120.56	4105939.13	5043185.01	79555.05
19	1187	600010	包钢股份	53.30	0.08	3.44	3.89	0.93	1.83	73.82	1.69	5.59	2.96	6.74	189.38	4973308.27	4281492.28	49655.15
20	1252	600782	新钢股份	52.27	0.12	2.60	1.99	1.44	3.18	69.91	1.31	14.24	2.87	-19.19	89.17	2930298.61	4022800.90	18278.25
21	1291	000906	南方建材	51.46	0.22	5.04	7.87	6.25	7.79	68.01	2.25	60.02	21.40	-38.39	80.31	430451.48	2386149.13	8489.88
22	1341	600282	南钢股份	50.62	0.08	3.15	3.28	1.11	2.37	71.76	1.35	28.32	-4.48	-17.01	80.89	3434085.39	3856515.10	32566.73
23	1388	600569	安阳钢铁	49.83	0.02	2.71	0.36	0.92	1.98	67.29	1.75	5.20	-0.20	-22.38	79.78	3295014.66	2976813.67	3436.44
24	1450	600231	凌钢股份	48.62	0.19	1.84	4.12	1.48	2.79	65.75	0.00	11.28	3.41	-40.46	131.95	1122450.47	1430807.34	15594.37
25	1517	600808	马钢股份	47.52	0.01	1.71	0.26	1.15	2.48	64.33	1.3	33.64	3.34	-28.53	87.81	8111302.89	8684220.22	18949.69
26	1795	600022	山东钢铁	41.76	0.02	1.42	0.73	1.02	3.78	75.85	1.23	4.70	0.53	-3.09	131.56	3005091.33	3218518.02	5803.19
27	1840	600399	抚顺特钢	40.46	0.05	5.76	1.53	0.76	1.21	78.47	1.10	2.57	1.54	-41.25	107.98	784600.52	541753.92	2562.74
28	1904	000629	攀钢钒钛	38.58	0.00	4.75	0.01	1.15	4.19	52.57	1.30	21.49	-9.25	-47.18	168.35	3133262.91	5254088.77	1262.92
29	1985	000932	华菱钢铁	35.15	0.02	1.58	0.55	0.92	2.44	82.34	1.07	21.84	4.80	-26.79	104.68	8596915.70	7378868.88	7312.84
30	2065	601005	重庆钢铁	31.94	-0.85	-2.52	-30.55	0.95	1.93	84.32	-0.83	41.61	-25.61	-24.15	87.88	2705044.10	2353294.50	-147107.50
31	2123	000717	韶钢松山	28.86	-0.68	-2.64	-21.69	0.96	2.3	80.79	-1.52	21.44	-19.57	-28.95	74.84	2436119.81	2287432.94	-113821.56
32	2136	000898	鞍钢股份	27.78	-0.30	-1.74	-4.09	0.87	3.05	49.21	-1.23	-2.17	-5.49	-42.26	128.34	10298800.00	9042300.00	-233200.00
33	2168	000959	首钢股份	25.65	0.00	0.16	0.15	0.74	2.46	51.95	0.14	-55.15	-5.71	-37.96	78.30	1649150.73	1251648.62	-19494.96
34	2181	600894	*ST 广钢	24.71	-0.90	-14.3	-489.13	1.56	2.35	105.64	-4.69	-5.06	-141.53	-25.19	72.52	357507.25	618100.94	-68921.44

第六章

有色金属行业上市公司业绩评价

我国是一个缺矿国家，对矿产的需求是长久性的，有色金属是国民经济发展的基础材料，航空、航天、汽车、机器制造、电力通讯、建筑、家电等绝大部分行业都以有色金属材料为生产基础，有色金属在人类发展中的地位愈来愈重要。

受经济危机、经济结构调整等因素影响，2011 年全球经济复苏步伐明显放缓，世界各国经济在艰难中前行。有色金属行业的发展明显受到内外部多重因素的影响：欧洲债务危机的深化、美国第二轮量化宽松政策的影响、国内稳健货币政策的实施、供需不均衡、原材料成本上升、相关政策的出台、外贸出口等。行业整体表现为：金属需求增速大幅放缓，甚至出现负增长；有色金属价格走势跌宕起伏，基本金属和稀有金属大多呈现前高后低的走势，但除锌等少数品种外，全年平均价格仍高于 2010 年，业绩普遍有所提升；基本金属大多在第二季度触及年内高点后逐步回落，虽在 10 月份出现一定反弹，但基本一路下滑，由于稀有金属品种较多，因而价格走势各异，但仍有不少品种全年取得较好收益跑赢基本金属，如黄金、稀土和钕铁硼等；有色金属行业股价指数在经过 2010 年大涨之后，2011 年出现大幅回调等。2012 年流动性有望放松、新家电政策有望出台刺激内需、全球金属供应制约有望放松等，有色金属行业总体趋向稳定向好。

一、有色金属行业上市公司价值分析结果

截至 2011 年末，有色金属行业（含铜、铝、黄金、铅、锌等采掘、冶炼生产等子行业）的 A 股上市公司共 77 家，其中按生产环节划分，以采掘为主的公司 12 家，占 15.58%，以冶炼为主的公司 65 家，占 84.42%。沪市 36 户，占 47%，深市 41 户，占 53%。77 家有色金属行业上市公司资产总额 7487.5 亿元，归属于母公司的所有者权益 2930.96 亿元，资产负债率为 55.64%。2011 年完成营业收入 7829.36 亿元，比上年增加 34.24%；实现净利润 399.91 亿元，比上年增长 49.87%。从行业比较看，有色金属行业与全部上市公司（含银行）相比，在总资产、营业收入、净利润所占比例分别为 3.30%、4.16%、3.76%，2011 年获利能力受市场影响有一定的波动。

根据综合评价结果，2011 年进入上市公司 100 强的有色金属公司共计 6 家，分别是紫金矿业、中金黄金、金马集团、包钢稀土、江西铜业和山东黄金，其中紫金矿业、中金黄金、山东黄金主业为黄金冶炼，江西铜业主业为铜系列产品，包钢稀土主业为稀土金属冶炼业，金马集团 2011 年完成重组，主业增加了煤炭开采和发电业务。进入有色金属行业排名前 10 家的除上述 6 家外，其余 4 家均为钕铁硼永磁材料子行业。业绩评价良好的有 13 家；

业绩中等的有30家；业绩低的有17家；业绩差的有17家。

表6-1　2011年度有色金属行业财务效益中联十强排行榜

名次	股票代码	股票简称	在全部上市公司中排名
1	601899	紫金矿业	19
2	600489	中金黄金	46
3	000602	金马集团	52
4	600111	包钢稀土	61
5	600362	江西铜业	89
6	600547	山东黄金	94
7	600366	宁波韵升	122
8	300224	正海磁材	197
9	300127	银河磁体	199
10	000970	中科三环	205

按照中国上市公司业绩评价指标体系，有色金属行业综合评价结果为65.19分。其中：财务效益状况得分22.8分，资产质量状况得分11.73分，偿债风险状况得分8.01分，发展能力状况得分14.53分，市场表现得分7.92分。从企业业绩评价的结果分析看，我们可以得出以下结论：

第一，在77家有色金属上市公司中，业绩评价综合得分75分以上的有7家，其中紫金矿业位居有色金属上市公司业绩评价排行榜首为84.45分；70分至75分的有6家；60分至70分的有13家；50分至60分的有17家；50分以下的有34家。有色金属企业的综合表现较2010年有所上升，业绩评价结果得分普遍升高。紫金矿业评分位居榜首是因为在2011年该集团矿产金量占全国矿产金量的9.48%，该集团实现利润占全国黄金企业实现利润的27.67%，该集团为中国矿产金产量最大和效益最好的企业之一；另外鉴于国内外经济严峻形势，黄金为较好的避险产品，为市场需求所青睐的产品之一。

第二，有色金属中的采掘子行业平均综合得分55.7分，高于冶炼子行业的50.4分，各项指标中除偿债风险、市场表现基本持平外，其他各项指标略优于冶炼子行业分项指标（见图6-1），主要因为采掘类企业拥有资源优势，资源的稀缺性导致其价格不断攀升，采掘子行业业绩普遍好于冶炼子行业。

第三，有色金属子行业中磁性材料企业分化严重，以生产钕铁硼永磁材料为主、并具有较强研发能力和新产品开发能力的企业，由于受到销售价格上涨和新产品销量增加，业绩提升较快。相反，以钕铁硼为生产原料，缺少新产品的企业，由于原材料成本、人工成本和电价上涨，造成业绩下滑明显。

基于对有色金属行业上市公司的整体评价，下面分别从财务效益状况、资产质量状况、偿债风险状况、发展能力状况、市场表现状况五个方面对有色金属行业上市公司进行具体分析。

（一）财务效益状况

从综合得分来看，2011年有色金属行业上市公司财务效益状况略高于全国上市公司平

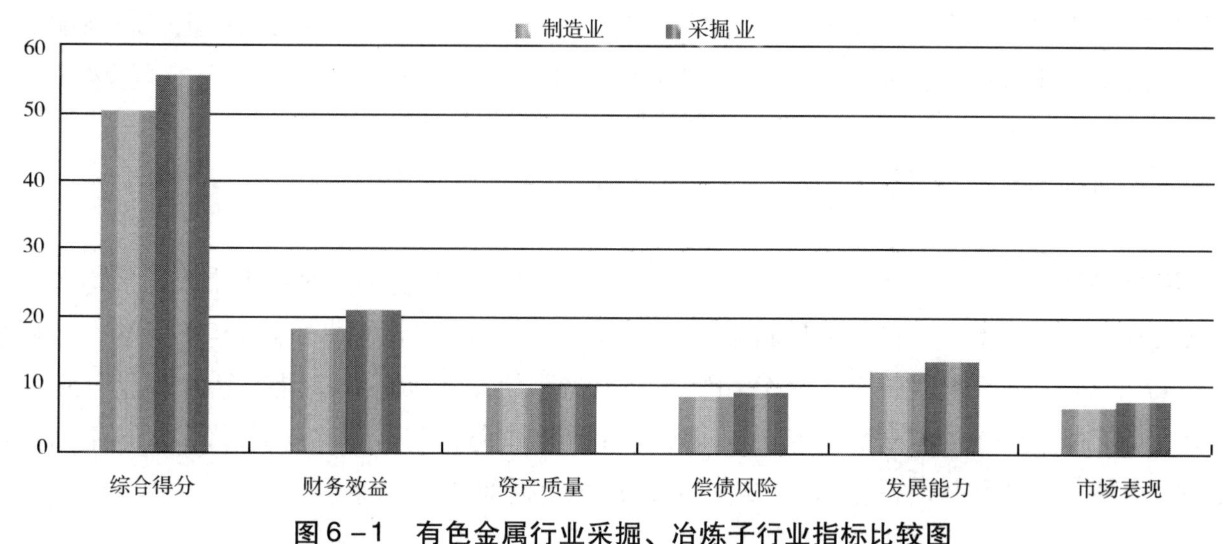

图6－1　有色金属行业采掘、冶炼子行业指标比较图

均水平。

表6－2列示了有色金属行业上市公司财务效益状况评价结果。从基本指标来看，有色金属行业上市公司财务效益平均得分为23.1分，比全国所有上市公司平均分21.23分高1.87分，有28家公司超过全国平均水平，其中得分为满分35分的有12家公司，分别为紫金矿业、中金黄金、包钢稀土等12家公司。

表6－2　有色金属行业财务效益状况表

评价指标		2011年上市公司平均值	2011年行业值	2010年行业值	增长率（%）
基本指标	扣除非经常性损益净资产收益率（%）	11.15	11.82	9.81	20.49
	总资产报酬率（%）	7.45	9.33	7.51	24.23
	得分	21.23	23.10	19.54	18.21
修正指标	营业利润率（%）	6.70	6.47	5.54	16.79
	盈利现金保障倍数	1.06	0.87	0.68	27.94
	股本收益率（%）	49.53	54.49	41.35	31.78
综合得分		21.93	22.80	19.46	17.16

从修正指标来看，其得分为22.8分，也略高于全部上市公司平均得分21.93分。净资产收益率（扣除非经常性损益）、总资产报酬率和股本收益率指标均高于上市公司平均水平。

根据表6－2，与2010年的情况相比可以看出，2011年有色金属行业在财务效益指标方面，各项指标较2010年都有明显提升。2011年有色金属行业股本收益率为54.49%，较去年有显著提升，表现非常突出。总资产报酬率比2010年提高了24.23个百分点。个股方面，总资产报酬率和营业利润率表现最好的是包钢稀土，分别为62.97%、63.03%，远远高于行业水平。说明我国有色金属行业整体的财务效益状况较好，但行业内部表现差别较大。

在2011年有色金属行业财务效益排行中，黄金类和稀土类企业表现突出。作为中国矿产金产量最大和效益最好的企业之一，紫金矿业仍占据了有色金属行业的榜首。中金黄金、山东黄金和包钢稀土也仍在上市公司百强内，发展实力强大。其中，在国家鼓励稀土材料高端应用的政策导向下，正海磁体和银河磁体在2011年业绩得到极大了提升，财务效益表现良好。

（二）资产质量状况

从综合得分来看，2011年有色金属行业上市公司资产质量状况高于全国上市公司平均水平。

从表6-3可以看出，有色金属行业上市公司资产质量状况（满分为15分）基本指标平均得分11.9分，高于全国所有上市公司9.57分的平均水平。该指标得满分的企业分别是中金黄金、山东黄金和铜陵有色三家公司。其原因是这些企业在运营中保持了较高的流动资产周转率，分别为5.95、15.38、3.82次，且明显高于行业平均水平。

表6-3 有色金属行业资产质量状况表

评价指标		2011年上市公司平均值	2011年行业值	2010年行业值	增长率（%）
基本指标	总资产周转率（次）	0.91	1.14	1.04	9.62
	流动资产周转率（次）	1.86	2.44	2.32	5.17
	得分	9.57	11.90	10.99	8.28
修正指标	应收账款周转率（次）	14.04	32.87	32.48	1.20
	存货周转率（次）	4.14	5.09	4.51	12.86
综合得分		9.25	11.73	11.22	4.55

从修正指标来看，2011年应收账款周转率为32.87次，远远高于市场平均值14.04次。反映出有色金属行业应收账款回收时间短，资产质量较高。

从纵向来看，有色金属行业在2011年的资产质量各项指标都较2010年有不同程度的增长，2011年上半年有色金属价格在震荡中趋于平稳，下半年震荡中呈现下降趋势，但资产质量总体较去年有明显改善。

从个股来看，2011年总资产周转率和流动资产周转率最高的是山东黄金，分别为3.54、15.38，行业内部差距较大。我国有色金属行业资产质量状况虽然较2010年有较大的提高，但与国际优秀水平还有一定的差距，随着国家相关政策的实施和稀缺资源价格的不断上涨，我国有色金属行业整体的资产质量状况还会有进一步的改善。

在2011年有色金属行业资产质量状况排行中，焦作万方表现突出得分为14.52分，主要是有于公司实施煤电铝一体化战略后，综合竞争力得到极大提高。鑫科材料的资产质量状况也有极好的表现，因其在锡磷青铜和锌白铜产品领域已形成一定的比较优势。

（三）偿债风险状况

从表6-4可知，有色金属行业偿债风险状况基本指标（满分为15分）平均得分9分，略低于全国所有上市公司9.26分的平均水平，共有35家公司超过行业平均水平，其中满分的上市公司有9家，分别为银河磁体、博威合金、闽发铝业等。

从修正指标来看，该行业得分为8.01分，同样低于上市公司平均水平的9.05分。速动比率和现金流动负债比率行业值增长率相对较高，反映行业偿还当期短期负债能力较去年有很大进步。带息负债比率高于上市公司平均得分，反映出行业偿债能力（尤其是偿还利息）能力高于上市公司平均水平。

2011年我国有色金属行业资产负债率为54.65%，从财务学的角度来说，一般认为我国理想化的资产负债率是40%左右，上市公司略微偏高些，但一般也不超过50%。故54.65%的资产负债率反映出我国有色金属行业发放贷款能力较好，进而反映偿债能力相对较强。在2011年行业整体发展速度放缓的大环境背景下，专业从事新一代稀土永磁体—粘结钕铁硼（NdFeB）磁体元件及部件的研发、设计、生产和销售的银河磁体资产总额增幅11.12%，负债总额增幅16.98%，主营业务收入较去年增幅69.90%，总体偿债能力得分较高。

表6-4　有色金属行业偿债风险状况表

评价指标		2011年上市公司平均值	2011年行业值	2010年行业值	增长率（%）
基本指标	资产负债率（%）	59.04	54.65	54.60	0.09
	获利倍数	7.88	5.25	4.92	6.71
	得分	9.26	9.00	8.48	6.13
修正指标	速动比率（%）	72.33	70.56	61.45	14.83
	现金流动负债比率（%）	11.60	11.78	7.28	61.81
	带息负债比率（%）	46.03	65.92	62.58	5.34
综合得分		9.05	8.01	7.39	8.39

（四）发展能力状况

从表6-5可知，有色金属行业上市公司发展能力状况（满分为20分）基本指标平均得分为14.46分，略高于全国上市公司平均水平12.4分。有38家公司高于行业平均水平，其中有8家上市公司得满分，分别为中金黄金、金马集团、包钢稀土、正海磁材、恒邦股份、西部资源、东方锆业、格林美。

从修正指标来看，其得分为14.53分，高于市场平均水平12.36分，说明有色金属行业2011年发展势头良好。从表中可以看出，2011年有色金属行业发展能力各指标增长率除累计保留盈余率、三年营业收入为正外，其余均为负，特别是营业收入增长率降幅过3成，营业利润增长率降幅过6成。其原因在于受全球金融危机影响，2009年有色金属行业因价格大幅下降，营业收入降幅明显，2010年V型反转恢复到正常水平，2011年呈现常态发展。从增长率看较2010年有所下降，但是资本扩张率较小幅度的增长、总资产增长率较小幅度的下降，以及修正过的行业发展能力得分增长率为正，说明一旦整体经济形势好转，有色金属行业的发展潜力还是很大的。2011年包钢稀土实现较上年363%的净利润增长率，总体发展能力得分较高。

表6－5　有色金属行业发展能力状况表

评价指标		2011年上市公司平均值	2011年行业值	2010年行业值	增长率（%）
基本指标	营业收入增长率（%）	24.27	33.89	50.39	－32.74
	资本扩张率（%）	17.20	20.30	19.75	2.78
	得分	12.40	14.46	14.56	－6.87
修正指标	累计保留盈余率（%）	40.82	39.81	36.83	8.09
	三年营业收入增长率（%）	21.50	22.78	13.61	67.38
	总资产增长率（%）	20.41	21.42	22.59	－5.18
	营业利润增长率（%）	7.12	54.40	145.32	－62.57
综合得分		12.36	14.53	13.80	5.29

◎案例链接：

2011年金马集团发展能力案例分析

★ 2011年业绩大幅攀升的金马集团为例，2010年上市公司业绩排名1429，2011年跃居第46名，在2011年上市公司评估中发展能力得分为19.18分。2011年公司的业务范围增加了煤炭开采、发电业务。据下图数据计算，2011年其发电行业利润占集团营业利润的72.73%，火电产品利润占集团营业利润的59.81%。虽然2011年整体利润总额增长率同比降幅18.05%，但是资产、负债增长率同比增幅分别为3.97%、5.64%，这与新增业务范围有很大关系，再加上自身拥有的第二大利润增长点采掘业和煤炭产品（利润占营业利润的22.24%），金马集团未来发展潜力很大。

项目名称		营业收入（万元）	营业利润（万元）	占主营业务收入比例（%）
行业	采掘业	85772.84	26503.08	16.88
	发电行业	445772.4	86681.53	87.71
	信息技术服务业	18769.26	11299.36	3.69
	冶金行业	36589.84	－5307.4	7.20
产品	煤炭	85772.84	26503.08	16.88
	火电	421153.10	74458.31	82.87
	风电	24619.30	12223.23	4.84
	通信及网络服务	18769.26	11299.36	3.69
	铝水铝锭	36589.84	－5307.4	7.20

(五)市场表现状况

图6-2反映出有作为国民经济支柱行业之一的有色金属业，其发展趋势与国民经济整体走势高度相关，2011年有色金属行业股价指数跟随市场行情呈现同步下跌态势。

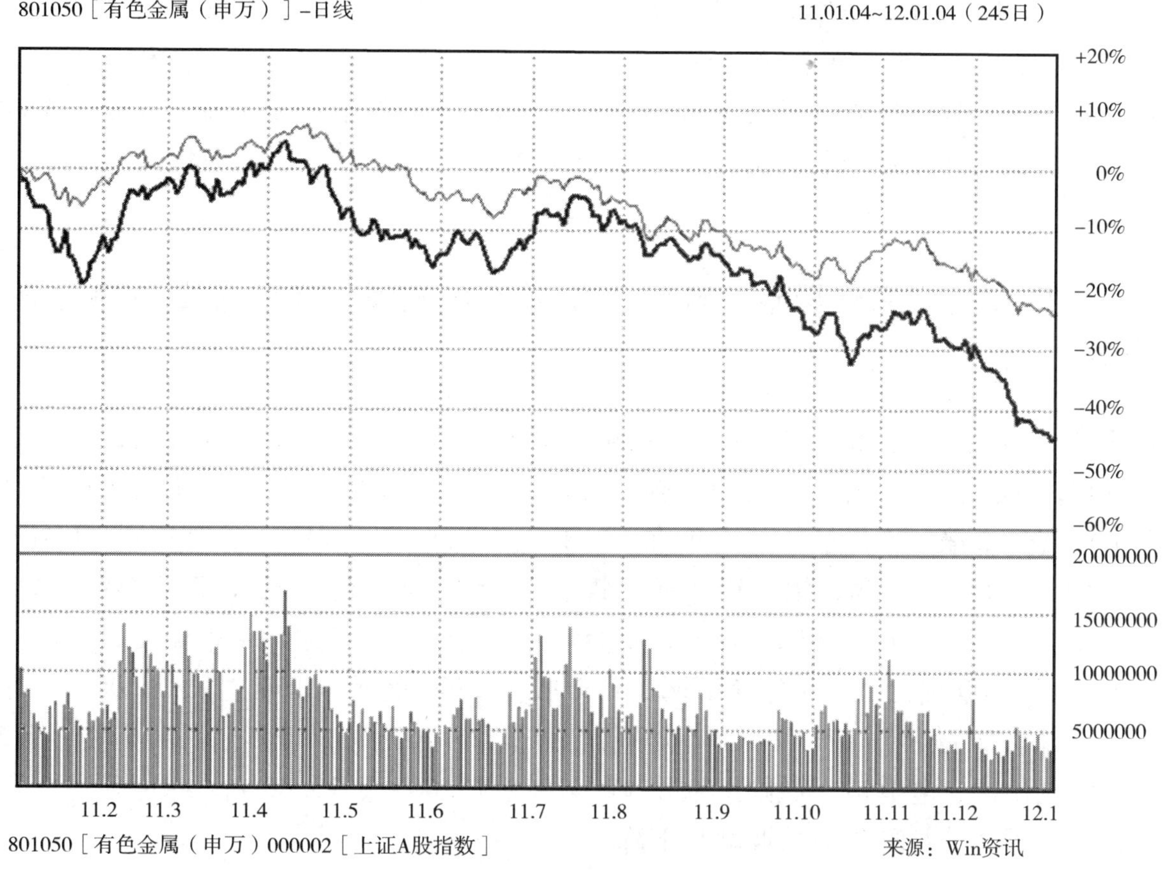

图6-2 有色金属指数与大盘指数波动

由表6-6可知，2011年有色金属行业公司市场表现状况（满分15分）得分为7.92，低于上市公司平均得分9.13分和2010年的行业得分9.3分。共有38家公司得分高于行业平均得分，其中科力远因重组预期，市场表现较好，以12.74分列行业第一。同时得零分的企业达7家之多。其中评价结果为良好的有13家，中的有30家，低的有17家，差的有17家。从行业综合得分来看，2011年市场表现劣于2010年。

表6-6 有色金属行业公司市场表现表

评价指标	2011年上市公司平均值	2011年行业值	2010年行业值	增长率（%）
市场投资回报率（%）	-31.17	-35.49	41.53	-
股价波动率（%）	96.03	109.09	142.57	-23.48
得分	9.13	7.92	9.30	-14.84

二、有色金属行业上市公司业绩影响因素分析

2011 年全球经济未能呈现全面复苏态势，发达经济体和新兴经济体国家经济增速都出现不同程度的放缓。2011 年作为“十二五”开局之年，我国经济虽然保持了较高的经济增长速度，但还是慢于往年的经济增长率。有色金属行业在内外部环境的共同作用下，行业业绩有了一定上升，但是其业绩增长率低于往年。2011 年，全球宏观环境、供需关系和政策导向三个方面对有色金属行业业绩较以往有显著影响；贵金属、稀土涨幅居前，保证行业利润。

（一）欧债危机深化导致全球经济发展速度放缓，有色金属价格呈现冲高回落态势

2011 年，有色金属价格未能承接 2010 年振荡上升态势，反而受欧债危机的延续、美国经济的疲软，中国稳健的货币政策的实施等影响，有色金属价格上半年还处于振荡平稳状态，下半年连受重挫，价格最低点出现在 12 月。但不同的金属品种表现各异。LME3 月期基本金属中，2011 年末铜、铝、铅、锌、镍、锡价格较年初下跌了 21.34%、19.93%、23.46%、26.22%、29.67%和 26.76%；贵金属中黄金，从年初的 1420 美元，一路上涨至 2011 年 9 月的 1900 美元，之后振荡下调，年末收于 1564 美元，全年上涨 10.06%；小金属方面，钨、钛、碳酸锂、锗、铟全年分别上涨了 26.10%、11.94%、24.62%、7.55%、1.92%，而氧化钼、电解锰、锑则下跌了 12.47%、15.66%、15.85%。综上所述，危机的深化导致行业大部分品种价格的波动与下降。

（二）供需关系不均衡，降低有色金属板块销售业绩

2011 年有色金属行业的供需不均衡主要表现为两个方面：需求向上和供给受限。需求向上主要表现为三方面：一是金属消费温和向上，这是因为后危机时期发达国家流动性相对充裕以及我国稳健性货币政策所决定的宽松信贷规模带来的投资需求增加，特别是以我国为代表的新兴市场国家经济表现相对较好，其金属消费依然保持较高增速。以铜为例，如图 6－3 示，2011 年全年，铜的价格和库存保持较高位，另 2011 年 10 月份中国进口铜 38.35 万吨，连续 5 个月环比上升，并未出现市场所担心的经济减速以及国情因素导致的进口减少，这正好符合人民币升值推动出口增加的预计，另外铜价的大幅下降导致美国、欧洲等地废铜供应商惜售，国内废铜进口的下降导致精炼铜进口的增加。二是随着发达国家制造业的复苏，金属消费将会缓慢回升。三是主要金属进入补货周期。

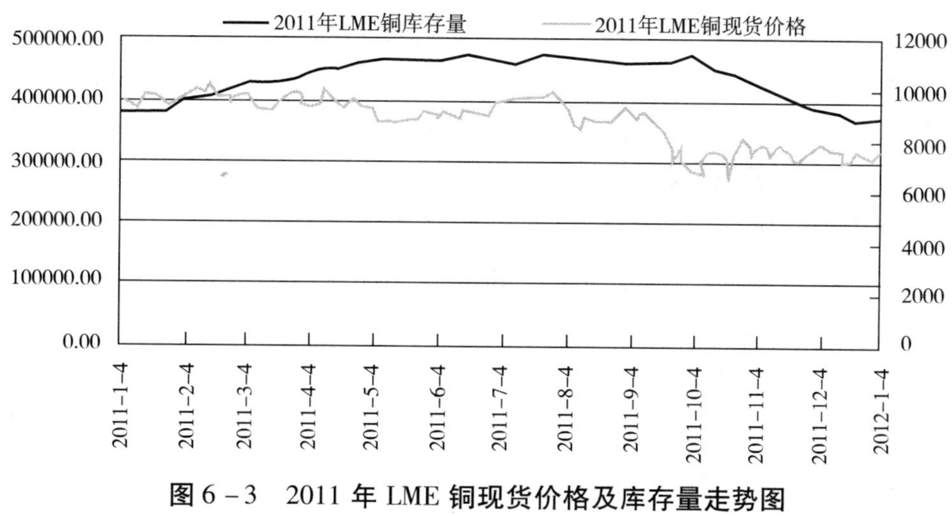

图 6－3 2011 年 LME 铜现货价格及库存量走势图

但是金属供给受到矿山、冶炼和政策多方面的限制，2011 年有色金属供给偏紧。首先，表现在由于受到金融危机的影响，金属矿山的投资大大减少，影响金属矿产品的产出速度；其次，由于受到中国节能减排、淘汰落后产能、总量控制等政策的限制，中国冶炼产能过剩的局面大大改善，冶炼企业的议价能力有所提高。再次，2011 年金属行业原材料价格飙升，提高生产成本，使得供给偏紧。

最后，由于供需量的不均衡及品种特质各异，金属行业供需缺口走势不一。以铜、铝为例，由于产出有限、下游需求良好矛盾的存在，使得该品种全球供求缺口在 2011 年进一步加大，分别为 769 万吨、264 万吨；而铅则因受到中国政策调控的影响等，出现少量缺口，为－39 万吨；

（三）有色金属板块总体走低，但黄金、白银、稀土涨幅居前，保证了行业平均利润

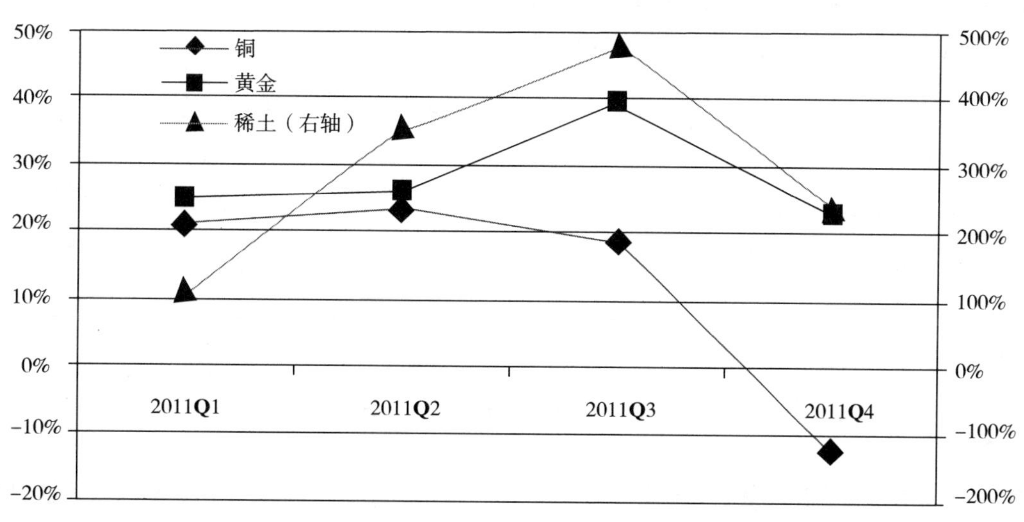

图 6－4 2011 年国际铜、黄金以及稀土季度均价同比涨幅

从上图看出，2011 年前三个季度有色金属板块贵金属和稀土季度均价同比涨幅相对较

高。据分析，全球通胀形势的加剧和避险情绪的高涨是推动2011年贵金属价格持续走高的“两大引擎”。而稀土价格的上升与维持，可以从以下四个方面进行分析：首先，2011年前稀土行业由于乱采乱挖，不考虑环境和资源的消耗，使得稀土价格没有包含环境和资源的成本，加上走私猖獗，使得稀土价格远远偏离应有的价值，现在稀土的价格回升，有本身合理的方面；其次，稀土价格的上涨受到世界范围内资源型产品普遍上涨的影响；再次，新材料产业的发展促进了稀土的应用，也推动了产品价格的提高；最后受市场调节的影响，目前中国稀土产品需求很多，很多稀土产品的国内价格还高于出口的价格。

（四）国家政策连续出台，短期内有利于提升行业业绩，长期有利于行业持续发展

2011年初，国务院出台了《关于促进稀土行业持续健康发展的若干意见》，国家相关部委相继配套发布稀土采矿、生产、环保、出口、税收等政策措施，稀土行业迎来了空前的发展机遇。根据万得资讯数据，稀土氧化物价格在2011年出现井喷式上扬，如：氧化镧、氧化铈、氧化钕、氧化镨、氧化镨钕、氧化镝、氧化铽、氧化铕、氧化钇分别上涨了256.06%、189.77%、77.03%、118.18%、76.81%、200.00%、216.67%、314.71%、319.64%。

2011年7月份，工信部公布了2011年有色金属行业淘汰落后产能共计204万吨。据此推算，“十二五”期间，有色金属行业仅剩下161万吨的落后产能需要被淘汰。通过淘汰落后产能，鼓励了行业内公司不断地进行技术改造、降低能耗、未来的产品结构也将逐渐向更高的附加值转变。

2011年7月1日财政部、国家税务总局发布了《国务院关税税则委员会关于调整部分商品进口关税的通知》（税委会［2011］12号），对锌、镍、铅、锡等金属制品退税率由此前的8%～13%下调至5%，同时非合金铝条、杆、型材、铝丝等制品退税全部取消。政府调控有色金属行业的出口退税，避免了行业盲目投资和产能过剩。

图6－5　2011江西钨价格走势图

2012年1月初颁布的《有色金属工业“十二五”发展规划》除了总量控制和结构调整外，还对钨、钼、锡、锑、稀土等战略性小金属的发展做了专项规划。小金属专项规划的出台受益于国内战略新兴产业计划的持续推进，以及小金属用量小，在下游产品中的成本占比

较低、需求较为广泛，价格敏感性较弱等自身良好特性。上图即可说明在整个行业价格趋于下降时，作为战略新兴产业所需小金属的钨价格受行业因素干扰较少，全年价格呈现平稳状态。2011 年磁性材料公司业绩的大幅提升也与战略新兴产业计划和小金属特性有很大关系。

◎新闻链接：

2011 年世界有色金属行业十件大事

★ 外国政府机构、国际组织、行业协会和企业电贺陈全训当选中国有色金属工业协会会长。
★ 新兴经济体对金属资源需求强劲，拉动相关国家经济增长。
★ 黄金价格刷新历史纪录，从 1500 美元/盎司快速上涨至 1900 美元/盎司，用时仅一个半月时间。
★ 中国调整稀土政策，掀起国际稀土开发热潮。
★ 全球最大的大宗商品交易者嘉能可同时在伦敦和香港上市。
★ 全球知名矿业巨头力拓宣布剥离旗下 13 项铝业资产。
★ 欧洲债务危机急剧蔓延，大宗商品价格应声下跌。
★ 世界经济复苏艰难，有色金属产业陷入低迷。
★ 罢工潮席卷全球重要矿山企业。
★ 日本发生 9 级强烈地震，大宗商品价格受冲击大幅回落。

资料来源：中国选矿技术网

三、2012 年有色金属行业前景分析

（一）2012 年全球流动性拐点已现、经济增速放缓已近尾声，将推动有色金属价格持续走高

2012 年，美国、英国、欧洲和日本竞相打开流动性阀门，全球央行都在购买国债以维持低利率刺激经济复苏，全球竞争性定量宽松格局已然形成，作为强周期板块，有色板块对流动性周期与经济增长周期高度敏感，在流动性复苏的初始阶段，有色板块往往能取得超额收益。随着救助希腊的议案通过，希腊债务危机暂告段落，提升了市场信心，基本金属的上涨趋势将继续。

2012 年 3 月 5 日我国召开的“两会”上明确了 2012 年中国经济增速将调低至 7.5%，换取更加平衡且可持续发展，工业产出增速将降低，且另一方面通胀压力将进一步得到改善、银行存款准备金率的下调将结束负利率的时代，流动性上涨推动有色金属价格反弹的局面。

（二）有色板块受益于各方面因素的改善，各种金属行情走势不一

作为最大的金属消费国，随着全球经济流动性上涨、欧债危机逐渐得到控制以及美国经济复苏步伐加快，给我国有色金属市场带来了一定的信心提振，有色金属需求也不断增加。

1. 铜需求程度仍将保持，价格会有较好表现

中国作为铜的生产和消费大国之一，其对铜资源的需求已成为影响世界铜产品供求关系及价格的关键因素。随着国家对电力、交通、通讯、汽车等行业的大力发展，预计 2012 年将保持对铜的消费需求，国内精炼铜存在需求缺口的局面仍将不会改变。同时，随着国内新建铜冶炼装置的产能释放，中国的精炼铜产量仍将保持上升势头，同质化的竞争将更加激烈。上市公司中江西铜业作为产铜的主要企业之一预期业绩仍向好。预计 2012 年国际国内铜价与 2011 年相当，将保持高频宽幅振荡的局面。

2. 随政策持续放松，铝供应过剩状况会得到减轻并推动价格回升

工信部发布的《铝工业“十二五”发展专项规划》，要求在“十二五”期间大力发展精深加工，以轻质、高强、大规格、耐高温、耐腐蚀为产品发展方向。随着铝及铝合金产品用途日益扩大，交通运输业、建筑业、石化、新能源及消费等领域对铝加工产品需求不断增长。短期内，由于受到宏观经济波动的影响，房地产业不景气和国际贸易摩擦加剧，需求下降，建筑型材可能会出现供过于求的现象。供需改善需要依赖政策放松下市场需求的加快增长。2012 年，预计随着政策持续放松市场需求将有所好转，进而减轻目前供应过剩状况并推动价格回升。在 2011 年上市公司业绩评价表中，铝行业的上市公司如明泰铝业、南山铝业等综合得分较低，排名靠后，该行业有待提升。

3. 铅产能过剩，价格略低于去年

铅价除了受到国内宏观经济形势变化的影响之外，环保风暴和政策风暴也为其市场带来了高度的不确定性。2012 年预计中国铅市场将呈现以下特点：产能过剩局面持续、下游需求明显好转、铅产量增幅放缓、先进产能占比提升、企业面临的兼并重组机遇增多以及铅价区间窄幅震荡。2012 年铅市场基本面将逐步好转，铅价将呈现区间窄幅震荡格局，但铅平均价格将低于 2011 年。铅类上市公司中中金岭南、驰宏锌锗等在 2011 年业绩评级中各方面得分处于铅行业前列，其将来的发展也会得益于国内铅价的上涨。

4. 锌受成本与需求影响，价格涨跌受限

2012 年锌成本不断上升将限制锌价下跌，需求增速减缓和来自于不断高企的交易所库存及我国存在的锌精矿囤积行为，给锌价带来一定的上行压力。我国在有色金属“十二五”规划中明确了节能减排、技术创新等目标，这大幅调低了有色金属的产能和消费增长预期，

加之国家将持续实施房地产调控政策且汽车消费增速放缓，致使一定时期内锌行业仍维持供大于求的态势、价格仍在低位运行，但是中长期来看锌产品价格下跌空间有限。

5. 钨、钼、镍、锡等稀缺金属需求增加，价格继续攀升

相比基本金属，小金属确定性更强，具有中国资源优势更明显，如锑、钨等。这些金属由于环保成本提高、行业整合、总量控制政策等一系列保护措施导致锑钨等金属供应偏紧的状态短期难以改变。

（1）钨市场需求稳定

2011 年国内钨行业整体向好，受到钨精矿价格上涨的影响，各类钨产品销售价格同比大幅上涨，创历史新高，有望在 2012 年继续高位震荡。随着中国工业化、城市化进程的发展，钢铁工业、汽车工业、装备制造、交通运输、电子信息、矿山采掘和能源等与钨紧密关联的产业将使钨市场需求量保持稳定。2011 年有色金属行业上市公司中厦门钨业综合排名靠前，公司业绩有了极大提升。

（2）钼库存压力制约价格上升

“十二五”发展规划明确提出，重点发展高纯稀有金属及靶材，大规格钼电极、高品质钼丝、钨钼大型板材和制件等高技术含量深加工材料。2012 年钼作为特殊钢和新型合金材料的重要元素，其消费量仍将保持较快增长；但由于钼供给的快速增加，供大于求的状况仍将延续，钼价格或继续窄幅震荡运行态势。处于发展的金钼股份 2012 年的发展值得期待。

（3）锡供需趋紧推升锡价

世界金属统计局统计，2011 年全球锡市供需缺口为 5200 吨。目前以智能电子设备和个人移动终端市场仍处于增长期，未来，电子焊料需求将持续增长，进而带动锡需求的不断扩大。2012 年随着印尼锡矿品位的下降以及限制出口的政策，锡资源的储量和供应量缺口将进一步扩大，进而推高锡矿石的价格。处于上升发展的锡业股份在 2011 年综合得分表现良好，未来企业价值提升空间较大。

（4）镍供应延续过剩，镍价弱势难改

2012 年镍金属主要的上行风险来自于印尼潜在的出口禁令，并且这一供应风险比高压酸浸项目的技术风险更为重要。需求方面，主要的上行风险来自于全球政策放松，这将使提升整个有色金属板块收益。未来几年镍金属的新增产能将陆续投产，全球镍金属供应将大幅度增加。

6. 贵金属价格仍将继续上行

2012 年，贵金属由于受流动性充裕和通胀预期影响，牛市格局一时难以改变。

当经济处于较快增长与较低通胀并行时，资金偏好投资于实体经济中，黄金即失去了抗通胀的功能，同时经济状况良好，避险功能也不存在。近期美国经济数据表现良好，同时由于大宗商品价格下跌，通过 PPI 的传导，CPI 也有所下降，预示短期黄金价格上涨动力稍减。但黄金牛市格局未变，原因在于美国此轮经济复苏的流动性驱动特征未变，不会出现

90年代高增长低通胀的情形，未来大宗商品价格和通胀仍会上行，黄金抗通胀的属性将长期显现。

（三）大型公司产业链整合能力将进一步强化

“十二五”规划中强调，应大力调整产业结构，加大行业内兼并重组力度，提高行业集中度和定价权。纵观国内外经济形势，也给予业内企业调整和整合的机遇。一些实力强大的有色企业产能向能源和资源丰富地区扩张转移的趋势进一步增强，在整合公司优势资源基础上，打造综合性产业集团。

2011年的收购案例再次验证了产业链整合的效力，如紫金矿业收购陇省资源有限公司100%股份；山东黄金收购中宝公司70%股份等等，这些公司通过兼并重组极大地提高了公司核心竞争力，公司内部完整的产业链也逐步形成。在2011年有色金属行业企业价值评估中排名第三的金马集团，在2011年公司重大资产重组获得中国证监会的核准并实施完成后，2010年上市公司业绩排名1429名，2011年跃居46位，公司的生产经营实现了根本好转，成为一家以煤电生产为主营业务的上市公司。

有色金属行业将会按政府引导、企业为主体、市场化运作的原则，结合优化布局，大力支持优势大型骨干企业开展跨地区、跨所有制兼并重组，提高产业集中度。积极推进上下游企业联合重组，提高产业竞争力。充分发挥大型企业集团的带动作用，形成若干家具有核心竞争力和国际影响力的企业集团。

（四）“十二五”规划及国家政策等促使有色金属行业均衡发展

有色金属行业属于资源性产业，一直以来是国家宏观调控的重点。“十二五”发展规划中提出了今后发展的方向主要集中在以下几方面：有色工业发展将由高速增长转向平稳发展；大力发展精深加工产品；积极推进企业并购重组、提高资源保障能力，推动境外资源勘探，建议关注在国内外具有较大资源优势的企业；大力发展循环经济；调结构、控产能、保资源，电解铝行业有望出现阶段性机会。

另外，再生能源作为对我国资源、能源不足的重要补充，再生有色金属成为我国具有相当发展潜力的产业。《新材料“十二五”规划》明确提及了再生金属资源利用发展的相关支持政策，这对我国大力发展资源再生产业，壮大产业规模，在一定程度上缓解我国废旧金属资源浪费巨大、污染严重的矛盾无疑有着巨大的导向作用。目前我国在再生金属利用方面的主要障碍是缺少有效回收利用网络和途径，未形成产业的规模经济，并缺少相应分离、提取技术。因此，在废旧金属的再回收利用方面我国存在较大的潜力。

◎新闻链接：

2011 年全球矿业并购额达 1490 亿美元

★ 2011 年全球市场上的矿业并购活动保持活跃态势。据一家知名的审计机构最新发布的报告显示，2011 年全球共有2600 多起矿业并购交易，交易总值约 1490 亿美元，较 2010 年增长 33%，且交易数量接近历史最高点。

★ 报告称，美国、澳大利亚和加拿大主导了全球矿业交易，约占 53% 的全球并购总值，同比增长了 46%。值得注意的是，新兴市场国家的矿业交易增长明显。按交易价值计算，2011 年来自新兴国家的矿产企业并购活动占全球矿业并购活动的 24%，比 2006 年市场顶峰时增长 50%。而在 21 世纪初期，新兴市场国家的矿业并购交易仅占全球的 1%。

★ 中国在 2011 年的矿业并购市场表现抢眼，在新兴市场国家中，有近半的交易活动来自中国。报告显示，2011 年中国矿业并购总值占全球比重的 11%，共有 205 起矿业并购，较 2006 年的高峰期增长了 40%，交易额则较 2006 年增长了 3 倍。

★ 该机构中国矿业主管合伙人表示，新兴市场的投资者变得越来越重要，尤其是中国的重要性每年都在增长。凭着独一无二的资源前景和逐渐改善的投资环境，非洲很多国家将成为重要矿产地区。该机构预测，2012 年全球矿业并购将继续保持高交易量和高交易额，新兴国家仍是全球经济增长的主要动力，预计成为热点的前五种资源分别是黄金、铜、煤、铁和银。

资料来源：中金网

附表：

2011 年有色行业上市公司业绩评价结果排序表

行业排名	全部上市公司排名	股票代码	股票简称	综合得分（100 分）	每股收益（元）	总资产报酬率（%）	净资产收益率（%）	总资产周转率（次）	流动资产周转率（次）	资产负债率（%）	获利倍数	营业收入增长率（%）	资本扩张率（%）	市场投资回报率（%）	股价波动率（%）	年末资产额（万元）	营业收入净额（万元）	净利润（万元）
1	19	601899	紫金矿业	84.50	0.26	21.54	24.61	0.88	2.74	42.41	19.69	39.33	15.77	-26.40	70.62	5232019.93	3976391.54	691052.54
2	46	600489	中金黄金	81.00	0.96	21.64	30.58	2.04	5.95	46.66	15.64	53.11	71.15	-39.45	90.07	1893039.11	3314368.66	244589.15
3	52	000602	金马集团	80.50	0.94	16.90	25.38	0.64	2.38	63.70	3.62	218.25	876.52	-22.58	72.34	1374117.98	508217.32	69771.56
4	61	600111	包钢稀土	79.80	2.87	62.97	84.03	0.98	1.52	38.36	57.61	119.25	112.53	-20.86	134.67	1472663.29	1152826.21	560881.38
5	89	600362	江西铜业	77.50	1.89	12.47	17.78	1.91	2.90	41.59	0.00	53.90	15.25	-48.08	120.00	6814962.87	11764098.89	661048.40
6	94	600547	山东黄金	77.20	1.34	25.84	36.10	3.54	15.39	49.47	15.81	25.07	39.48	-41.92	97.96	1266058.93	3941480.74	198269.24
7	122	600366	宁波韵升	75.60	1.29	28.65	36.33	1.07	1.66	36.46	22.08	104.26	39.32	-22.19	79.84	429732.67	394087.51	85205.20
8	197	300224	正海磁材	72.70	1.47	17.15	26.91	0.85	1.08	31.00	0.00	74.74	352.66	-31.31	87.69	185313.43	117266.66	21008.08
9	199	300127	银河磁体	72.70	0.89	15.97	14.91	0.55	0.67	5.74	0.00	69.9	10.78	-7.92	133.11	107675.12	56362.42	14400.02
10	205	000970	中科三环	72.500	1.51	31.93	42.39	1.47	2.00	46.87	9.45	140.76	53.16	-24.74	80.62	496912.80	569584.20	92493.73
11	262	002155	辰州矿业	70.80	0.99	21.14	23.76	1.20	2.75	31.88	16.41	41.74	22.33	-39.42	114.77	367385.31	408142.19	54023.00
12	283	601677	明泰铝业	70.30	0.72	13.89	14.79	2.21	3.08	25.50	11.44	31.74	109.05	-31.31	46.68	346544.46	657346.02	28217.91
13	281	600549	厦门钨业	70.30	1.50	18.72	32.62	0.97	1.40	60.08	14.56	115.05	23.14	-37.34	84.77	1265579.63	1191040.40	149305.05
14	408	000630	铜陵有色	67.40	1.02	7.07	15.57	2.20	3.82	64.54	5.52	37.89	38.36	-48.05	115.83	3226663.60	7074064.12	153432.87
15	419	600219	南山铝业	67.20	0.53	7.03	7.70	0.67	1.76	19.38	70.25	45.28	6.54	-35.74	99.52	2090381.44	1332807.69	125858.04
16	488	600516	方大炭素	65.70	0.48	15.26	18.41	0.69	1.05	44.73	7.99	40.71	19.54	-36.01	85.58	681142.68	452604.56	63624.57
17	513	601137	博威合金	65.10	0.64	9.80	12.27	1.55	2.15	12.80	0.00	18.05	438.79	-31.31	94.73	211988.24	238007.15	13449.68
18	544	000060	中金岭南	64.40	0.46	11.21	17.80	1.30	3.35	52.56	7.14	93.69	18.39	-50.98	131.67	1404240.02	1863403.23	109359.75
19	581	000960	锡业股份	63.50	0.78	8.48	14.22	0.92	1.81	68.22	3.14	38.57	13.41	-39.28	107.94	1654526.70	1284160.50	70357.68
20	656	002237	恒邦股份	62.00	1.07	7.37	10.04	1.40	2.07	63.54	2.42	88.70	109.62	-38.19	92.75	784982.46	934912.14	21229.52
21	669	000969	安泰科技	61.70	0.37	7.53	10.12	0.74	1.33	43.90	18.79	28.54	10.43	-25.64	59.50	692225.31	453069.85	37424.40
22	693	002378	章源钨业	61.40	0.67	17.65	21.44	0.83	1.42	41.64	6.80	40.43	14.46	-38.38	107.74	244768.21	193661.72	28690.98
23	762	002578	闽发铝业	60.40	0.37	8.38	9.89	0.90	1.53	12.17	0.00	19.48	254.03	-31.31	63.39	103530.49	71132.55	5766.28
24	767	002203	海亮股份	60.30	0.52	3.82	11.35	1.92	2.80	63.45	0.00	31.21	62.43	-29.92	84.29	693813.90	1187788.44	23249.17
25	772	000612	焦作万方	60.20	0.79	10.78	16.97	1.34	5.76	50.21	4.98	6.71	20.01	-50.21	119.89	492208.72	596951.31	38128.38
26	783	600259	广晟有色	60.10	0.69	18.22	41.87	1.10	1.58	72.30	5.27	98.46	52.08	-38.79	132.12	230090.18	222212.94	22121.78
27	834	600888	新疆众和	59.10	0.72	6.33	9.65	0.37	0.79	49.41	7.79	24.70	64.32	-39.41	102.96	703048.36	200258.30	27615.74
28	846	600139	西部资源	58.90	0.72	23.28	24.05	0.25	0.50	16.71	0.00	47.45	233.58	-48.68	134.91	189713.75	31213.30	24699.57
29	854	000758	中色股份	58.80	0.50	8.57	11.54	0.89	1.79	64.91	3.63	68.23	8.41	-34.04	121.46	1254867.80	1001675.72	48830.62
30	869	002540	亚太科技	58.60	0.6	7.80	9.29	0.82	1.17	6.60	0.00	14.34	286.91	-31.31	108.54	232523.65	129931.28	12690.48
31	876	002501	利源铝业	58.50	0.76	10.42	11.85	0.61	1.07	43.84	4.83	20.41	9.97	-37.86	87.63	223091.85	123495.18	14170.42
32	899	000878	云南铜业	58.10	0.44	6.03	12.47	1.12	1.76	73.36	2.47	11.13	54.20	-39.95	111.55	3056194.14	3524329.86	83674.51
33	907	002460	赣锋锂业	58.00	0.36	7.43	7.28	0.59	0.85	10.88	0.00	32.04	2.94	-39.44	80.24	82994.48	47497.86	5308.67
34	943	002167	东方锆业	57.50	0.48	7.62	8.30	0.31	0.59	31.35	4.77	48.35	155.07	-36.18	79.13	222883.40	54953.42	8842.15
35	984	000962	东方钽业	56.80	0.65	8.86	12.82	0.57	0.96	47.98	3.81	41.93	87.06	-39.31	91.43	456853.00	232386.08	23377.35
36	1049	002130	沃尔核材	55.60	0.30	10.58	12.11	0.66	1.17	27.69	9.51	24.39	81.55	-41.7	127.21	123160.65	64802.93	8364.47
37	1110	002600	江粉磁材	54.50	0.18	6.29	6.45	0.67	1.17	17.37	15.29	16.47	96.99	-31.31	71.54	167798.92	89597.04	6741.93
38	1127	002340	格林美	54.20	0.49	6.50	7.39	0.31	0.69	44.06	3.33	61.16	108.35	-37.72	72.23	392824.71	91861.44	12017.43
39	1146	000795	太原刚玉	53.90	0.41	11.62	35.85	0.91	1.23	76.55	4.89	84.93	43.67	-34.71	106.63	156775.18	137021.79	11175.02

续 表

行业排名	全部上市公司排名	股票代码	股票简称	综合得分（100分）	每股收益（元）	总资产报酬率（%）	净资产收益率（%）	总资产周转率（次）	流动资产周转率（次）	资产负债率（%）	获利倍数	营业收入增长率（%）	资本扩张率（%）	市场投资回报率（%）	股价波动率（%）	年末资产额（万元）	营业收入净额（万元）	净利润（万元）
40	1178	002171	精诚铜业	53.50	0.07	4.25	3.85	2.76	4.49	43.80	3.20	9.71	-0.20	9.81	127.94	123251.91	322276.90	2668.11
41	1189	000831	*ST关铝	53.30	0.01	5.39	46.60	2.12	6.77	98.81	1.14	55.66	66.74	0.00	40.86	193862.59	429509.02	862.34
42	1268	002466	天齐锂业	51.90	0.27	3.90	4.15	0.37	0.55	12.34	0.00	36.86	3.19	-31.29	80.06	112274.37	40273.32	4022.60
43	1286	600255	鑫科材料	51.60	0.08	3.86	3.53	2.20	2.89	49.96	2.53	36.67	4.84	-45.33	111.23	249295.43	501394.67	4305.06
44	1390	600497	驰宏锌锗	49.80	0.27	6.17	8.06	0.52	1.51	73.41	2.33	30.16	-15.90	-35.81	130.02	1529542.72	631494.95	35872.91
45	1401	601600	中国铝业	49.60	0.02	2.81	1.20	0.98	3.20	62.99	1.24	20.56	1.69	-37.79	101.06	15713415.70	14587443.30	69050.40
46	1423	600673	东阳光铝	49.20	0.35	10.65	12.22	0.74	1.83	53.32	3.77	26.58	10.65	-60.18	170.63	700339.20	476328.41	38017.12
47	1437	600459	贵研铂业	48.90	0.25	6.40	5.43	1.87	2.51	49.94	2.10	58.44	45.88	-43.43	116.32	189870.93	298552.89	4352.70
48	1480	601958	金钼股份	48.10	0.23	5.07	5.41	0.50	0.79	7.82	0.00	3.83	0.74	-52.48	157.22	1485984.11	733328.59	73826.78
49	1508	002057	中钢天源	47.60	0.13	5.11	4.23	1.32	1.95	47.95	2.19	9.42	4.32	-39.21	102.74	49234.43	61421.08	1060.81
50	1525	601168	西部矿业	47.40	0.36	6.06	7.23	0.87	1.84	53.35	4.89	14.92	4.09	-49.76	127.12	2651359.97	2127315.30	87645.29
51	1537	600456	宝钛股份	47.20	0.14	3.14	2.47	0.51	1.01	35.38	2.51	13.92	1.22	-31.30	76.11	595119.87	292092.84	9449.19
52	1568	002428	云南锗业	46.70	0.58	7.15	7.12	0.21	0.28	2.24	0.00	54.40	9.20	-49.78	136.98	138456.58	27203.93	9233.69
53	1569	000657	*ST中钨	46.70	0.02	1.47	1.40	3.77	6.51	15.38	10.97	25.15	1.41	0.00	0.00	39342.35	144880.23	462.22
54	1580	600595	中孚实业	46.40	0.13	5.64	3.30	0.72	1.78	70.07	1.31	21.80	119.60	-53.54	128.71	2287438.65	1318590.14	16423.48
55	1588	000807	云铝股份	46.20	0.06	2.90	2.52	0.60	1.90	66.54	1.61	9.29	9.29	-46.81	121.90	1487659.44	800612.54	12017.26
56	1697	002182	云海金属	43.80	0.01	4.35	1.02	1.42	2.79	53.91	1.30	24.39	5.82	-24.71	104.52	236736.26	353422.14	1087.46
57	1710	002160	常铝股份	43.50	0.02	4.77	0.91	1.25	2.06	62.77	1.10	5.35	-0.41	2.52	136.96	176752.59	205356.66	596.95
58	1715	600531	豫光金铅	43.40	0.30	4.15	4.97	1.85	2.29	72.80	2.06	40.64	3.33	-48.55	135.46	685921.83	1166799.16	9130.42
59	1822	002295	精艺股份	41.00	0.10	5.57	2.58	1.70	2.15	45.27	1.26	-1.31	0.04	-35.66	77.86	152063.85	254931.23	2149.46
60	1848	600490	ST合臣	40.20	0.04	3.68	4.51	1.32	1.95	53.63	1.87	-51.62	14.35	51.88	139.21	25925.80	39226.82	508.38
61	1866	002379	鲁丰股份	39.70	0.08	4.12	1.38	0.59	1.01	75.88	1.16	75.30	1.86	-32.56	123.39	366218.21	179137.24	1206.44
62	1873	600478	科力远	39.60	0.05	1.31	0.23	1.01	1.73	49.71	1.52	53.19	7.33	-9.19	103.88	257392.47	238243.08	285.93
63	1932	000928	中钢吉炭	37.40	0.01	3.44	0.17	0.68	1.02	62.15	1.01	5.53	-2.27	-11.30	79.77	247614.28	165498.27	160.94
64	1941	600311	荣华实业	37.10	0.03	2.48	1.93	0.26	1.35	12.18	36.97	-7.00	1.19	-54.4	135.02	102140.08	31506.72	1719.45
65	2052	600768	宁波富邦	32.40	-0.04	2.49	-3.49	1.66	3.08	80.02	0.77	25.35	-4.57	-14.16	148.05	68919.99	107576.64	-492.58
66	2087	002149	西部材料	30.70	-0.13	3.33	0.60	0.59	1.47	62.74	1.07	19.22	-4.65	-52.44	113.60	267335.45	149432.05	616.85
67	2105	600331	宏达股份	29.90	0.05	4.61	4.02	0.45	0.75	78.64	1.37	5.99	-2.33	-47.44	120.72	929232.82	438470.02	8083.46
68	2146	600338	*ST珠峰	27.00	-0.30	-3.73	147.48	1.36	2.62	109.95	-1.30	-34.44	0.00	-50.94	131.08	47681.61	68052.02	-3822.44
69	2160	000697	*ST炼石	26.10	-0.25	-7.21	-16.98	1.08	1.56	55.49	-24.03	-4.67	-15.65	-19.26	126.70	61810.90	73140.48	-5105.82
70	2165	600330	天通股份	25.70	0.02	2.24	1.07	0.59	1.57	43.44	1.45	6.21	1.42	-54.29	154.14	245633.81	135822.53	1469.35
71	2254	600980	北矿磁材	18.50	-0.19	-7.41	-11.25	0.72	1.42	26.67	-9.01	-12.89	-9.29	-52.54	131.33	37898.32	28917.71	-3286.93
72	2253	600390	金瑞科技	18.50	-0.54	-4.18	-15.30	0.89	2.02	58.61	-1.68	-2.87	-14.34	-49.79	124.59	136382.89	125944.60	-9359.95
73	2261	600432	吉恩镍业	17.40	0.04	2.44	-1.40	0.24	0.66	73.15	0.94	24.14	-5.04	-51.97	149.76	1333089.03	279265.77	-5136.01
74	2272	600961	株冶集团	15.10	-1.12	-6.15	-33.01	1.81	3.78	77.93	-2.10	-7.10	-33.84	-47.97	145.54	647454.25	1172269.78	-59235.53
75	2276	002114	*ST锌电	14.80	-1.54	-17.91	-84.03	1.04	2.11	82.02	-4.76	3.96	-59.14	-59.24	155.07	108298.92	125785.47	-28208.93
76	2299	000751	*ST锌业	10.50	-0.98	-7.04	-156.30	0.82	1.63	97.96	-1.22	-11.87	-87.88	-56.61	175.25	735675.91	689918.08	-108512.12
77	2300	600146	大元股份	9.80	-0.31	-15.92	-25.35	0.15	0.30	35.02	-35.79	-8.91	5.09	-67.90	155.43	45354.84	6568.36	-7291.07

第七章

石油石化行业上市公司业绩评价

石油石化行业在中国国民经济的发展中有重要作用，是中国的支柱产业部门之一。石油石化行业的总量大，占中国 GDP 大概是5%左右，石油石化行业与其他行业的关联度高，石油、煤、天然气等作为一种基础原料，国民经济各部门的许多产品都是石油的衍生物。

2011 年，在国内经济 GDP9. 2% 持续增长的背景下，石油和化学工业实现平稳快速增长，效益进一步改善，运行质量进一步提高，产业结构升级步伐加快，产品技术向高端领域延伸，市场供需基本平稳，实现了“十二五”良好开局的目标。

一、石油石化行业上市公司业绩评价结果

截至2011 年末，石油石化行业包括石油、化工、塑胶、塑料等企业的 A 股上市公司共 236 家，其中 211 家盈利。

石油石化行业的综合评价分值为 71. 90 分，远高于同年全部上市公司的 61. 70 分的 16. 53%；8 家石油石化行业上市公司进入 2011 年上市公司业绩评价综合得分的百强名单。在 236 家石油石化上市公司中，业绩为优秀的有巨化股份、中国石油和中国石化 3 家；业绩为良好的有 29 家；业绩为中的有 106 家；业绩为低的有 52 家；业绩为差的有 46 家。

2011 年上市公司石油石化板块格局仍然是中国石化、中国石油占绝对市场地位为主，据表 7 -1 数据，中国石化、中国石油两家上市公司的资产总额、营业收入、净利润、总市值分别占石化行业上市公司相关总额的 76. 25%、84. 61%、84. 44% 和 70. 59%。

表 7 -1　2011 年中石油、中石化与石化行业上市公司指标表

单位：万亿

企业名称	资产总额		营业收入		净利润（亿元）		总市值	
	数额	比例（%）	数额	比例（%）	数额	比例（%）	数额	比例（%）
中石化	1. 13	28. 25	2. 51	47. 09	768. 64	29. 12	0. 62	18. 24
中石油	1. 92	48. 00	2. 00	37. 52	1460. 07	55. 32	1. 78	52. 35
石化行业上市公司	4. 00	100. 00	5. 33	100. 00	2639. 38	100. 00	3. 40	100. 00

2011 年全部上市公司为 2276 家，其资产总额总计为 22. 71 万亿元，石油石化行业全部上市公司资产总额合计为 3. 996 万亿元，占上市公司资产总额的 17. 60%；全年实现主营业务收入 18. 84 万亿元，石油石化行业 236 家上市公司实现主营业务收入 5. 33 万亿元，占上

市公司营业收入的28.29%；全部上市公司共计实现利润总额1.35万亿元，石油石化行业上市公司实现利润总额0.34万亿元，占上市公司全部实现利润总额的25.19%，全部上市公司共计实现净利润1.064万亿元，石油石化行业上市公司实现净利润0.2639万亿元，占上市公司全部实现净利润的24.80%；该行业上市公司2011年度市场投资回报率-32.34%，略低于2010年全部上市公司-31.17%的市场投资回报率；石油石化行业上市公司股价波动率为96.36%，高于全部上市公司96.03%的股价波动率。

石油石化行业扣除非经常性损益净资产收益率的平均值为13.61%，明显高于上市公司11.15%的平均水平；营业利润率平均值为6.18%，低于上市公司6.7%的平均水平；总资产报酬率9.97%，高于上市公司的7.45%，说明2011年石油石化行业上市公司资产收益水平、经营收益水平高于A股全部上市公司水平。2011年，石油化工行业按评价体系，行业综合排名十强见下表7-2。

表7-2 2011年度石油石化行业中联十强排行榜

名次	股票代码	股票简称	全部上市公司排名
1	600160	巨化股份	9
2	601857	中国石油	13
3	600028	中国石化	14
4	000703	恒逸石化	35
5	600309	烟台万华	41
6	000422	湖北宜化	53
7	601233	桐昆股份	62
8	601678	滨化股份	85
9	600256	广汇股份	107
10	002226	江南化工	111

下面分别从财务效益状况、资产质量状况、偿债风险状况、发展能力状况及市场表现等五个方面对石油石化行业上市公司进行具体分析。

（一）财务效益状况

表7-3列示了石油石化行业上市公司财务效益状况评价结果。从指标来看，石油石化行业上市公司财务效益状况平均得分高于全国所有上市公司的平均水平。其中中国石油、中国石化、巨化股份排名前三甲。该行业除营业利润率外，其余扣除非经常性损益的净资产收益率、总资产报酬率、盈利现金保障倍数及股本收益率等财务效益指标都高于上市公司平均水平。

与上年的财务效益情况相比较，2011年行业财务效益降低3.52%。所有财务效益指标都低于2010年，其中营业利润率较为突出，降低24.73%；该行业实现净利润为2639亿元，绝对值比2010年的2590亿元近增加49亿元。

石油石化行业上市公司财务效益各指标都高于上市公司的各平均值。与全体上市公司横向比较，石油石化行业财务效益指标较好，石化行业收入增长较大，主要为国内经济效益保持增长，石化行业供给与需求增长较大，；从上市公司石油石化行业纵向看，石化行业财务效益指标都低于2010年度，主要是因为原油、成品油和石化产品价格上涨，推动经营成本上升。行业主要财务指标见表7－3。

表7－3　石油石化行业财务效益状况表

评价指标		2011年上市公司平均值	2011年行业值	2010年行业值	增长率（%）
基本指标	净资产收益率（%）	11.15	13.61	15.08	－9.75
	总资产报酬率（%）	7.45	9.97	11.19	－10.90
	得分	21.23	25.08	26.02	－3.61
修正指标	营业利润率（%）	6.70	6.18	8.21	－24.73
	盈利现金保障倍数	1.06	1.81	2.02	－10.40
	股本收益率（%）	49.53	66.01	67.36	－2.00
综合得分		21.93	26.61	27.58	－3.52

（二）资产质量

从表7－5可以看出，石油石化行业上市公司资产质量状况指标平均得分高于全国所有上市公司的平均水平；2011年，总资产周转率、流动资产周转率、存货周转率、应收账款周转率都高于市场均值。2011年石油石化行业虽然受全球金融危机的影响，以中国石化、中国石油为首的企业进行产业结构调整改革，业务进行合理化整合、加强经营管理取得较明显，其总体资产质量2011年在各行业中表现较好。

与2010年相比较，石油石化行业2011年资产质量指标除应收账款转率略有下降外，其余指标都增长。上市公司资产质量最佳排名前三名的为巨化股份、春晖股份、金路集团。三家公司在资产质量上得分表现优良，共同点是，三家公司都保持很高的流动资产周转率以及应收账款周转率。

表7－5　石油石化行业资产质量状况表

评价指标		2011年上市公司平均值	2011年行业值	2010年行业值	增长率（%）
基本指标	总资产周转率（次）	0.91	1.44	1.26	14.29
	流动资产周转率（次）	1.86	5.37	5.06	6.13
	得分	9.57	15.00	13.72	9.33
修正指标	应收账款周转率（次）	14.01	37.70	38.02	－0.84
	存货周转率（次）	4.14	9.55	8.53	11.96
综合得分		9.25	13.50	13.06	3.37

（三）偿债风险

从表7－7中石油石化行业指标的分析可知，2011年该行业上市公司偿债风险状况平均得分高于全国所有上市公司的平均水平。由于石油石化行业的资产负债率、获利倍数及现金流动负债远高于上市公司的均值，使得石油石化上市公司的偿债保障明显高于全部上市公司平均水平。

2011年石油石化行业的偿债风险能力略低于2010年水平，2011年获利倍数较2010年1.25倍，说明2010年偿息能力较强。从基本指标看，偿债风险得分排在前三名的分别是建新股份、巨化股份、彩虹精化。

表7－7 石油石化行业偿债风险状况表

评价指标		2011年上市公司平均值	2011年行业值	2010年行业值	增长率（%）
基本指标	资产负债率（%）	59.04	49.32	46.77	5.45
	获利倍数	7.88	12.12	15.18	－20.16
	得分	9.26	10.45	10.72	－2.52
修正指标	速动比率（%）	72.33	45.69	44.77	2.05
	现金流动负债比率（%）	11.16	34.96	50.24	－30.41
	带息负债比率（%）	46.03	44.04	42.89	2.68
综合得分		9.05	9.30	9.69	－4.02

（四）发展能力

从表7－9可知，石油石化行业上市公司发展能力状况指标平均得分高于全国所有上市公司的平均水平。行业资本扩张率、三年营业收入增长率、总资产增长率和营业利润增长率均低于全国所有上市公司，但行业的营业增长率、累计保留盈余率高于上市公司的平均值，可见，石油石化行业发展能力主要决定于营业增长，营业增长与国际油价相关性强，2011年国际油价总体走高，是导致石化行业增长的主要外部因素。

2011年营业增长率为32.60%，远低于2010年为42.20%。营业利润增长率0.32%指标大幅低于2010年的34.17%，总资产增长率、累计保留盈余、三年营业利润增长率指标都高于2010年，营业增长率呈现下降，究其原因是国内宏观经济增速下降，石化行业供需增幅减缓所致。该行业发展能力排名前三名为巨化股份、中国石油、中国石化。

表7－9　石油石化行业发展能力状况表

评价指标		2011年上市公司平均值	2011年行业值	2010年行业值	增长率（%）
基本指标	营业增长率（%）	24.27	32.60	42.20	－22.75
	资本扩张率（%）	17.20	12.72	14.76	－13.82
	得分	12.40	13.33	12.20	9.26
修正指标	累计保留盈余率（%）	40.82	61.73	60.67	1.75
	三年营业收入增长率（%）	21.50	21.18	17.33	22.22
	总资产增长率（%）	20.41	18.24	15.44	18.13
	营业利润增长率（%）	7.12	0.32	34.17	－99.06
综合得分		12.36	13.60	13.37	1.72

（五）市场表现

表7－11列示了石油石化行业上市公司市场表现评价结果。2011年A股市场表现股价震荡下行，2011年石油石化行业上市公司投资回报率为－32.34%，同期全国所有上市公司投资回报率的－31.17%为与之相当。

2010年全年石油石化的股指均低于上证A股指数（见下图7－1）。2011年石油石化行业的股价波动率为96.36%，略高于全国所有上市公司96.03%的平均水平，也高于自身2010年的92.34%。

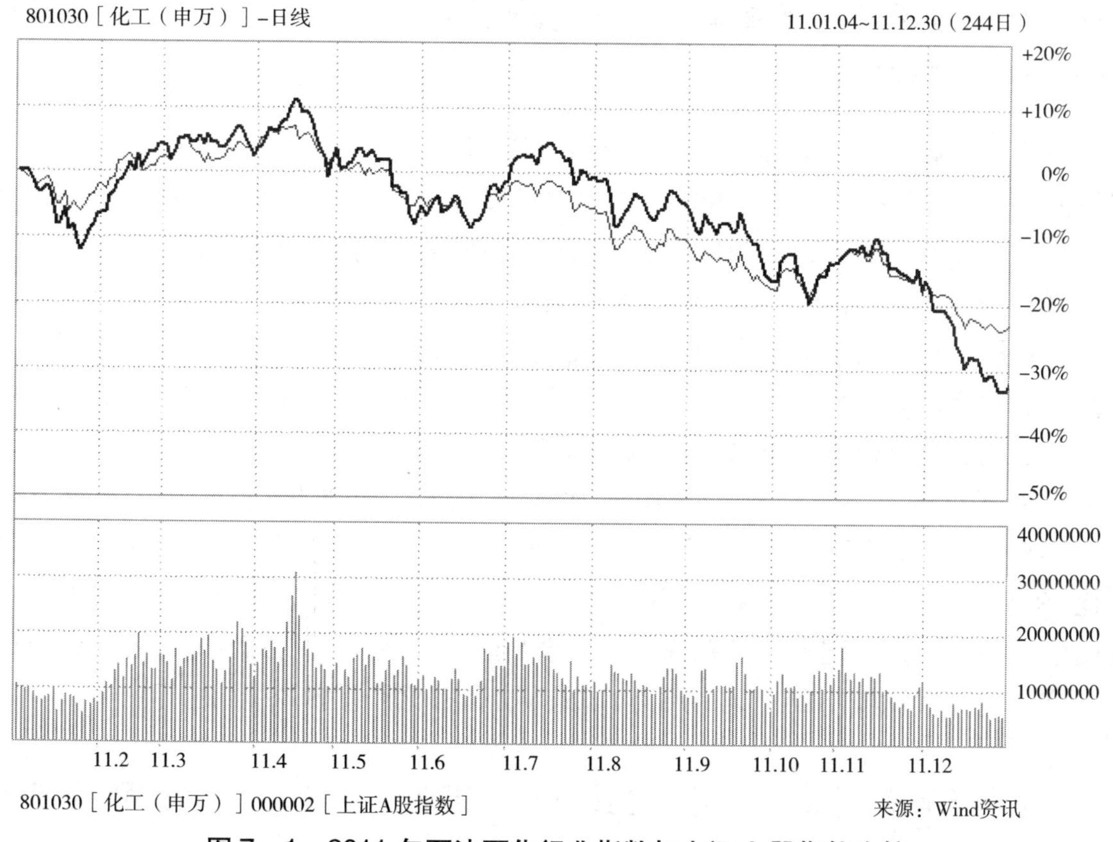

图7－1　2011年石油石化行业指数与上证A股指数比较

2011年石油石化市场表现的得分略低于同年上市公司平均值。主要市场表现指标见表7-10。

表7-10　石油石化行业公司市场表现表

评价指标	2011年上市公司平均值	2011年行业值	2010年行业值	增长率（%）
市场投资回报率（%）	-31.17	-32.34	5.25	-
股价波动率（%）	96.03	96.36	92.34	4.35
得分	9.13	8.92	8.62	3.48

二、石油石化行业上市公司业绩影响因素分析

2011年，我国石油和化学工业在大力推进发展方式转变和产业、产品结构调整的进程中，行业经济呈现增速放缓的平稳增长、整体效益显著提高、经济增长质量进一步提升的良好态势，经济规模再上新台阶。2011年在石油化工行业上市公司236家中，上市公司A股中国石油、中国石化超然地位的表现不但决定上市公司石化板块的整体业绩，也代表和引领着我国整个石化行业的发展程度，从石化行业内部实体影响力角度来看，这两家上市公司经营业绩的变化是上市公司的石化板块业绩的决定性因素。在2011年度中，影响石油石化行业业绩的主要因素表现为以下几点：

（一）国际油价总体宽幅震荡上扬态势推动石化行业增长，金融因素与地缘政治主导油价走势

油价的波动是影响石化行业景气与否的决定性因素之一。2011年国际油价先升后降，再又剧烈波动。原油期货WTI收盘价最高曾达113.93美元/桶，最低探至75.67美元/桶，高低点价差达每桶38.26美元。2011年国际油价总体呈宽幅震荡上扬态势。

影响2011年国际油价波动主要有两大因素，一是源于金融危机后的经济复苏、欧债危机未决及美元量化宽松政策等金融因素，二是与中东局势动荡相关的地缘政治因素。从全年表现看，季节性规律对油价的影响逐步弱化，原油紧随美国经济变化趋势呈现了与美元齐涨格局，伊朗等地缘政治影响将继续助推原油价格。

中国石油2011年实现营业额人民币20,038.43亿元，比2010年的人民币14,654.15亿元增长36.7%。主要原因是原油、天然气、汽油、柴油等主要产品价格上升和销售量增加。中国石化2011年的营业额及其他经营收入为人民币25,057亿元，同比增长31.0%，经营收益为人民币1,055亿元，同比增长0.5%，主要归因于国内经济持续增长，石油石化产品需求增加，该公司经营规模不断扩大，原油、成品油和石化产品价格同比上涨。

（二）世界石油供需高位平衡，增速下降，行业业绩增长，石化贸易逆差增大

2011年世界石油供需增速双降，但基本面总体偏紧。2011年全球石油表观需求上升

图7-2 2011年国际油价走势图

178万桶/日，其中亚洲增长73.5万桶/日（中国增36万桶/日），占增幅的41.3%；美国增40万桶/日；西欧增13.5万桶/日。

从供应上看，2011年欧佩克12国产能约为3126万桶/日，但富裕产能预计从315万桶/日降至274万桶/日。2011年非欧佩克国家产量增加44万桶/日，其中主要为中东地区的液化石油气产量，常规原油产量持续减少。石油库存方面，2011年除二季度因炼厂传统检修造成库存略有上升外，其他三个季度库存均将呈下降趋势。受发达国家石油需求下降影响，世界石油需求同比仅增长73万桶/日，仅相当于2010年增量的四分之一。世界石油产量与上年基本持平，为39.1亿吨。

我国石油和化工行业进出口贸易业绩增长，进出口总额6071.46亿美元，比上年增长32.3%，占全国进出口贸易总额的16.7%；其中进口约占25.0%，出口占9.1%；贸易逆差2624.64亿美元，比上年扩大38%，石化贸易逆差增大。

中国石油集团销售原油62057千吨，同比增长0.7%，销售汽油、煤油、柴油1.46亿吨，同比增长20.4%。2011年，本集团原油总产量886.1百万桶，比上年同期增长3.3%；中国石化全年境内成品油总经销量1.51亿吨，同比增长7.6%。生产乙烯989.4万吨，同比增长9.2%。

（三）我国原油供需双增，石化行业总体减速上行

2011 年，国内石油需求持续增长，但增速同比呈现下行态势，低于近 10 年来 7.1% 的平均增长速度。全年石油表观消费量（国内原油产量 + 原油和全部石油产品净进口量，下同）仍保持较高水平，达到 4.9 亿吨，同比增长 3.5%。

2011 年国内原油产量 2.04 亿吨，同比增长 0.3%；原油进口 2.54 亿吨，同比增长 6%；累计进口成品油 4060 万吨，同比增长 10.1%。石油对外依存度同比上升 1.7 个百分点，达到 56.5%。中国已成为仅次于美国的世界第二大石油进口国和消费国。原油产量增长的主要原因为国内石油需求的增长。国内累计加工原油 4.48 亿吨，同比增长 4.9%，其中，生产汽油 8141 万吨，同比增长 6.1%；生产柴油 1.67 亿吨，同比增长 5.4%；生产煤油 1879 万吨，同比增长 10.1%。成品油生产总量合计达到 2.66 亿吨，同比增长 6.7%，与国内原油产量增速相比，高出 6.4 个百分点。原油加工的增长主要是由于石油消费较快增长、成品油商业储备增加、原油加工能力提高、来料加工贸易量较大等因素影响。

2011 年中国石油加工原油 984.6 百万桶，原油加工负荷率达到 92.0%。生产 8,715.0 万吨汽油、柴油和煤油。中国石化全年加工原料油 2.17 亿吨，同比增长 3.0%；生产成品油 1.28 亿吨，同比增长 2.9%。

（四）产业结构调整促进行业结构改观明显，产品技术向高端领域延伸

产业结构调整政策促进产品结构继续优化，国内市场占有率不断扩大。2011 年，专用化学品、合成材料、有机化学原料三大领域在化学工业产值增长中的贡献率达到 59.0%。在行业效益的增长中具有重要作用，是提高行业经济增长质量的主要动力。2011 年，专用化学品利润占化学工业利润总额的比重约达 31.5%，同比增加约 1.5%；合成材料占比 16%，同比增加约 1%；有机化学原料占比 13.5%，同比增加约 0.7%。

我国化工产品在质量和创新方面都取得了我国“两碱”产品质量和生产技术已达世界先进水平，在国际市场具有较强竞争力；烧碱中离子膜法比重已达 86.5%；纯碱中，能耗较低的联碱占比 47.6%，氨碱和天然碱分别为 44.9% 和 7.5%；化肥中，磷、钾肥比重稳步上升，产品结构进一步优化。有机化学品、合成材料等技术含量较高产品在国内市场占有率稳步扩大。

（五）炼油行业整体亏损，国际油价高位波动为诱因

据统计，2011 年前 11 个月，炼油行业累计亏损 117.28 亿元，出现行业性整体亏损。炼油效益由上年同期利润总额为 710.62 亿元盈利转为 2011 年的亏损，最根本的因素是受国际石油价格高居的影响，在现有定价机制的条件下，成品价与原材料价格倒挂。2011 年，我

国进口原油达到2.53亿吨，到岸均价为每吨772.6美元，比上年涨幅37.0%。受进口油价强劲上涨推动，国内重点企业原油年均出厂价达4935.7元/吨，比上年上涨37.9%；但成品油出厂价涨幅明显较低，重点企业93#汽油、0#柴油年出厂均价涨幅均远不足原油涨幅的1/2，且差距有扩大趋势。在当前国际油价大幅高位波动的背景下，我国炼油业效益难以实现根本好转和稳定。

中国石油2011年炼油与化工板块经营支出为人民币9095.77亿元，比2010年的人民币6569.26亿元增长38.5%，其中：采购、服务及其他比上年同期增加2301.70亿元，主要是由于炼厂进口原油量增加及国际原油价格上涨。中国石化2011年经营费用为人民币24002亿元，同比增长32.7%。经营费用主要包括以下部分：采购原油、产品及经营供应品及费用为人民币20315亿元，同比增长37.0%，占总经营费用的84.6%，主要归因于成品油、化工原料和其他产品采购费用增加，及附属贸易公司采购费用增加。

（六）部分产能过剩行业盲目扩张，市场竞争进一步加剧

石化行业的一些子行业由于其产能严重过剩，供需失衡，导致市场长期低迷，竞争加剧。2011年1~10月，橡胶制品利润总额增幅为16.8%，涂颜料为14.5%，农药为25%，但与化工行业平均增幅相比，差距较大。

从装置开工率看，2011年甲醇、电石、聚氯乙烯、尿素等行业开工率仍然不高；“两碱”开工率虽然有所回升，但也面临产能进一步释放的巨大压力。据有关数据，2011年，烧碱将新增产能约400万吨，纯碱340万吨；此外，甲醇、电石、尿素等产能扩张仍未停止。

煤化工发展仍在加快，开工率较低。截至目前，各地规划中的煤制油项目总规模已超过4000万吨/年（有的已开展前期建设）；拟建和再建中的MTO项目多达18个，能力达1410万吨/年，累计能力已达2800万吨/年；还要新建自行配套甲醇能力4230万吨/年，今年前三季度国内甲醇开工率只有50%左右。

（七）国家出台特别石油收益金、资源税、进口关税等政策，对行业产生重大影响

从2011年11月1日起，将石油特别收益金起征点提高至每桶55美元。资源税改革全面推开，石油、天然气资源税税额由从量计征改为从价计征，导致石油开采环节税负大幅上升。

国家大幅下调汽油、柴油、航空煤油和燃料油进口关税后，成品油进口成本相应下降。2012年1月1日起，对730多种商品实施较低的进口暂定税率，平均税率为4.4%，比最惠国税率低50%以上。在国内经济增速放缓、国内居民消费品价格指数不断走高的背景下，国家大幅下调进口成品油进口关税，对于保障能源和石油稳定供应，管理后期供求预期，市场调节力度大、措施有力，作用明显。柴油、煤油进口施行零关税后，国内外市场联动更加

紧密，市场保障更加有效、快捷、给力，同时也为加快国内成品油定价机制改革，创造了更为宽松的条件和环境。

◎链接1：

58个化学化工类项目获科技大奖

★ 1月14日，在2010年度国家科学技术奖励大会上，58个化学化工类项目获得国家科技奖，大庆油田高含水后期4000万吨以上持续稳产高效勘探开发技术项目摘得国家科技进步特等奖，显示出化工科技创新能力稳步提升。

化学矿产资源整顿提速

★ 5月19日，国务院出台稀土产业政策“国22条”；8月8日，国家6部门发出《关于开展全国稀土生产秩序专项整治行动的通知》；9月2日，工信部发布《耐火粘土（高铝黏土）萤石行业准入公告管理暂行办法》；11月16日，工信部召开耐火粘土、萤石行业管理座谈会。国家要求相关矿产开发严格准入，合理开发，高效利用。

（来源：中化新网讯）

三、2012年石油石化行业前景分析

2012年世界宏观经济开始复苏，经济新兴国家经济仍持续高增长，增速会有所放缓，国际石油石化行业将同比增长。我国经济仍处于高速成长的工业化的中期发展阶段时期，宏观经济环境对石油和化工产品的需求增长仍构成有效支撑，国内消费结构升级带动的旺盛需求，在国家产业结构升级、经济增长方式转变的政策实施下，随着市场环境的进一步改善，石油石化各子行业的快速发展，预计2012年，我国石油和化工行业呈现总体向上，各子行业也将带动其他各相关行业共同发展。

（一）国际油价呈上升且高位震荡趋势，中东地区地缘因素为主要影响原因

随着全球经济复苏，宏观经济形势、供需基本面以及货币政策和地缘政治仍是影响油价格走势的四大因素，其中地缘政治因素的影响较为显著。美国经济目前正在缓慢复苏，未来复苏力度将增强，中国经济也将保持高位增长，预计2012年世界经济增长为3.3%，中国

经济增长8.5%。在需求方面，据石油输出国数据，预计2012年世界石油需求为8890万桶/日，较2011年增加106万桶/日。在供给方面，基本与需求持平。2011年四季度油价上涨行情主要因素是由美元货币政策致其贬值预期造成，美联储公布的量化宽松政策，将影响对油价后期上涨形成一定支撑。中东地区，尤其是伊朗问题等地缘政治因素依旧是主要影响原因。

预计2012年国际油价前低后高，前半年价格承压在109美元/桶，后半年随着市场趋紧价格回升，年底价回升至122美元/桶，全年均价114美元/桶。

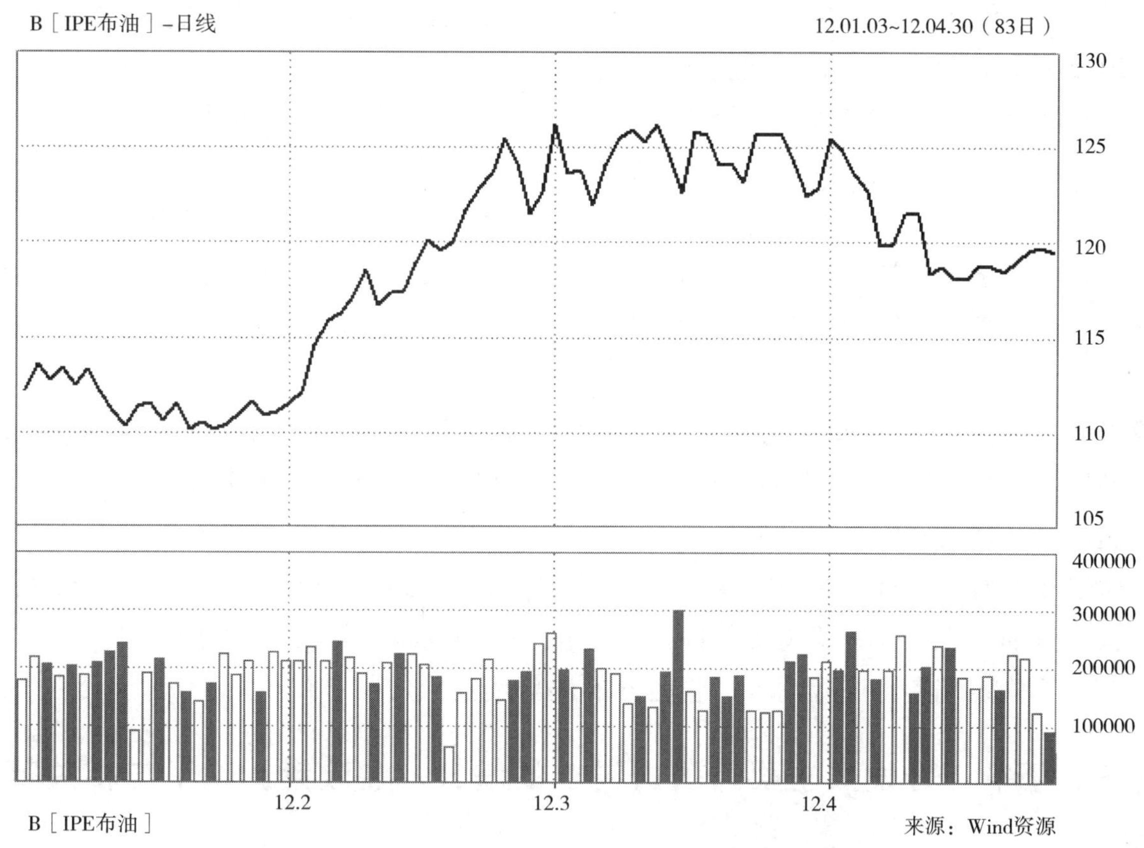

图7-3　2012年1~4月国际石油价格走势图

◎链接2：

中海油蓬莱19-3油田发生泄漏

★ 6月4日，由康菲公司负责开发的中海油蓬莱19~3油田漏油事发，引起全社会关注。7月5日，国家海洋局通报该事件已使周边840平方千米的海域受到污染。此后，在国家的要求下，康菲公司的该项目全面停产。

（来源：中化新网讯）

（二）石油供需持续增长，增速同比减缓，石化行业从供需角度减速增长

2012年全球石油新增需求预计在130万桶/天，其中OECD国家预计2012年增速为-26万桶/天，而发展中国家的需求增速则预计为150万桶/天。2012年，市场可能出现前松后紧、基本平衡的局面，因为上半年受益于利比亚的复产以及非OPEC国家干扰供应的临时因素的消失，供应将出现较快增长，并将超过上半年需求的增长，与此同时其他OPEC国家（主要是沙特）产量上的调整有一定滞后；在后半年随着需求回升，市场将再次趋紧。总的来看，2012年石油基本面平衡，支持国际油价持稳。

我国石油消费在2012年将达到5亿吨，比2011年略有增长，增速大幅下降。石油和原油进口量继续增加，原油进口增速可能超过石油。天然气消费量有望超过1500亿立方米，在一次能源中的比例超过5%；天然气产量将达1100亿立方米；进口量继续快速增长。主要是因为我国经济将保持平稳增长，实施经济软着陆政策，增速将同比下降；随着经济结构不断优化，高污染、高能耗、低水平重复建设项目以及基建投资、重化工业增速等将有所下降。

我国成品油需求在2012年仍有望保持稳步增长态势，预计全年成品油表观消费量2.78亿吨，同比增长6.4%，其中汽油、柴油和煤油分别增长7.5%、6.0%和5.1%。上半年受经济减速和高基数的影响，成品油消费增速将处于低位；下半年随着经济企稳，成品油消费增速有望逐步回升。预计我国2012年成品油产量为2.8亿吨，同比增长5.3%。成品油供需总体平衡，汽油供大于需，仍将保持净出口；柴油供需基本平衡，考虑到季节性需求变化、炼厂投产的不确定性和补库存需求，阶段性的局部柴油供应紧张仍可能出现。

（三）石化产业发展主要靠国内需求的增长，在政策影响下与相关行业互促增长

从宏观经济走势来看，2012年我国GDP年均增速将达8.5%，宏观经济持续保持增长，直接推动了石油和化工行业的快速发展。2012年，国内宏观经济政策的基本取向是“积极稳健、审慎灵活”，即实施积极的财政政策和稳健的货币政策，保持经济平稳健康运行。

2012年，全国石化行业将继续保持平稳增长势头，但增幅比2011年有所放缓，可能呈现前低后高的走势，预计2012年行业总产值达到13万亿元左右，比2011年增长18%，增速减缓，行业的质量将会提高。

从石化行业来看，2012年直接影响行业发展的相关的政策有以下方面：成品油调价机制、能源价格调整、人民币汇率变化、资源税改革、节能减排、提高行业准入门槛、关税。这些政策将直接影响石化行业的经济总量和经济增长方式，成品油调价机制很可能在2012年进一步完善。石化行业与其他行业关联性强，各相关行业的发展也将推动石化行业的发展。具体表现，例如在农业方面，2012年，国家加大对农业的投入，支农惠农的政策，将

对农用化学品市场需求将会保持增长格局；在汽车行业方面，2012 年，我国汽车行业将有 2% -3% 的增长，将直接拉动成品油、润滑油、助剂、涂料、工程塑料、橡胶密封材料等领域市场需求增长。在房地产行业方面，2012 年 700 万套保障住房开工建设，农村城镇化的建设，都将有力推动化工建材、涂料、纯碱，以及装修装饰材料等石化子行业；在塑料制品行业方面，塑料制品是合成树脂最主要的下游行业，多年来，我国塑料制品行业一直保持快速增长态势，塑料制品的快速增长，促使合成树脂需求的相应扩大。

2011年石油石化行业上市公司业绩结果排序表

行业排名	全部上市公司排名	股票代码	股票简称	综合得分（100分）	每股收益（元）	总资产报酬率（%）	净资产收益率（%）	总资产周转率（次）	流动资产周转率（次）	资产负债率（%）	获利倍数	营业收入增长率（%）	资本扩张率（%）	市场投资回报率（%）	股价波动率（%）	年末资产额（万元）	营业收入净额（万元）	净利润（万元）
1	9	600160	巨化股份	87.70	2.13	38.81	45.00	1.42	3.30	16.03	105.09	49.68	121.34	14.77	157.22	684252.50	821188.19	178373.87
2	13	601857	中国石油	86.10	0.73	10.86	14.42	1.12	5.93	43.54	19.77	36.74	7.17	-9.98	46.02	191752800.00	200384300.00	14600700.00
3	14	600028	中国石化	85.80	0.83	10.32	15.72	2.37	8.68	54.91	16.68	30.97	12.56	-9.57	53.80	113005300.00	250568300.00	7686400.00
4	35	000703	恒逸石化	82.30	3.71	28.70	64.45	2.77	5.59	67.86	9.61	14024.14	3661.38	-32.08	80.57	2242001.98	3151300.32	251192.63
5	41	600309	烟台万华	81.50	0.86	19.53	30.39	0.90	2.20	52.83	19.82	44.88	14.82	-14.93	94.67	1741868.33	1366230.73	239540.74
6	53	000422	湖北宜化	80.40	1.51	9.28	20.16	0.78	1.94	73.64	3.42	53.88	36.92	-9.67	53.69	2677937.13	1776485.52	126622.68
7	62	601233	桐昆股份	79.80	1.23	19.02	24.68	2.43	4.92	36.63	0.00	36.84	137.37	-31.31	69.32	1085222.69	2011846.83	124320.14
8	85	601678	滨化股份	77.90	0.92	20.63	18.58	1.06	3.13	16.11	25.26	29.04	18.89	-19.91	123.34	452356.04	461270.23	65056.61
9	107	600256	广汇股份	76.60	0.51	8.43	12.05	0.29	1.20	56.51	11.54	20.36	62.17	-22.92	48.63	1885144.66	456110.85	96253.28
10	111	002226	江南化工	76.40	0.58	14.85	15.07	0.66	1.86	22.23	292.82	274.46	455.88	-25.15	69.50	319049.36	121389.20	22107.64
11	114	600315	上海家化	76.20	0.85	18.90	21.19	1.53	2.23	30.04	0.00	15.60	17.38	-7.57	31.96	254678.34	357660.76	36500.49
12	147	002493	荣盛石化	74.70	1.46	16.77	26.85	1.58	3.09	49.76	0.00	51.14	21.90	-46.18	130.21	1756028.44	2387348.45	223562.10
13	152	600636	三爱富	74.60	2.11	37.57	66.37	1.40	2.53	45.64	18.08	48.94	82.53	37.83	203.22	355858.29	461044.78	99763.56
14	148	600409	三友化工	74.60	0.56	10.21	15.18	1.01	3.61	65.94	4.13	93.03	49.11	-17.28	96.05	1323153.51	1024015.92	59042.94
15	159	000731	四川美丰	74.40	0.57	9.89	12.39	1.40	3.35	44.93	8.64	55.89	11.87	-4.26	49.81	385032.00	524666.16	26763.97
16	162	002648	卫星石化	74.30	4.20	28.45	33.87	1.24	1.66	25.24	24.74	98.88	370.97	-31.31	0.00	405470.34	324786.74	62972.48
17	168	002037	久联发展	74.20	1.16	14.85	28.74	1.04	1.87	65.14	18.66	55.32	24.05	-15.94	48.34	281408.03	242332.96	24916.08
18	180	600094	大名城	73.90	0.46	36.57	41.05	0.89	0.95	56.79	60.89	70158.49	23752.40	-31.31	54.91	741529.62	330271.13	99756.21
19	186	601216	内蒙君正	73.70	0.93	12.52	16.00	0.63	2.25	29.25	9.86	32.42	224.97	-31.31	98.37	712934.25	370795.51	58108.36
20	196	002601	佰利联	73.10	4.49	21.83	29.87	0.92	1.54	26.71	14.97	52.86	405.29	-31.31	65.62	275161.88	190613.22	35947.50
21	201	002250	联化科技	72.90	0.75	16.20	21.80	1.15	2.34	34.27	22.99	30.13	105.64	-26.93	49.29	276230.38	256804.50	29737.17
22	211	002588	史丹利	72.70	2.16	10.12	17.37	1.58	1.96	41.96	0.00	57.50	189.79	-31.31	61.73	351078.59	456857.28	24548.46
23	219	002581	万昌科技	72.40	0.69	16.98	15.59	0.55	0.70	2.60	0.00	-0.33	279.09	-31.31	46.21	69019.31	24636.93	6697.63
24	226	002637	赞宇科技	72.10	1.69	14.09	16.25	1.98	2.58	26.11	13.03	48.01	311.69	-31.31	27.67	137899.33	191991.43	10749.35
25	237	002597	金禾实业	71.70	1.63	12.08	13.84	1.29	2.24	26.41	40.91	40.55	149.61	-31.31	46.49	249530.07	228496.16	18443.63
26	236	000792	盐湖股份	71.70	1.79	17.24	26.68	0.34	0.88	49.23	35.42	36.88	151.64	-49.93	109.50	2937121.23	677756.31	281761.17
27	251	000861	海印股份	71.20	0.79	19.77	34.68	0.63	1.32	61.13	10.78	39.05	39.41	-23.04	97.39	337167.98	183437.26	39041.96
28	255	002539	新都化工	71.10	0.68	11.09	14.33	0.99	1.58	47.45	11.88	58.34	223.04	-31.31	66.05	444174.22	324180.52	24684.58
29	259	600143	金发科技	70.80	0.68	13.16	15.50	1.18	1.59	53.40	5.87	12.74	25.92	-18.63	62.11	1016263.64	1154696.92	93889.91
30	265	600527	江南高纤	70.70	0.43	13.09	13.72	1.21	2.13	5.10	26.95	24.16	61.58	-34.53	90.84	155618.17	175126.93	16662.52
31	269	002096	南岭民爆	70.60	0.71	17.05	17.58	0.86	2.42	29.36	20.47	4.18	13.97	-8.25	52.65	80772.46	65290.14	9937.69
32	273	300230	永利带业	70.50	0.66	16.43	14.81	0.73	1.06	11.67	316.70	22.04	191.83	-31.31	39.72	54333.31	29396.69	5338.31
33	299	601208	东材科技	70.00	0.80	14.90	15.45	0.74	1.03	11.88	0.00	23.67	322.37	-31.31	62.90	246900.23	125983.17	22159.68
34	301	002632	道明光学	70.00	0.91	12.79	12.51	0.57	0.78	11.72	16.73	24.75	273.36	-31.31	19.36	99312.25	40810.83	7450.55
35	302	600792	云煤能源	69.90	0.63	6.80	18.81	2.19	5.56	58.92	9.84	500.89	0.00	-0.33	90.33	551975.91	702777.38	18837.18
36	309	002109	兴化股份	69.80	0.48	13.38	14.84	0.84	2.16	28.87	13.51	35.52	13.41	-22.22	77.50	172799.84	139421.03	17289.33
37	317	002450	康得新	69.50	0.40	13.26	13.18	1.00	1.54	44.59	5.84	191.11	18.25	46.04	123.81	189916.29	152602.12	13057.88
38	325	002217	联合化工	69.30	0.55	10.84	12.24	0.99	2.62	34.15	45.09	56.99	12.67	-25.96	88.83	144711.88	136854.18	12189.38
39	327	300236	上海新阳	69.20	0.52	15.54	15.64	0.53	0.68	11.57	0.00	14.26	200.85	-31.31	42.41	40249.66	15020.62	3902.51
40	335	002408	齐翔腾达	69.00	1.08	20.88	18.49	0.96	1.29	4.36	0.00	18.14	12.47	-18.62	144.24	306147.11	278757.72	50642.72

续 表

行业排名	全部上市公司排名	股票代码	股票简称	综合得分(100分)	每股收益(元)	总资产报酬率(%)	净资产收益率(%)	总资产周转率(次)	流动资产周转率(次)	资产负债率(%)	获利倍数	营业收入增长率(%)	资本扩张率(%)	市场投资回报率(%)	股价波动率(%)	年末资产额(万元)	营业收入净额(万元)	净利润(万元)
41	343	002643	烟台万润	68.80	1.16	13.74	14.70	0.72	1.09	23.83	9.94	12.09	280.31	-31.31	4.39	158073.07	82009.06	12024.11
42	349	002497	雅化集团	68.80	0.59	11.71	10.62	0.57	0.78	7.37	0.00	44.88	12.34	-38.52	76.44	204187.41	110559.60	20079.10
43	348	000059	辽通化工	68.80	0.70	6.59	11.83	1.36	4.80	73.55	2.34	56.96	14.04	-34.44	88.03	2852636.08	3755703.41	84200.21
44	352	002470	金正大	68.70	0.62	10.98	14.69	1.55	1.94	42.65	0.00	39.19	15.86	-32.26	53.38	549357.77	762678.65	43692.94
45	358	300037	新宙邦	68.50	1.16	11.32	11.79	0.56	0.66	11.41	0.00	37.07	9.19	-23.75	39.26	122213.39	65428.37	12371.88
46	359	000830	鲁西化工	68.50	0.30	6.96	10.03	0.76	3.32	61.23	3.19	21.22	97.17	-4.65	60.88	1317365.88	931644.81	42342.77
47	367	600699	均胜电子	68.30	0.74	33.72	52.77	2.14	3.75	51.25	13.67	847.59	0.00	-13.33	75.58	136891.55	146217.96	17688.81
48	369	300196	长海股份	68.30	0.52	9.97	10.86	0.65	1.17	12.43	0.00	17.85	230.88	-31.31	59.56	95704.33	44358.97	6224.83
49	386	600803	威远生化	67.90	0.09	7.86	5.08	1.40	2.95	48.52	2.94	152.69	143.47	-18.93	81.33	168521.12	177770.38	4835.01
50	409	600141	兴发集团	67.30	0.64	6.77	11.32	0.91	4.88	69.58	2.68	40.41	27.40	-19.39	79.91	824904.36	656851.31	23338.66
51	418	002206	海利得	67.20	0.47	10.55	11.43	1.05	2.21	21.90	69.94	42.36	92.36	-38.89	96.98	263718.07	235565.06	19995.33
52	446	002538	司尔特	66.60	1.12	12.71	17.23	1.19	1.62	29.12	0.00	32.78	300.12	-31.31	40.53	201623.80	171976.77	16194.23
53	460	300214	日科化学	66.40	0.84	14.80	14.04	1.17	1.60	11.46	15.53	25.96	303.42	-31.31	44.56	124798.08	98730.78	10138.58
54	458	002136	安纳达	66.40	0.28	10.11	13.03	1.14	2.35	25.10	0.00	30.73	187.77	70.77	181.40	85019.01	71902.63	5663.94
55	486	002360	同德化工	65.80	0.49	10.52	9.81	0.80	1.26	9.15	0.00	69.97	6.48	-37.30	80.66	68168.35	52529.33	5926.78
56	503	002549	凯美特气	65.40	0.64	15.09	8.51	0.24	0.48	4.39	0.00	10.03	203.55	-31.31	47.16	75999.26	13280.90	7429.19
57	516	002092	中泰化学	65.00	0.42	5.69	6.90	0.57	2.40	50.37	7.14	74.52	14.46	-47.33	130.12	1527723.43	712242.00	52338.64
58	530	000707	双环科技	64.70	0.76	8.64	15.61	0.70	1.93	74.25	3.18	38.85	-9.81	0.79	95.53	802670.34	523186.81	35324.82
59	538	002440	闰土股份	64.50	1.22	12.60	11.80	0.67	0.89	18.36	0.00	32.30	12.28	-34.95	73.28	508822.16	306628.01	48323.58
60	546	300174	元力股份	64.30	0.53	9.30	11.29	0.71	1.19	8.29	0.00	64.92	412.79	-31.31	67.33	54097.23	24119.51	3518.03
61	559	300192	科斯伍德	64.10	0.56	9.02	9.88	0.70	0.83	8.98	0.00	24.60	264.28	-31.31	80.33	62033.59	29607.51	3864.81
62	557	000985	大庆华科	64.10	0.19	5.00	5.95	2.09	6.76	15.97	0.00	11.31	2.84	-23.70	71.42	58164.00	115364.33	2503.63
63	563	300163	先锋新材	64.00	0.48	8.49	8.36	0.37	0.73	7.26	0.00	23.22	347.74	-31.31	85.69	69214.03	19664.72	3682.09
64	582	300243	瑞丰高材	63.40	0.86	13.45	16.15	1.74	2.08	40.83	4.86	37.33	193.98	-31.31	58.02	57098.09	76574.35	3906.73
65	593	300225	金力泰	63.20	0.83	9.72	9.36	0.92	1.17	11.11	0.00	-0.15	223.38	-31.31	74.54	76944.18	51731.69	4947.75
66	606	000819	岳阳兴长	63.00	0.18	8.49	7.54	2.63	4.36	10.09	0.00	-4.36	6.85	-36.88	80.58	59783.35	155406.82	3956.49
67	623	300180	华峰超纤	62.70	0.52	9.33	9.50	0.54	0.92	5.64	0.00	8.64	232.47	-31.31	108.23	125456.09	47061.23	7894.14
68	642	000822	山东海化	62.30	0.43	9.23	9.57	1.08	4.03	41.69	4.75	8.82	10.74	-24.07	114.60	679648.78	753410.77	37244.57
69	654	000525	红太阳	62.10	0.20	4.06	3.44	1.02	1.77	62.02	1.74	52.00	298.47	-11.60	67.99	765343.39	578935.60	7344.78
70	658	600985	雷鸣科化	62.00	0.27	8.14	7.05	0.89	1.42	19.64	0.00	16.63	5.39	-18.26	62.51	64506.17	54928.91	3698.34
71	683	300218	安利股份	61.50	0.61	7.79	8.79	0.99	1.56	38.47	9.96	16.08	186.07	-31.31	47.69	128960.58	99128.55	6272.07
72	685	300019	硅宝科技	61.50	0.49	10.54	10.43	0.68	0.92	10.79	0.00	67.58	12.96	-41.43	97.86	53130.05	33956.80	5038.73
73	686	600871	S仪化	61.40	0.21	8.96	8.97	1.84	3.31	21.13	0.00	23.44	8.64	-45.53	109.32	1144959.90	2017976.80	83904.30
74	688	002584	西陇化工	61.40	0.46	10.78	10.87	1.42	1.96	11.61	0.00	10.04	164.54	-31.31	43.64	113431.42	128103.14	8227.86
75	745	600469	风神股份	60.70	0.62	8.51	11.76	1.52	3.02	70.90	1.91	25.95	12.22	-32.60	76.67	698280.25	1022950.63	23414.20
76	750	002442	龙星化工	60.60	0.38	10.66	9.47	1.04	1.69	44.56	3.38	53.22	15.46	-20.84	100.87	220604.87	204329.17	12376.24
77	756	300200	高盟新材	60.50	0.44	8.96	10.07	0.77	0.89	7.09	0.00	13.99	415.85	-31.31	59.91	77162.23	38550.02	4388.30
78	777	002068	黑猫股份	60.20	0.27	7.52	12.02	1.10	2.23	68.31	2.67	30.52	92.67	-21.16	94.87	422206.30	394546.74	12952.30
79	781	000818	方大化工	60.10	0.17	4.95	3.18	1.11	4.81	25.20	8.23	64.60	6.84	-30.57	117.40	264870.51	297069.27	12166.12
80	795	600688	S上石化	59.90	0.13	4.01	5.25	3.17	10.51	40.91	0.00	23.21	1.15	-30.97	85.85	3111008.50	9560124.80	97483.00

续 表

行业排名	全部上市公司排名	股票代码	股票简称	综合得分（100分）	每股收益（元）	总资产报酬率（%）	净资产收益率（%）	总资产周转率（次）	流动资产周转率（次）	资产负债率（%）	获利倍数	营业收入增长率（%）	资本扩张率（%）	市场投资回报率（%）	股价波动率（%）	年末资产额（万元）	营业收入净额（万元）	净利润（万元）
81	816	600426	华鲁恒升	59.50	0.37	5.79	7.07	0.53	1.57	52.31	3.77	9.66	6.09	-22.56	68.04	1063291.85	519546.72	35469.66
82	815	600182	S佳通	59.50	0.23	9.12	12.28	1.39	2.36	64.99	2.66	33.41	10.13	-28.50	61.27	366025.80	481740.66	15191.38
83	814	000782	美达股份	59.50	0.32	7.73	11.89	1.92	3.46	54.37	5.45	17.88	11.81	-38.54	113.43	236369.21	458561.18	13848.99
84	819	002343	禾欣股份	59.40	0.41	6.65	7.41	0.95	1.28	13.31	0.00	4.65	0.99	-19.09	56.34	150362.75	144163.53	10255.13
85	835	600486	扬农化工	59.10	0.89	6.56	7.99	0.70	1.13	31.32	0.00	17.61	7.50	-42.61	129.31	269064.16	184281.41	15658.18
86	831	600157	永泰能源	59.10	0.59	10.82	12.26	0.22	0.41	74.75	2.08	-26.23	369.29	-11.08	46.05	1464943.67	206175.79	33295.99
87	837	002258	利尔化学	59.10	0.34	9.30	6.48	0.85	1.76	11.64	34.72	110.19	34.53	-44.32	114.04	128413.64	93600.84	8926.05
88	848	600618	氯碱化工	58.90	0.20	5.84	7.06	0.99	3.46	54.26	3.02	0.45	9.24	2.77	192.43	600792.94	576252.60	22638.29
89	865	002591	恒大高新	58.60	0.75	10.20	8.69	0.47	0.56	6.53	0.00	2.88	149.90	-31.31	56.34	75078.80	26333.89	5245.28
90	903	600746	江苏索普	58.10	0.07	3.75	4.72	1.14	3.33	44.91	15.44	13.46	5.24	-29.84	97.38	81277.19	89151.45	2011.04
91	901	002165	红宝丽	58.10	0.30	10.29	8.14	1.27	2.00	39.93	3.80	22.52	50.69	-28.06	77.59	153692.94	169947.29	8261.40
92	913	002274	华昌化工	58.00	0.31	5.07	5.49	1.16	3.18	62.98	2.23	25.81	6.09	-29.81	56.16	376326.84	412227.30	8030.42
93	917	601113	华鼎锦纶	57.90	0.47	9.50	11.17	0.86	1.43	32.48	7.34	64.58	245.07	-31.31	65.68	251822.49	174236.50	13869.99
94	935	300054	鼎龙股份	57.60	0.58	7.23	6.79	0.36	0.46	6.87	0.00	-4.33	3.80	-31.78	58.52	65940.66	24122.62	5247.71
95	960	600470	六国化工	57.20	0.26	4.04	5.59	0.77	1.34	52.95	12.15	22.64	9.04	-2.77	99.60	531719.09	335258.11	13653.55
96	968	002108	沧州明珠	57.00	0.33	13.01	14.34	1.34	2.21	43.80	6.14	21.80	14.87	-29.53	101.69	128971.97	166021.75	10153.23
97	987	300221	银禧科技	56.70	0.58	10.79	11.25	1.12	1.26	28.74	9.97	23.26	190.04	-31.31	50.74	94623.98	80004.67	5926.01
98	995	002361	神剑股份	56.50	0.30	7.85	8.20	0.96	1.21	29.76	87.71	28.44	7.23	-35.65	70.21	75383.42	69474.10	4770.59
99	1009	600063	皖维高新	56.30	0.14	4.69	4.86	0.60	2.53	51.28	2.51	31.05	42.86	-20.16	88.79	538226.52	313776.63	12895.87
100	1029	600367	红星发展	56.00	0.27	7.05	6.97	0.75	1.15	20.68	0.00	23.69	4.88	-28.74	107.42	164210.74	117772.54	8806.84
101	1058	300108	双龙股份	55.40	0.40	8.33	7.45	0.35	0.77	5.41	0.00	12.36	6.21	-46.18	110.43	38166.22	12659.41	2733.27
102	1068	600155	*ST宝硕	55.20	5.25	267.80	3.29	1.33	4.38	161.61	3488.76	5.89	0.00	-14.64	90.56	77050.39	107208.44	216520.41
103	1081	002476	宝莫股份	54.80	0.38	7.64	7.48	0.57	0.78	6.38	0.00	5.32	7.29	-29.00	66.58	98883.61	54285.19	6780.33
104	1101	000698	沈阳化工	54.60	0.32	5.54	3.74	1.47	7.37	52.89	2.96	34.85	7.01	-35.76	130.87	683669.72	1009219.36	21081.33
105	1109	002562	兄弟科技	54.50	0.51	8.40	9.71	0.77	1.32	16.33	12.80	3.98	205.12	-31.31	86.39	102755.56	62070.12	5635.88
106	1118	002054	德美化工	54.40	0.46	12.42	7.02	0.54	1.32	26.67	9.69	-5.52	11.13	-23.38	80.85	200855.30	103921.07	17415.25
107	1121	002170	芭田股份	54.30	0.16	10.16	8.43	2.43	3.52	30.74	15.10	50.58	14.03	-44.84	121.08	110934.88	232376.86	6581.98
108	1130	600251	冠农股份	54.20	0.45	9.22	16.64	0.38	0.82	63.45	3.21	15.82	17.89	-34.72	100.57	273623.59	95078.45	14455.77
109	1132	000635	英力特	54.20	0.59	6.03	6.88	0.75	4.36	73.19	1.80	13.49	7.55	-18.07	105.17	375002.58	280047.59	10441.80
110	1133	600378	天科股份	54.10	0.23	8.50	9.20	0.73	0.94	36.25	0.00	25.39	11.61	-45.86	95.46	92620.88	61530.42	6259.75
111	1136	002015	霞客环保	54.10	0.10	4.82	3.22	0.90	1.51	66.02	1.70	19.93	42.10	-24.33	73.37	233709.32	185644.49	3103.86
112	1144	601058	赛轮股份	53.90	0.32	4.36	6.35	1.47	2.52	61.21	3.15	57.76	65.53	-31.31	73.50	474059.24	638970.85	10495.21
113	1147	000523	广州浪奇	53.90	0.06	2.29	1.94	1.67	2.42	34.57	11.51	58.79	108.57	-31.13	72.39	151806.18	204585.55	1826.27
114	1152	600387	海越股份	53.80	0.02	2.46	0.26	0.89	4.10	48.43	1.01	25.38	22.98	-8.15	112.78	226938.90	185050.28	262.36
115	1157	002409	雅克科技	53.80	0.66	5.72	6.39	0.80	1.01	12.90	0.00	12.62	4.31	-47.83	118.56	129736.07	100526.15	7267.17
116	1164	600667	太极实业	53.70	0.16	6.75	7.68	0.67	1.95	69.79	2.85	29.14	2.89	-34.80	116.82	514801.44	329524.99	14556.50
117	1172	002010	传化股份	53.60	0.31	9.53	9.54	1.34	1.81	30.41	10.42	26.88	10.36	-31.99	132.77	237867.09	289437.89	15914.30
118	1183	002556	辉隆股份	53.40	0.44	5.41	7.12	2.05	2.32	63.22	2.58	52.76	257.99	-31.31	50.52	525616.31	848086.32	9799.93
119	1197	002513	蓝丰生化	53.10	0.63	6.91	7.64	0.67	1.19	34.94	5.86	25.07	5.75	-41.46	73.74	175176.12	114327.26	8346.48
120	1221	002246	北化股份	52.70	0.16	5.74	5.27	2.56	4.43	19.60	11.13	42.21	-3.62	-48.35	142.11	72884.14	191066.51	3307.16

续 表

行业排名	全部上市公司排名	股票代码	股票简称	综合得分（100分）	每股收益（元）	总资产报酬率（%）	净资产收益率（%）	总资产周转率（次）	流动资产周转率（次）	资产负债率（%）	获利倍数	营业收入增长率（%）	资本扩张率（%）	市场投资回报率（%）	股价波动率（%）	年末资产额（万元）	营业收入净额（万元）	净利润（万元）
121	1228	600458	时代新材	52.60	0.45	9.57	13.99	1.04	1.59	53.38	6.68	47.72	17.33	-61.97	171.89	370879.89	342832.86	23477.98
122	1232	002382	蓝帆股份	52.50	0.24	3.33	2.56	0.80	1.19	30.06	8.23	50.22	1.43	-12.82	65.51	131074.56	93365.16	2906.18
123	1275	000554	泰山石油	51.80	0.02	1.12	2.16	4.11	13.86	5.56	10.88	23.91	1.06	-20.80	117.06	93311.43	387042.90	920.73
124	1301	300031	宝通带业	51.40	0.36	5.04	5.37	0.60	0.78	14.16	0.00	33.05	5.59	-35.71	69.23	78728.97	44471.00	3611.99
125	1306	300109	新开源	51.30	0.35	7.07	6.60	0.51	0.77	9.96	0.00	16.79	5.32	-45.46	127.46	38973.85	19073.45	2492.11
126	1303	002453	天马精化	51.30	0.63	9.20	9.84	0.82	1.41	30.25	15.75	28.82	18.08	-53.45	111.90	119368.66	87386.90	7738.52
127	1307	002391	长青股份	51.30	0.55	6.43	6.23	0.59	0.75	6.00	0.00	32.53	4.17	-49.27	125.86	175298.67	100115.18	11344.46
128	1310	300169	天晟新材	51.20	0.40	7.15	7.70	0.45	0.70	22.67	0.00	17.76	275.96	-31.31	76.74	126521.58	41337.72	5373.17
129	1311	002381	双箭股份	51.20	0.32	3.88	4.01	0.96	1.21	30.00	0.00	38.98	2.65	-44.35	108.83	129268.62	114592.52	4216.68
130	1316	300041	回天胶业	51.10	0.68	7.75	7.96	0.49	0.70	6.74	0.00	10.14	3.94	-50.11	104.59	94087.05	45648.56	7198.01
131	1330	000553	沙隆达A	50.80	0.09	5.63	4.51	0.88	2.81	49.17	2.73	21.08	4.29	-41.65	99.33	229265.02	190107.58	5380.65
132	1338	002464	金利科技	50.70	0.37	6.22	6.56	0.41	0.49	8.99	0.00	-5.80	-1.65	-39.94	110.45	79782.58	32961.70	4940.73
133	1339	000973	佛塑科技	50.70	0.82	14.95	5.12	0.81	1.63	60.09	5.68	3.13	25.36	-54.23	133.75	513295.95	386916.15	56446.74
134	1343	000950	建峰化工	50.50	0.15	3.82	3.35	0.61	2.18	41.91	2.97	24.55	5.35	-47.00	105.94	432522.69	258855.12	8860.85
135	1355	600352	浙江龙盛	50.40	0.55	7.50	7.42	0.54	0.79	58.29	6.12	23.25	10.63	-52.05	126.42	1724326.02	822943.96	81917.22
136	1361	600423	柳化股份	50.30	0.17	5.47	4.29	0.60	2.21	66.12	1.50	27.88	4.45	-35.37	93.07	454055.50	266982.49	6967.88
137	1366	600339	天利高新	50.20	0.11	4.49	2.62	0.62	4.19	64.39	1.69	15.08	6.69	-23.97	138.86	431902.26	244879.43	5052.28
138	1368	002377	国创高新	50.20	0.18	4.94	5.36	0.71	0.80	45.26	4.40	16.85	5.48	-10.79	48.93	130457.86	91728.47	3858.86
139	1381	300072	三聚环保	50.00	0.49	8.22	8.55	0.36	0.44	39.98	5.68	39.61	7.58	-29.72	109.87	190229.25	60057.74	9506.30
140	1384	600075	新疆天业	49.90	0.22	4.64	3.66	0.80	1.82	48.81	2.83	5.33	4.57	-29.43	82.96	447092.16	362060.00	10223.06
141	1394	002053	云南盐化	49.70	0.12	2.80	0.35	0.64	2.33	61.49	1.21	2.18	2.43	-25.53	59.27	277767.26	163164.79	307.91
142	1407	002125	湘潭电化	49.50	0.36	8.10	5.70	0.83	1.88	59.39	2.34	21.56	32.26	-40.62	95.74	104818.42	75614.44	3821.98
143	1417	002221	东华能源	49.30	0.35	6.18	8.03	1.19	1.58	77.50	2.45	53.99	40.16	-31.68	71.52	385506.21	348044.29	7846.44
144	1432	002407	多氟多	49.10	0.36	5.89	6.15	0.69	1.14	33.74	5.47	67.71	8.70	-48.10	107.58	233801.61	137283.26	8480.58
145	1430	000936	华西股份	49.10	0.20	7.69	6.69	1.07	2.26	37.54	5.19	8.32	-4.25	-43.84	114.60	301854.93	351582.68	17320.00
146	1461	600727	ST鲁北	48.40	0.08	1.68	1.84	0.61	1.05	22.48	0.00	79.00	2.80	-31.31	58.84	134861.28	81017.83	2785.57
147	1456	600096	云天化	48.40	0.26	3.10	2.90	0.39	1.58	68.99	1.50	41.67	18.53	-43.66	98.76	2707135.32	1011661.68	23859.75
148	1463	300121	阳谷华泰	48.30	0.14	3.74	2.75	0.65	0.99	24.36	6.89	0.86	3.63	-23.74	62.09	57575.37	35137.06	1545.17
149	1466	002411	九九久	48.30	0.27	8.71	7.72	1.07	1.48	24.03	2195.93	14.75	7.32	-52.77	148.87	106033.86	104901.77	7213.34
150	1467	000096	广聚能源	48.30	0.18	4.87	1.65	0.76	1.93	8.87	0.00	5.89	5.10	-37.61	96.20	198978.49	146158.76	9416.64
151	1468	600810	神马股份	48.20	0.06	3.39	0.08	1.89	5.79	68.32	1.28	22.36	-0.84	-18.26	142.77	854014.87	1526480.54	840.55
152	1503	000589	黔轮胎A	47.70	0.20	5.27	3.39	1.20	2.04	69.57	1.67	21.03	33.54	-35.12	85.93	706261.23	753622.44	9597.46
153	1519	600889	南京化纤	47.50	0.05	3.14	3.42	0.42	0.79	71.98	2.07	49.51	9.26	-32.36	136.76	354900.04	150126.42	3517.94
154	1535	600176	中国玻纤	47.20	0.61	7.56	12.12	0.32	1.07	78.11	1.86	5.74	14.78	-48.04	163.05	1594769.48	503839.17	45520.87
155	1539	002201	九鼎新材	47.10	0.10	4.84	1.64	0.61	1.29	63.87	1.72	20.54	4.88	-24.15	73.02	111107.79	64919.37	1866.23
156	1547	002127	新民科技	47.00	0.16	4.83	5.43	1.15	2.46	64.33	3.27	83.92	-0.50	-57.23	183.05	342435.31	320387.06	8407.41
157	1550	600623	双钱股份	46.90	0.20	4.16	2.59	1.26	2.89	67.13	1.48	20.14	10.87	-43.53	123.54	892504.06	1092663.23	10041.73
158	1561	000687	保定天鹅	46.80	0.12	5.15	0.65	0.57	1.27	41.58	13.41	13.84	-5.03	-24.91	74.93	184936.24	96629.80	6988.68
159	1565	002324	普利特	46.70	0.33	7.86	7.09	0.74	0.93	14.35	0.00	14.72	7.17	-49.28	116.83	132100.35	92623.71	8803.82
160	1575	002224	三力士	46.50	0.28	8.55	8.18	1.36	2.22	22.02	12.50	21.16	19.58	-50.54	120.05	68968.77	87331.16	4370.87

续 表

行业排名	全部上市公司排名	股票代码	股票简称	综合得分（100分）	每股收益（元）	总资产报酬率（%）	净资产收益率（%）	总资产周转率（次）	流动资产周转率（次）	资产负债率（%）	获利倍数	营业收入增长率（%）	资本扩张率（%）	市场投资回报率（%）	股价波动率（%）	年末资产额（万元）	营业收入净额（万元）	净利润（万元）
161	1582	300132	青松股份	46.40	0.19	4.92	2.99	0.69	1.04	37.12	2.97	13.17	0.55	-28.25	72.83	84718.79	55040.19	2225.47
162	1622	600229	青岛碱业	45.50	0.02	2.52	-0.60	0.79	2.04	49.77	1.58	6.77	0.93	-8.52	129.18	291095.11	231548.70	1195.98
163	1624	002326	永太科技	45.50	0.27	6.49	5.98	0.50	0.97	40.67	4.64	42.02	11.98	-56.22	115.25	166406.38	72575.92	6366.59
164	1632	600078	澄星股份	45.30	0.08	4.10	4.76	0.39	0.69	72.88	1.45	1.68	10.49	-12.28	121.86	684060.94	254196.06	6761.49
165	1646	000912	泸天化	45.10	0.03	1.74	0.56	0.47	1.41	64.09	1.31	9.70	2.73	-18.77	44.97	916526.02	384473.49	1952.09
166	1647	000737	*ST南风	45.00	0.10	8.08	16.84	0.83	2.14	89.53	2.41	7.57	-23.13	-42.43	119.73	369012.38	297886.69	12348.44
167	1658	002254	泰和新材	44.70	0.36	7.38	7.60	0.67	1.67	21.93	208.08	3.34	-4.14	-50.65	126.14	230597.45	154028.82	14272.70
168	1659	000599	青岛双星	44.60	0.07	2.74	1.39	1.31	2.66	69.18	1.44	9.31	2.44	-30.99	95.27	491576.68	631549.45	3607.53
169	1663	600589	广东榕泰	44.50	0.14	4.95	4.58	0.45	0.94	36.61	2.74	-17.41	3.82	-32.39	99.41	300060.75	132353.27	8508.42
170	1671	300067	安诺其	44.40	0.20	3.98	3.68	0.31	0.41	4.54	0.00	24.58	0.34	-37.47	95.74	76366.01	23381.37	3203.91
171	1687	600725	云维股份	44.00	0.03	4.56	1.92	0.65	2.24	77.43	1.20	32.86	-0.27	-46.24	131.19	1414105.67	875605.93	7291.08
172	1691	600328	兰太实业	44.00	0.25	3.91	6.21	0.30	1.26	74.99	2.68	16.70	6.52	-40.88	97.03	615589.28	165731.01	10485.56
173	1696	300063	天龙集团	43.80	0.28	2.44	3.00	0.51	0.59	7.37	0.00	30.99	0.36	-40.43	98.39	69125.37	35225.51	1961.57
174	1699	300082	奥克股份	43.70	0.65	6.47	5.86	0.81	1.02	13.61	0.00	16.40	5.77	-54.90	141.28	333235.28	257391.15	17214.50
175	1700	002215	诺普信	43.70	0.23	6.03	4.67	0.84	1.33	38.29	8.24	6.80	-0.33	-59.15	131.73	207981.14	155494.33	8220.21
176	1705	600230	沧州大化	43.60	0.27	3.96	1.13	0.62	2.03	65.10	1.73	0.06	-1.34	-44.87	116.68	426288.24	258645.55	1810.15
177	1707	002395	双象股份	43.50	0.45	4.14	4.63	0.53	0.67	17.67	0.00	0.16	1.69	-41.24	114.42	95901.17	50582.58	3994.39
178	1720	600260	凯乐科技	43.30	0.12	4.11	4.19	0.41	0.52	61.36	4.44	-5.79	4.92	-25.85	53.83	417081.91	153282.04	8420.93
179	1729	002080	中材科技	43.20	0.30	4.48	3.91	0.55	0.83	48.15	3.93	-1.63	3.25	-43.57	131.05	463877.51	253144.58	13486.86
180	1747	002002	ST金材	42.80	0.02	6.84	-46.19	0.67	3.07	62.66	1.19	-10.90	6.76	5.66	44.90	25874.34	18089.97	290.66
181	1757	600227	赤天化	42.50	0.10	1.26	2.33	0.20	0.75	60.40	1002.19	47.51	2.34	-33.22	109.34	1010665.90	196095.01	9301.03
182	1754	000637	茂化实华	42.50	0.01	2.09	2.11	5.30	8.21	0.71	0.00	15.32	-12.25	-46.15	123.63	72862.37	413928.70	739.13
183	1778	000859	国风塑业	42.10	0.05	3.50	1.65	1.20	2.94	37.36	2.61	21.52	0.15	-50.65	120.89	147640.42	176544.54	2239.96
184	1797	600061	中纺投资	41.70	0.04	3.10	2.28	2.61	3.69	56.63	2.34	63.32	2.95	-57.20	144.29	135391.02	301371.25	1681.57
185	1817	600722	ST金化	41.10	-0.59	-11.02	71.26	1.03	4.74	137.56	-2.36	20.52	0.00	-34.05	78.97	144855.60	159762.02	-24580.55
186	1821	000755	山西三维	41.10	0.07	3.21	-0.28	0.81	2.57	67.79	1.14	95.34	1.34	-42.07	129.05	720606.90	543924.55	373.27
187	1825	002455	百川股份	41.00	0.35	4.89	6.30	1.28	2.13	46.19	6.46	-4.67	2.84	-61.17	144.54	135565.74	160649.38	4648.46
188	1836	002496	辉丰股份	40.60	0.39	3.23	3.80	0.49	0.69	27.30	0.00	32.24	7.21	-55.62	131.92	237272.61	104793.82	6712.42
189	1849	300135	宝利沥青	40.20	0.36	5.60	5.68	0.86	1.03	29.11	9.94	7.15	0.94	-44.20	155.71	140886.52	111976.30	5726.61
190	1859	600228	*ST昌九	40.00	0.06	6.89	-48.76	1.06	2.34	73.74	1.72	5.52	18.54	-35.67	127.41	88861.60	97439.26	2162.08
191	1876	600885	ST力阳	39.50	-0.89	-10.77	289.45	0.99	2.23	120.08	-0.97	17.87	-497.71	-6.90	96.29	63447.23	60860.59	-13765.31
192	1891	300107	建新股份	39.20	0.16	1.90	2.63	0.38	0.58	2.03	0.00	1.25	-1.14	-68.05	203.42	80358.52	30582.96	2085.31
193	1893	000949	新乡化纤	39.00	0.01	2.78	0.18	0.86	1.96	61.28	1.05	11.47	-1.71	-32.78	124.62	475672.23	396855.25	618.14
194	1918	002386	天原集团	38.10	0.04	2.38	-0.08	0.51	1.65	64.61	1.35	14.07	-4.19	-43.84	111.34	1195356.23	565546.41	3215.78
195	1956	002192	路翔股份	36.20	0.03	4.15	1.29	1.39	2.09	74.68	1.23	38.38	-0.33	-50.92	127.99	132497.35	163666.76	488.80
196	1974	000677	*ST海龙	35.40	-1.17	-11.50	489.34	0.57	1.72	113.64	-2.17	-19.21	-340.32	-14.39	78.58	589552.85	381348.95	-113894.30
197	1976	600389	江山股份	35.30	0.03	3.26	-2.69	0.78	3.09	73.30	1.03	31.08	0.70	-45.96	107.22	349667.07	260100.15	776.01
198	1977	002064	华峰氨纶	35.30	0.07	3.77	2.49	0.69	1.59	23.53	3.73	-13.13	-1.39	-57.63	171.27	214271.94	141412.54	5078.62
199	1980	000976	春晖股份	35.30	-0.30	-10.18	-30.81	1.35	2.80	54.90	-5.03	-5.92	-25.59	-10.79	95.13	115207.05	198404.62	-17867.43

续 表

行业排名	全部上市公司排名	股票代码	股票简称	综合得分（100分）	每股收益（元）	总资产报酬率（%）	净资产收益率（%）	总资产周转率（次）	流动资产周转率（次）	资产负债率（%）	获利倍数	营业收入增长率（%）	资本扩张率（%）	市场投资回报率（%）	股价波动率（%）	年末资产额（万元）	营业收入净额（万元）	净利润（万元）
200	1988	002319	乐通股份	35.10	0.18	2.60	2.53	0.74	0.94	28.21	6.90	14.39	2.11	-56.15	127.09	76681.35	53839.39	1581.15
201	1998	002113	*ST 天润	34.90	0.04	2.57	-2.82	0.27	1.07	53.24	4.18	-63.39	44.35	-26.96	65.04	17797.53	6931.78	507.11
202	1996	000839	中信国安	34.90	0.09	4.01	0.65	0.16	0.51	45.77	1.65	-11.87	-1.16	-44.16	101.43	1096346.06	177170.96	16249.73
203	2007	002256	彩虹精化	34.70	0.10	1.27	1.63	0.63	1.35	17.67	0.00	5.74	5.11	-52.31	215.73	68497.59	41943.30	1005.67
204	2011	600731	湖南海利	34.60	0.02	4.55	-4.06	0.65	1.57	70.28	1.37	2.39	1.26	-39.81	79.23	140332.71	87224.64	1083.90
205	2015	002427	尤夫股份	34.50	0.15	2.95	2.53	0.66	1.12	20.10	12.74	38.17	2.01	-56.35	130.11	123805.12	79961.81	2926.06
206	2021	600074	*ST 中达	34.20	0.02	5.37	-11.04	0.67	2.79	81.74	1.17	-4.74	2.13	-37.47	112.90	292699.90	196312.33	1503.19
207	2027	002018	华星化工	33.80	0.01	2.77	-14.03	0.59	1.04	60.05	1.06	5.64	1.74	-38.94	95.54	161138.62	90825.10	254.21
208	2031	000407	胜利股份	33.70	0.01	3.11	-2.44	0.73	1.67	55.24	1.03	6.33	-3.68	-38.68	83.10	313395.49	228873.33	622.61
209	2047	600299	ST 新材	32.80	0.14	2.63	-7.88	0.68	1.91	82.81	1.35	17.76	2.05	-43.45	112.36	1809898.18	1139491.64	6911.56
210	2064	600579	ST 黄海	32.00	-1.25	-20.16	163.23	1.11	2.07	129.19	-4.51	-1.78	0.00	-37.78	106.66	119106.82	144418.25	-31932.36
211	2068	000584	友利控股	31.80	0.03	0.31	0.20	0.32	0.58	49.45	0.00	-17.40	-0.62	-42.49	141.25	369238.92	115309.44	1174.56
212	2070	002061	江山化工	31.70	0.05	2.26	-9.23	0.97	2.90	69.81	0.53	31.65	-7.72	-40.33	123.90	192534.28	179327.32	-4965.20
213	2092	000510	金路集团	30.50	-0.19	-2.53	-11.58	1.08	2.81	52.49	-1.16	-4.27	-5.00	-40.61	77.75	235407.95	258714.81	-11587.42
214	2119	600844	丹化科技	29.00	-0.38	-8.36	-18.65	0.14	1.25	52.64	-5.62	80.53	-17.08	-27.02	100.11	395808.03	55723.38	-38620.68
215	2120	600319	亚星化学	29.00	-0.18	2.88	-6.68	0.61	1.51	72.65	0.62	0.66	-5.66	-23.56	101.60	346359.74	211163.10	-5433.13
216	2131	000498	*ST 丹化	28.30	0.00	0.93	-22.22	0.00	0.00	3.82	0.00	0.00	4.76	0.00	0.00	1068.88	0.00	46.72
217	2134	002211	宏达新材	27.90	-0.04	0.17	-1.24	0.38	0.85	30.63	0.16	-0.46	-1.11	-42.30	101.60	246656.32	94466.75	-1844.77
218	2138	600596	新安股份	27.70	0.03	1.38	-3.79	0.74	1.76	39.72	2.12	11.66	0.10	-56.61	130.34	703029.68	485299.37	2331.80
219	2140	600249	两面针	27.60	0.03	1.13	-4.97	0.34	1.22	36.46	1.66	19.10	-15.15	-37.11	94.16	317920.62	111528.35	267.52
220	2145	000155	*ST 川化	27.00	-0.44	-6.04	-13.59	0.61	2.83	51.86	-3.41	-0.94	-12.13	-38.01	108.97	311000.96	198701.84	-20871.67
221	2147	000953	ST 河化	26.90	-0.07	1.36	-6.29	0.55	1.25	80.54	0.49	27.36	119.28	-39.36	119.99	164232.64	76036.27	-1949.52
222	2151	000791	西北化工	26.70	-0.04	0.08	-4.80	0.45	1.44	55.01	0.05	14.10	-3.35	-33.77	84.23	74799.93	33015.47	-1164.78
223	2169	002145	*ST 钛白	25.60	-1.04	-29.98	-96.23	0.70	2.17	84.04	-9.60	19.56	-68.19	5.44	117.45	57807.27	41893.90	-19772.04
224	2210	000662	*ST 索芙	22.50	-0.67	-18.07	-21.83	0.43	0.89	37.58	-10.79	11.77	-16.75	-43.08	99.81	114147.90	51469.43	-20300.90
225	2209	000627	天茂集团	22.50	-0.08	-4.97	-6.96	0.59	2.10	24.92	-4.63	-10.10	-11.73	-42.42	128.08	188361.45	113376.34	-10717.93
226	2221	300073	当升科技	21.50	0.00	-0.25	-0.24	0.71	0.84	9.25	0.00	-21.02	-1.98	-54.80	139.04	91348.23	66848.39	-73.90
227	2224	600769	ST 祥龙	21.30	-0.59	-14.96	-66.47	0.84	3.75	79.54	-4.86	6.56	-48.66	-47.01	126.65	115052.08	99090.68	-22308.90
228	2228	600281	*ST 太化	21.00	0.07	1.96	-15.07	0.79	1.65	77.76	1.10	1.83	0.48	-59.30	161.16	410406.29	316702.83	1612.82
229	2227	000615	湖北金环	21.00	-0.35	-5.50	-8.91	0.64	1.22	46.87	-2.49	11.25	-14.32	-52.33	117.35	117539.74	76366.01	-7308.15
230	2231	600301	ST 南化	20.70	-0.91	-7.70	-32.11	0.44	1.73	77.02	-7.49	5.71	-27.96	-47.77	100.99	271417.30	115413.20	-23639.66
231	2249	300116	坚瑞消防	18.80	0.14	1.44	1.07	0.21	0.24	11.29	0.00	-8.46	2.20	-55.69	156.00	54841.11	10944.17	1132.79
232	2259	000565	渝三峡 A	17.50	-0.92	-14.79	-45.65	0.42	0.98	56.36	-6.84	14.85	-35.20	-53.33	142.04	98852.85	50120.26	-21129.07
233	2271	002172	澳洋科技	15.50	-1.25	-17.34	-66.55	0.99	2.14	79.76	-5.06	0.49	-57.87	-61.88	153.10	362063.96	382399.26	-81215.97
234	2283	000420	*ST 吉纤	13.60	-0.78	-8.37	-42.26	0.78	2.19	80.19	-2.18	-0.72	-34.15	-58.15	155.02	303593.96	231713.92	-30976.99
235	2294	600091	ST 明科	11.50	-0.43	-5.63	-21.54	0.00	0.01	58.87	-1.27	-34.51	-22.69	-40.66	113.92	135404.76	547.75	-14529.66
236	2303	600444	ST 国通	8.20	-0.71	-7.40	-224.57	0.49	1.38	100.48	-1.43	-28.21	-102.77	-54.78	138.31	45937.14	25303.71	-8184.22

第八章

机械行业上市公司业绩评价

机械行业是战略性基础产业，在国家产业升级、技术进步中担任着重要保障任务。得益于中国经济持续高速发展，近年来机械行业也呈现快速发展势头。但随着四万亿刺激效果的衰减及我国宏观经济政策的调整，地产收紧、高铁事件、新一轮通胀抬头等，在宏观经济调控、资金面趋紧、下游固定资产投资增速回落等影响下，2011 年机械行业业绩差强人意，呈现整体回落的状况。

一、机械行业上市公司业绩评价结果

截至 2011 年末，机械行业 A 股上市公司共计 339 家，其中盈利 318 家，亏损 21 家，即有 93.80% 的公司实现盈利，比 2010 年降低了 2.84%；机械行业上市公司总资产共计 19189.35 亿元，占上市公司总资产的 8.45%；2011 年全国上市公司共计完成营业收入 188392.47 亿元，机械行业上市公司完成营业收入 12124.15 亿元，占上市公司全部营业收入的 6.44%；全部上市公司共计实现净利润 10644.2 亿元，机械行业上市公司实现净利润 876.99 亿元，占上市公司全部实现净利润的 8.24%。2011 年机械行业整体评价结果较为一般，行业业绩综合得分 58 分，比全市场的 61.7 分低 6%，机械行业上市公司中有 5 家进入 2011 年上市公司业绩评价综合得分的百强名单，行业排名第一为三一重工。业绩为良的有 20 家，业绩为中的有 164 家，业绩为低的有 80 家，业绩为差的有 75 家。

表 8－1　2011 年度机械行业中联十强排行榜

名次	股票代码	股票简称	在全部上市公司中排名
1	600031	三一重工	23
2	000157	中联重科	59
3	600406	国电南瑞	65
4	600582	天地科技	78
5	000666	经纬纺机	106
6	601100	恒立油缸	112
7	600335	国机汽车	115
8	300259	新天科技	144
9	300257	开山股份	166
10	002546	新联电子	176

◎资料链接：

★ 三一重工联合中信资本以3.6亿欧元收购普茨迈斯特（俗称“大象”）全部股权，其中三一重工收购90%股权。双方股权交割已在德国完成。这意味着全球第二大混凝土机械制造商正式并入三一重工。

★ 资料显示，截至2010年12月31日，“大象”总资产和净资产分别达4.91亿欧元和1.77亿欧元，2010年销售收入5.5亿欧元，净利润150欧元。

基于对机械行业上市公司的整体评价，下面分别从财务效益状况、资产质量状况、偿债风险状况、发展能力状况、市场表现状况五个方面对机械行业上市公司进行具体分析。

（一）财务效益

从综合得分来看，2011年机械行业上市公司财务效益状况差于全国上市公司平均水平。

表8－2列示了2011年机械行业上市公司财务效益状况评价结果。在机械行业上市公司财务效益状况指标中，三一重工财务效益排名第一。三一重工2011年实现营业收入507.76亿元，比2010年增长49.54%；实现营业利润98.47亿元，比上年增长42.77%。近几年三一重工的产销规模呈现出飞跃式的增长，年营业收入从2007年的91.45亿元，增加至去年的逾500亿元，五年时间增长了4.55倍。2011年，三一重工挖掘机实现销量2.06万台，收入104.7亿元，市场份额达到11.2%，超越小松成为国内市场占有率最高的生产商。混凝土类机械产品实现营业收入最多，为260.46亿元，同比增长46.10%，占据公司营业总收入半壁江山；分地区来看，国内实现营业收入456.41亿元，同比增长48.03%；国际实现营业收入34.25亿元，同比增长60.72%。

表8－2　机械行业财务效益状况比较表

分析指标		2011年上市公司平均值	2011年行业值	2010年行业值	增长率（%）
基本指标	扣除非经常性损益净资产收益率（%）	11.15	10.32	10.59	－2.55
	总资产报酬率（%）	7.45	6.58	6.63	－0.75
	得分	21.23	20.12	21.72	－7.37
修正指标	营业利润率（%）	6.70	7.63	7.59	0.53
	盈利现金保障倍数	1.06	－0.26	1.22	——
	股本收益率（%）	49.53	44.74	42.27	5.84
综合得分		21.93	20.30	22.18	－8.48

与2010年的情况相比较，2011年机械行业上市公司财务效益状况有所下降，除股本收益率、营业利润以外其他指标相对2010年行业值，2011年全部上市公司平均值均有所下降，反映出国内外宏观经济环境的不利因素对机械行业的经营业绩产生较大影响。

（二）资产质量

从综合得分来看，机械行业上市公司资产质量状况低于全国上市公司平均水平。

表8-3列示了机械行业上市公司资产质量状况评价结果。在机械行业上市公司资产质量状况指标中，潍柴重机连续两年得分最高。潍柴重机总资产周转率0.9，流动资产周转率1.77，应收账款周转率238.08，存货周转10.82，在企业经营中保持了较高的水平。

表8-3 机械行业资产质量状况比较表

分析指标		2011年上市公司平均值	2011年行业值	2010年行业值	增长率（%）
基本指标	总资产周转率（次）	0.91	0.71	0.73	-2.73
	流动资产周转率（次）	1.86	0.99	1.03	-3.88
	得分	9.57	7.54	7.61	-0.91
修正指标	应收账款周转率（次）	14.07	4.27	4.75	-10.10
	存货周转率（次）	4.14	3.01	3.45	-12.75
综合得分		9.25	6.98	7.02	-0.56

与2010年比较，2011年机械行业上市公司总体上资产质量略有下降，但变化不大，机械行业上市公司2011年平均应收账款周转率4.27次，比2010年低10.10%。在2011年整个宏观经济环境不利的背景下，机械上市公司回款速度降低在所难免。机械上市公司应收账款周转率远远低于上市公司平均水平，这主要与机械行业公司交易结算方式有关。

（三）偿债风险

从综合得分来看，2011年机械行业上市公司偿债风险状况好于全国上市公司平均水平。

表8-4列示了机械行业上市公司偿债风险状况评价结果。在机械行业上市公司偿债风险状况指标中，尤洛卡得分排名第一，资产负债率、获利倍数、速动比率等指标均高于上市公司及行业平均水平，这与上市时间较短有一定关系。

表8-4 机械行业偿债风险状况比较表

分析指标指标		2011年上市公司平均值	2011年行业值	2010年行业值	增长率（%）
基本指标	资产负债率（%）	59.04	57.31	55.12	3.97
	获利倍数	7.88	13.78	15.82	-12.90
	得分	9.26	10.28	10.21	0.69

续 表

分析指标指标		2011 年上市公司平均值	2011 年行业值	2010 年行业值	增长率（%）
修正指标	速动比率（%）	72.33	109.66	108.55	1.02
	现金流动负债比率（%）	11.6	-2.49	7.89	-
	带息负债比率（%）	46.03	32.27	25.1	28.57
综合得分		9.05	9.39	9.94	-5.53

与2010年相比较，2011年机械行业上市公司偿债风险状况平均得分下降5.53%，但仍高于上市公司平均水平，说明在机械行业公司在宏观环境不利的情况下，为维系业务回款周期加长、银行短期信贷相应增多，营运资金的需求相应增加，相应偿债风险也随之有所加大。

（四）发展能力

从综合得分来看，2011年机械行业上市公司发展能力状况优于全国上市公司的平均水平。

表8-5列示了机械行业上市公司发展能力状况评价结果。在机械行业上市公司发展能力状况指标中，三一重工和中国重工得分排名并列第一。中国重工2009年上市，2011年2月完成重大资产重组，形成了船舶制造（含军品）、船舶修理及改装、舰船装备、海洋工程、能源交通装备及其他五大业务板块。作为我国最大的船舶装备企业之一，中国重工在船用动力及部件、船用辅机等舰船装备传统业务领域占据市场绝对主导地位。三年平均营收增长率达53.47%，远高于行业和整个上市公司水平。

表8-5　机械行业发展能力状况比较表

分析指标		2011 年上市公司平均值	2011 年行业值	2010 年行业值	增长率（%）
基本指标	营业收入增长率（%）	24.27	27.17	29.38	-7.52
	资本扩张率（%）	17.20	26.21	53.19	-50.72
	得分	12.40	14.17	13.69	3.51
修正指标	累计保留盈余率（%）	40.82	31.91	31.50	1.30
	三年营业收入增长率（%）	21.50	22.31	21.07	5.89
	总资产增长率（%）	20.41	29.79	32.36	-7.94
	营业利润增长率（%）	7.12	11.57	41.68	-72.24
综合得分		12.36	13.48	13.72	-1.75

机械行业上市公司三年营业收入增长率从2010年的21.07%升至2011年的22.31%，营业收入实现正增长，但营业利润增长率快速下降，出现增收不增利的现象。说明随着国内四万亿投资拉动效果逐步减退，机械行业上市公司业绩增长结束了快速增长期，将进入稳定发展阶段。

◎资料链接：

★ 中国重工拟发行总金额约为80.5亿元的可转换债券。此次发行的债券所募集的资金中，36.1亿元将被用于收购中国船舶重工集团公司持有的武昌船舶重工有限责任公司、河南柴油机重工有限责任公司、山西平阳重工机械有限责任公司、中船重工中南装备有限责任公司、宜昌江峡船用机械有限责任公司、重庆衡山机械有限责任公司等6家公司的100%股权，以及中船重工船舶设计研究中心有限公司29.41%股权；剩余44.19亿元被用于固定资产投资项目建设。

（五）市场表现

2011年，在经济刺激政策淡出、房地产调控力度加大、欧债危机、美国推出二次量化宽松政策等因素影响下，上证综指全年跌幅超过20%。机械行业作为国民经济的重要支柱，其与整体经济走势高度相关，因而机械指数跟随市场行情同步下跌，且跌幅超过上证综指，全年跌幅达到40%。具体情况见图8－1。

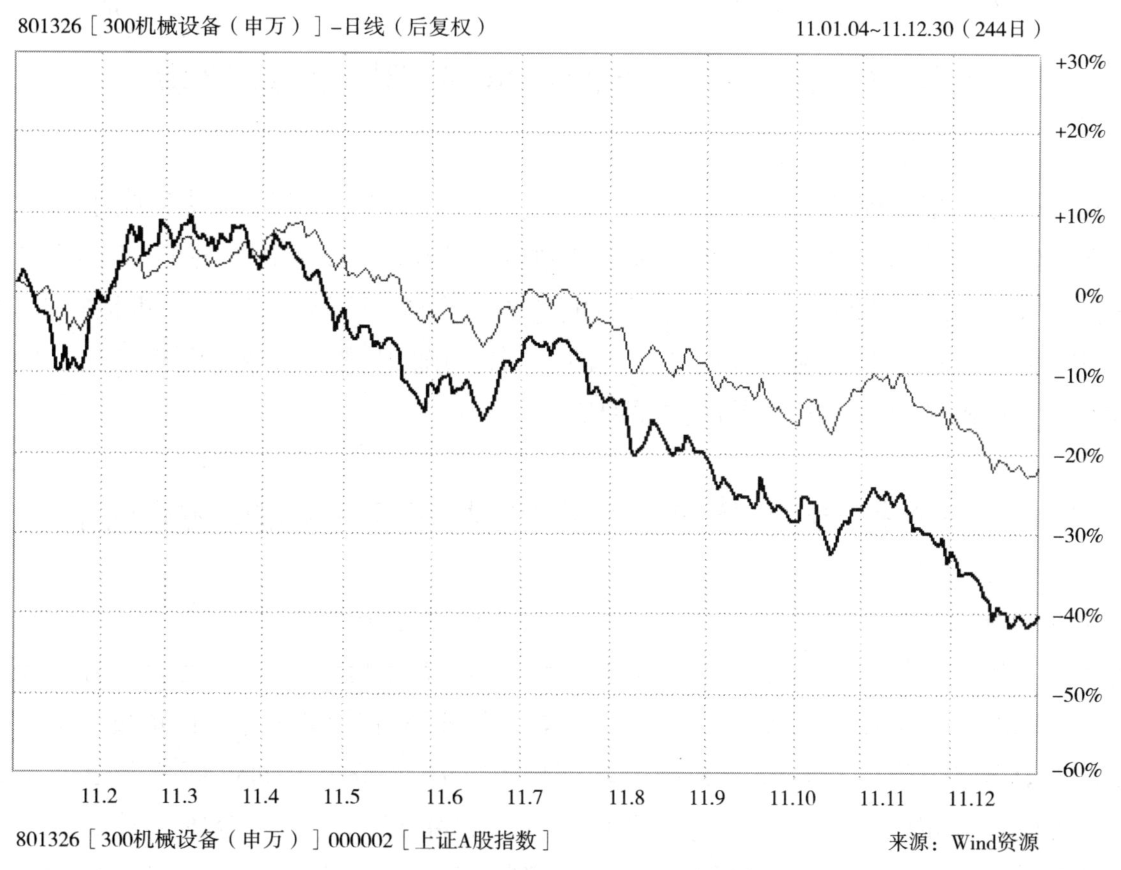

图8－1 机械指数与大盘指数波动

从综合得分来看，机械行业上市公司市场表现状况差于全国上市公司的平均水平。

表8－6列示了机械行业上市公司市场表现状况评价结果。在机械行业上市公司市场表现状况指标中杰瑞股份得分名列第一，其主营业务为油田专用设备制造，油田、矿山设备维修改造及配件销售和海上油田钻采平台工程作业服务。2011年每股收益达到1.85元，总股本2.29亿股，流通股仅8143万股，究其相对较好的表现主要是由于2010年上市时有较佳的业绩预期以及股本小容易炒作而受到投资者的追捧。

表8－6 机械行业公司市场表现状况比较表

分析指标	2011年上市公司平均值	2011年行业值	2010年行业值	增长率（%）
市场投资回报率（%）	－31.17	－37.08	19.95	－－
股价波动率（%）	96.03	103.69	91.42	13.42
得分	9.13	7.85	9.62	－18.40

2011年机械行业上市公司市场投资回报率为－37.08%，下跌幅度超过全部上市公司－31.17%的水平，比2010年机械行业19.95%的水平大幅降低。受大盘整体低迷影响，机械行业上市公司仅有7家市场投资回报率为正值，其中最高的为2010年年底上市的新界泵业，市场投资回报率为14.89%。

二、机械行业上市公司业绩影响因素分析

机械行业是典型的周期性行业，受国内外宏观经济政策和经济波动影响很大，与房地产、铁路、公路、基础建设、汽车等行业高度相关。2011年以来国内通胀高居不下，紧缩的货币政策未见松动，同时欧美债务危机愈演愈烈，全球经济复苏受阻。机械行业2011年的收入和净利润自一季度达到阶段性高点之后，同比增速减缓，行业毛利率环比、同比均呈下滑趋势。影响机械板块盈利状况的主要原因如下：

（一）固定资产投资实际增速下滑是影响机械行业需求的主导因素

2011年机械行业的整体低迷与固定资产投资实际增速下滑密切相关。2011年是宏观经济“调结构、控通胀”的一年，货币政策收紧、银根持续紧缩、融资成本上升、原材料价格飞涨，房地产遭受了史上最严厉的调控，日本福岛核事件导致核电项目审批停滞，刘志军事件及温州动车事故引发高铁降速，相关投资骤减，诸多需求方面负面不利因素交织在一起，导致机械行业相应板块的经营业绩受到了较大的冲击。2011年全国累计完成固定资产投资2.69万亿元，名义增速同比增长24.5%，但计入固定资产投资价格指数后实际增速仅为18.2%，较2010年同期下降3个百分点。国内宏观经济政策调整导致的固定资产投资实际增速下滑是造成机械行业业绩下滑的主要因素。

（二）出口与消费需求双双下滑

外需方面：受到人民币升值和海外经济复苏乏力导致的需求下降的影响，我国与海外贸易顺差年内多月连续收窄。同时，海外贸易保护主义抬头和多个反倾销和反补贴的立案调查，也都导致国内部分以出口为主要经营方向的设备制造企业面临巨大压力。2011 年，反映大型企业前景的中国 PMI 指数呈现逐月下降的趋势，特别是新出口订单，再次回到 50 下方，表现出对制造业整体的担忧。从实际出口情况看，2011 年实际出口增速也呈逐步下降的趋势。

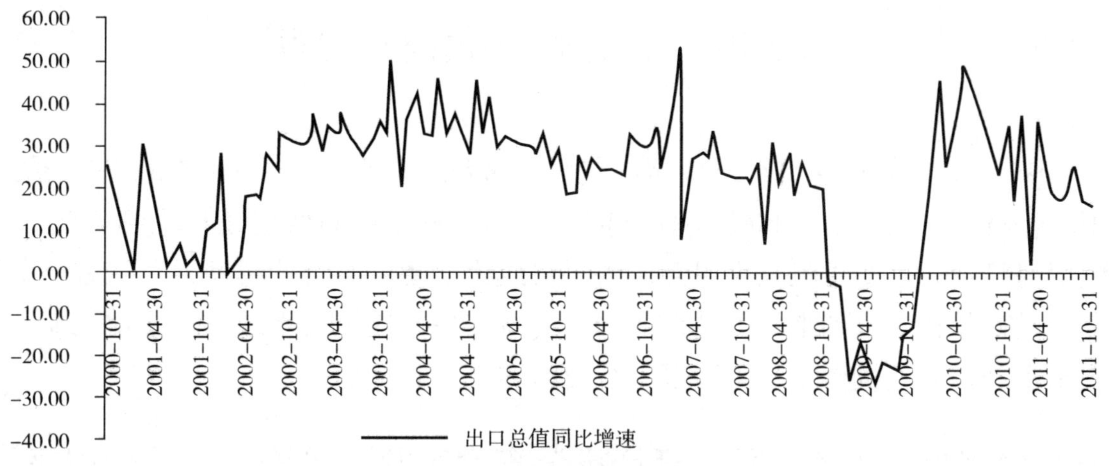

图 8－2　2011 年出口总值增速呈持续回落态势

资料来源：wind 资讯

内需方面：调结构、扩大内需、刺激消费是我国近十年来一直主抓的政策要点。虽然 2011 年我国累计社会消费品零售总额高达 1.64 万亿元，但考虑到价格因素后整体增速较 2010 年下降了 1.2 个百分点。

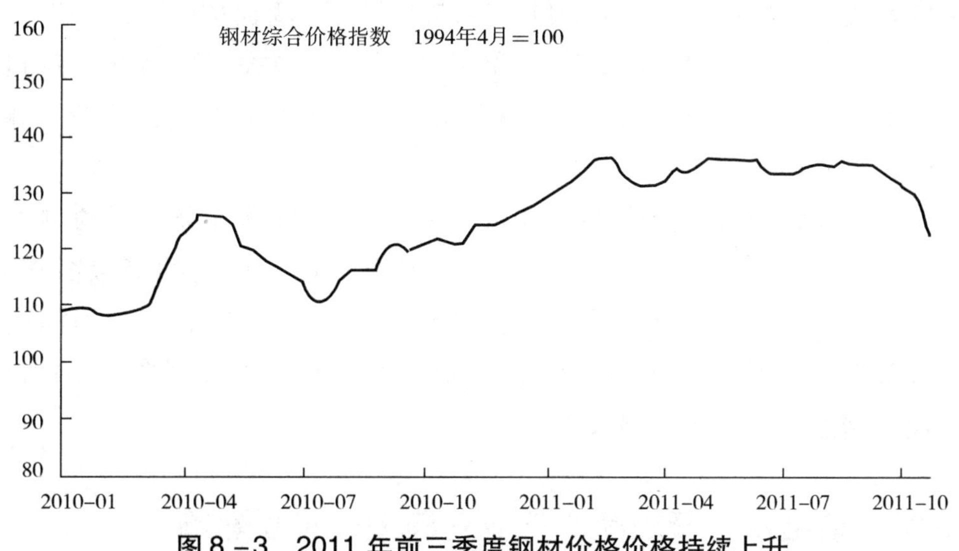

图 8－3　2011 年前三季度钢材价格价格持续上升

资料来源：wind 资讯

（三）原材料价格持续上升，行业成本压力加大

2011 年的前三季度，延续 2010 年下半年开始的涨价趋势，原材料价格持续上升，直到四季度开始才有所缓解，钢材等原材料与劳动力成本上涨给机械行业带来很大的成本压力。

正是因为 2011 年我国宏观经济无论在投资、消费、还是出口方面都受到众多负面因素的制约，国内经济增速放缓造成机械行业上市公司业绩下滑。

三、2012 年机械行业前景分析

展望 2012 年，经济增速将继续放缓、信贷环境维持较紧局面、固定资产投资资金来源不足，国际经济增长放缓，出口增长难以恢复，行业整体利润增速还将受到影响。但 2012 年一季度情况显示，消费贡献筑底回升，内需将成为拉动内需的持续动力。随着经济增长模式的调整、进口替代阶段到来，机械行业内的高端装备制造板块将迎来黄金增长期，受政策扶持的农田水利、农业机械及与国防军工行业将迎来发展机遇。

（一）经济增速放缓、固定资产投资资金来源不足等因素驱使固定资产投资增速将继续下滑，行业需求不容乐观

温家宝总理 2012 年 3 月 5 日在十一届全国人大五次会议上提出，今年中国国内生产总值（GDP）增长目标为 7.5%。这是中国 GDP 预期增长目标八年来首次低于 8%，代表了中国政府发出的一个强烈经济信号：经济增长质量重于速度。可以预见十二五期间经济增速将明显放缓，2012 年 GDP 增速可能将由 2011 年 9.7% 左右下调到 9% 以下。

2010 年至今，我们一直认为固定资产投资高速增长的模式不可持续，从目前来看，中国固定资产投资增速仍处于下降通道中，未来固定资产投资增速将继续下降。未来仍将对机械行业的景气度产生不利的影响。

根据从固定资产投资资金来源构成对 2012 年固定资产投资资金进行的测算，如果 2012 年的固定资产投资增速要维持 20% 的水平，则新增固定资产投资的资金需求约为 7.78 万亿，这意味着 2012 年企业利润提供的增量要达到 5.2 万亿，要求企业利润同比增长超过 50%，这在经济景气下行周期中是很难做到的。因此，固定资产投资资金来源的不足将无法支撑固定资产投资增速的继续快速增长。

（二）信贷环境维持较紧局面，行业利润增速将受影响

机械行业上市公司的营业利润和 M1、M2 的增速的相关性很大。因此，在信贷环境的维持较紧局面不改变的情况下，机械行业的利润增速也必然受到影响。

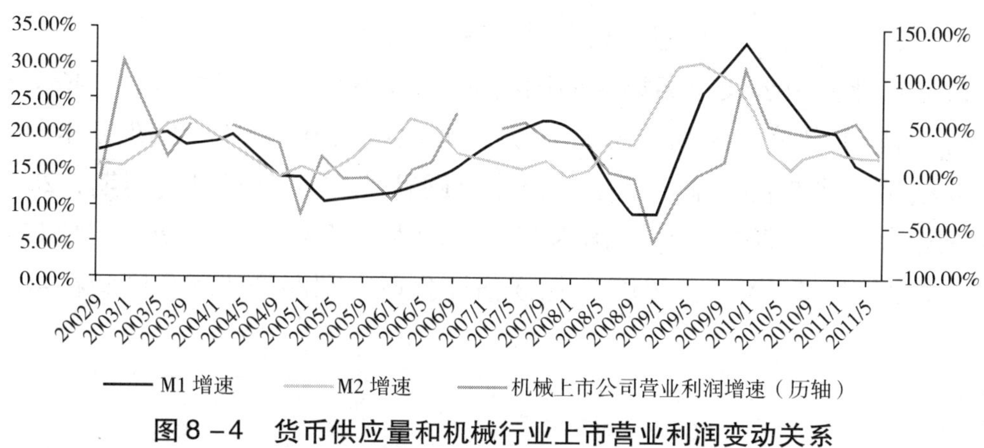

图 8-4 货币供应量和机械行业上市营业利润变动关系

资料来源：wind 资讯

（三）国际经济增长放缓，出口增长难以恢复

随着发达国家经济的衰退，机械行业出口前景依然不乐观。欧盟、美国、日本是我国机械出口的重点国家和区域，2010 年，中国向这三个国家和地区出口的机械金额约占到机械出口总金额的 46%。从历史出口数据来看，这三个国家和地区的经济发展状况对机械产品出口具有显著的影响。欧美也是全球经济的重要发动机，随着欧美经济增长的放缓，必然对全球的经济和贸易产生较为重大的影响。国外主流研究机构一致下调了对美国的经济预期。这意味着随着欧美经济增速的持续放缓，机械行业出口快速恢复的可能性不高。即使欧美经济在 2012 年超出预期，但其 2% 以下的增速对刺激机械出口大幅增长仍显无力。

（四）消费贡献有望筑底回升，内需动力或将持续

在投资增速持平，出口增速放缓的情况下，消费增速将明显提升。投资和出口的贡献将不断降低，消费的贡献将不断提升，这种趋势在 2011 年前三季度已经有了明显的表现，2011 年社会消费品零售总额同比增长 17%，对 GDP 贡献率达到 47.9%，比 2010 年提升了 0.4 个百分点。预计“十二五”期间这种势头将得以持续。

（五）随着经济增长模式的调整、进口替代阶段到来，高端装备制造业将迎来黄金增长期

2008 年金融危机后，随着西方贸易保护主义的抬头、人民币持续升值和劳动力成本不断提高的环境下，我国提出了经济增长模式调整的战略，制定了高端装备制造业的振兴规划。从“十二五”开始，我国高端装备进口替代将进入加快阶段，根据《高端装备制造业“十二五”规划》规划提出的目标，到 2015 年高端装备的销售产值占装备制造业的比例将达 20% 以上，年销售产值达到 6 万亿元。未来 10 年，高端装备制造业将肩负由“中国制

造”到“中国智造”的重任，将迎来黄金增长期。

2011 年机械行业上市公司排名第 3 的国电南瑞，2011 年实现营业收入 46.6 亿元，同比增长 87.75%，归属于母公司净利润 8.55 亿元，同比增长 80.12%，实现基本每股收益 0.81 元。2011 年业绩超预期增长，主要是由于智能电网行业进入全面建设周期，2011 年公司实际新签订单超出计划合同 20%。作为国内智能电网龙头企业，国电南瑞二次设备产品订单大幅增长态势将会持续 3－5 年。2012 年保守估计公司净利润同比增长区间在 40%－50%。

◎资料链接：

★ 工业和信息化部 2011 年 11 月 25 日正式发布《机械基础件、基础制造工艺和基础材料产业“十二五”发展规划》（下称《规划》）。《规划》提出，“十二五”时期，“三基”产业要围绕重大装备和高端装备配套需求，重点发展 11 类机械基础件、6 类基础制造工艺和 2 类基础材料；集中优势资源，重点开发 20 种标志性机械基础件、15 项标志性基础制造工艺和 12 种标志性基础材料并实现产业化。

（六）农田水利、农业机械迎来历史性增长机遇

水利、农业投资增长的主要驱动力来自政策支持，中央一号文件以及随后出台的各项政策不断要求加大对水利领域的投资。长期的水利投资不足使得我国“水利欠债”很多，农田灌溉、江河治理、水利设施等存在短板，客观上对于投资的需求动力较大。政策与需求“双轮驱动”，决定未来十年水利投资将快速增长。预计未来十年水利投资总投资规模为 4 万亿（即平均每年投资 4000 亿），年均投资的规模将较 2010 年增长约 100%。

2011 年 1 月上市的新研股份是国内首家集研发，生产，销售为一体的农机上市企业，以高附加价值、高技术含量以及替代进口农牧业机械为主导产品，是新疆地区的农机行业的龙头企业，也是我国农业机械领域唯一上市公司，公司在自走式玉米收获机等高端农业机械领域处于优势地位。2011 年实现营业收入 37，747.36 万元，同比增长 49.09%，营业利润 7，486.69 万元，同比增长 60.04%，利润总额 8，683.96 万元，同比增长 61.59%，净利润 7，881.52 万元，同比增长 52.55%。

◎资料链接：

★ 为贯彻落实国务院《关于促进农业机械化和农机工业又好又快发展的意见》精神，商务部印发了《关于加快农机现代流通体系建设的意见》（以下简称“《意见》”）。《意见》明确，通过 5 到 10 年时间，农机销售和售后服务网点农村乡镇覆盖率达到 90% 以上，基本形成以大型农机流通企业为主导，农机专业市场为依

托，农机品牌店、销售服务中心为支撑，乡镇农机销售和服务网点为基础，布局合理、经营规范、运作高效、发展协调的农机现代流通体系。

（七）国防军工行业将迎来发展机遇

我国军队机械化目标进程刚刚过半，信息化大幕刚刚开启，航母尚未形成战斗力，二代战机更新换代等因素会促进国防投资的持续增加，宏观经济增速虽然放缓，但未来五年我国军费增速仍将保持两位数以上的增长。军费支出将向海军和空军倾斜，向高技术军兵种倾斜，向符合军队建设信息化大方向的领域倾斜。军品业务占比例较高，产品符合国防建设大方向的军工企业将明显受益。2011 年机械行业发展能力排名第一的中国重工承接了我国第一艘航母的改造，中国重工作为我国最强最大的船舶装备企业，在船用动力及部件、船用辅机等舰船装备传统业务领域占据市场绝对主导地位。目前，舰船装备本土化率已超过 55%以上，但与日韩 92% 以上相比，市场发展空间仍潜力巨大。

◎资料链接：

★ 第 13 届马来西亚亚洲防务展 16 日在吉隆坡开幕，来自 45 个国家和地区的 850 家军工企业和防务提供商参展。中国国家国防科技工业局组织了中国精密机械进出口总公司、中国船舶工业贸易公司、中国北方工业公司、保利科技有限公司、中电科技国际贸易有限公司、航天长征国际贸易有限公司 6 家国内的军贸公司，以“中国防务”国家展团形式参展，面积为 488 平方米，涵盖武器导弹系统、军舰、战斗机、主战坦克、步兵战车、装甲车等。马来西亚亚洲防务展始于 1988 年，每两年一届，目前已成为地区和世界上重要的防务展洽会之一。

机械行业上市公司业绩评价结果排序表

行业排名	全部上市公司排名	股票代码	股票简称	综合得分（100分）	每股收益（元）	总资产报酬率（%）	净资产收益率（%）	总资产周转率（次）	流动资产周转率（次）	资产负债率（%）	获利倍数	营业收入增长率（%）	资本扩张率（%）	市场投资回报率（%）	股价波动率（%）	年末资产额（万元）	营业收入净额（万元）	净利润（万元）
1	23	600031	三一重工	83.90	1.14	28.07	52.86	28.07	1.23	1.87	59.55	14.37	49.54	74.13	-11.25	93.01	5077630.15	936155.50
2	59	000157	中联重科	79.90	1.05	14.44	25.66	14.44	0.69	0.99	50.22	87.52	43.89	29.70	-28.33	87.32	4632258.07	817334.18
3	65	600406	国电南瑞	79.50	0.81	19.34	31.57	19.34	0.93	1.05	51.13	0.00	87.75	30.37	-10.99	41.90	466001.70	85617.04
4	78	600582	天地科技	78.30	0.90	16.57	24.29	16.57	0.98	1.31	47.88	178.34	50.68	29.95	-23.68	78.58	1200855.51	163190.26
5	106	000666	经纬纺机	76.70	0.81	13.29	23.05	13.29	0.60	0.93	55.81	21.90	14.59	32.71	-24.41	78.49	727236.98	116396.76
6	112	601100	恒立油缸	76.30	0.98	17.42	17.28	17.42	0.52	0.80	8.16	661.88	38.73	493.79	-31.31	45.87	113339.11	32490.96
7	115	600335	国机汽车	76.10	0.95	8.15	16.34	8.15	6.45	7.45	81.53	0.00	10381.15	789.74	-11.91	63.50	5082149.27	54098.02
8	144	300259	新天科技	74.80	0.90	14.94	15.07	14.94	0.58	0.63	11.95	0.00	41.02	373.46	-31.31	45.78	23582.07	5640.64
9	166	300257	开山股份	74.30	2.47	16.19	18.58	16.19	0.90	1.26	13.75	0.00	21.94	572.12	-31.31	41.85	198252.04	31011.18
10	176	002546	新联电子	74.10	0.80	18.36	20.38	18.36	0.60	0.68	11.01	0.00	44.29	290.08	-31.31	53.80	46872.09	13109.62
11	177	002006	精功科技	74.00	1.35	22.10	48.00	22.10	1.07	1.49	53.74	28.88	141.24	205.88	5.16	119.34	235136.13	39383.96
12	194	002611	东方精工	73.00	0.67	16.18	15.69	16.18	0.67	0.81	12.13	0.00	32.78	393.72	-31.31	41.42	36122.07	7585.59
13	198	300195	长荣股份	72.90	1.28	18.14	21.14	18.14	0.57	0.73	16.02	0.00	71.19	441.20	-31.31	49.64	55132.56	16111.74
14	229	002595	豪迈科技	71.90	1.22	16.87	16.56	16.87	0.48	0.68	5.03	0.00	14.30	225.55	-31.31	46.37	68617.00	21289.36
15	234	300275	梅安森	71.60	1.32	20.12	19.25	20.12	0.54	0.57	8.37	0.00	42.74	397.64	-31.31	25.44	18688.65	6108.02
16	238	300276	三丰智能	71.50	1.18	14.13	17.11	14.13	0.60	0.71	26.69	26.37	45.33	392.64	-31.31	37.20	28254.96	5453.34
17	251	002430	杭氧股份	71.10	0.83	10.62	17.62	10.62	0.71	1.02	51.32	66.86	39.99	17.83	-3.07	58.39	423253.47	52242.47
18	262	002204	大连重工	70.60	2.12	9.07	6.77	9.07	0.98	1.33	73.73	13.82	809.41	387.26	2.36	98.77	1260844.37	90864.76
19	267	300145	南方泵业	70.50	0.68	9.51	10.31	9.51	0.73	0.89	20.26	0.00	36.08	9.50	-16.13	50.89	86502.52	10096.04
20	269	002353	杰瑞股份	70.50	1.85	17.59	16.63	17.59	0.54	0.63	14.97	0.00	54.67	15.06	1.37	42.07	146004.48	42766.63
21	297	300281	金明精机	69.90	1.14	13.21	14.40	13.21	0.52	0.69	29.37	8.72	30.47	304.19	-31.31	0.00	26296.73	5111.48
22	305	300210	森远股份	69.70	0.96	15.96	15.05	15.96	0.44	0.55	10.43	0.00	52.26	278.29	-31.31	79.81	20289.01	6557.24
23	309	002645	华宏科技	69.50	1.20	11.81	14.08	11.81	0.93	1.19	28.95	48.57	25.25	225.84	-31.31	5.11	56929.62	6024.15
24	319	601908	京运通	69.20	1.18	16.22	18.19	16.22	0.57	0.75	18.54	0.00	55.91	333.11	-31.31	67.17	177540.23	43408.83
25	323	601717	郑煤机	69.10	1.71	14.04	21.01	14.04	0.83	1.01	40.42	0.00	19.37	19.62	-39.18	133.02	806008.24	121325.07
26	343	002621	大连三垒	68.70	1.08	15.16	11.60	15.16	0.35	0.45	4.56	0.00	9.90	214.76	-31.31	32.34	23949.14	8906.77
27	355	601877	正泰电器	68.40	0.82	14.06	19.49	14.06	1.15	1.32	43.10	0.00	30.75	10.45	-44.22	100.33	828819.83	91013.37
28	364	300124	汇川技术	68.20	1.57	14.24	14.13	14.24	0.41	0.44	5.96	0.00	56.24	9.52	-28.04	70.38	105402.68	34643.87
29	369	002358	森源电气	68.10	0.76	12.37	12.51	12.37	0.53	0.61	33.54	11.84	45.25	13.42	-10.93	54.56	71015.85	13059.67
30	376	002559	亚威股份	67.90	1.13	9.80	12.68	9.80	0.78	1.10	23.36	0.00	32.63	378.94	-31.31	65.17	85268.98	9510.07
31	390	300222	科大智能	67.50	1.01	13.05	14.25	13.05	0.46	0.54	9.34	0.00	39.71	517.74	-31.31	33.93	19286.46	5422.83
32	400	300064	豫金刚石	67.30	0.47	11.33	11.50	11.33	0.33	0.68	18.35	0.00	81.75	14.17	-19.85	62.35	46450.79	14139.94
33	402	000811	烟台冰轮	67.30	0.40	9.42	16.96	9.42	0.85	1.79	51.89	11.60	41.62	49.38	-11.22	50.61	170251.24	15744.16
34	408	601567	三星电气	67.10	0.89	9.51	15.70	9.51	0.99	1.19	39.13	0.00	37.59	279.49	-31.31	65.41	247893.24	20755.75
35	412	002598	山东章鼓	67.10	0.72	14.55	18.69	14.55	0.88	1.31	27.33	0.00	15.79	181.46	-31.31	92.69	64700.20	9593.43
36	416	002520	日发数码	66.90	1.02	12.39	12.10	12.39	0.48	0.54	20.35	0.00	65.96	4.72	-22.57	67.95	44071.33	9801.98
37	424	300263	隆华传热	66.80	1.22	13.00	13.63	13.00	0.65	0.78	14.80	0.00	36.98	380.04	-31.31	38.40	44352.29	7900.22
38	427	600835	上海机电	66.60	0.70	7.32	15.72	7.32	0.88	1.11	56.30	0.00	9.37	5.84	-30.26	100.07	1450237.90	117829.57
39	447	300266	兴源过滤	66.30	1.02	11.61	12.56	11.61	0.65	0.87	27.92	31.91	30.53	286.80	-31.31	45.28	31240.22	4633.67

续 表

行业排名	全部上市公司排名	股票代码	股票简称	综合得分（100分）	每股收益（元）	总资产报酬率（%）	净资产收益率（%）	总资产周转率（次）	流动资产周转率（次）	资产负债率（%）	获利倍数	营业收入增长率（%）	资本扩张率（%）	市场投资回报率（%）	股价波动率（%）	年末资产额（万元）	营业收入净额（万元）	净利润（万元）
40	452	002534	杭锅股份	66.20	0.83	8.20	18.87	8.20	0.72	0.95	59.70	0.00	19.89	92.52	-31.31	86.59	396725.22	40375.36
41	464	002639	雪人股份	65.90	0.71	12.75	12.09	12.75	0.37	0.48	10.13	56.19	14.25	254.78	-31.31	20.45	30387.15	8760.52
42	484	600761	安徽合力	65.50	0.90	12.40	14.26	12.40	1.52	2.52	33.13	134.91	23.74	11.66	-30.51	94.29	629149.40	42908.09
43	486	601989	中国重工	65.40	0.32	4.70	13.87	4.70	0.57	0.73	74.43	0.00	183.53	77.36	-34.57	86.63	5804534.02	475043.47
44	487	600967	北方创业	65.40	0.67	5.49	10.60	5.49	1.13	1.66	56.93	754.71	2.28	6.81	14.30	63.75	295733.01	12586.74
45	488	002622	永大集团	65.40	0.77	12.44	11.74	12.44	0.44	0.55	5.59	0.00	-11.43	265.51	-31.31	52.21	36538.87	9168.63
46	497	600372	中航电子	65.20	0.50	13.13	13.36	13.13	0.89	1.32	47.31	16.62	319.65	333.08	-28.71	131.46	366365.78	42298.44
47	499	300008	上海佳豪	65.10	0.53	13.56	13.09	13.56	0.53	0.69	17.69	0.00	63.37	10.76	-35.68	92.94	33145.82	7456.26
48	505	000425	徐工机械	65.00	1.64	13.53	24.37	13.53	1.11	1.36	56.34	51.19	30.77	25.71	-51.85	156.67	3297106.98	337859.53
49	507	002350	北京科锐	64.90	0.67	8.01	9.34	8.01	0.73	0.83	29.36	0.00	62.86	7.49	-21.58	61.22	92225.50	9015.82
50	509	601369	陕鼓动力	64.80	0.51	6.42	14.21	6.42	0.39	0.44	63.93	0.00	18.40	5.86	-23.75	65.91	515047.83	83291.27
51	533	300278	华昌达	64.20	0.72	11.28	13.65	11.28	0.56	0.66	37.84	6.55	89.36	217.53	-31.31	15.38	34380.99	4882.05
52	534	300274	阳光电源	64.20	1.22	12.26	13.86	12.26	0.53	0.58	25.01	0.00	45.89	360.71	-31.31	23.21	87364.43	17254.81
53	545	600118	中国卫星	64.00	0.33	6.01	11.14	6.01	0.84	0.97	51.24	0.00	19.14	13.27	-16.97	50.40	361126.11	25726.85
54	547	600875	东方电气	63.90	1.53	4.20	22.37	4.20	0.52	0.62	82.28	0.00	12.70	23.95	-31.12	97.85	4291661.83	311821.77
55	548	600375	华菱星马	63.90	1.24	15.66	15.40	15.66	1.72	2.53	54.65	22.65	72.44	229.04	-56.78	169.47	685369.39	50538.69
56	551	601222	林洋电子	63.80	0.78	10.28	11.66	10.28	0.84	1.02	27.73	0.00	48.71	245.21	-31.31	72.86	169563.40	17849.46
57	554	002535	林州重机	63.80	0.45	11.25	15.76	11.25	0.54	0.75	34.85	19.62	29.74	311.35	-31.31	80.51	110292.73	18229.21
58	580	300280	南通锻压	63.10	0.55	10.43	10.49	10.43	0.68	1.03	25.05	16.51	39.00	148.52	-31.31	0.00	41946.06	5262.24
59	582	002610	爱康科技	63.10	1.18	14.49	4.72	14.49	0.85	1.56	48.32	6.57	22.13	224.36	-31.31	55.45	152411.40	19504.30
60	583	002176	江特电机	63.10	0.28	8.15	8.90	8.15	0.75	1.02	33.51	7.83	39.37	121.77	-4.15	91.00	73231.79	6165.20
61	587	002552	宝鼎重工	63.00	0.50	11.73	12.19	11.73	0.68	1.00	10.89	0.00	10.09	183.11	-31.31	87.99	44536.09	7229.95
62	612	002532	新界泵业	62.50	0.38	6.33	6.69	6.33	0.75	0.95	18.71	0.00	34.73	8.57	14.89	68.54	76451.49	6046.80
63	614	002026	山东威达	62.50	0.37	8.80	10.80	8.80	0.82	1.17	23.39	0.00	32.84	9.00	-18.31	57.24	63989.44	6410.69
64	615	600841	上柴股份	62.40	0.43	4.97	8.65	4.97	1.15	1.47	45.18	0.00	-4.07	7.14	-25.60	74.37	463495.53	20194.90
65	620	601766	中国南车	62.30	0.33	7.68	16.88	7.68	0.97	1.42	69.73	6.75	24.34	17.81	-47.58	146.54	8071080.68	474323.97
66	622	002367	康力电梯	62.30	0.62	7.16	10.24	7.16	0.71	0.87	37.73	0.00	47.05	18.45	-32.36	84.07	160273.76	15110.24
67	629	300215	电科院	62.10	1.09	8.51	12.74	8.51	0.18	0.87	38.82	10.98	32.38	317.43	-31.31	90.92	23623.89	8771.41
68	641	002266	浙富股份	61.90	0.61	10.41	12.06	10.41	0.50	0.70	37.44	62.35	14.68	19.00	-25.41	60.62	105954.06	18338.04
69	644	300203	聚光科技	61.80	0.41	12.65	13.82	12.65	0.48	0.59	24.59	45.19	17.26	166.73	-31.31	51.98	76425.39	17427.16
70	661	002613	北玻股份	61.50	0.45	8.65	7.64	8.65	0.64	0.93	14.63	0.00	9.69	154.10	-31.31	65.30	85504.13	10692.32
71	665	300114	中航电测	61.40	0.51	7.57	8.04	7.57	0.56	0.75	16.21	0.00	52.67	12.94	-38.37	73.53	48348.44	6618.47
72	666	300007	汉威电子	61.40	0.55	11.20	9.23	11.20	0.41	0.54	15.64	0.00	50.22	10.82	-31.94	95.96	26131.12	6679.76
73	680	300208	恒顺电气	61.20	0.78	10.16	11.18	10.16	0.37	0.58	26.89	18.83	21.71	260.26	-31.31	38.88	22242.35	4989.10
74	681	300105	龙源技术	61.20	1.10	8.93	10.53	8.93	0.46	0.48	22.82	0.00	81.34	11.07	-25.36	74.76	88398.61	17195.32
75	698	300242	明家科技	61.00	0.39	11.59	9.63	11.59	0.81	1.00	11.38	122.84	0.09	176.29	-31.31	59.09	20345.51	2496.44
76	733	300024	机器人	60.50	0.54	12.71	9.95	12.71	0.52	0.68	24.18	0.00	41.91	14.45	-39.90	87.36	78356.03	16769.17
77	761	002545	东方铁塔	60.10	1.03	11.34	16.26	11.34	0.74	0.87	20.95	0.00	10.02	289.32	-31.31	113.22	187118.35	26288.25
78	796	002483	润邦股份	59.40	0.55	9.04	10.22	9.04	0.73	0.94	21.30	0.00	36.55	11.07	-41.38	118.66	178468.67	19947.41
79	798	002158	汉钟精机	59.40	0.66	17.42	19.52	17.42	0.92	1.46	22.81	0.00	23.29	13.16	-58.64	121.81	86044.36	14305.91

续表

行业排名	全部上市公司排名	股票代码	股票简称	综合得分（100分）	每股收益（元）	总资产报酬率（%）	净资产收益率（%）	总资产周转率（次）	流动资产周转率（次）	资产负债率（%）	获利倍数	营业收入增长率（%）	资本扩张率（%）	市场投资回报率（%）	股价波动率（%）	年末资产额（万元）	营业收入净额（万元）	净利润（万元）
80	806	002335	科华恒盛	59.20	0.69	10.35	11.94	10.35	0.81	1.00	26.23	0.00	42.38	11.17	-41.87	128.96	94238.79	10865.00
81	811	300260	新莱应材	59.10	0.92	11.44	10.27	11.44	0.54	0.75	20.97	10.83	29.11	238.90	-31.31	48.51	31484.39	5173.48
82	815	002255	海陆重工	59.10	1.08	8.02	11.65	8.02	0.62	0.83	39.52	0.00	30.86	8.87	-25.98	77.94	137279.02	15305.73
83	834	600560	金自天正	58.70	0.47	3.85	12.68	3.85	0.54	0.59	71.15	0.00	64.33	11.52	-21.28	60.61	114871.66	7431.14
84	837	300165	天瑞仪器	58.70	0.72	8.00	7.07	8.00	0.32	0.38	8.77	0.00	8.38	523.93	-31.31	110.48	30068.90	8391.60
85	840	002298	鑫龙电器	58.70	0.44	8.96	13.09	8.96	0.66	0.80	60.86	3.81	41.44	16.38	-17.23	69.80	86213.12	7383.74
86	862	600172	黄河旋风	58.30	0.44	7.51	8.42	7.51	0.37	0.81	41.33	3.73	24.02	68.11	-29.50	105.64	101915.41	13082.19
87	869	002151	北斗星通	58.20	0.25	5.21	4.86	5.21	0.45	0.73	39.12	10.24	47.13	10.16	-11.11	51.31	48477.28	3841.91
88	875	300099	尤洛卡	58.10	0.83	12.31	11.75	12.31	0.24	0.29	7.45	0.00	53.40	6.52	-42.96	118.95	17387.99	8625.24
89	885	002580	圣阳股份	58.00	0.71	7.60	8.55	7.60	1.16	1.55	30.87	11.83	30.91	208.35	-31.31	53.99	95900.14	4860.53
90	886	002560	通达股份	58.00	0.54	8.25	10.29	8.25	1.21	1.46	17.05	25.09	24.90	226.27	-31.31	90.50	96504.31	5441.38
91	890	002131	利欧股份	58.00	0.39	10.27	10.75	10.27	0.90	1.71	42.63	19.59	7.89	55.72	-24.23	106.64	128942.49	11960.93
92	903	300004	南风股份	57.80	0.43	9.61	10.14	9.61	0.44	0.55	23.85	89.54	32.53	11.61	-7.57	89.42	44865.56	8127.06
93	904	002617	露笑科技	57.80	0.54	10.00	8.55	10.00	2.08	2.65	44.27	1.88	6.48	169.69	-31.31	52.54	287067.12	5828.32
94	906	002576	通达动力	57.70	0.50	9.15	9.83	9.15	1.23	1.74	16.82	19.03	11.53	232.51	-31.31	60.03	94817.38	5865.34
95	915	600150	中国船舶	57.50	2.12	4.74	11.69	4.74	0.57	0.85	60.83	0.00	-3.87	11.52	-38.70	127.25	2869937.40	233039.24
96	921	002300	太阳电缆	57.50	0.41	9.38	11.42	9.38	1.55	2.38	55.31	3.60	49.27	3.40	-25.65	65.65	348838.69	12936.68
97	923	600869	三普药业	57.40	0.76	6.95	13.26	6.95	1.15	1.28	69.95	2.52	16.23	119.60	-46.12	122.36	1099540.38	33020.65
98	930	300193	佳士科技	57.30	0.52	6.86	9.07	6.86	0.45	0.52	9.87	0.00	14.09	406.05	-31.31	89.13	59411.01	10893.36
99	938	002338	奥普光电	57.10	0.67	7.24	8.08	7.24	0.30	0.35	18.13	0.00	11.90	3.25	-5.42	69.90	22462.98	5426.94
100	939	000880	潍柴重机	57.10	0.69	6.66	18.55	6.66	0.90	1.77	60.15	0.00	-10.50	20.76	-47.83	160.02	238193.18	18979.48
101	941	601727	上海电气	57.00	0.26	5.07	10.57	5.07	0.67	0.85	64.71	0.00	8.11	9.14	-39.64	112.21	6830227.50	449335.20
102	942	002608	舜天船舶	57.00	1.51	5.99	11.74	5.99	0.59	0.74	58.42	8.06	-15.59	91.63	-31.31	58.27	260097.99	18445.99
103	945	002123	荣信股份	57.00	0.56	11.96	15.48	11.96	0.51	0.68	38.75	9.31	21.99	25.92	-46.00	108.14	163082.00	31036.05
104	948	002031	巨轮股份	57.00	0.36	10.75	11.59	10.75	0.35	0.72	49.62	3.63	26.96	18.95	-33.07	82.76	72294.20	14224.24
105	958	300126	锐奇股份	56.80	0.49	6.98	7.28	6.98	0.53	0.65	13.81	0.00	35.21	7.16	-45.88	98.34	56492.74	7425.07
106	965	000852	江钻股份	56.70	0.26	8.70	9.16	8.70	0.89	1.63	38.85	9.11	16.14	3.76	-22.73	93.75	158460.21	11132.95
107	966	601616	广电电气	56.60	0.41	8.20	10.35	8.20	0.45	0.61	27.16	0.00	7.60	253.05	-31.31	81.55	122438.00	20861.85
108	974	000901	航天科技	56.50	0.24	6.80	6.86	6.80	1.12	1.48	25.37	438.45	23.74	7.69	-23.86	67.26	124771.83	6450.60
109	976	600677	航天通信	56.40	0.46	6.14	3.30	6.14	1.86	2.57	73.45	4.77	57.52	22.97	-38.85	100.97	791210.83	17635.32
110	978	300103	达刚路机	56.40	0.56	9.47	9.77	9.47	0.33	0.37	4.95	0.00	52.76	8.20	-26.92	88.18	23382.07	6562.35
111	986	002309	中利科技	56.30	0.86	6.24	9.26	6.24	0.89	1.38	64.07	4.57	64.41	15.81	-32.21	80.99	479879.81	22208.87
112	989	000920	南方汇通	56.20	0.14	6.84	8.63	6.84	1.06	2.02	45.10	0.00	22.26	6.02	-38.54	134.82	176824.74	9687.59
113	991	600893	航空动力	56.10	0.24	5.09	6.17	5.09	0.82	1.18	51.47	3.58	11.85	5.32	-13.38	81.38	680596.06	25274.88
114	992	600525	长园集团	56.10	0.77	23.05	9.16	23.05	0.51	0.97	40.24	14.28	23.26	-11.68	-37.09	99.85	194069.36	69120.60
115	994	002630	华西能源	56.10	0.80	4.35	8.12	4.35	0.58	0.71	61.23	5.58	23.37	94.85	-31.31	38.02	191023.40	10245.53
116	996	002212	南洋股份	56.10	0.26	10.91	9.24	10.91	1.10	1.50	10.56	100.44	12.42	6.06	-43.79	116.88	208717.77	15544.57
117	1010	000816	江淮动力	55.90	0.06	2.25	2.96	2.25	0.68	1.17	46.86	9.47	9.39	78.74	9.49	79.73	252706.84	6741.19
118	1011	601700	风范股份	55.80	0.51	5.22	6.69	5.22	0.58	0.69	8.38	0.00	-0.79	318.73	-31.31	93.61	128052.65	10894.08
119	1020	000967	上风高科	55.70	0.44	10.33	2.57	10.33	1.34	1.83	65.46	3.25	29.84	32.98	-25.20	64.35	212210.01	9555.61

续　表

行业排名	全部上市公司排名	股票代码	股票简称	综合得分（100分）	每股收益（元）	总资产报酬率（%）	净资产收益率（%）	总资产周转率（次）	流动资产周转率（次）	资产负债率（%）	获利倍数	营业收入增长率（%）	资本扩张率（%）	市场投资回报率（%）	股价波动率（%）	年末资产额（万元）	营业收入净额（万元）	净利润（万元）
120	1022	601798	蓝科高新	55.60	0.43	8.71	10.69	8.71	0.39	0.57	33.43	7.56	15.71	152.41	-31.31	35.33	74664.76	12164.34
121	1028	300154	瑞凌股份	55.50	0.50	6.95	8.44	6.95	0.50	0.53	16.35	0.00	23.24	5.85	-44.44	129.86	75951.49	11402.38
122	1029	002339	积成电子	55.50	0.74	7.81	7.71	7.81	0.52	0.60	24.21	101.61	38.82	8.14	-38.46	122.87	54784.97	6927.42
123	1032	600537	亿晶光电	55.40	0.39	7.08	6.79	7.08	1.36	2.93	61.91	2.70	761.93	298.02	-51.06	195.72	407128.97	11073.13
124	1045	300265	通光线缆	55.20	0.41	8.09	8.95	8.09	0.80	1.03	33.37	4.28	32.35	250.01	-31.31	51.79	64984.83	4148.19
125	1046	300159	新研股份	55.20	0.88	8.06	7.89	8.06	0.39	0.44	10.64	0.00	49.09	8.12	-40.14	107.40	37747.36	7919.68
126	1054	002364	中恒电气	54.90	0.48	7.25	7.37	7.25	0.43	0.46	13.68	0.00	21.16	6.13	-39.42	81.63	28265.25	4781.17
127	1057	601299	中国北车	54.80	0.36	5.55	10.79	5.55	1.02	1.56	72.97	3.95	43.69	8.94	-47.31	164.62	8935317.80	310499.10
128	1060	002633	申科股份	54.80	0.51	8.14	8.44	8.14	0.32	0.68	37.51	3.69	18.53	157.37	-31.31	19.62	24648.55	3917.82
129	1066	600262	北方股份	54.70	0.74	6.13	12.67	6.13	0.66	0.87	71.93	3.76	10.99	13.14	-19.66	78.72	211053.16	12118.12
130	1067	002606	大连电瓷	54.70	0.65	7.14	7.66	7.14	0.59	1.01	45.64	4.64	9.51	177.58	-31.31	60.06	65094.62	5353.71
131	1073	600815	厦工股份	54.60	0.74	8.84	12.90	8.84	1.28	1.65	64.49	5.43	16.07	16.60	-41.33	117.64	1199203.99	57651.67
132	1074	600388	龙净环保	54.60	1.19	5.24	10.14	5.24	0.60	0.73	61.02	0.00	5.10	11.47	-31.84	75.43	351523.54	25352.84
133	1092	002074	东源电器	54.40	0.14	7.62	7.46	7.62	0.69	1.04	46.74	5.54	30.92	6.26	-17.00	89.77	61028.57	4742.56
134	1097	300034	钢研高纳	54.30	0.30	6.36	7.21	6.36	0.41	0.46	6.25	0.00	14.76	6.50	-35.20	58.28	37947.36	6439.05
135	1098	002530	丰东股份	54.30	0.36	7.19	8.26	7.19	0.38	0.54	25.49	0.00	7.90	1.64	-29.42	57.19	31977.32	5114.22
136	1104	600114	东睦股份	54.20	0.30	9.31	9.67	9.31	0.69	1.71	51.13	2.77	9.60	7.35	-23.94	114.50	100410.22	7023.47
137	1105	002518	科士达	54.20	0.73	5.44	6.68	5.44	0.63	0.76	17.27	0.00	39.81	5.77	-44.55	101.20	93749.10	8438.71
138	1114	600495	晋西车轴	54.00	0.33	5.18	5.68	5.18	0.96	1.30	38.23	139.97	24.44	7.18	-38.70	147.80	216172.05	9971.78
139	1116	002196	方正电机	54.00	0.34	8.25	12.99	8.25	0.92	1.32	57.12	4.17	12.08	10.40	-42.22	61.71	57834.92	3950.22
140	1123	002537	海立美达	53.90	0.80	7.92	9.06	7.92	1.50	1.84	24.93	0.00	-2.62	354.49	-31.31	108.67	203988.51	8248.49
141	1137	300201	海伦哲	53.70	0.33	4.93	4.88	4.93	0.45	0.70	14.46	0.00	10.88	172.06	-31.31	50.67	25256.03	2467.14
142	1138	300179	四方达	53.70	0.46	7.03	6.72	7.03	0.25	0.33	4.88	0.00	-1.66	311.96	-31.31	97.54	10982.47	3558.99
143	1141	001696	宗申动力	53.70	0.34	12.14	17.16	12.14	1.27	1.54	47.53	20.15	16.27	-4.52	-36.40	151.02	460980.59	36157.59
144	1144	600499	科达机电	53.60	0.59	11.29	9.82	11.29	0.65	1.12	52.46	30.18	20.72	29.91	-60.31	152.99	249254.91	34866.90
145	1147	002509	天广消防	53.60	0.59	7.99	7.58	7.99	0.45	0.50	7.29	0.00	22.64	9.12	-45.07	80.10	34471.15	5902.88
146	1166	600089	特变电工	53.20	0.47	5.37	7.79	5.37	0.63	1.04	58.19	10.30	2.22	11.04	-47.90	138.44	1816474.41	123487.18
147	1168	002527	新时达	53.20	0.56	8.64	8.92	8.64	0.49	0.60	6.64	0.00	30.94	7.81	-47.67	107.33	65729.37	11711.76
148	1169	002249	大洋电机	53.20	0.51	8.89	11.38	8.89	0.86	1.13	26.00	0.00	7.87	90.02	-49.65	160.75	235934.83	23104.50
149	1171	000400	许继电气	53.20	0.41	7.03	10.44	7.03	0.68	0.83	58.05	5.19	13.14	7.57	-44.14	118.16	436230.51	30418.26
150	1172	600517	置信电气	53.10	0.27	12.84	11.65	12.84	0.67	0.89	24.45	39.38	-15.63	-4.33	-10.97	92.15	127946.08	19405.95
151	1183	000738	中航动控	53.00	0.19	6.42	6.80	6.42	0.46	0.75	45.53	5.64	28.15	7.94	-28.21	82.11	194067.35	18776.60
152	1192	002190	成飞集成	52.90	0.25	4.74	4.82	4.74	0.35	0.58	19.45	0.00	104.55	242.66	-34.41	102.36	61875.53	7203.55
153	1196	002058	威尔泰	52.80	0.11	6.83	6.36	6.83	0.55	0.72	22.18	38.63	11.73	6.63	-22.38	107.52	13264.42	1373.73
154	1202	002111	威海广泰	52.70	0.27	7.63	7.06	7.63	0.45	0.73	35.24	5.79	24.72	83.62	-37.79	101.71	63102.80	7626.95
155	1209	600685	广船国际	52.50	0.81	3.06	9.60	3.06	0.69	0.85	64.66	0.00	18.28	11.90	-30.45	107.41	829643.13	52258.86
156	1216	600391	成发科技	52.40	0.26	4.16	2.12	4.16	0.64	1.07	42.91	2.43	40.72	210.44	-37.93	78.68	162462.76	4537.06
157	1219	002278	神开股份	52.40	0.31	6.18	5.28	6.18	0.44	0.51	20.90	0.00	37.74	6.34	-35.12	78.80	61015.98	8016.26
158	1224	002564	张化机	52.30	0.49	6.16	10.33	6.16	0.43	0.75	50.43	5.59	40.04	251.94	-31.31	98.90	147313.39	14417.55
159	1235	600960	渤海活塞	52.00	0.62	8.36	11.63	8.36	0.89	1.33	55.63	3.25	3.19	10.61	-44.59	119.36	182387.15	10057.08

续 表

行业排名	全部上市公司排名	股票代码	股票简称	综合得分（100分）	每股收益（元）	总资产报酬率（%）	净资产收益率（%）	总资产周转率（次）	流动资产周转率（次）	资产负债率（%）	获利倍数	营业收入增长率（%）	资本扩张率（%）	市场投资回报率（%）	股价波动率（%）	年末资产额（万元）	营业收入净额（万元）	净利润（万元）
160	1237	600592	龙溪股份	52.00	0.37	7.24	8.80	7.24	0.47	0.89	36.24	44.83	25.34	-0.63	-35.65	105.76	84095.06	11112.19
161	1241	000528	柳工	52.00	1.17	8.14	14.25	8.14	0.86	1.22	58.94	16.35	16.35	10.37	-51.11	159.40	1787828.01	132603.30
162	1250	300062	中能电气	51.80	0.36	7.58	8.21	7.58	0.37	0.43	14.59	0.00	33.37	5.78	-48.68	102.54	32250.16	6089.69
163	1255	300112	万讯自控	51.70	0.23	5.31	5.64	5.31	0.41	0.51	9.15	0.00	14.56	4.17	-42.13	93.45	18824.14	2508.31
164	1256	300048	合康变频	51.70	0.52	8.08	9.07	8.08	0.35	0.40	18.93	0.00	52.69	9.77	-43.61	109.12	59150.71	12903.46
165	1261	002276	万马电缆	51.60	0.25	7.00	7.42	7.00	1.23	1.55	32.72	4.77	21.32	47.43	-44.65	91.26	260163.44	10270.60
166	1266	002347	泰尔重工	51.50	0.64	6.96	7.44	6.96	0.36	0.54	27.94	0.00	43.12	5.11	-48.26	110.10	40324.72	6744.71
167	1272	300090	盛运股份	51.40	0.28	5.95	5.79	5.95	0.37	0.56	51.77	4.82	56.81	14.54	-45.41	124.82	66515.96	7126.98
168	1275	002180	万力达	51.40	0.22	7.00	7.41	7.00	0.39	0.55	9.91	0.00	9.62	5.80	-16.99	173.26	15808.84	2688.80
169	1285	000837	秦川发展	51.30	0.38	8.84	11.91	8.84	0.81	1.23	43.47	11.52	12.14	9.69	-45.77	123.63	160628.04	13553.30
170	1298	002498	汉缆股份	51.00	0.41	7.67	8.72	7.67	0.88	1.02	21.39	0.00	21.49	5.83	-40.26	121.53	376408.37	28310.05
171	1299	002021	中捷股份	51.00	0.16	4.55	7.27	4.55	0.47	0.64	59.11	4.09	27.98	13.83	-27.32	109.04	115651.72	7756.66
172	1304	002046	轴研科技	50.90	0.59	8.19	8.76	8.19	0.60	1.12	49.16	10.71	18.10	10.38	-44.70	154.00	61615.55	6432.75
173	1314	002441	众业达	50.70	0.79	10.58	10.07	10.58	2.08	2.31	30.48	14.88	23.53	7.47	-41.02	113.73	514514.86	18369.08
174	1317	300173	松德股份	50.60	0.46	8.05	9.70	8.05	0.40	0.55	28.37	17.70	-5.14	199.48	-31.31	100.92	23826.49	3928.03
175	1322	002297	博云新材	50.50	0.17	5.47	6.01	5.47	0.33	0.67	34.85	9.68	36.68	6.57	-39.48	83.23	29808.32	3833.75
176	1326	601126	四方股份	50.40	0.54	6.30	7.79	6.30	0.47	0.51	22.05	0.00	25.14	10.13	-47.73	95.48	168655.96	21465.28
177	1332	600268	国电南自	50.40	0.36	7.54	5.18	7.54	0.51	0.66	58.86	2.75	34.86	57.66	-44.48	105.08	320414.90	25512.55
178	1335	002282	博深工具	50.40	0.30	7.52	8.21	7.52	0.57	0.85	25.55	0.00	36.81	2.55	-43.42	119.01	56099.18	6714.55
179	1341	600862	南通科技	50.20	0.19	4.92	3.75	4.92	0.35	0.45	67.81	17.82	3.47	10.51	-26.92	89.63	133155.14	11582.96
180	1346	300066	三川股份	50.20	0.60	6.39	6.97	6.39	0.47	0.58	12.92	0.00	21.60	8.86	-52.47	134.72	46369.51	6430.45
181	1349	601177	杭齿前进	50.10	0.37	6.15	7.68	6.15	0.69	1.28	48.42	11.23	7.33	9.09	-38.27	99.62	237151.61	16347.62
182	1351	002471	中超电缆	50.10	0.39	7.49	9.06	7.49	0.90	1.03	59.50	3.39	44.62	6.52	-38.37	86.35	181466.06	7970.08
183	1356	002444	巨星科技	50.00	0.54	12.02	9.55	12.02	0.71	0.86	17.09	0.00	14.76	0.89	-50.66	144.72	216031.66	27714.45
184	1357	002438	江苏神通	50.00	0.49	5.32	6.25	5.32	0.38	0.45	28.45	0.00	25.19	5.44	-41.52	120.53	37771.55	5086.67
185	1358	002147	方圆支承	50.00	0.37	10.49	9.27	10.49	0.55	0.96	18.85	173.33	35.91	10.11	-46.37	115.89	60822.37	9524.26
186	1369	000530	大冷股份	49.80	0.23	4.43	1.50	4.43	0.62	1.28	39.54	71.55	24.59	1.53	-41.64	119.19	186325.35	9346.06
187	1373	600072	中船股份	49.60	0.08	2.41	2.56	2.41	0.63	1.26	37.35	8.46	9.34	3.21	-6.87	108.79	150312.06	4008.29
188	1374	600038	哈飞股份	49.60	0.33	4.19	6.99	4.19	0.94	1.11	51.91	190.52	22.00	5.32	-40.65	89.72	276943.37	10980.92
189	1376	002209	达意隆	49.60	0.27	6.20	7.39	6.20	0.63	1.01	44.52	21.08	24.77	7.62	-47.63	96.48	67744.01	5226.52
190	1381	002423	中原特钢	49.50	0.19	4.09	1.27	4.09	0.65	1.24	32.77	23.96	23.43	0.03	-17.04	90.08	173680.39	9074.36
191	1406	300141	和顺电气	49.10	0.68	5.16	5.23	5.16	0.29	0.31	28.41	0.00	18.21	7.44	-47.19	119.17	19172.66	3764.85
192	1421	600710	常林股份	48.70	0.33	6.00	8.60	6.00	0.70	1.26	34.26	20.96	2.18	43.63	-40.21	116.82	213542.65	16844.60
193	1436	002334	英威腾	48.40	0.64	6.21	6.27	6.21	0.57	0.68	8.33	0.00	36.91	15.22	-61.89	146.70	68980.83	7437.78
194	1446	300120	经纬电材	48.20	0.36	6.85	6.58	6.85	0.63	0.73	7.31	0.00	0.06	3.69	-50.68	133.01	40592.61	4073.29
195	1448	000680	山推股份	48.20	0.63	7.92	11.11	7.92	1.20	1.67	64.83	3.42	9.72	11.19	-48.03	182.35	1470204.89	55199.06
196	1454	600501	航天晨光	48.10	0.20	4.03	7.06	4.03	0.93	1.48	66.80	3.38	30.50	7.99	-36.44	79.92	346096.60	9782.70
197	1457	002510	天汽模	48.10	0.55	6.19	7.65	6.19	0.47	0.68	33.61	0.00	20.88	7.09	-51.25	105.18	100513.09	11390.18
198	1461	002323	中联电气	48.00	0.63	5.41	5.68	5.41	0.29	0.34	7.74	0.00	12.65	3.27	-38.10	81.29	26315.06	5229.33
199	1464	600382	广东明珠	47.90	0.54	12.28	13.80	12.28	0.12	0.25	11.15	0.00	-73.62	19.27	-33.67	110.70	15946.76	18467.32

续 表

行业排名	全部上市公司排名	股票代码	股票简称	综合得分（100分）	每股收益（元）	总资产报酬率（%）	净资产收益率（%）	总资产周转率（次）	流动资产周转率（次）	资产负债率（%）	获利倍数	营业收入增长率（%）	资本扩张率（%）	市场投资回报率（%）	股价波动率（%）	年末资产额（万元）	营业收入净额（万元）	净利润（万元）
200	1468	002090	金智科技	47.90	0.20	5.38	6.67	5.38	0.77	1.10	44.36	6.94	16.01	5.26	-33.98	115.89	76522.52	4382.07
201	1471	002531	天顺风能	47.80	0.51	4.77	6.25	4.77	0.43	0.53	29.00	0.00	85.20	3.91	-46.52	99.91	94179.22	10379.14
202	1472	002435	长江润发	47.80	0.35	5.84	5.95	5.84	1.04	1.44	30.69	9.04	33.38	4.51	-38.97	96.14	111974.60	4604.00
203	1482	600879	航天电子	47.60	0.21	4.77	3.70	4.77	0.53	0.87	50.96	3.14	18.48	6.21	-40.68	103.80	350889.76	16933.93
204	1487	002322	理工监测	47.60	1.21	7.77	6.93	7.77	0.25	0.33	6.99	0.00	33.77	7.00	-52.83	135.23	24281.79	8009.79
205	1495	002499	科林环保	47.50	0.56	5.43	5.15	5.43	0.49	0.58	23.95	0.00	20.74	4.70	-39.29	99.17	39063.12	4203.42
206	1499	601218	吉鑫科技	47.40	0.38	7.14	5.59	7.14	0.50	0.72	40.01	6.83	-21.30	122.02	-31.31	91.97	158313.79	16518.81
207	1504	300185	通裕重工	47.40	0.55	5.68	5.54	5.68	0.28	0.56	38.87	9.75	9.64	211.03	-31.31	108.65	123595.65	18484.97
208	1512	300123	太阳鸟	47.20	0.32	4.21	4.97	4.21	0.36	0.50	34.01	0.00	62.61	4.51	-52.91	114.47	39646.66	4402.52
209	1522	002526	山东矿机	47.00	0.52	6.28	6.62	6.28	0.55	0.74	30.32	8.55	26.12	21.31	-47.89	101.62	166144.70	13962.96
210	1524	002175	广陆数测	47.00	0.09	3.90	3.06	3.90	0.42	0.75	31.86	2.53	20.52	3.06	-34.24	86.57	16196.31	791.74
211	1537	000757	*ST方向	46.80	1.28	78.85	-10.03	78.85	1.12	1.73	98.32	8.96	-7.49	0.00	0.00	0.00	64532.43	40812.43
212	1541	002514	宝馨科技	46.70	0.56	6.76	5.49	6.76	0.49	0.61	9.47	0.00	7.96	-0.61	-57.99	122.26	28891.45	3806.09
213	1550	600475	华光股份	46.50	0.53	4.07	9.39	4.07	0.74	1.03	70.60	7.34	16.46	10.76	-47.15	114.34	367524.55	15646.95
214	1551	300001	特锐德	46.50	0.52	8.74	9.07	8.74	0.49	0.62	16.48	0.00	21.12	6.00	-53.85	154.74	64204.54	10488.30
215	1577	600192	长城电工	45.90	0.10	3.39	1.66	3.39	0.64	0.92	58.89	2.06	20.82	3.75	-25.45	64.70	183669.82	3827.42
216	1582	002097	山河智能	45.80	0.48	7.47	8.01	7.47	0.68	0.83	63.15	2.86	8.86	12.79	-48.13	112.06	308967.15	20175.19
217	1587	600523	贵航股份	45.70	0.39	7.78	8.61	7.78	0.97	1.46	38.23	19.71	15.97	6.68	-62.60	174.55	265795.05	16528.38
218	1589	000862	银星能源	45.70	0.21	4.69	6.12	4.69	0.36	1.00	87.15	1.51	54.71	27.45	-47.00	122.16	158393.53	7385.65
219	1592	300032	金龙机电	45.60	0.29	4.33	4.88	4.33	0.31	0.37	6.55	0.00	10.62	0.64	-35.52	96.33	27574.58	4100.77
220	1608	600990	四创电子	45.30	0.41	5.57	10.16	5.57	0.89	1.14	64.26	8.77	45.62	12.31	-56.42	131.22	100032.81	4882.01
221	1612	002533	金杯电工	45.30	0.41	5.83	6.20	5.83	1.11	1.38	21.87	0.00	30.30	1.51	-48.74	115.43	251449.07	12069.35
222	1635	600468	百利电气	44.60	0.11	7.42	2.13	7.42	0.70	1.42	47.53	8.48	31.19	17.69	-52.40	172.92	76397.36	5446.47
223	1640	600290	华仪电气	44.50	0.12	3.20	4.44	3.20	0.48	0.58	54.05	4.55	-7.88	99.51	-30.31	173.69	157874.31	6344.56
224	1644	600343	航天动力	44.40	0.23	4.33	4.62	4.33	0.54	0.80	43.48	6.10	106.73	17.60	-54.00	152.08	123260.28	7184.38
225	1649	300035	中科电气	44.30	0.34	4.38	4.84	4.38	0.27	0.32	19.67	0.00	31.46	3.60	-43.30	86.62	23841.30	4097.87
226	1662	600847	ST渝万里	44.00	0.04	4.26	0.32	4.26	0.44	1.06	82.23	1.26	33.22	9.27	-5.74	64.99	12438.28	252.72
227	1676	600481	双良节能	43.70	0.19	5.40	7.04	5.40	0.98	1.96	58.14	3.08	22.42	-8.85	-53.88	129.35	513203.89	15845.05
228	1682	002480	新筑股份	43.60	0.56	7.35	6.62	7.35	0.52	0.64	48.56	3.37	36.85	6.36	-66.18	210.50	191060.47	15772.64
229	1683	300101	国腾电子	43.50	0.34	6.12	6.24	6.12	0.24	0.28	6.57	0.00	-1.51	3.63	-39.14	126.15	19753.06	5094.01
230	1696	300011	鼎汉技术	43.30	0.68	7.85	9.43	7.85	0.37	0.43	7.95	0.00	4.60	16.35	-58.95	183.92	30896.06	7035.32
231	1702	300161	华中数控	43.20	0.27	2.63	2.82	2.63	0.49	0.57	21.99	0.00	11.18	235.10	-31.31	140.91	42522.91	2869.02
232	1703	300091	金通灵	43.20	0.29	6.08	7.04	6.08	0.58	0.80	35.97	15.40	25.38	7.35	-48.71	151.67	73700.08	6116.31
233	1708	000607	*ST华控	43.20	0.05	5.54	5.20	5.54	1.02	1.73	72.27	2.24	41.54	8.07	-49.03	135.46	169117.03	4122.31
234	1711	000410	沈阳机床	43.10	0.19	4.10	3.63	4.10	0.84	1.09	86.82	1.43	19.43	5.10	-43.61	115.67	961084.29	11008.21
235	1729	300151	昌红科技	42.60	0.34	3.57	4.55	3.57	0.42	0.52	12.68	0.00	19.78	0.03	-53.97	129.97	34279.59	3372.51
236	1733	002168	深圳惠程	42.50	0.11	6.14	4.28	6.14	0.27	0.39	15.51	36.32	4.86	10.81	-49.05	129.59	37014.25	6991.92
237	1744	600806	昆明机床	42.20	0.10	3.00	3.43	3.00	0.75	1.15	43.07	21.18	12.97	1.79	-40.60	147.04	180485.76	5221.56
238	1746	600169	太原重工	42.20	0.24	3.06	6.46	3.06	0.61	0.76	69.47	4.75	6.96	6.53	-47.46	182.98	1032596.17	39037.46
239	1747	300018	中元华电	42.20	0.29	4.77	5.82	4.77	0.24	0.26	9.73	0.00	38.10	6.03	-51.67	122.71	17890.44	4024.34

续表

行业排名	全部上市公司排名	股票代码	股票简称	综合得分（100分）	每股收益（元）	总资产报酬率（%）	净资产收益率（%）	总资产周转率（次）	流动资产周转率（次）	资产负债率（%）	获利倍数	营业收入增长率（%）	资本扩张率（%）	市场投资回报率（%）	股价波动率（%）	年末资产额（万元）	营业收入净额（万元）	净利润（万元）
240	1749	002105	信隆实业	42.20	0.06	4.28	0.70	4.28	1.05	2.02	58.89	1.63	2.12	1.18	-43.23	93.77	136109.65	775.08
241	1751	600604	*ST二纺	42.10	0.03	1.12	-7.23	1.12	0.85	1.17	79.55	0.00	52.17	0.39	7.64	54.04	71089.96	1603.47
242	1753	300152	燃控科技	42.10	0.64	4.59	4.75	4.59	0.18	0.22	13.17	0.00	26.34	2.81	-57.10	139.81	27045.03	6957.24
243	1754	300068	南都电源	42.10	0.24	3.32	3.00	3.32	0.55	0.71	17.79	0.00	15.91	4.09	-42.69	94.71	168425.84	8658.28
244	1759	300153	科泰电源	42.00	0.25	3.03	4.11	3.03	0.44	0.46	19.50	0.00	10.77	1.80	-38.85	124.39	48505.52	4011.13
245	1761	300029	天龙光电	42.00	0.31	6.04	6.41	6.04	0.52	0.69	22.47	0.00	86.10	12.21	-54.18	176.09	84171.80	8638.41
246	1762	002426	胜利精密	42.00	0.18	6.01	3.40	6.01	0.85	1.18	29.61	4.06	19.93	2.84	-51.33	130.18	156692.50	7120.71
247	1764	600353	旭光股份	41.90	0.01	0.52	-0.05	0.52	0.45	0.61	19.91	0.00	14.48	58.14	-11.94	100.89	37495.70	294.38
248	1765	000017	*ST中华A	41.90	0.07	46.25	0.75	46.25	2.34	4.84	1339.69	2.68	7.36	0.00	-46.26	117.37	32104.36	3972.09
249	1766	601558	华锐风电	41.80	0.39	2.42	6.26	2.42	0.33	0.35	60.15	28.73	-48.66	188.97	-31.31	160.36	1043551.64	77572.12
250	1771	002272	川润股份	41.80	0.34	6.14	6.37	6.14	0.58	0.97	38.58	20.63	20.04	8.48	-49.61	142.89	68271.10	5756.22
251	1772	600973	宝胜股份	41.70	0.09	3.30	0.35	3.30	1.76	2.22	62.09	1.22	20.28	66.34	-45.83	128.83	693512.09	1798.56
252	1774	600526	菲达环保	41.70	0.12	3.48	1.82	3.48	0.76	0.88	77.33	1.54	6.68	2.96	-23.24	70.11	166651.23	1625.38
253	1784	002270	法因数控	41.50	0.18	3.69	3.58	3.69	0.44	0.85	30.40	0.00	14.48	2.24	-52.57	125.77	36131.73	2681.16
254	1789	600843	上工申贝	41.30	0.25	10.54	3.60	10.54	1.00	1.69	47.42	6.14	-5.91	15.39	-55.46	174.44	157868.77	13165.65
255	1790	600218	全柴动力	41.20	0.09	1.08	-0.29	1.08	1.16	2.05	50.95	0.00	-6.09	2.40	-17.32	86.62	249349.28	2346.15
256	1791	002122	天马股份	41.20	0.35	8.06	8.28	8.06	0.45	0.78	30.08	17.41	-13.51	6.47	-53.88	181.09	309876.19	44124.87
257	1800	002359	齐星铁塔	41.00	0.16	3.50	2.49	3.50	0.43	0.64	36.25	18.23	0.77	1.44	-39.23	72.45	39464.54	2566.03
258	1802	002356	浩宁达	40.90	0.26	1.01	2.12	1.01	0.43	0.48	25.17	0.00	47.68	2.29	-43.40	96.70	53027.82	2240.41
259	1804	600379	宝光股份	40.80	0.02	1.90	0.00	1.90	1.16	1.80	39.08	2.02	12.04	0.97	-28.75	132.30	66379.42	471.41
260	1806	300140	启源装备	40.80	0.33	4.13	4.16	4.13	0.33	0.37	10.56	0.00	-5.10	1.10	-37.79	99.95	28706.63	3949.83
261	1808	002529	海源机械	40.70	0.28	3.81	6.24	3.81	0.30	0.38	12.64	0.00	7.96	-0.49	-48.99	120.37	37562.64	4499.49
262	1818	600520	中发科技	40.40	0.03	3.36	1.98	3.36	0.57	1.02	44.48	2.28	35.42	7.46	-35.39	81.83	28310.43	875.94
263	1824	601890	亚星锚链	40.20	0.21	2.33	2.58	2.33	0.51	0.61	23.12	0.00	9.20	1.50	-48.81	87.26	194158.08	10304.31
264	1836	300080	新大新材	40.00	0.45	6.36	5.58	6.36	0.67	0.90	26.33	20.28	35.15	3.62	-56.34	152.54	163508.29	12497.43
265	1845	600765	中航重机	39.60	0.19	4.06	3.29	4.06	0.63	0.89	60.07	2.31	30.89	13.33	-54.43	182.65	548536.11	14030.48
266	1859	002490	山东墨龙	39.40	0.42	4.63	5.02	4.63	0.59	1.18	39.16	14.66	1.29	4.00	-55.86	157.69	273869.18	16904.22
267	1864	002523	天桥起重	39.30	0.40	4.43	5.91	4.43	0.44	0.52	23.24	0.00	3.06	6.22	-50.07	109.20	62436.00	6621.47
268	1865	600984	ST建机	39.20	0.08	4.15	3.88	4.15	0.76	1.09	67.36	1.50	17.60	3.97	-40.50	97.25	65009.62	1081.30
269	1869	002452	长高集团	39.00	0.50	3.78	4.85	3.78	0.29	0.35	20.37	0.00	14.86	4.00	-48.92	123.06	34948.99	4516.93
270	1873	600112	长征电气	38.70	0.16	5.69	0.48	5.69	0.26	0.39	49.84	6.65	19.85	3.54	-19.15	154.37	47412.07	6476.91
271	1880	000777	中核科技	38.60	0.27	3.81	4.02	3.81	0.49	0.73	37.77	0.00	22.51	3.48	-50.13	139.26	72790.96	5369.74
272	1884	002009	天奇股份	38.40	0.17	4.59	2.21	4.59	0.56	0.79	75.78	1.94	43.92	0.68	-47.50	119.08	154436.82	4102.45
273	1886	600580	卧龙电气	38.30	0.16	4.48	2.89	4.48	0.71	1.12	43.60	3.23	8.34	4.88	-51.07	138.43	314622.33	13030.32
274	1889	002227	奥特迅	38.20	0.15	2.25	0.68	2.25	0.25	0.31	14.69	0.00	-4.49	0.95	-26.76	92.12	17397.36	1632.72
275	1898	600302	标准股份	37.90	0.03	1.55	0.66	1.55	0.62	0.86	16.92	4.53	-5.23	0.94	-22.22	101.45	94491.61	1337.35
276	1901	300069	金利华电	37.80	0.27	3.83	3.68	3.83	0.24	0.32	25.60	0.00	6.24	4.46	-43.41	105.39	14439.91	2053.63
277	1903	300129	泰胜风能	37.70	0.25	3.49	3.17	3.49	0.40	0.48	15.99	0.00	8.40	2.99	-61.84	199.00	61566.76	5322.96
278	1905	002164	东力传动	37.60	0.06	2.91	1.53	2.91	0.37	0.79	40.36	2.20	-3.59	-1.99	-28.73	166.18	68387.21	2653.45
279	1917	600184	光电股份	37.10	0.11	2.56	0.26	2.56	0.72	1.06	65.44	1.51	8.42	1.27	-38.54	114.30	196158.95	1161.57

续 表

行业排名	全部上市公司排名	股票代码	股票简称	综合得分（100分）	每股收益（元）	总资产报酬率（%）	净资产收益率（%）	总资产周转率（次）	流动资产周转率（次）	资产负债率（%）	获利倍数	营业收入增长率（%）	资本扩张率（%）	市场投资回报率（%）	股价波动率（%）	年末资产额（万元）	营业收入净额（万元）	净利润（万元）
280	1927	300040	九洲电气	36.50	0.29	4.09	3.75	4.09	0.48	0.60	25.91	16.02	21.00	2.94	-54.34	124.93	56659.88	4008.42
281	1928	002451	摩恩电气	36.50	0.04	1.24	1.79	1.24	0.52	0.65	32.53	2.48	24.83	0.67	-29.01	83.15	44620.85	581.75
282	1930	002028	思源电气	36.30	0.35	4.48	4.31	4.48	0.50	0.63	25.55	0.00	4.93	-8.73	-49.61	153.83	196985.46	16930.02
283	1934	600566	洪城股份	36.10	0.06	2.23	0.95	2.23	0.26	0.63	45.23	1.69	1.40	1.26	-33.09	74.67	24046.98	793.57
284	1947	600312	平高电气	35.50	0.02	1.46	-0.27	1.46	0.52	0.80	44.91	1.77	21.67	0.56	-39.97	117.04	252528.54	1593.11
285	1948	300092	科新机电	35.50	0.29	3.72	4.16	3.72	0.34	0.45	17.15	0.00	10.57	8.00	-57.49	163.20	21605.73	2653.09
286	1953	300137	先河环保	35.30	0.26	3.95	4.17	3.95	0.16	0.18	5.73	0.00	-14.64	4.85	-37.32	130.56	14655.78	4019.25
287	1957	002121	科陆电子	35.20	0.19	4.10	5.70	4.10	0.48	0.57	53.76	4.25	20.65	4.63	-53.76	141.35	112178.36	7021.90
288	1979	300023	宝德股份	34.80	0.09	1.44	2.67	1.44	0.21	0.23	8.93	0.00	19.05	4.28	-38.87	82.81	7844.94	931.11
289	1982	002337	赛象科技	34.70	0.18	1.19	2.20	1.19	0.33	0.41	20.87	0.00	3.63	0.43	-45.52	107.80	53119.84	3544.03
290	1991	002169	智光电气	34.50	0.10	4.12	2.94	4.12	0.47	0.62	47.96	3.56	11.44	9.32	-52.66	104.55	51399.01	2856.51
291	1994	002184	海得控制	34.30	0.09	3.56	2.76	3.56	1.19	1.50	27.21	14.39	-3.04	1.74	-61.01	144.73	133103.07	2583.91
292	2009	000768	西飞国际	33.50	0.04	1.01	0.98	1.01	0.43	0.50	52.28	4.89	-15.85	1.30	-40.64	94.86	886508.37	13338.70
293	2010	000570	苏常柴 A	33.50	0.09	1.48	2.08	1.48	1.00	1.85	38.80	0.00	10.24	-16.00	-48.21	134.34	313750.41	5427.45
294	2015	600550	天威保变	33.10	0.03	3.36	-0.70	3.36	0.32	0.64	56.46	1.35	-29.93	40.81	-46.69	141.36	534582.64	6535.99
295	2025	600099	林海股份	32.70	0.01	-0.63	0.65	-0.63	0.49	0.69	9.95	0.00	7.23	-1.14	-52.76	118.86	25640.28	327.56
296	2037	000633	ST 合金	32.10	0.02	2.00	-9.45	2.00	0.40	0.80	28.74	22.67	65.82	-12.07	-41.63	89.91	13946.03	628.26
297	2054	601106	中国一重	31.30	0.06	2.50	1.54	2.50	0.28	0.40	50.51	3.10	1.84	2.07	-49.20	162.48	874920.08	43242.90
298	2060	600320	振华重工	30.90	0.01	-0.23	-2.43	-0.23	0.43	0.84	64.81	0.00	11.76	-0.59	-29.43	99.66	1912925.10	2965.50
299	2062	300097	智云股份	30.70	0.23	2.51	2.72	2.51	0.24	0.27	16.90	0.00	-22.41	4.94	-44.70	117.37	11762.21	1381.19
300	2065	300095	华伍股份	30.60	0.17	2.99	0.80	2.99	0.35	0.54	23.70	2.58	-3.36	0.14	-50.19	119.27	30395.37	1239.22
301	2066	000533	万家乐	30.60	0.10	3.42	-0.68	3.42	0.88	1.40	8.52	3.40	-28.58	9.08	-53.52	157.39	202252.23	7038.09
302	2067	601002	晋亿实业	30.50	0.09	3.66	3.33	3.66	0.69	1.09	50.80	2.73	-10.62	-3.90	-41.11	204.28	270344.45	7001.16
303	2072	600243	青海华鼎	30.40	0.06	2.45	-1.87	2.45	0.64	0.92	59.05	1.65	11.15	6.97	-43.60	149.90	115752.80	1260.90
304	2074	002202	金风科技	30.30	0.23	3.71	4.16	3.71	0.43	0.54	58.47	4.47	-27.01	-2.66	-64.61	207.72	1284312.79	71798.72
305	2076	000821	京山轻机	30.30	0.01	0.84	0.91	0.84	0.44	0.71	26.73	3.85	28.57	1.43	-50.30	121.84	67296.06	430.18
306	2085	000595	*ST 西轴	29.80	0.03	4.14	-13.31	4.14	0.59	0.80	75.45	1.27	24.79	4.61	-24.41	136.73	47622.26	716.64
307	2086	600346	大橡塑	29.70	-0.35	-1.26	-16.35	-1.26	0.40	0.80	78.98	-0.86	61.47	56.87	-24.41	80.20	93585.74	-7209.31
308	2093	002506	超日太阳	29.30	-0.10	3.56	-1.69	3.56	0.60	0.80	56.41	0.84	24.04	-4.99	-43.18	111.15	333258.10	-5548.69
309	2100	600316	洪都航空	28.80	0.12	1.22	0.75	1.22	0.29	0.40	24.99	0.00	6.35	-3.25	-40.41	135.59	182465.53	8351.95
310	2104	300118	东方日升	28.30	0.15	4.17	0.89	4.17	0.57	0.71	40.34	1.67	-11.31	0.35	-57.79	232.62	210621.07	5371.64
311	2105	300111	向日葵	28.30	0.07	6.76	-5.91	6.76	0.61	1.13	58.04	1.20	-16.74	-10.20	-46.36	131.57	193864.73	3484.02
312	2130	600860	ST 北人	26.50	0.03	1.47	-3.73	1.47	0.55	1.03	47.84	2.72	-2.13	1.79	-43.20	109.71	80387.39	1362.98
313	2131	000611	时代科技	26.50	0.02	1.28	0.58	1.28	0.21	0.50	1.68	11.40	-53.02	-16.66	-37.32	106.11	16330.97	609.95
314	2132	600435	中兵光电	26.20	0.02	1.70	0.14	1.70	0.37	0.62	32.91	2.32	-22.36	0.79	-53.09	133.46	138654.40	1953.02
315	2145	600848	自仪股份	25.60	0.02	2.76	-4.28	2.76	0.73	1.05	88.67	1.22	5.37	3.40	-44.94	106.26	102729.38	701.55
316	2154	002218	拓日新能	25.00	-0.29	-6.09	-13.62	-6.09	0.28	0.71	29.47	-2.88	-18.65	79.98	-34.72	138.67	47808.66	-13969.15
317	2155	600760	中航黑豹	24.80	-0.57	-5.29	-20.75	-5.29	1.10	2.18	72.01	-7.80	19.83	-18.41	-40.89	132.70	369854.74	-20890.67
318	2160	002248	华东数控	24.60	0.08	2.82	0.75	2.82	0.26	0.70	58.77	1.66	-6.31	3.65	-57.42	203.08	62663.68	2124.16
319	2163	000923	河北宣工	24.40	0.05	1.88	-4.54	1.88	0.48	0.78	54.67	2.52	-19.88	-6.41	-40.22	117.29	57396.41	1031.09

续 表

行业排名	全部上市公司排名	股票代码	股票简称	综合得分（100分）	每股收益（元）	总资产报酬率（%）	净资产收益率（%）	总资产周转率（次）	流动资产周转率（次）	资产负债率（%）	获利倍数	营业收入增长率（%）	资本扩张率（%）	市场投资回报率（%）	股价波动率（%）	年末资产额（万元）	营业收入净额（万元）	净利润（万元）
320	2171	600405	动力源	23.80	-0.02	0.59	-3.56	0.59	0.62	0.71	59.52	0.52	-9.92	-1.71	-24.56	92.24	69478.42	-479.56
321	2178	000913	钱江摩托	23.50	-0.04	0.21	-2.31	0.21	0.96	1.42	62.04	0.38	-3.04	-0.64	-45.97	115.64	367253.27	-2980.58
322	2180	002459	天业通联	23.40	0.03	2.14	0.61	2.14	0.46	0.54	41.58	5.40	-8.68	-2.13	-59.78	143.69	99939.01	2114.00
323	2195	600416	湘电股份	21.60	0.23	3.70	3.85	3.70	0.52	0.66	81.99	1.61	-7.59	-19.30	-52.22	150.04	624750.84	14160.63
324	2207	600610	SST中纺	20.70	0.02	1.92	-15.23	1.92	0.27	0.77	52.03	4.24	-14.82	-16.00	-43.18	97.45	9914.61	556.34
325	2216	000519	江南红箭	20.20	-0.06	-1.26	-2.70	-1.26	0.73	1.45	25.62	-0.89	0.07	-3.11	-56.99	138.70	34809.56	-1128.13
326	2223	600698	*ST轻骑	19.30	-0.12	-9.74	-69.03	-9.74	1.25	2.82	87.33	-5.48	-6.16	-49.37	-44.71	108.50	125922.02	-11612.19
327	2231	600151	航天机电	17.90	0.02	1.08	-11.37	1.08	0.27	0.99	64.42	0.55	-4.07	-1.35	-46.51	130.60	238716.50	-10912.72
328	2232	000585	*ST东电	17.80	-0.04	-3.96	-14.95	-3.96	0.35	0.62	52.97	-88.35	-28.63	-14.53	-43.47	103.21	24867.98	-3265.22
329	2233	000806	*ST银河	17.50	-0.26	-3.72	-24.24	-3.72	0.35	0.58	67.20	-1.12	-1.96	-20.52	-42.99	105.11	95757.61	-18755.08
330	2240	000676	ST思达	16.60	-0.25	-5.25	-21.86	-5.25	0.69	1.02	61.14	-1.95	-8.12	-24.69	-46.79	92.24	72036.60	-8330.96
331	2249	601179	中国西电	14.90	-0.12	-1.47	-4.48	-1.47	0.40	0.53	49.97	-4.74	-13.61	-2.98	-54.32	160.94	1112901.44	-59617.25
332	2252	002112	三变科技	14.80	-0.29	-0.58	-7.65	-0.58	0.87	1.18	61.56	-0.36	18.27	-7.69	-50.38	146.77	103242.38	-3208.69
333	2255	601268	二重重装	14.00	-0.08	0.81	-4.35	0.81	0.33	0.53	76.26	0.51	7.37	-4.04	-44.10	131.22	722034.21	-13873.10
334	2263	600110	中科英华	12.70	-0.06	0.34	-4.26	0.34	0.26	0.55	53.49	0.27	10.26	-5.03	-52.60	142.65	124020.58	-5763.40
335	2265	000922	ST阿继	12.30	-0.16	-12.85	-118.50	-12.85	0.36	0.64	93.95	-7.84	-19.51	-70.12	-43.43	72.90	12134.29	-4935.26
336	2267	000908	ST天一	11.90	-0.20	-8.24	-197.42	-8.24	0.31	0.62	99.81	-1.88	-36.05	-98.63	-43.01	94.68	13903.08	-5705.45
337	2270	000617	石油济柴	11.50	-0.34	-1.80	-14.09	-1.80	0.59	0.98	77.04	-1.07	18.88	-12.35	-52.73	178.27	168634.55	-9656.49
338	2272	600877	中国嘉陵	10.70	-0.37	-5.95	-65.60	-5.95	0.78	1.40	86.09	-2.44	-26.92	-38.88	-57.87	123.98	236558.25	-25499.20
339	2280	600202	哈空调	7.40	-0.51	-6.07	-19.91	-6.07	0.29	0.42	66.66	-3.11	-38.52	-17.69	-49.76	122.73	84174.07	-19487.18

第九章

汽车行业上市公司业绩评价

2011年，我国汽车市场实现了平稳增长，产业集中度进一步提高，汽车产业结构进一步优化。据中国汽车工业协会统计，我国2011年累计生产汽车1841.89万辆，同比增长0.8%，销售汽车1850.51万辆，同比增长2.5%。其中，乘用车市场保持平稳增长，商用车市场下降较为明显。2011年，乘用车产销量同比分别增长4.2%和5.2%，同比增长率较2010年分别下降29.6和28.0个百分点；商用车产销量同比分别下降10.0%和6.3%，同比增长率较2010年分别下降38.1和36.2个百分点。源于行业销量增幅的下降，汽车行业上市公司收入和利润增幅也大幅放缓。

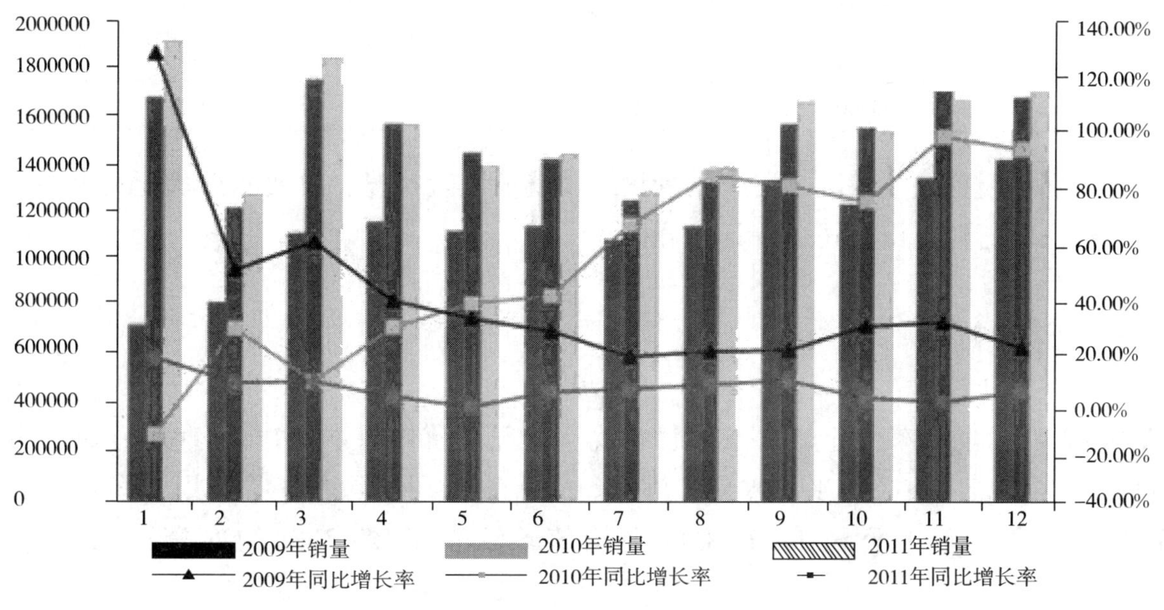

图9-1　2009~2011年月度汽车销量及同比变化情况

一、汽车行业上市公司业绩评价结果

截至2011年末，汽车行业包括汽车整车、汽车零部件等企业的A股上市公司共73家，其中盈利71家，在全部2113户盈利上市公司中占比3.36%；汽车行业上市公司市值6191.70亿，实现营业利润1008.21亿元，实现净利润704.80亿元，占全部上市公司实现的10644.20亿元净利润的6.62%。

汽车行业进入百强的上市公司有5家。其中有2家进入十强。汽车行业的综合评价分值为70.90分，比全市场的61.72分高14.87%。其中，业绩为优秀的有2家，业绩为良好的有7家，业绩为中的有41家，业绩为低的有13家，业绩为差的有10家。行业排名前十的上市公司见下表：

表9－1　2011年度汽车行业中联十强排行榜

名次	股票代码	股票简称	在全部上市公司中排名
1	600104	上汽集团	1
2	601633	长城汽车	8
3	600741	华域汽车	30
4	600066	宇通客车	36
5	000550	江铃汽车	71
6	000581	威孚高科	156
7	000338	潍柴动力	225
8	002085	万丰奥威	230
9	002592	八菱科技	290
10	600660	福耀玻璃	300

下面分别从财务效益状况、资产质量状况、偿债风险状况、发展能力状况及市场表现等五个方面对汽车行业上市公司进行具体分析。

（一）财务效益

表9－2列示了汽车行业上市公司财务效益状况评价结果。2011年汽车行业上市公司财务效益状况好于上市公司平均水平，汽车行业上市公司扣除非经常性损益净资产收益率为18.82%，高于上市公司11.15%的平均值，较去年25.26%的净资产收益率下降了25.49%。

表9－2　汽车行业财务效益状况比较表

评价指标		2011年上市公司平均值	2011年行业值	2010年行业值	增长率（%）
基本指标	扣除非经常性损益净资产收益率（%）	11.15	18.82	25.26	－25.49
	总资产报酬率（%）	7.45	10.91	12.72	－14.23
	得分	21.23	31.52	33.20	－5.06
修正指标	营业利润率（%）	6.70	7.85	8.11	－3.21
	盈利现金保障倍数	1.06	0.66	1.10	－40.00
综合得分		21.93	26.63	26.53	0.38

上汽集团在该项指标上得分为35.00，在2011年汽车行业整体发展减速明显的背景下依然保持了良好的财务表现。2011年国内汽车市场销售1879万辆，虽新车销量继续位居全球第一，但同比增长仅有2.5%，增速为新世纪以来最低。上汽集团重组整体上市9月份正式获批，顺利完成相关工作，公司发展正进入一个新阶段。在此背景下，上汽集团全年国产整车销量突破400万辆，销量同比增长12%，增速比全国平均水平高出9.5个百分点。公司旗下合资整车企业继续发挥龙头作用，上海通用、上海大众整车年销量继续位居全国乘用车企业销量前两位，上汽通用五菱继续保持微车市场领先地位。

（二）资产质量

从表9－3可以看出，虽然汽车行业上市公司资产质量状况较2010年均有所下滑，但仍优于上市公司平均水平；从修正指标来看，2010年，存货周转率、应收账款周转率都高于市场均值，说明2011年汽车行业总体资产质量在各行业中较好。具体资产质量状况比较见下表：

表9－3　汽车行业资产质量状况比较表

分析指标		2011年上市公司平均值	2011年行业值	2010年行业值	增长率（%）
基本指标	总资产周转率（次）	0.91	1.29	1.48	－12.84
	流动资产周转率（次）	1.86	2.16	2.42	－10.74
	得分	9.57	12.44	13.53	－8.06
修正指标	应收账款周转率（次）	14.01	18.72	23.28	－19.59
	存货周转率（次）	4.14	9.18	10.27	－10.61
综合得分		9.25	11.43	12.52	－8.71

汽车行业整体的年存货周转率为9.18次，高于上市公司整体4.14次的年存货周转率水平。上海汽车该项指标的得分为14.02，宇通客车该项指标的得分为15.00，江铃汽车该项指标的得分为13.34，明显高于上市公司平均水平。在2011年汽车市场整体销售下滑的背景下，上海汽车、宇通客车等在各自细分领域保持核心竞争力的企业仍表现出了较好的资产质量。

（三）偿债风险

分析表9－4中汽车行业指标可知，该行业上市公司偿债风险状况略优于上市公司平均水平。整体而言，汽车行业的偿债风险指标与上市公司整体较为接近，优势并不明显，该项指标与2010年相比变化不大，略有提升。

表 9－4　汽车行业偿债风险状况比较表

评价指标		2011 年上市公司平均值	2011 年行业值	2010 年行业值	增长率（%）
基本指标	资产负债率（%）	57.60	59.49	61.40	－3.11
	获利倍数	9.32	25.65	17.09	50.09
	得分	9.19	11.43	10.60	7.83
修正指标	速动比率（%）	73.82	95.65	86.82	10.17
	现金流动负债比率（%）	15.97	18.55	23.48	－21.00
	带息负债比率（%）	45.08	18.43	18.33	0.55
综合得分		9.07	10.78	10.76	0.19

汽车行业投资周期相对较长，企业发展资金多来源于自有资金，对贷款融资的需求较低；宇通客车、江铃汽车的带息负债率均不到1%，汽车行业整体带息负债率为18.43%，均远低于上市公司45.08%的平均水平。

（四）发展能力

从表9－5可知，汽车行业上市公司发展能力状况高于上市公司平均水平。汽车行业上市公司在各项指标上均高于2011年全国所有上市公司平均水平，但在三年营业收入平均增长率、营业利润增长率两项指标上较2010年有所下滑。目前汽车行业已经达到一个新的发展阶段，预计发展能力表现将难以维持2010年及2011年的水平。

表 9－5　汽车行业发展能力状况比较表

分析指标		2011 年上市公司平均值	2011 年行业值	2010 年行业值	增长率（%）
基本指标	营业收入增长率（%）	37.70	68.74	29.52	132.86
	资本扩张率（%）	22.63	54.08	30.88	75.13
	得分	12.20	18.29	16.59	10.25
修正指标	累计保留盈余率（%）	38.94	42.88	35.02	22.44
	三年营业收入平均增长率（%）	19.50	31.88	35.92	－11.25
	总资产增长率（%）	22.95	47.64	34.39	38.53
	营业利润增长率（%）	47.00	125.80	337.10	－62.68
综合得分		12.98	17.14	17.09	0.29

从修正指标看，上汽集团、华域汽车的发展能力在汽车行业上市公司十强中排名靠前。上汽集团该项指标的得分为满分20分；华域汽车与上汽集团同属于上海汽车工业（集团）总公司的控股子公司，主要从事汽车零配件业务，得益于与上海汽车之间的密切业务往来，也保持了较高的发展速度。

（五）市场表现

表9－6列示了汽车行业上市公司市场表现评价结果，汽车行业得分较2010年有所下滑。2011年，汽车行业上市公司保持了较高的盈利水平，市场表现与上市公司整体水平基本一致（见下图9－2）。

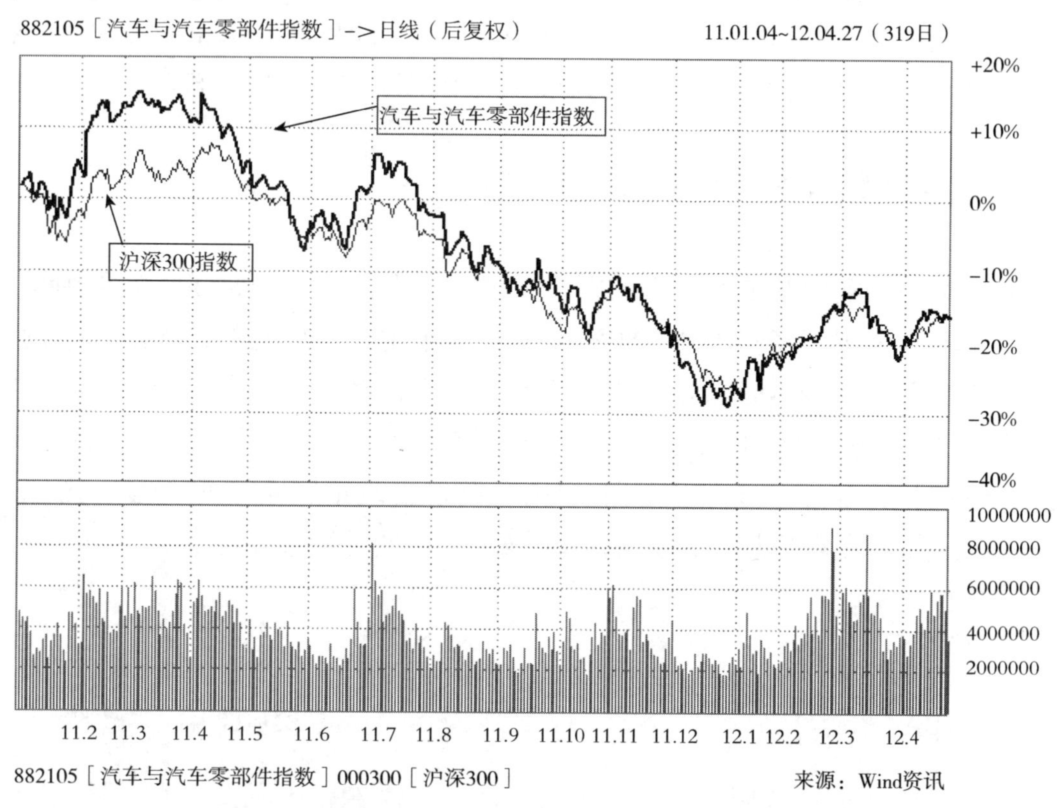

图9－2　2011年汽车行业指数与沪深300指数比较图

从指标来看，汽车行业上市公司的市场投资回报率为13.92%，股价波动率为102.47%，较2010年汽车行业的整体水平均有不同程度的回落。2011年汽车行业的市场表现的放缓主要是由于在2010年汽车行业的上市公司尤其是整车制造企业受良好业绩影响，股价已处于高位运行。

表9－6　汽车行业公司市场表现比较表

分析指标	2011年上市公司平均值	2011年行业值	2010年行业值	增长率（%）
投资回报率（%）	12.19	13.92	165.92	－91.61
股价波动率（%）	94.83	102.47	161.09	－36.39
得分	9.00	8.86	10.45	－15.22

二、汽车行业上市公司业绩影响因素分析

2011年中国乘用车生产量占到汽车生产总量的76.1%，略高于75.1%的世界平均水平，中国乘用车和商用车比例关系与世界平均水平一致；2011年中国共生产中重型货车226万辆，占世界总产量的53.5%，大中型客车16万辆，占世界总产量的41.3%，乘用车占23.9%，轻型商用车只占13.2%，中重型货车和大中型客车比重相对较高。

（一）居民消费需求支撑乘用车市场发展

汽车工业的核心是乘用车工业，目前在全世界的汽车保有量中，75%为乘用车。这些乘用车中，除少量的为公用、经营用外，80%以上为家用轿车。短期看，优惠政策刺激对乘用车影响较大，宏观经济的冷热影响居民的预期收入心理，对车市需求的释放节奏影响较大。

普通型乘用车市场2011年共销售949.43万辆，同比增长7.05%，增幅与10年的48.07%比较下滑明显。排量1.6升及以下乘用车销售受政策影响非常明显，占乘用车总量比重约68.77%，由于政策促进因素减弱，增速较10年明显减缓。

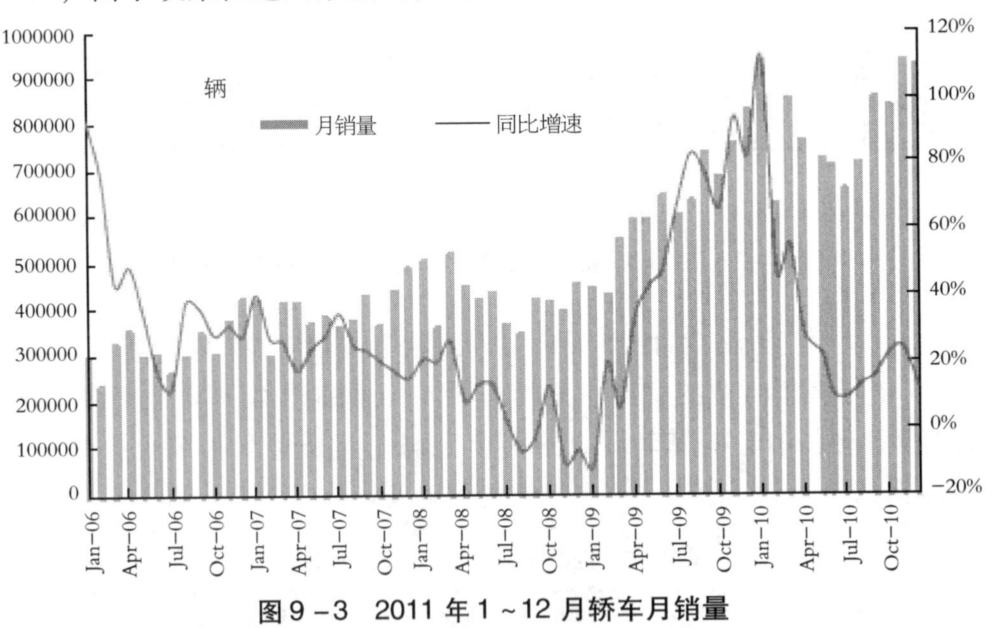

图9-3　2011年1~12月轿车月销量

（二）固定资产投资减少导致中重卡市场需求下滑

中重卡车主要用于运输或施工作业，不像轿车主要用于私人消费，与经济建设、固定资产投资规模息息相关。我国的中重型车市场经历了“柴油化、平头化、多轴化”后，自2002年进入了重型化时代，目前中重型车市场的发展重点是牵引车、自卸车和载货车等。

由于高速公路网建设的加快和“计重收费”的影响，重卡对中卡、标准重卡对准重卡的替代明显。国内经济回暖带动货运量走出低谷，国内公路的中长途货物运输主要依赖中重卡进行，由于近几年高速公路里程快速增长，公路货运业发展迅猛，规模比例提升，公路货运周转量增速上升并维持在高位。这是近几年货车特别是重卡销量快速增长的基本原因。

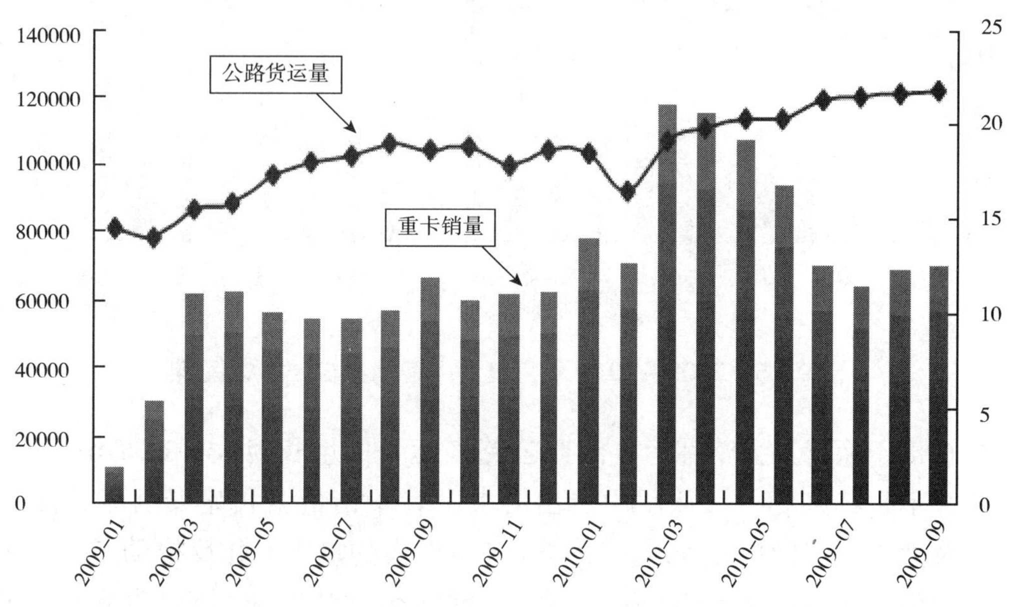

图 9-4　2009~2011 年月度重卡销量与公路货运量

2009 年开始实施成品油税费改革，取消固定额度的养路费等多项收费，同时提高成品油消费税。对于燃油消耗量较高的重卡来说，燃油成本的上升、以旧换新政策和排放政策趋紧加速了原有重卡的更新频率。金融危机过后的 2009~2010 年重卡销量出现大幅增长，重型货车销量首次突破百万大关，但受宏观经济放缓因素的影响，2011 年重卡销量下滑明显。

潍柴动力是我国大功率高速柴油机的主要制造商之一，主要向国内货车和工程机械制造商供应产品。公司主要利润来自于潍柴发动机业务和陕西法士特变速箱，并以此为基础形成了重卡行业的黄金供应链。公司的主要客户：陕西重汽、北汽福田、北方重型汽车、江淮汽车等中重卡汽车制造商产量的大幅增长保证了公司的良好业绩。潍柴动力在 2011 年汽车行业上市公司业绩评价结果汽车行业排名第 7。

（三）城镇化率提高带来客车市场需求的增加

由于城镇化率的提高、经济的活跃，我国的公路客流需求不断增加，进而直接拉动对大中客的需求。大中客销量除年末的季节性波动外，与公路客流的波动较一致。在宏观经济环境不断好转的前提下，金融危机以来被压抑的客车需求得到了充分释放，2010 年客车需求走势回到正轨。

2011 年我国大中客需求较为乐观，从国家政策层面来看，“大幅度增加国家对农村基础设施建设和社会事业发展的投入"、"以推进城镇化和促进城乡经济社会发展一体化为重点，改善城乡结构"、"公交优先"等政策均刺激了大中客市场发展。

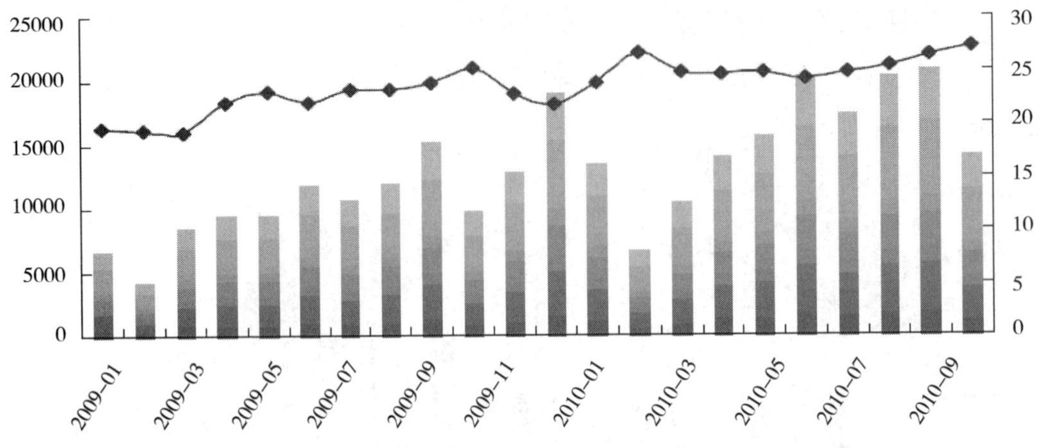

图9－5 2009～2011年月度大中客销量与公路客运量

大中客车直接用途就是公路客运，因此公路客运量的增长对大中客车销量有带动作用，但与当年销量并不是特别相关。从图中看出，大中客车销量增长略滞后于公路客运量。此外，铁路投资对大中客车销售并未对公路客运产生较大的挤出，相反推动了我国公路客运的增长。主要是因为公路客运灵活性较强，可弥补铁路运输因考虑经济性设立站点的不足。另一方面，铁路运输的提速方便了交通，也促进了相关线路沿线的短途客运。旅游业的兴盛对大中客运的销量有带动作用。城镇化率的提高，是城市发展的重要指标，有助于促进城市公共交通运输的发展。因此对大中客车销量有带动作用。

宇通客车在2011年汽车行业上市公司业绩评价结果汽车行业排名第4。宇通客车作为世界规模最大、工艺技术条件最先进的大中型客车生产基地。在客车细分市场的占有率为34%，占据三分之一强的市场份额。2011年全年产量41894辆，销量41169辆，产销双双环比增长46%，其中大型客车产销增长较快。

（四）规模经济决定盈利能力

汽车行业是典型的规模经济行业，由于初始固定资产投资大，生产成本的构成中，直接材料占30%左右，直接人工10%以下，其余为包括固定资产摊销的制造费用等。影响行业盈利的两个最重要因素为：产能利用率和直接材料成本。产能利用率这个指标比直接材料成本更影响行业的毛利率水平。

过去十年，尽管我国汽车行业一直保持了快速增长，我国汽车行业产能利用率大体在60%－95%区间波动。2009年汽车行业产能约1480万辆，约为2001年时的4倍，复合增长率约19%，而产能利用率在2003年达到约92.4%的阶段性高点后经历了5年71%至77%之间的低位徘徊，直到2009年在政策推动的市场爆发中重新回到了93%的高位。汽车的主要材料如钢材、有色金属等在2009～2010年均处于低位徘徊，但从2010年下半年开始，价格出现上涨迹象。如果这种趋势继续下去，整车企业的成本将随之上涨。

2011 年，上汽集团销售各类汽车共 358.3 万辆，相比上年同期增长 11.4%。旗下上汽通用五菱、上海通用和上海大众的整车产销量均各自突破 100 万辆大关。公司自主品牌乘用车名爵和荣威系列，在继 2009 年突破 9 万辆以后，2010 年销量超过 16 万辆，同比增长 78%，自主品牌建设表现逐步向好。领先的产销规模及较高的产能利用率，使得上海汽车在盈利能力、资产质量、发展指标等业绩评价结果中均处于行业领先地位，在 2011 年汽车行业上市公司业绩评价结果全部上市公司中排名第 1。

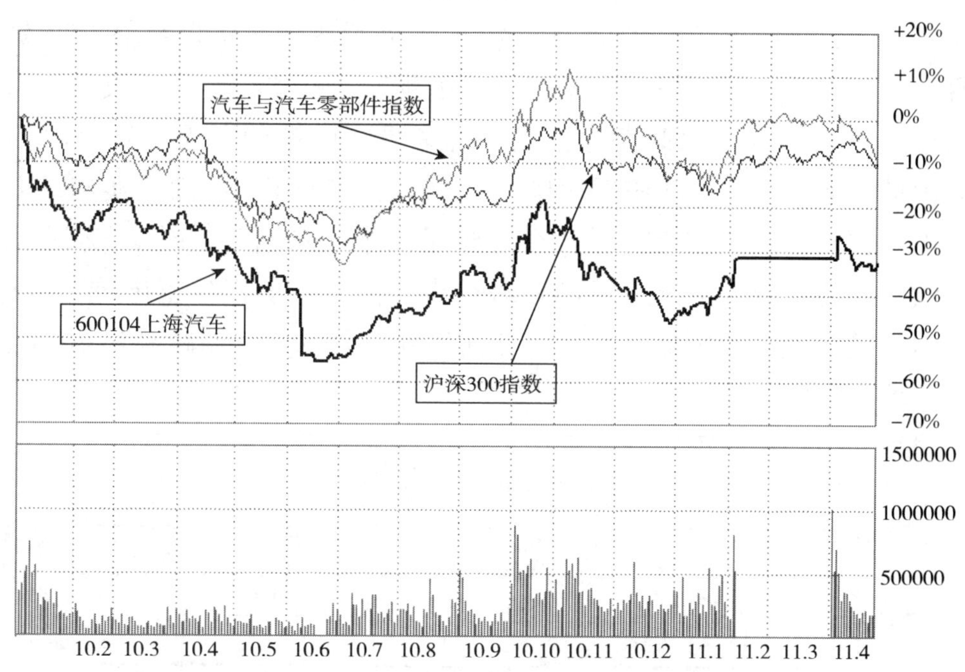

600104［上海汽车］000300［沪深300］882105［汽画与汽车零部件指数］ 来源：Wind资讯

图 9-6 上汽集团（600104. SZ）走势图

三、2012 年汽车行业前景分析

国家政策的延续和行业内在需求对 2010 年的汽车销售起到了关键作用。2011 年，我国汽车市场下滑明显，经历了 2009 年和 2010 年井喷式增长，汽车产销量同比增长大幅度回落，市场趋于平缓。在经历了近年来的快速增长，特别是近两年“井喷式”后，我国汽车行业正逐步从“量变”过渡到“质变”，汽车产业的深度变革即将来临，在此行业背景下，行业整体估值水平很难得到提升，汽车行业上市公司估值分化将随着时间的推移而逐渐显现，盈利能力强、成长性高的行业龙头企业将会受到市场的青睐。

（一）产业政策调整将使汽车行业发展回归正常

从主要汽车产业大国的历史经验来看：为应对金融危机和拯救汽车行业，主要汽车产业大国都相继推出了汽车市场刺激政策，通过一系列的补贴政策来拉动汽车消费，从而带动经济发展。德国在2009年1月开始实施“旧车换新车”补贴政策，补贴总额高达50亿欧元。美国于2009年7月推出“旧车换现金”计划，追加后的补贴总额为30亿美元。日本也于2009年8月开始实施节能环保车补贴政策，补贴总额为6000亿日元。

这些国家汽车市场已经成熟，汽车保有量庞大，旧车比例高，因此内容相近的以旧换新补贴政策效果显著。德国在实施刺激政策后，新车销量快速回升，同比增速大都在20%以上，部分月份甚至超过30%。美国在实施政策7~8月份内汽车销量突增，30亿美元的补贴在不到两个月的时间内就发放完毕，刺激效果超出预期。日本在实施政策后，汽车销量也快速回升，平均增速达到20%，效果明显。从全球来看，政策刺激无疑是有效的。但刺激政策毕竟是有时限的。上述三国的实施期短则两个月，长则一年，在政策实施结束后都出现了销量的大幅下滑。德国在政策结束前后几个月销量的增速从增长20%跌落到下降20%。由于美国政策持续时间短，政策退出后影响相对较小，但9月份销量也出现了大幅度的下滑。日本市场政策退出前后的对比更加明显，节点前后几个月的增速差距高达60个百分点。

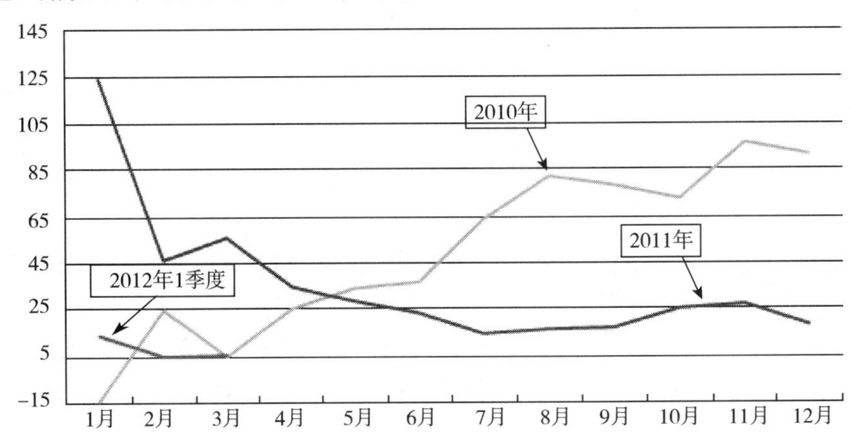

图9-7　2010~2012年1季度汽车产销同比增幅

目前我国乘用车市场刚刚进入向城市家庭普及阶段，从成熟国家的汽车市场发展规律上来看，这一时期我国的乘用车市场具有较高的潜在增长率。从日本、韩国等先导国家的乘用车市场发展看，起飞期过后乘用车市场进入长达十年左右的普及期，乘用车千人保有量从20左右上升到130以上，在这个阶段，乘用车需求仍将保持较快增长。如日本1965~1973年经历了长达9年的普及期，乘用车年均销量22.2%，韩国从1986~1997年，乘用车销量年均增速20%。

来自公安部交通管理局的数据显示，截至2011年底，我国汽车保有量为7619.31万辆，较2008年增加1152.10万辆，增幅17.81%，但从整体来看，轿车保有量则仅为36辆/千人，与韩国1989年水平相当，远远低于全球120辆/千人的平均水平。乘用车市场发展刚刚进入普及期，未来发展空间广阔，但考虑到中国经济区域发展的不平衡、具有典型的二元经济的特征；仅从城市市场来看，经济发展不平衡及中国相对大的贫富差距会使中国的普及期周期相对日韩更长，速度略慢。随着我国经济的快速发展，人均GDP的不断提高带动各地区的汽车消费能力，大中型城市将逐步步入二次换成时代，中小型将快速步进入汽车销售时代。一线城市居民的更换需求，二、三线城市的新增需求将成为后续支撑汽车行业上市公司业绩增长的主要的增长点。

（二）经营压力增加使行业盈利能力面临考验

产能过剩预期：2010 年，国家发改委委托中国汽车技术研究中心和汽车产业政策研究室对国内 20 家主要汽车企业集团和 10 家整车企业进行了汽车产能情况调查，主要针对 2009 年底企业已经形成的产能和 2010 年到 2015 年规划产能的情况进行摸底。根据公布的调查结果，主要 30 家汽车企业 2009 年年底形成的整车产能约为 1395 万辆，2015 年规划产能约为 3124 万辆。该部分产能建设投资及达产后，整车生产能力将进一步增加，在目前汽车市场需求放缓的背景下将促使产能利用率有所下降。

成本上升压力：制造成本上升将导致企业毛利率下降。钢材、橡胶、有色金属等汽车原材料面临着价格上涨压力，原材料涨价将循价格传导机制抬高整车及零部件生产企业制造成本。汽车行业上市公司的盈利能力预计将难以维持近两年的高点，而有所下滑。

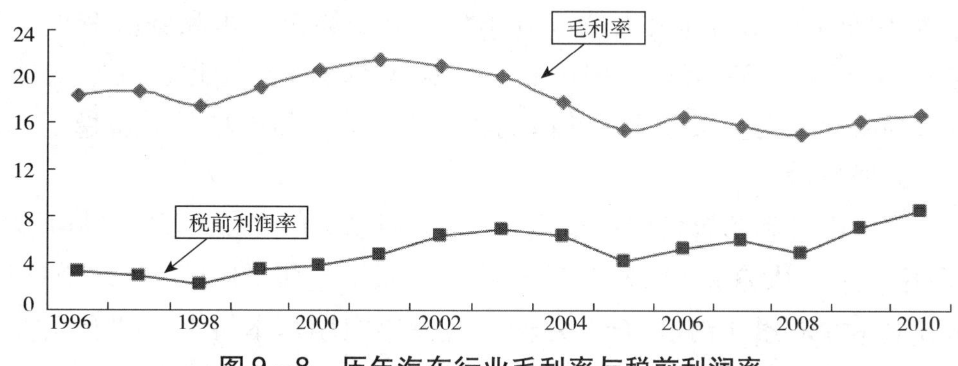

图 9－8　历年汽车行业毛利率与税前利润率

市场需求制约：购置税减征、汽车以旧换新等政策已于 2010 年终止实施；成品油价格的持续单边上涨加重了消费者的使用负担。从 2010 年到 2011 年 4 月上旬，我国成品油市场价格共经历 14 次价格调整，其中降价 4 次，涨价 10 次，每吨汽油价格净增长超过 2600 元；此外，目前社会舆论对进一步刺激汽车销量增长不利，主要焦点在于过量的汽车带来了交通拥堵、空气污染、燃油消耗过量等问题。近几年城市道路建设跟不上汽车保有量的增长，使得交通拥堵情况日益严重。“透支”消费将使汽车市场疲软，加速汽车市场由卖方向买方过渡。

（三）细分行业业绩分化

细分行业中，SUV、MPV 车型仍保持较高增长，微车出现同比负增长，客车产销增速在商用车中居前，行业业绩出现较大分化。

SUV、MPV 受益于近年差异化、个性化汽车消费需求的持续提升。其中，SUV 集外观时尚、空间充裕、通过性好等多种优点，以往的高油耗不足也逐渐改善，备受日益年轻化的消费群体青睐，已成为国内最重要的细分市场之一。SUV 同时对轿车构成一定替代。我国在2003～2007 年间经历了两轮私车消费高峰，参考5～7 年的替换周期，2010 年开始迎来消费升级下的二次购车潮；目前国内每年的替换需求超过 300 万辆，这也为 SUV 提供了广阔的成长空间。2011 年前两月，SUV 销量在狭义乘用车（不含交叉型）中占比 12.5%，比照欧美成熟市场的高峰时期水平（SUV 约占汽车销量比重 30%），市场潜能依然巨大。MPV 现以企事业单位的商务需求为主，少数为家用、兼用需求。目前 MPV 销量在狭义乘用车中占比规模尚小；随着后续上市车型的丰富，以及社会认知度的提升，预计未来也将保持较高增速。

随着经济快速增长，居民财富水平普遍得到了提高。针对 1.6L 以下轿车的刺激政策退出较多，这也是导致部分消费者在选择时转向 1.6L 以上大排量车型的重要原因。

在物流需求放缓、用户运营效益下降以及高基数压力下，半挂牵引车同比较大回落。近两年重卡保有量经历了超常增长，所带来的运力过剩也有待市场阶段性消化，对新增需求构成抑制。

客车产销增速居前，1 季度客车产销 8.34 万和 9.08 万辆，同比增长 12.98% 和 16.56%，成为商用车中产销增速最大的细分车型。其中城市客车和旅游客车车型增长最为明显，同比增长 44.55% 和 38.90%。中国是全球最大客车生产基地，在中低档客车市场竞争力强，出口市场潜力较大。从近几年的情况看，大中客销量的增长异常稳定。预计大中客仍然会保持稳定的增长。

上汽集团一季度生产和销售各型汽车累计为 100.4 万和 105.59 万辆，同比增加 18.58% 和 18.40%。其中，上汽大众销售 28.7 万辆和上汽通用销售 23.5 万辆，增长均在 32% 以上，上汽通用五菱本季度累计销量 36.1 万辆，与去年同期基本持平。拥有完整的产品结构布局的企业将有助于其增加其市场竞争力，降低单一车型市场经营的风险，使得上海汽车在汽车行业发展趋于放缓的背景下仍有着较好的业绩表现。

（四）全球产业布局加快向中国转移

长期以来，自主品牌主攻低端市场，合资品牌占据中高端市场，豪华品牌独霸高端细分市场，有着较为明显的市场格局分布。随着汽车市场竞争的加剧，中国汽车市场在全球整体表现低迷下一枝独秀，如今这一格局正在悄然发生变化。

作为合资企业下的自主品牌，由于和外方共同拥有股份，也自然会拥有更多的合资企业下的技术资源可借用，短期地从产品终端来看，这样的模式比起国内其他纯粹自主品牌更具有先天性的优势，由于平台的成熟，较小的初始研发投资以及完善的零部件、生产线等配套设施将带来有竞争的价格优势，可能将会成为消费者在性价比上所考虑的重点。这几年来，自主品牌依靠全方位借助外方平台，也取得了一定的发展包括：上海汽车依靠罗孚整套核心技术的自主品牌轿车、一汽轿车与日本马自达技术合作生产的奔腾系列乘用车；2010 年 8

月2日，吉利完成对福特汽车公司沃尔沃业务单元的收购，从长期来看也将会有助于吉利品牌自身的发展。在合资企业纷纷推出合资自主车型，对售价和销售网络进行下沉的同时，自主品牌企业却纷纷走上高端化路线。

在不同品牌的格局背后，核心技术才是竞争关键。一个成熟的汽车市场，最为重要的是具备国际知名企业和品牌，以及掌握汽车行业的核心技术和未来发展趋势。中国已经成为全球最大的汽车市场，但市场格局还不够健康和成熟。在中国市场，本土自主品牌仅占总体销量的三分之一左右，远低于欧美等成熟汽车市场的整体水平。从长期来看，随着未来合资品牌、合资自主品牌、自主品牌的发展竞争的深入，都将有助于国内汽车工业进一步掌握汽车行业的核心技术。

（五）需求结构优化、产业结构调整加快

汽车是机动车污染物总量的主要来源，其排放的一氧化碳和碳氢化合物超过70%，氮氧化物和颗粒物超过90%；随着目前汽车行业政策设计的出发点已由单纯刺激消费转向引导节能和新能源市场的培育。

2010年下半年，纳入节能汽车推广目录车型共生产168.07万辆，占同期乘用车整体产量的24%，占有率较2009年提高17个百分点。2011年3月的《政府工作报告》继2010年9月国务院确定发展战略性新兴产业的方向、任务和政策后，再次重申国家将集中力量，加快推进新能源汽车产业的发展。即将出台的《节能与新能源汽车发展规划》明确在培育发展战略性新兴产业中，新能源汽车产业将重点发展插电式混合动力汽车、纯电动汽车和燃料电池汽车技术。描摹了一幅时间跨度长达10年的我国节能与新能源汽车发展路线图。其内容涉及新能源汽车技术研发、产业化以及具体的发展目标、产业布局以及保障措施等。《规划》确定将电动汽车作为汽车产业转型的重要战略方向，最终实现插电式混合动力汽车和纯电动汽车的产业化，同时加快研发燃料电池汽车技术，新能源汽车将极大拓宽和拉伸传统汽车产业链，许多原本不属于或游离于汽车业边缘的行业，将在未来发展中扮演越来越重要的角色，为汽车行业带来一场颠覆性的革命。

根据目前已公开的信息，中央财政将投入大量资金支持节能与新能源汽车核心技术的研发和推广。2020年的总体目标是新能源汽车保有量达到500万辆，其中第一阶段（2011年到2015年）的目标市场保有量为超过50万辆。另一个关注的焦点将集中在新能源核心竞争力的提升上。按照《规划》，到2015年，动力电池、电机、电控等关键零部件核心技术要实现自主化，纯电动汽车和插电式混合动力汽车初步实现产业化。

上汽集团为上海世博会提供的1125辆多种技术方案的新能源车辆累计行程1240万公里，安全运送游客2亿人次，车辆完好率达到99%，成为我国新能源汽车技术成果历时最长、载客最多的一次集中展示。上汽集团在2011年3月通过资产注入的形式实现了公司整体上市。本次交易中注入的主要是与公司汽车主业发展紧密相关的资产和业务。目的是发挥上汽集团整车开发与华域汽车零部件开发的协同效应，体现汽车产业链整体竞争优势；提升

自主创新能力，加快自主品牌汽车和新能源汽车发展。

福田汽车将新能源和新能源汽车在公司“十二五”规划中作为重点发展产业之一。公司累计销售新能源汽车近2000辆，涵盖混合动力客车、纯电动客车、纯电动环卫车和纯电动出租车等，新能源汽车市场化运作程度较高。按照福田汽车规划，到2015年，福田汽车产销量将达到180万辆，营业收入超过2000亿元。其中新能源汽车占福田汽车整体产销量的比例将增至15%。

2011年，宇通客车在宇通工业园周边地区新征土地，进行增加年产20000辆客车技术改造项目的建设；并且启动专用车分公司客车专用车产能提升项目；此外，公司还将投资建设节能与新能源客车生产基地项目。

节能与新能源汽车补贴、车船税草案等法规的出台和探讨，将使得今后汽车行业的发展呈现明确财税导向下的结构性演变，小排量和具备先进节能技术的汽车将是未来市场的主导者。油价上涨在一定程度上影响到消费者利益的同时，也在发挥着它的积极作用，促使一些消费者改变消费习惯。可以预见的是，随着燃油成本上升和消费者对燃油经济性的关注，再加上“节能产品惠民工程”的惠及面不断扩大，小排量、经济型轿车和新能与汽车的市场前景要乐观一些。从混合动力汽车和常规燃料车的燃油经济性对比来看，在目前油价高企的时代，政府补贴后，新能源汽车的购买价值已经凸显出来，混合动力家用车、出租车和公交车已具备了产业化的可能。但对于新能源汽车，短期内受新型动力汽车的发展规模限制，作为新兴产业，其产品接受度、技术成熟度、产品质量都还有待接受长期的市场考验。

附表：

汽车行业上市公司业绩评价结果排序表

行业排名	全部上市公司排名	股票代码	股票简称	综合得分（100分）	每股收益（元）	总资产报酬率（%）	净资产收益率（%）	总资产周转率（次）	流动资产周转率（次）	资产负债率（%）	获利倍数	营业收入增长率（%）	资本扩张率（%）	市场投资回报率（%）	股价波动率（%）	年末资产额（万元）	营业收入净额（万元）	净利润（万元）
1	1	600104	上汽集团	94.70	1.83	15.36	32.57	1.58	2.58	58.22	1400.31	310.88	62.84	-7.52	67.34	31863318.10	43309548.43	2022186.65
2	8	601633	长城汽车	88.60	1.22	14.33	25.60	1.06	1.71	48.63	0.00	257.16	63.66	-31.31	15.98	3313485.77	3008947.67	342619.51
3	30	600741	华域汽车	83.10	1.16	14.89	25.19	1.34	2.07	45.28	0.00	863.95	19.24	-12.72	73.20	4218487.59	5229878.07	299044.99
4	36	600066	宇通客车	82.00	2.27	18.32	40.61	2.31	3.35	57.54	144.89	103.13	34.27	6.05	55.66	786007.11	1693192.59	118140.53
5	71	000550	江铃汽车	78.90	2.17	17.38	27.81	1.51	2.17	37.16	0.00	103.29	18.97	-22.64	111.48	1181985.47	1745699.89	187091.83
6	156	000581	威孚高科	74.50	2.12	19.33	25.92	0.80	1.51	32.65	62.53	94.45	22.89	-10.36	78.54	792921.74	589811.31	120461.71
7	225	000338	潍柴动力	72.20	3.36	13.07	24.18	1.06	1.49	53.04	544.73	81.18	23.67	-37.49	123.57	6154454.74	6001926.51	559692.72
8	230	002085	万丰奥威	72.00	0.57	16.36	20.42	1.91	3.37	30.41	79.12	172.27	69.36	-33.13	98.99	257013.76	393346.06	22391.61
9	290	002592	八菱科技	70.20	1.35	14.77	19.05	0.82	1.13	23.66	18.74	78.16	149.52	-31.31	48.23	77249.74	50260.54	7870.61
10	300	600660	福耀玻璃	70.00	0.76	17.63	25.06	0.85	2.19	48.97	8.52	69.49	6.67	-20.28	89.42	1221218.79	968941.02	151260.69
11	350	601799	星宇股份	68.80	0.72	11.65	15.20	0.69	0.83	22.58	0.00	142.96	321.65	-31.31	102.23	229782.75	109751.94	16716.28
12	345	600805	悦达投资	68.80	1.33	16.94	32.05	0.29	0.98	55.52	5.16	20.68	29.86	2.93	69.48	811665.40	243171.66	94406.31
13	354	002602	世纪华通	68.60	0.95	12.97	14.48	0.77	1.25	10.26	34.28	137.32	276.42	-31.31	71.80	171967.22	99872.64	14144.74
14	356	300258	精锻科技	68.50	1.03	14.60	15.18	0.48	0.80	14.42	8.75	132.35	273.61	-31.31	69.08	104500.16	38310.36	8604.62
15	389	002625	龙生股份	67.80	0.70	15.78	15.54	0.69	1.03	11.99	45.20	117.58	134.60	-31.31	42.61	43839.53	22339.93	4274.62
16	423	600742	一汽富维	67.10	2.02	13.76	18.65	1.81	4.40	28.93	74.62	100.87	15.44	-34.47	127.14	412510.77	698141.87	42809.20
17	561	601311	骆驼股份	64.00	0.83	13.55	17.11	1.01	1.44	29.21	9.12	127.35	186.52	-31.31	84.43	391048.63	306816.23	32043.71
18	729	002555	顺荣股份	61.00	0.32	6.83	8.59	0.55	1.02	8.95	0.00	78.33	319.75	-31.31	72.55	84040.82	33814.73	4069.20
19	734	600686	金龙汽车	60.90	0.59	3.81	15.61	1.47	1.76	74.60	0.00	52.75	12.75	-25.95	107.88	1328088.55	1892491.64	25910.02
20	747	002553	南方轴承	60.60	0.46	10.24	11.06	0.54	0.80	7.21	0.00	39.93	239.45	-31.31	151.78	57087.90	22993.42	3792.04
21	801	000887	中鼎股份	59.90	0.50	17.44	24.92	1.13	1.76	49.90	6.25	197.76	32.62	-36.16	134.38	304534.83	305311.80	29594.42
22	827	000868	安凯客车	59.30	0.30	4.20	10.02	1.22	1.63	62.92	13.25	74.42	68.64	-40.59	78.51	358587.56	373627.04	9813.89
23	841	300100	双林股份	59.00	0.97	13.83	16.39	0.77	1.02	32.78	39.56	149.23	11.09	-49.29	125.05	135886.44	97566.90	13604.83
24	870	600081	东风科技	58.50	0.44	11.92	23.10	1.39	2.29	58.29	12.24	121.27	30.66	-48.15	124.79	204128.71	258454.49	13751.69
25	920	000957	中通客车	57.90	0.21	3.50	8.26	1.33	1.73	72.39	15.82	52.23	6.50	-14.51	64.50	226854.62	260350.96	5065.49
26	970	002594	比亚迪	57.00	0.60	4.07	7.07	0.82	2.51	63.46	3.51	76.10	13.38	-31.31	75.03	6562439.20	4882691.90	138462.50
27	974	002283	天润曲轴	56.90	0.40	7.52	8.91	0.45	0.91	26.70	277.94	77.69	70.08	-36.25	86.28	407365.74	145688.94	20271.25
28	998	002472	双环传动	56.50	0.74	11.54	12.26	0.57	0.98	23.04	40.96	72.95	9.97	-48.01	113.44	175341.06	92872.36	15793.95
29	1011	002448	中原内配	56.30	1.36	11.27	13.35	0.73	1.28	30.18	168.35	44.50	11.94	-48.81	108.44	142714.83	97579.25	12593.52
30	1030	300176	鸿特精密	56.00	0.37	6.66	9.37	0.81	1.54	37.20	5.80	88.00	238.24	-31.31	104.84	82526.71	53136.81	3144.82
31	1042	002101	广东鸿图	55.70	0.54	7.84	10.10	0.90	1.60	40.93	8.64	130.23	8.86	-45.11	123.13	154342.76	128836.31	8833.65
32	1055	002048	宁波华翔	55.50	0.50	10.15	12.58	0.87	1.46	29.98	0.00	37.25	3.21	-48.86	115.03	437233.56	368243.14	28417.37
33	1056	000625	长安汽车	55.40	0.20	2.28	7.34	0.79	1.65	59.90	0.00	98.51	38.41	-31.27	86.14	3653211.81	2655184.65	96794.06
34	1085	002593	日上集团	54.80	0.48	7.52	11.08	0.74	0.94	47.17	5.03	60.09	168.38	-31.31	56.06	220816.92	129095.10	8874.30
35	1092	600303	曙光股份	54.70	0.31	4.26	7.53	0.87	1.45	67.44	4.34	44.55	16.55	-13.90	92.46	766776.83	624811.06	17766.19
36	1113	002355	兴民钢圈	54.50	0.56	8.73	9.63	0.78	1.30	39.25	14.80	53.35	7.96	-32.42	89.61	209474.80	150788.49	11782.18

续表

行业排名	全部上市公司排名	股票代码	股票简称	综合得分（100分）	每股收益（元）	总资产报酬率（%）	净资产收益率（%）	总资产周转率（次）	流动资产周转率（次）	资产负债率（%）	获利倍数	营业收入增长率（%）	资本扩张率（%）	市场投资回报率（%）	股价波动率（%）	年末资产额（万元）	营业收入净额（万元）	净利润（万元）
37	1115	600006	东风汽车	54.40	0.23	2.97	7.53	1.12	1.67	61.26	0.00	72.09	3.50	-34.99	104.17	1940876.18	2139317.61	46413.92
38	1119	300237	美晨科技	54.30	1.01	9.49	13.32	0.77	1.14	36.21	9.55	194.39	205.20	-31.31	94.54	89222.81	52207.63	5032.94
39	1143	600418	江淮汽车	53.90	0.48	4.26	10.99	2.01	4.02	60.08	0.00	106.94	7.11	-44.30	169.42	1473603.98	3047083.37	61763.82
40	1148	002536	西泵股份	53.90	0.72	6.71	9.27	0.67	1.23	32.31	4.84	46.78	244.06	-31.31	115.58	168768.79	94383.75	6788.98
41	1153	002013	中航精机	53.80	0.18	6.37	7.95	0.80	1.33	31.58	21.03	69.47	16.55	-45.51	93.20	79413.59	60375.11	3976.90
42	1160	002590	万安科技	53.70	0.54	6.09	9.36	0.76	1.22	59.33	2.90	87.48	130.08	-31.31	70.97	162466.41	100174.27	4376.38
43	1193	002126	银轮股份	53.20	0.78	7.90	11.06	0.91	1.37	45.84	4.67	84.84	85.32	-48.65	139.07	233866.83	181635.30	10473.06
44	1208	000559	万向钱潮	53.00	0.29	7.46	12.48	0.97	1.44	53.18	13.39	68.58	2.05	-46.95	116.45	880454.17	817344.94	46539.36
45	1227	600148	长春一东	52.70	0.29	8.17	16.70	0.87	1.13	61.30	8.89	44.25	15.18	-41.44	107.33	90275.14	75095.24	4162.48
46	1299	000572	海马汽车	51.40	0.20	4.46	6.71	0.87	1.41	35.55	0.00	83.05	5.90	-46.50	129.84	1309980.79	1121429.79	33530.88
47	1326	600480	凌云股份	50.90	0.55	9.53	13.06	0.90	1.27	52.09	7.33	117.36	4.37	-50.55	140.20	533520.66	428631.78	19863.06
48	1334	000700	模塑科技	50.80	0.25	5.55	9.44	0.50	1.03	69.31	2.02	36.77	30.56	-24.86	104.72	392063.12	196425.28	7587.23
49	1336	600166	福田汽车	50.70	0.55	5.64	13.44	1.96	3.51	67.67	10.24	71.75	12.79	-50.82	144.02	2812145.43	5164573.49	115244.25
50	1348	002454	松芝股份	50.50	0.74	11.31	13.41	0.62	0.73	27.03	0.00	90.52	8.11	-55.97	144.33	263977.25	153613.09	23164.91
51	1404	002406	远东传动	49.50	0.70	10.86	10.39	0.51	0.69	6.31	0.00	70.08	7.72	-51.93	126.76	210111.93	103074.85	19724.26
52	1406	002328	新朋股份	49.50	0.21	1.86	2.63	0.55	0.81	10.96	0.00	1.69	9.64	-48.80	105.73	270090.88	140890.08	6381.19
53	1425	002434	万里扬	49.20	0.33	5.00	6.26	0.47	0.62	27.82	0.00	98.86	8.30	-47.42	113.49	267728.35	112233.58	11133.11
54	1455	002363	隆基机械	48.40	0.45	5.62	6.06	0.61	1.16	47.84	3.33	45.64	4.85	-40.12	85.81	178865.24	103650.44	5412.32
55	1464	000927	一汽夏利	48.30	0.07	2.19	3.08	1.09	3.17	59.78	2.67	36.74	1.79	-28.03	79.52	919414.42	995374.05	10937.63
56	1476	601777	力帆股份	48.10	0.41	4.57	7.71	0.82	1.25	54.00	12.74	40.35	4.00	-50.98	110.63	1078908.93	863035.45	39026.32
57	1570	600093	禾嘉股份	46.60	0.07	6.49	6.24	0.54	1.29	43.26	6.24	33.79	-3.86	-30.63	84.13	61642.05	33975.72	2144.35
58	1615	002213	特尔佳	45.60	0.16	9.92	11.72	0.68	0.91	29.63	0.00	80.97	8.68	-59.20	149.09	42693.02	27736.37	3382.02
59	1631	00980	金马股份	45.40	0.11	4.27	3.06	0.48	0.83	35.66	2.29	56.28	3.07	-38.31	91.74	186814.40	87055.46	3635.24
60	1682	002488	金固股份	44.10	0.39	7.13	7.75	0.52	0.75	41.90	4.47	103.54	7.69	-49.79	121.96	161950.49	77561.58	7072.09
61	1686	600482	风帆股份	44.00	0.15	5.24	5.83	1.30	2.10	63.50	2.04	29.37	5.76	-48.54	127.35	328023.50	407475.53	6937.85
62	1755	000951	中国重汽	42.50	0.86	5.40	13.60	1.36	1.62	77.16	3.11	35.77	7.04	-55.07	163.61	1874003.15	2605855.72	36235.57
63	1799	002284	亚太股份	41.70	0.28	6.05	8.02	0.94	1.47	48.76	4.39	103.19	6.73	-58.85	169.61	211256.26	185112.30	7980.95
64	1864	000800	一汽轿车	39.80	0.13	1.26	4.55	4.01	2.85	48.27	11.20	61.28	0.00	-46.17	152.92	1628929.44	3265267.33	21683.48
65	1869	600609	ST 金杯	39.60	0.03	4.80	15.55	0.91	1.13	90.17	1.70	46.06	16.15	-46.71	134.48	541791.50	468388.22	3104.81
66	1880	600988	ST 宝龙	39.50	0.00	3.02	-5.09	0.57	0.74	126.87	0.00	151.79	0.00	-22.89	57.53	9601.15	4903.99	42.04
67	1890	000678	襄阳轴承	39.20	0.09	3.51	5.04	0.89	1.45	49.75	4.56	78.14	5.12	-51.50	137.38	104615.55	87314.92	2562.56
68	2113	600178	东安动力	29.60	0.07	1.16	1.47	0.42	0.78	35.79	4.99	-13.22	1.57	-49.26	133.85	360398.17	152245.55	3383.04
69	2118	600715	*ST 松辽	29.00	0.06	11.44	58.17	0.02	0.10	86.03	15.06	-95.57	82.02	-53.40	132.39	22616.24	387.32	1423.33
70	2130	000903	云内动力	28.30	0.06	0.80	0.05	0.49	0.98	41.92	1.94	22.77	-2.80	-53.93	134.71	444483.88	219992.05	3992.11
71	2163	000760	博盈投资	26.00	0.02	0.45	2.88	0.71	1.05	73.52	11.20	-10.90	-26.66	-47.63	108.81	68668.38	44709.28	369.64
72	2264	002265	西仪股份	16.60	-0.05	-1.45	-2.69	0.47	0.85	29.89	-3.47	-10.66	0.99	-53.68	153.82	80127.03	38316.25	-1430.68
73	2292	600213	亚星客车	11.80	-0.19	-4.75	-20.94	0.95	1.16	80.28	-31.36	-2.66	-18.95	-61.30	200.33	90317.41	80941.29	-4164.61

第十章

信息技术行业上市公司业绩评价

在信息化与工业化日益融合的国民经济体系中，信息技术行业的地位日益重要。2011年，外围经济环境发生重大波动，为复苏中的中国经济带来了巨大的机遇和挑战，信息技术行业在出口市场萎缩的情况下，增长速度受到了一定程度的影响，但全行业在对产品及市场结构进行主动调整的转型过程中仍取得了一定的成绩。未来，如何在日新月异的技术和市场变革中时刻开发并保持核心竞争力，是整个行业战略选择的关键所在。

一、信息技术行业上市公司业绩评价结果

截至2011年末，信息技术行业A股上市公司共计177家，其中盈利170家，亏损7家，即有96.05%的公司实现盈利，比2010年提高了0.04%；信息技术行业上市公司总资产共计9347.54亿元，占上市公司总资产的4.12%；

2011年全国2276家上市公司共计完成营业收入188392.47亿元，177家信息技术行业上市公司完成营业收入6110.61亿元，占上市公司全部营业收入的3.24%；全部上市公司共计实现净利润10644.20亿元，信息技术行业上市公司实现净利润255.31亿元，占上市公司全部实现净利润的2.40%。

2011年信息技术行业整体评价结果较为一般，行业业绩综合得分57.73分，比全市场的61.72分低6.46%，177家信息技术行业上市公司中有4家进入2011年上市公司业绩评价综合得分的百强名单，分别为航天信息、国电南瑞、海隆软件、远光软件，排名分别为第34位、第58位、第74位和第97位。无业绩为优秀的上市公司；业绩为良好的有18家；业绩为中的有93家；业绩为低的有36家；业绩为差的有30家。

表10-1　2011年度信息技术行业中联十强排行榜

名次	股票代码	股票简称	在全部上市公司中排名
1	600271	航天信息	40
2	600406	国电南瑞	65
3	002195	海隆软件	82
4	002063	远光软件	105
5	300182	捷成股份	117
6	002635	安洁科技	120

续 表

名次	股票代码	股票简称	在全部上市公司中排名
7	002410	广联达	124
8	002065	东华软件	128
9	300231	银信科技	129
10	300183	东软载波	142

基于对信息技术行业上市公司的整体评价，下面分别从财务效益状况、资产质量状况、偿债风险状况、发展能力状况、市场表现状况五个方面对信息技术行业上市公司进行具体分析。

（一）财务效益

从综合得分来看，2011 年信息技术行业上市公司财务效益状况差于全国上市公司平均水平。

表 10 - 2 列示了 2011 年信息技术行业上市公司财务效益状况评价结果（满分为 35 分）。从基本指标来看，信息技术行业上市公司财务效益状况低于全国上市公司平均水平，平均得分为 15.49 分，比全国所有上市公司平均分 21.23 分低 5.74 分，有 66 家公司超过全国平均水平，其中得分为满分 35 分的有 9 家公司，分别为航天信息、国电南瑞、远光软件、银信科技、东华软件、东软载波、石基信息、梅安森和恒生电子。以航天信息为例，公司毛利率较高的软件、系统集成业务 2011 年营业收入达 26.7 亿，较 2010 年同期上涨 42.06%，占其营业收入总额的 23.14%，为其财务效益状况的优异提供了强有力的支持。

从修正指标来看，其得分为 19.05，也略低于上市公司平均得分 21.93 分。除盈利现金保障倍数外，扣除非经常性损益净资产收益率、总资产报酬率、营业利润率和股本收益率指标均低于上市公司平均水平。

表 10 - 2 信息技术行业财务效益状况比较表

分析指标		2011 年上市公司平均值	2011 年行业值	2010 年行业值	增长率（%）
基本指标	扣除非经常性损益净资产收益率（%）	11.15	4.81	5.31	-9.42
	总资产报酬率（%）	7.45	3.90	4.18	-6.70
	得分	21.23	15.49	15.06	2.86
修正指标	营业利润率（%）	6.70	3.69	4.09	-9.78
	盈利现金保障倍数	1.06	2.88	3.09	-6.80
	股本收益率（%）	49.53	28.83	30.44	-5.29
综合得分		21.93	19.05	18.58	2.53

与 2010 年的情况相比较，2011 年信息技术行业上市公司各项财务效益指标均低于 2010

年行业值，其中营业利润率下降幅度最大，为9.78%。

（二）资产质量

从综合得分来看，信息技术行业上市公司资产质量状况与全国上市公司平均水平基本持平。

表10－3列示了信息技术行业上市公司资产质量状况评价结果（满分为15分）。从基本指标来看，信息技术行业上市公司财务效益状况略低于全国上市公司平均水平，平均得分为8.45分，比全国所有上市公司平均分9.57分低1.12分，有19家公司超过全国平均水平，其中＊ST星美、紫光股份、长城开发三家公司得分为满分15分。例如，紫光股份虽然毛利率水平较低，但其三项费用控制能力较强，加之公司近年来对外投资所得的收益大增，主要来自出售金融资产和减持紫光捷通股份有限公司股份所得收益，使得其资产质量状况较优。

从修正指标来看，其得分为9.24分，与上市公司平均得分9.25分基本持平。应收账款周转率与存货周转率指标与上市公司平均水平差异较大，这与信息技术行业经营模式的特殊性存在一定的关系。

表10－3 信息技术行业资产质量状况比较表

分析指标		2011年上市公司平均值	2011年行业值	2010年行业值	增长率（%）
基本指标	总资产周转率（次）	0.91	0.69	0.70	－1.43
	流动资产周转率（次）	1.86	1.66	1.80	－7.78
	得分	9.57	8.45	8.56	－1.29
修正指标	应收账款周转率（次）	14.01	6.34	7.12	－10.96
	存货周转率（次）	4.14	7.17	7.48	－4.14
综合得分		9.25	9.24	9.36	－1.28

与2010年比较可知，2011年信息技术行业上市公司总体上资产质量略有下降，但下降幅度不大，各项周转率指标均出现小幅下降，这与信息技术行业2011年外向性模式有所转变存在一定的关联性。

（三）偿债风险

从综合得分来看，2011年信息技术行业上市公司偿债风险状况优于全国上市公司平均水平。

从表10－4中信息技术行业基本指标（满分为15分）的分析可知，该行业上市公司偿债风险状况平均得分9.79分，略高于全国所有上市公司9.26分的平均水平，共有148家公司超过平均水平，海隆软件、远光软件、捷成股份等共64家公司获得满分。其中，海隆软件2011年受益于其大客户业务发展战略，大客户业务持续放量，资产负债率为9.61%，速动比率为694.2%，公司偿债能力显著提高。

从修正指标来看，该行业得分为10.02分，高于上市公司平均水平的9.05分，其各项指标均高于上市公司平均水平。

表10－4　信息技术行业偿债风险状况比较表

分析指标		2011年上市公司平均值	2011年行业值	2010年行业值	增长率（%）
基本指标	资产负债率（%）	59.04	51.36	50.30	2.11
	获利倍数	7.88	8.49	8.98	－5.46
	得分	9.26	9.79	9.67	1.24
修正指标	速动比率（%）	72.33	78.48	77.06	1.84
	现金流动负债比率（%）	11.60	17.79	20.70	－14.06
	带息负债比率（%）	46.03	28.76	28.37	1.37
综合得分		9.05	10.02	9.90	1.21

与2010年相比较，2011年信息技术行业上市公司偿债风险状况平均得分为10.02分，较2010年的9.90分上升1.21%。

（四）发展能力

从综合得分来看，2011年信息技术行业上市公司发展能力状况差于全国上市公司的平均水平。

从表10－5可知，信息技术行业上市公司发展能力状况（满分为20分）基本指标平均得分为10.21分，低于全国上市公司平均水平12.40分。其中满分的共5家，为捷成股份、安洁科技、东软载波、东方国信和易华录。就捷成股份而言，公司在两化融合的长期驱动及高清电视信号、3D高清电视机等市场空间快速成长的推动下，三年营业收入增长率达304.3%，获得了优异的发展能力评分。

从修正指标来看，其得分为10.34分，低于市场平均水平12.36分。

表10－5　信息技术行业发展能力状况比较表

分析指标		2011年上市公司平均值	2011年行业值	2010年行业值	增长率（%）
基本指标	营业收入增长率（%）	24.27	15.16	29.76	－49.06
	资本扩张率（%）	17.20	8.97	18.50	－51.51
	得分	12.40	10.21	11.03	－7.43
修正指标	累计保留盈余率（%）	40.82	20.26	18.27	10.89
	三年营业收入增长率（%）	21.50	19.98	22.53	－11.32
	总资产增长率（%）	20.41	11.72	16.01	－26.80
	营业利润增长率（%）	7.12	－0.79	－14.85	－94.68
综合得分		12.36	10.34	10.63	－2.73

与2010年相比，2011年信息技术行业上市公司发展能力状况有所下降。受外围经济环境波动影响，2011年营业收入增长率从2010年的29.76%降至15.16%，营业收入增速趋缓。随着国内外经济形势的逐步好转，信息技术行业将进入稳定发展时期。

（五）市场表现

2011年，大盘在经济刺激政策淡出、股指期货做空机制实施、房地产调控力度加大、欧债危机、美国推出二次量化宽松政策等因素影响下表现不佳，上证综指全年跌幅接近20%，信息技术行业作为国民经济的重要支柱，其与整体经济走势高度相关，因而信息技术指数跟随市场行情同步下跌。具体情况见图10－1。

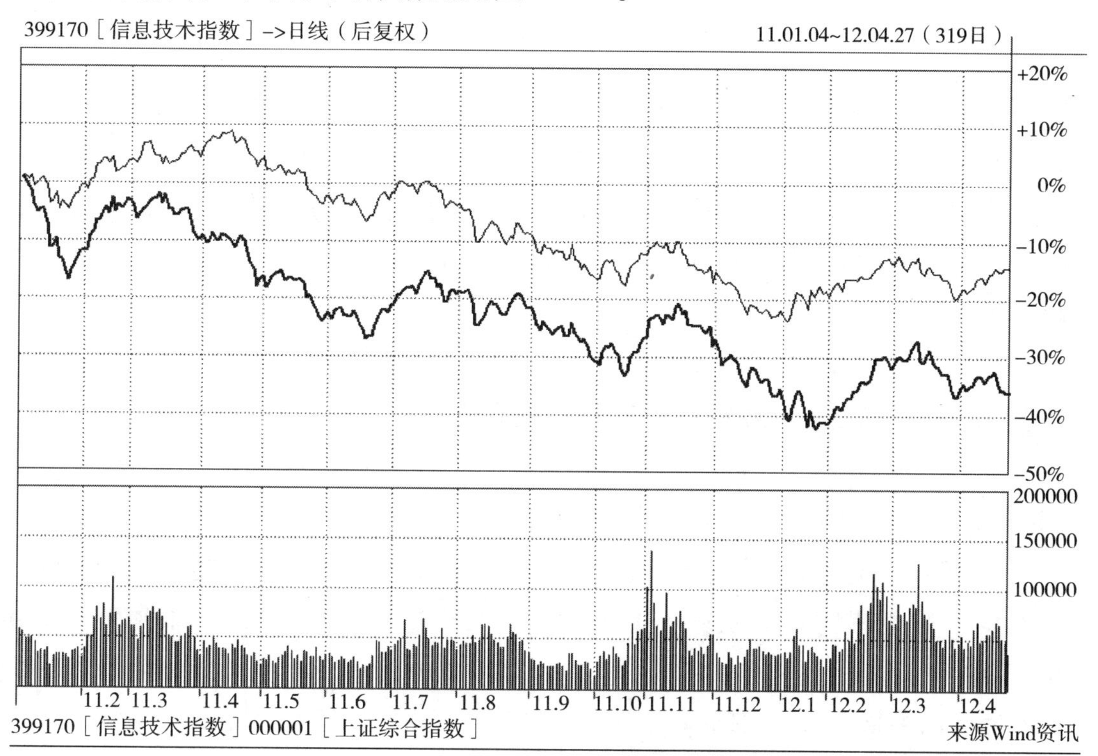

图10－1　信息技术指数与大盘指数波动

从综合得分来看，信息技术行业上市公司市场表现状况差于全国上市公司的平均水平。

从表10－6列示的信息技术行业上市公司市场表现状况评价结果（满分为15分）来看，市场表现状况平均得分为9.08分，略低于全国所有上市公司9.13分的平均水平。88家公司高于上市公司平均水平，银信科技、东华软件、华力创通、武汉凡谷、中国联通等9家公司得到满分。其中，东华软件2011年营业收入增长38%，净利润增长33%，业绩表现基本符合预期，市场投资回报率－9.92%，估价波动率38.8%均较大幅度优于上市公司整体水平及行业平均水平。

表 10-6 信息技术行业公司市场表现状况比较表

分析指标	2011 年上市公司平均值	2011 年行业值	2010 年行业值	增长率（%）
市场投资回报率（%）	-31.17	-32.84	16.99	
股价波动率（%）	96.03	89.83	91.79	-2.14
得分	9.13	9.08	9.41	-3.51

受大盘整体低迷影响，2011 年上市公司市场投资回报率为 -32.84%，远低于 2010 年的 16.99%，海隆软件、华力创通、*ST 科健市场投资回报率为正。

二、信息技术行业上市公司业绩影响因素分析

2011 年，我国信息技术行业实现销售收入 9.3 万亿元，增幅超过 20%；其中，规模以上制造业实现收入 7.49 万亿元，同比增长 17.1%；软件业实现收入 1.85 万亿元，比上年增长 35.9%。行业中上市公司 2011 年实现营业收入 6110.61 亿元，比上年增长 10.39%。总体而言，行业仍处于增长阶段，但增速较 2010 年有所减缓，影响信息技术行业业绩的主要因素表现在以下几个方面：

（一）高增长的软件业是行业发展的重要动力

1. 软件业规模快速增长

2011 年，虽然我国宏观经济增速趋缓，但在国家 4 号文等产业扶持政策的推动下，我国软件业收入仍保持快速增长势头，月平均增速达 30%。2011 年，我国软件产业共实现业务收入 1.85 万亿元，同比增长 32.4%，增速虽然较 2010 年下降了 8.6 个百分点，但仍超过“十一五”期间平均增速 4.4 个百分点。

2. 新兴信息技术服务增势突出

累计到 2011 年 12 月底，信息技术咨询服务、数据处理和运营服务分别实现收入 1864 和 3028 亿元，同比增长 42.7% 和 42.2%，增速高于全行业 10.4 和 10.1 个百分点，两者占比达到 26.5%，比上年同期提高 1.9 个百分点。嵌入式系统软件增长快于去年，实现收入 2805 亿元，同比增长 30.9%，比上年同期高 15.8 个百分点。软件产品、信息系统集成服务和 IC 设计增长较为平稳，分别实现收入 6158、3921 和 691 亿元，同比增长 28.5、28.4% 和 33%。

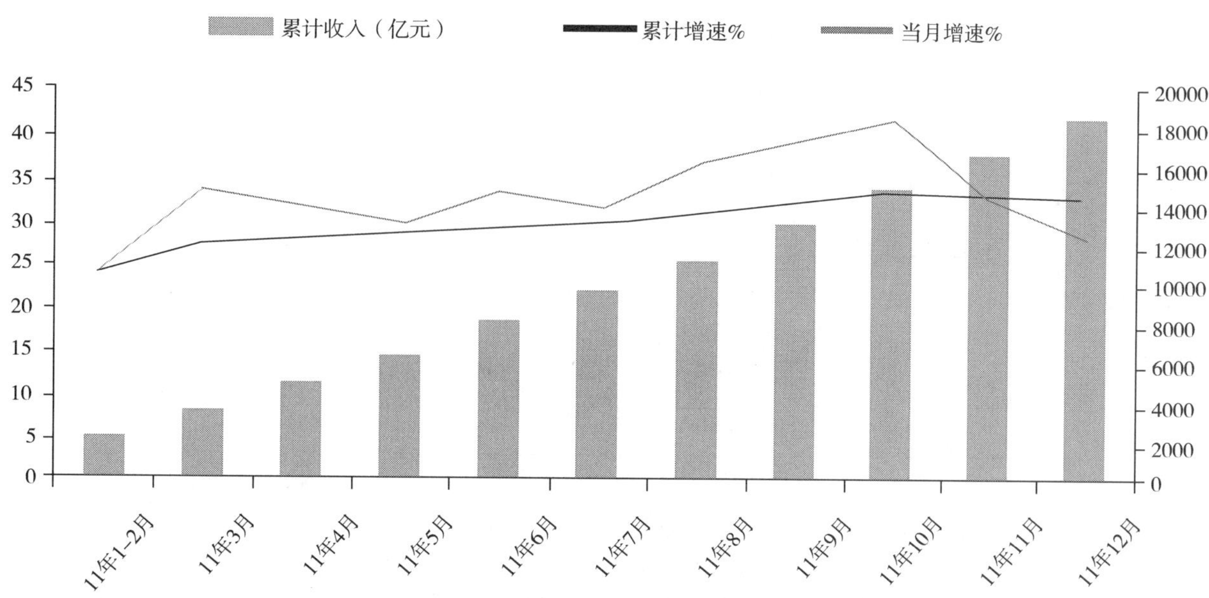

图 10－2 2011 年 1～12 月软件业收入情况

数据来源：工业与信息化部

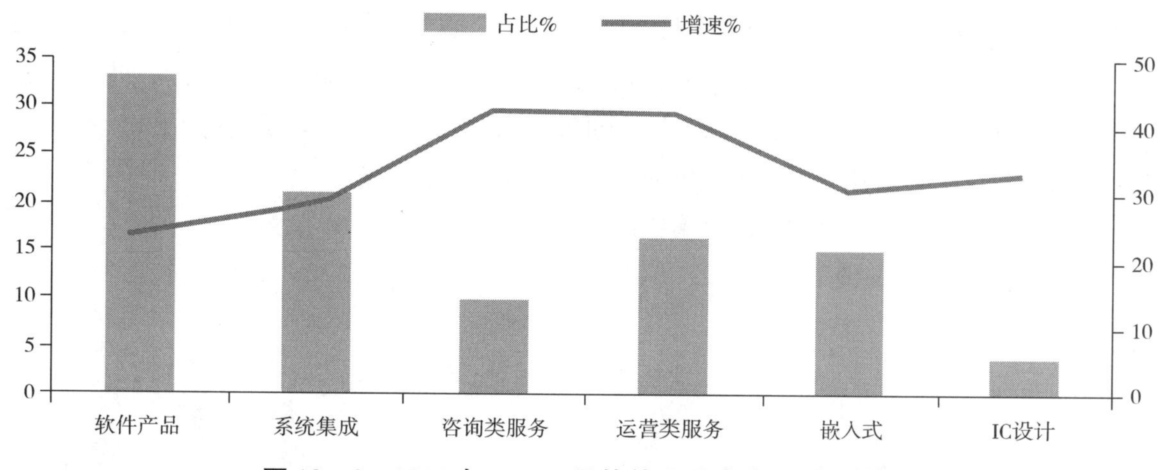

图 10－3 2011 年 1～12 月软件业分类收入增长情况

数据来源：工业与信息化部

3. 软件出口增速放缓

2011 年 1～12 月，软件业实现出口 304 亿美元，同比增长 18.5%，增速低于 2010 年 18 个百分点。其中，嵌入式系统软件出口持续低迷，同比仅增长 7.6%，拉低行业出口增速 7 个百分点；外包服务出口保持较快增长，实现收入 59 亿美元，同比增长 40.3%，高于软件出口增速 21.8 个百分点。

（二）硬件业产品的国内外市场结构正处于转型期

1. 经济效益波动明显，外贸增速逐步趋稳

2011 年，规模以上电子信息制造业实现主营业务收入 74909 亿元，同比增长 17.1%；实现利润总额 3300 亿元，同比增长 16.8%。全年有 6 个月份的利润呈下降态势，波动较为

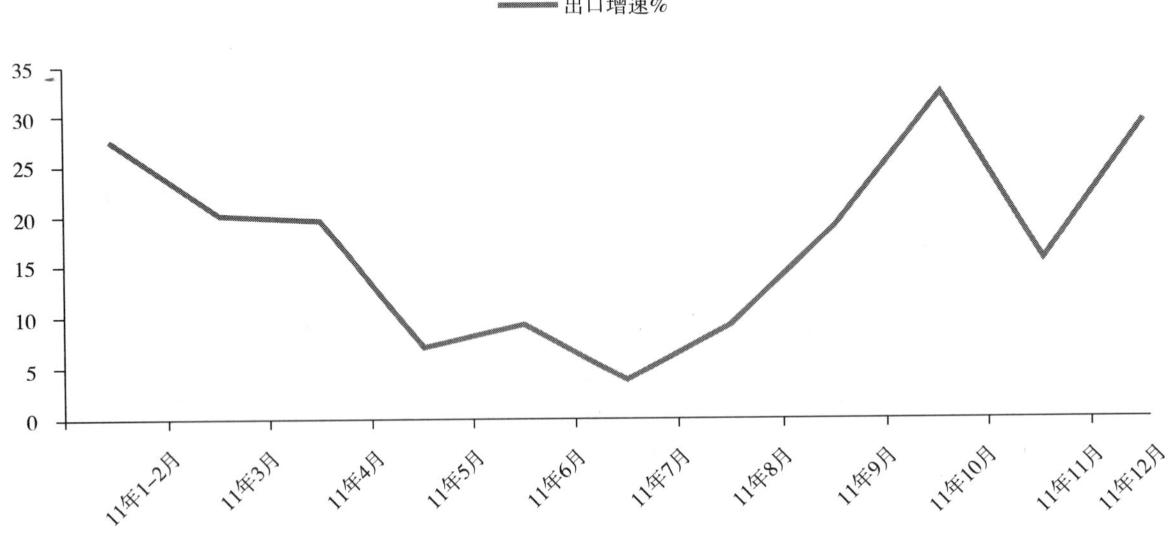

图 10－4　2011 年 1～12 月软件业出口增长情况

数据来源：工业与信息化部

明显。行业中亏损企业 2497 个，同比增长 36.7%，企业亏损面达 16.6%；亏损企业亏损额同比增长 52.9%。2011 年，电子信息产品进出口增速呈前高后低态势，全年进出口总额达到 11292.3 亿美元，同比增长 11.5%，占全国外贸总额的 31.0%。其中，出口 6612.0 亿美元，同比增长 11.9%，增速比 2010 年同期下滑 17.4 个百分点。

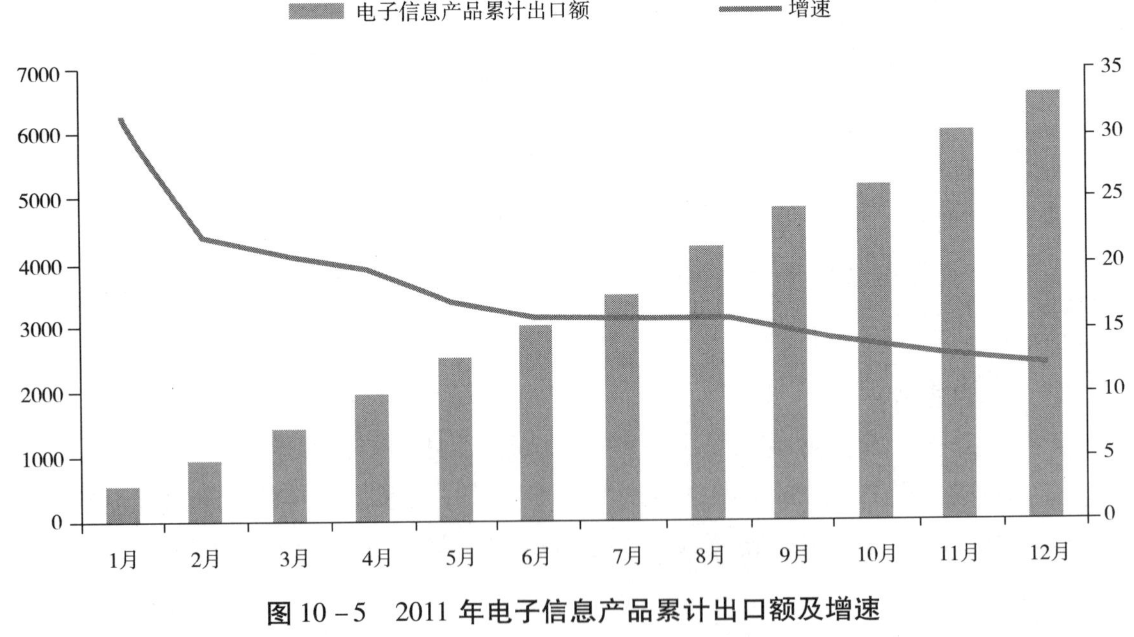

图 10－5　2011 年电子信息产品累计出口额及增速

数据来源：工业与信息化部

2. 对外依存度过高的局面有所缓解，部分行业内销产值已经超过外销

2011 年，我国电子信息制造业对外过度依赖的情况有所缓解，产品外销比例较 2010 年末呈明显下降趋势。2011 年 12 月末，我国电子信息制造业累计内销产值达到 34164.60 亿元，同比增长 27.79%，内销产值增速较电子信息制造业增速高 6.7 个百分点；产品外销比

例从上年末的57.83%下降至54.72%，比例下降3.11个百分点。从子行业看，电子专用设备和广播电子设备制造业外销比例下降最为明显，降幅分别为6.56和6.33个百分点；而外销比例最高的电子计算机制造业（74.6%），外销比例下降3.19个百分点。另外，通信设备制造业和家用视听设备制造业外销比例已经降到50%以下，分别为49.27%和48.51%，外销比例较上年同期分别下降3.36和2.18个百分点。

表10－7 2010－2011年我国电子信息制造业内、外销情况

行业	2010			2011			外销比例变化（%）
	内销（亿元）	外销（亿元）	外销比例（亿元）	内销（亿元）	外销（亿元）	外销比例（%）	
电子信息制造业	26732.98	36661.60	57.83	34164.60	41280.41	54.72	－3.11
其中：							
通信设备制造业	4428.67	4920.98	52.63	5999.03	5826.38	49.27	－3.36
雷达制造业	153.91	38.08	19.84	187.72	43.76	18.90	－0.93
广播电视设备制造业	304.84	217.98	41.69	386.01	211.21	35.37	－6.33
电子计算机制造业	4222.18	14780.01	77.78	5482.22	16097.10	74.60	－3.19
家用视听设备制造业	2208.62	2270.28	50.69	2551.27	2403.87	48.51	－2.18
电子器件制造业	3468.83	6221.56	64.20	4516.77	7461.65	62.29	－1.91
电子元件制造业	5775.62	6025.00	51.06	6866.35	6868.69	50.01	－1.05
电子测量仪器制造业	767.42	172.23	18.33	868.52	176.09	16.86	－1.47
电子专用设备制造业	1442.41	879.58	37.88	1821.26	830.75	31.33	－6.56
电子信息机电制造业	1445.03	457.79	24.06	1723.79	460.66	21.09	－2.97
其他电子信息行业	2515.45	678.12	21.23	3761.66	900.26	19.31	－1.92

数据来源：国家统计局

（三）宏观环境及政策对行业的影响趋于积极

1. 流动性收紧步伐或将停止，有助于改善行业运营环境

中国人民银行于2011年11月30日调降存款准备金率，加之同时期全球主要央行的一致行动，可以视作全球流动性趋紧政策发生转向，或至少是停止进一步收紧流动性的政策信号。此前，存款准备金率已连续上调12次，上调幅度达21%。由于信息技术行业下游应用领域遍布几乎所有经济消费部门，因而流动性政策的转向信号对信息技术行业具有一定的积极意义。

2. 产业政策的积极支持，为行业发展提供了制度保障

2011年，相关部门出台了众多发展政策和指导意见，主要分三类：

税收类政策。主要延续了之前的软件行业增值税优惠政策，并且新增了营业税优惠。如财政部、国家税务总局分别于2011年5月和2011年10月联合发布的《关于高新技术企业境外所得适用税率及税收抵免问题的通知》，《关于软件产品增值税政策的通知》等，该等

政策能够在一定程度上改善相应行业的税负结构，有助于提升企业的现金流水平和营运周转能力。

新技术专项推动。主要是国家与地方政府或行业协会合作，在云计算、物联网、金融IC卡等领域推动相关技术发展应用的转向举措，如中国人民银行于2011年3月发布的《关于推进金融IC卡应用工作的意见》，财政部、工信部于2011年4月发布的《物联网发展专项资金管理暂行办法》等，此类政策通常包含部分专项资金支持，并通过计划色彩浓厚的“规划”来推动相关技术的产业化，能够在一定程度上唤起公众和业界对新技术的关注，营造新技术发展的氛围。

产业整体规划。如商务部于2011年10月和2011年11月分别发布的《“十二五”期间电子商务发展指导意见》和《服务贸易发展“十二五”规划纲要》等，此类规划体现了国家层面对相关行业的愿景和重视程度，为其未来发展动向给予一定的政策指引。

三、2012年信息技术行业前景分析

（一）市场需求的延伸，为信息技术行业提供了更为广阔的发展空间

“十二五”期间，我国将加快转变经济发展方式、推进产业结构战略性调整、促进信息化和工业化深度融合、着力保障和改善民生、加强和创新社会管理，这为软件和信息技术服务业带来了更为巨大的市场需求和发展空间。各个行业都在不同程度的加大基于信息技术应用和服务的投入，信息技术产业已经步入到全应用的时代。

1. “两化”深度融合，为信息技术行业发展拓展了巨大的空间

从行业和企业应用层面上看，信息化和工业化的高层次深度结合是走新型工业化道路的必然要求，是“转方式、调结构”的重要途径。近年来，随着两化融合的持续推进，行业和企业层面上的信息技术应用水平得到了较快提升，但仍然存在着融合广而不深的问题。两化深度融合要求进一步深化信息技术在研发设计、生产、流通、管理和人力资源开发等关键环节上的应用，促进信息技术从单项应用向综合集成转变，这对工业软件和行业解决方案提出了更高要求和更多需求。

IDC于2011年12月对中国大陆内地100家不同行业、类型、规模的公司和政府机构进行了调研。调研方向涉及企业经营挑战、对中国及世界经济前景的看法、IT管理举措、IT支出规模以及对市场活动的兴趣。51%的受访企业认为“增强科技创新”是“十二五规划”对公司业务影响最大的三个方面之一，这个比例远高于10月调查中选取此项的比例13%。具体到IT应用上，更多的被调查者认识到企业必须进一步借助IT的力量来改进业务流程、拓展业务范围、获取行业竞争优势。三项重要指标的认同度均在短期内大幅提升。

企业对信息化重要性的认同度正在不断增加，这将成为信息技术行业长期发展的内在动

力。预计2012年工业企业生产经营全过程的数字化、智能化、网络化，研发设计工具、高档数控系统、制造执行系统、工业控制系统、大型管理软件等工业软件的市场巨大需求将成为2012年信息技术行业业绩增长的重要拉动因素。

2. 社会管理方式创新要求不断提高管理和服务系统的综合集成能力

从政府和社会机构应用层面上看，“十二五”规划明确提出要创新社会管理方式，提高社会管理水平。这就要求加快经济社会信息化建设，不断提高管理和服务系统的综合集成能力。根据“十二五”规划，在民生领域，要加强社会保障、教育就业、医疗卫生等重要信息系统建设。在电子政务领域，要推动重要政务信息系统互联互通、信息共享和业务协同，完善地理、人口、金融、税收、统计等基础信息资源体系。在数字城市领域，为提高信息化和精细化管理服务水平，我国“数字城市”、“智慧城市”建设将进入快速发展、全面推进的新阶段，城市交通、电网、供水、应急管理的信息化建设步伐将显著加快，为软件和信息技术服务业提供新的市场机会。规划中对提高社会管理水平的要求和导向为信息技术行业的进一步发展提供了方向和动力。

（二）技术创新和新技术应用，为信息技术行业的进一步发展注入了新的潜力

2011年，信息技术行业在5项具有重大影响的新兴技术领域实现了革命性的突破，对于进一步发掘信息行业发展的广度和深度具有极其重要的意义。

1. 同态加密——这种加密系统可以让“云”分析加密后的数据，使得云计算更为安全，将会解除很多公司对使用云计算服务的疑虑。

2. 云端流媒体技术——可以将移动设备的输入送到数据中心运行的软件上，并将软件响应以视频流的形式快速传回，让移动设备成为高性能软件的远程终端。

3. 手势界面——这种3D视觉系统使任何人都可以通过在空中做出手势来控制计算机。

4. 防崩溃代码——通过对关键代码进行形式验证，提高整个系统的可靠性。

5. 社交索引技术——通过社交网络对信息进行过滤，从而使网站变得更加智能。

（三）居民可支配收入的不断增长及数字化生活的广泛普及成为信息消费需求的主动力因素

1. 居民可支配收入的不断增长为信息服务消费奠定了基础

随着“十二五”规划纲要的公布，有关“民生优先”或关注民生的保障和改善等话题，亦已成为当前市场关注的焦点之一，其中如何提高居民收入水平的问题也备受关注。目前来看，中国正在设法采取各种政策措施来有效提高居民的收入水平，从“十二五”规划纲要中首次将居民可支配收入的预期增长目标（>7%）设置得比国内生产总值（GDP）的增长目标（7%）还要高。随着国家相关政策的出台，城镇居民可支配收入与居民人均纯收入未

来将会有一个新的增长趋势高峰，增长率高于GDP的可能性进一步加大，这对于增强居民消费能力有着至关重要作用。居民消费能力的增强，将为信息技术行业提供了更多更新的消费市场。

2. 数字化生活的广泛普及正在不断拓展软件和信息技术服务的广阔市场空间

从个人和家庭消费层面上看，数字化生活将带来智能终端的广泛普及。例如我国3G手机、互联网电视、平板电脑、车载娱乐通信终端等方面的市场需求不断发展。智能终端的普及将为软件和信息技术服务业提供广阔的市场空间。我国将成为全球跨终端操作系统平台的最大市场；移动软件商店下载量将呈现爆炸式增长；网络游戏市场规模和数字家庭市场规模也增加，提升了信息技术行业的发展空间和层次。

（四）政策密集支持在一定程度上刺激了信息技术行业的加速发展

2011年末以来，有关信息技术行业的支持性政策密集出台，如《物联网“十二五”发展规划》、《软件和信息技术服务业“十二五”发展规划》等，这些政策将对整个信息技术行业未来数年的发展方向和态势产生积极且深远的影响。

1. 两部门通知集成电路企业采购设备留抵税额可退还

2011年11月17日，财政部、国家税务总局联合发布集成电路企业采购设备留抵税额可退还的通知，通知明确了对国家批准的集成电路重大项目，企业因购进设备形成的增值税期末留抵税额准予退还，购进的设备应属于《增值税暂行条例实施细则》第二十一条第二款规定的固定资产范围，“国家批准的集成电路重大项目企业名单”中包括北京京东方显示技术有限公司、中芯国际集成电路制造（北京）有限公司、上海华虹NEC电子有限公司、无锡华润上华科技有限公司等29家公司。该政策将有效改善集成电路企业的现金流量，缓解企业在设备采购中出现的资金困难，同时对一些企业目前走出困境有着积极的意义，如长期陷入亏损的京东方、中芯国际、TCL等企业的业绩改善，起着至关重要的作用。但另一方面，该政策可能导致大型集成电路企业和中小型集成电路企业的差距拉大。

2. 《物联网“十二五”发展规划》

2011年11月28日，工业和信息化部发布《物联网“十二五”发展规划》，提出到2015年，初步形成创新驱动、应用牵引、协同发展、安全可控的物联网发展格局，技术创新能力显著增强，初步完成产业体系构建，应用规模与水平显著提升等发展目标。《规划》出台以后，物联网行业关键技术创新有望取得突破，预计在“十二五”期间，在芯片、传感器、近距离传输、海量数据处理以及综合集成、应用领域，将催生大量新的技术、产品、应用和模式，作为物联网发展重要基础的软件行业也将获得发展机会，预计“十二五”期间我国软件行业将受益物联网的发展，增速也有望提高。

3. 《软件和信息技术服务业“十二五”发展规划》

2011年12月8日，工业和信息化部发布《软件和信息技术服务业“十二五”发展规划》，明确了软件和信息技术服务业“十二五”的发展思路和发展目标，确定了10项发展重点和8项重大工程。规划的发布实施将促进我国软件和信息技术服务业进一步做大做强，我国软件和服务业领域有望出现数十个业务规模超过100亿元的公司，数百个业务规模数十亿元的公司。

4.《工业转型升级规划（2011~2015年）》

2012年1月18日，国务院发布《工业转型升级规划（2011~2015年）》，提出到2015年，我国规模以上电子信息制造业销售收入年均增速保持在10%左右，2015年超过10万亿元，工业增加值年均增长超过12%，电子信息制造业中的战略性新兴领域销售收入年均增长25%等产业优化升级目标，以及百强企业研发投入占销售收入比重超过5%，信息技术领域发明专利申请累计总量达到130万件左右，集成电路产品满足国内市场需求近30%，芯片制造业规模生产技术达到12英寸、32/28纳米工艺，平板电视面板自给率80%以上等产业创新发展目标。规划的出台，有助于基础领域的技术提升，尤其是对提高集成电路、液晶面板等核心产品的自给能力有着积极的意义；有助于整机行业加快产品创新和品牌建设，提升产品附加值；有助于我国软件行业加快发展，预计“十二五”期间，软件业年均增速保持在22%以上，占信息产业比重提高到20%以上。

5. 重大技术装备自主创新指导目录

2012年2月14日，工业和信息化部、科技部、财政部、国资委联合发布重大技术装备自主创新指导目录，在电子信息方面，将我国集成电路设备、光伏设备、LED设备、TFT-LCD等四大领域的关键设备列入该目录，有助于我国集成电路、光伏、LED设备、TFT-LCD等领域逐步摆脱对国外技术的过度依赖，做到关键装备技术“自主可控”。

附表：

2011 年信息技术行业上市公司业绩评价结果排序表

行业排名	全部上市公司排名	股票代码	股票简称	综合得分（100 分）	每股收益（元）	总资产报酬率（%）	净资产收益率（%）	总资产周转率（次）	流动资产周转率（次）	资产负债率（%）	获利倍数	营业收入增长率（%）	资本扩张率（%）	市场投资回报率（%）	股价波动率（%）	年末资产额（万元）	营业收入净额（万元）	净利润（万元）
1	40	600271	航天信息	81.61	1.07	21.02	24.28	1.68	2.03	23.59	0.00	22.10	13.48	-22.87	63.80	722150.18	1153977.66	128169.56
2	65	600406	国电南瑞	79.54	0.81	19.34	31.57	0.93	1.05	51.13	0.00	87.75	30.37	-10.99	41.90	602531.14	466001.70	85617.04
3	82	002195	海隆软件	78.15	0.58	19.89	17.17	1.00	1.27	9.61	0.00	32.78	19.33	13.06	80.68	42401.84	39069.94	6609.44
4	105	002063	远光软件	76.65	0.63	22.60	23.71	0.64	0.81	11.66	0.00	34.17	33.42	-24.96	55.55	110413.66	64241.06	21156.00
5	117	300182	捷成股份	76.10	0.94	14.73	17.11	0.65	0.71	12.26	0.00	59.39	424.00	-31.31	60.71	112741.49	47119.45	10333.82
6	120	002635	安洁科技	75.92	1.09	18.55	17.22	0.71	0.89	7.41	22.78	69.34	340.65	-31.31	11.81	102397.66	47424.68	10104.40
7	124	002410	广联达	75.86	1.03	13.76	15.46	0.38	0.49	9.56	0.00	65.05	10.05	-28.32	55.58	210161.39	74363.95	28191.99
8	128	002065	东华软件	75.70	0.80	16.33	21.40	0.90	1.15	32.43	62.57	38.30	44.13	-9.92	38.80	335570.20	258638.68	42090.54
9	129	300231	银信科技	75.65	0.99	17.70	18.54	0.88	1.09	11.57	0.00	24.61	238.65	0.00	0.00	32484.49	19704.82	3459.17
10	142	300183	东软载波	74.93	2.13	25.38	25.66	0.46	0.46	4.87	0.00	62.24	627.51	-31.31	82.50	143320.00	37701.60	20409.10
11	158	300245	天玑科技	74.43	0.94	16.77	15.86	0.60	0.70	13.39	0.00	32.59	319.83	-31.31	34.35	55984.94	22445.38	5346.48
12	170	600588	用友软件	74.16	0.66	12.47	18.11	0.81	1.59	44.58	20.04	38.38	17.98	-18.82	49.24	546167.92	412216.17	55084.61
13	182	300170	汉得信息	73.87	0.58	12.06	12.33	0.75	0.76	5.93	0.00	44.14	375.31	-31.31	54.18	112300.43	52049.35	9377.05
14	222	002153	石基信息	72.35	0.85	24.72	26.13	0.61	0.88	13.59	0.00	18.13	24.25	-32.35	65.82	130235.31	72087.17	27433.40
15	238	300275	梅安森	71.64	1.32	20.12	19.25	0.54	0.57	8.37	0.00	42.74	397.64	-31.31	25.44	54695.61	18688.65	6108.02
16	240	002376	新北洋	71.56	0.55	11.98	12.49	0.45	0.67	15.38	0.00	36.40	10.26	-15.69	52.44	152551.92	65886.41	16566.01
17	247	300166	东方国信	71.26	1.45	12.69	14.62	0.41	0.45	8.87	0.00	47.48	531.36	-31.31	67.63	73586.79	17881.13	5757.06
18	297	300253	卫宁软件	70.00	1.00	14.13	14.32	0.53	0.55	8.28	0.00	41.33	404.26	-31.31	58.97	52122.67	16991.90	4429.29
19	314	300277	海联讯	69.56	1.22	15.20	16.38	0.76	0.77	12.48	53.45	17.45	247.49	-31.31	20.02	66547.18	35536.75	6273.23
20	338	300096	易联众	68.93	0.50	14.36	14.89	0.57	0.64	18.27	0.00	106.41	12.24	-30.30	102.05	73278.54	38251.71	8622.13
21	347	002308	威创股份	68.81	0.40	12.88	14.11	0.45	0.49	12.56	0.00	22.80	11.51	-20.11	37.22	212527.33	90999.19	25838.52
22	355	300282	汇冠股份	68.61	0.66	12.81	11.26	0.56	0.70	5.55	51.29	8.58	206.80	-31.31	0.00	30731.75	11562.34	2264.19
23	357	300045	华力创通	68.52	0.46	8.88	8.33	0.41	0.53	7.51	0.00	42.53	9.44	5.60	49.04	78246.56	30246.69	6128.49
24	365	002642	荣之联	68.38	0.95	12.36	13.29	0.98	1.07	22.81	19.93	24.27	261.36	-31.31	13.24	107132.65	70917.64	7101.75
25	373	300188	美亚柏科	68.20	1.23	11.58	14.12	0.52	0.58	17.93	0.00	42.83	508.14	-31.31	80.70	82087.99	26851.56	6150.50
26	390	300250	初灵信息	67.82	1.03	13.56	15.61	0.45	0.50	21.45	0.00	5.75	316.69	-31.31	71.18	44361.81	12558.21	3508.26
27	396	002268	卫士通	67.64	0.50	14.50	14.14	0.70	0.77	20.97	0.00	34.44	23.87	-26.36	55.96	77918.32	50835.90	8975.08
28	399	002577	雷柏科技	67.55	0.87	10.51	12.22	0.59	0.73	7.22	0.00	-13.07	568.98	-31.31	46.66	156883.60	56454.95	10236.13
29	410	002230	科大讯飞	67.32	0.53	12.26	11.26	0.49	0.71	17.15	0.00	27.74	79.27	-29.80	84.20	143120.33	55701.35	13259.08
30	411	300229	拓尔思	67.31	0.70	14.84	13.94	0.35	0.40	6.37	0.00	29.48	194.25	-31.31	93.21	79570.59	19118.56	7339.05
31	420	300248	新开普	67.15	1.10	13.24	13.39	0.53	0.59	8.66	0.00	31.61	291.20	-31.31	63.32	50169.49	18426.64	4185.93
32	427	002369	卓翼科技	66.96	0.49	8.63	13.06	1.01	1.39	43.12	0.00	42.16	3.85	-20.64	52.04	135104.48	123759.72	9849.57
33	445	300270	中威电子	66.56	1.15	13.89	13.05	0.39	0.44	6.64	0.00	22.29	459.43	-31.31	31.76	46187.84	11673.78	3652.47
34	455	300168	万达信息	66.45	0.70	9.67	10.90	0.76	0.96	16.91	0.00	40.89	307.47	-31.31	64.11	134991.25	69482.67	8103.34
35	456	300017	网宿科技	66.45	0.35	6.44	5.98	0.67	0.86	7.23	0.00	49.65	5.66	-20.94	72.55	84003.59	54214.21	5472.17
36	462	002474	榕基软件	66.27	1.15	9.12	9.41	0.34	0.37	6.18	0.00	40.11	4.87	-17.07	41.87	130607.27	43293.08	11941.69
37	463	002231	奥维通信	66.27	0.36	10.00	10.03	0.79	0.88	19.10	0.00	91.16	62.24	-17.11	44.21	82501.01	52620.32	5845.07

续 表

行业排名	全部上市公司排名	股票代码	股票简称	综合得分（100分）	每股收益（元）	总资产报酬率（%）	净资产收益率（%）	总资产周转率（次）	流动资产周转率（次）	资产负债率（%）	获利倍数	营业收入增长率（%）	资本扩张率（%）	市场投资回报率（%）	股价波动率（%）	年末资产额（万元）	营业收入净额（万元）	净利润（万元）
38	481	300271	紫光华宇	65.83	1.39	12.85	14.33	0.64	0.74	12.33	0.00	16.45	218.24	-31.31	27.75	99258.46	46489.43	8192.03
39	500	002544	杰赛科技	65.54	0.45	7.57	10.06	1.02	1.15	36.23	62.86	26.67	202.32	-31.31	59.25	148853.41	120595.71	7721.68
40	523	002313	日海通讯	64.90	1.45	10.63	14.09	0.85	1.00	35.03	0.00	47.87	20.29	-27.78	64.71	171825.26	133311.21	14778.37
41	543	000892	*ST星美	64.43	0.00	33.01	-10.90	4.69	4.69	30.86	0.00	3139.55	0.00	-31.28	78.32	668.35	1788.23	63.08
42	562	600118	中国卫星	64.03	0.33	6.01	11.14	0.84	0.97	51.24	0.00	19.14	13.27	-16.97	50.40	460869.54	361126.11	25726.85
43	565	300177	中海达	63.91	0.65	11.59	14.20	0.56	0.62	12.34	0.00	25.75	400.50	-31.31	80.58	84409.93	30963.34	6229.41
44	578	600570	恒生电子	63.54	0.41	17.15	19.06	0.63	1.18	25.36	280.53	20.87	20.39	-38.31	90.69	174677.84	104819.34	26201.00
45	579	600845	宝信软件	63.51	0.72	10.63	16.82	1.18	1.27	53.59	0.00	21.85	14.77	-28.25	76.99	282700.73	314545.52	24781.88
46	580	002396	星网锐捷	63.47	0.51	10.75	13.69	1.00	1.12	31.39	0.00	32.40	12.45	-33.92	119.20	280643.69	264427.07	26735.84
47	596	300036	超图软件	63.17	0.39	6.84	7.95	0.43	0.52	21.74	0.00	44.72	6.67	-3.14	62.55	72480.03	29310.93	4727.34
48	613	002331	皖通科技	62.82	0.41	7.28	7.57	0.64	0.80	26.90	0.00	63.53	42.71	-35.59	90.99	92668.11	47460.33	5166.46
49	631	002609	捷顺科技	62.51	0.43	9.49	10.35	0.74	0.85	16.24	0.00	23.68	234.07	-31.31	60.45	73865.26	38318.15	4260.56
50	650	002073	软控股份	62.12	0.61	12.86	17.04	0.47	0.60	45.47	13.59	47.66	23.10	-42.67	97.57	537660.78	221478.40	45973.68
51	652	600446	金证股份	62.06	0.20	4.62	10.45	1.82	2.23	47.16	0.00	13.86	15.20	-15.73	60.45	110857.76	180620.69	6248.30
52	662	300209	天泽信息	61.87	0.74	8.82	10.26	0.27	0.37	9.08	0.00	12.30	419.68	-31.31	47.10	93523.19	16019.42	5560.77
53	694	002194	武汉凡谷	61.34	0.29	7.74	7.48	0.43	0.54	10.16	0.00	1.08	1.05	0.00	16.46	231108.58	100046.40	16046.50
54	702	600498	烽火通信	61.23	1.01	5.91	10.62	0.78	0.93	56.60	0.00	24.05	10.59	-28.31	82.87	1008360.09	705157.33	51208.00
55	712	002279	久其软件	61.11	0.56	8.61	9.14	0.36	0.57	4.74	0.00	27.68	5.20	-36.35	107.24	69162.86	24125.84	6149.36
56	716	300264	佳创视讯	61.06	0.51	10.42	8.95	0.46	0.49	7.20	0.00	14.08	239.90	-31.31	39.09	64246.90	19937.91	4218.55
57	719	300051	三五互联	61.04	0.15	3.06	3.40	0.44	0.61	20.72	0.00	57.88	1.35	-10.06	65.42	67354.67	27271.97	2169.60
58	799	002405	四维图新	59.88	0.59	13.27	13.00	0.35	0.40	10.81	0.00	28.41	11.11	-53.10	135.18	264759.61	86712.45	30811.48
59	817	300212	易华录	59.46	1.07	9.48	12.83	0.48	0.61	39.84	32.46	55.15	437.40	-31.31	90.09	117014.39	40806.10	6802.67
60	840	000561	烽火电子	59.05	0.19	10.25	14.01	0.70	0.84	37.06	64.21	14.07	14.58	-21.66	89.12	142976.90	94563.71	12214.45
61	847	002583	海能达	58.90	0.59	10.44	11.80	0.73	0.89	20.78	12.69	25.05	372.73	-31.31	76.94	229343.92	124345.15	14601.97
62	849	002281	光迅科技	58.89	0.70	7.91	8.90	0.72	0.91	31.22	0.00	21.10	7.85	-29.97	64.85	162056.32	110724.53	11167.99
63	850	002089	新海宜	58.88	0.51	15.15	13.53	0.53	0.85	30.68	17.02	44.14	14.48	-41.70	86.45	160667.29	78507.24	18695.09
64	866	002368	太极股份	58.60	0.57	5.73	10.94	1.17	1.22	46.63	0.00	16.41	5.34	-32.34	74.82	197113.65	228430.47	11185.69
65	879	300213	佳讯飞鸿	58.41	0.65	9.99	10.25	0.56	0.64	10.89	0.00	8.87	220.54	-31.31	31.07	77159.52	30902.23	5031.52
66	889	002151	北斗星通	58.21	0.25	5.21	4.86	0.45	0.73	39.12	10.24	47.13	10.16	-11.11	51.31	124510.01	48477.28	3841.91
67	900	002491	通鼎光电	58.10	0.59	9.34	10.79	0.84	1.14	36.20	12.18	39.03	10.02	-42.85	81.90	245155.57	186161.06	16033.25
68	915	600050	中国联通	57.95	0.07	1.53	1.89	0.48	5.31	54.50	5.56	22.34	0.21	-2.78	47.83	45852384.39	21551851.15	418796.54
69	918	600571	信雅达	57.94	0.27	8.89	9.82	0.87	1.43	36.86	5.02	6.97	21.49	-28.48	78.64	78751.87	67894.76	4932.14
70	930	000938	紫光股份	57.73	0.21	4.26	3.86	2.55	4.44	58.18	2.69	22.03	1.02	-17.05	97.00	213109.78	531508.46	4438.15
71	937	300002	神州泰岳	57.56	0.94	11.91	12.73	0.38	0.55	12.86	0.00	37.50	11.73	-60.35	142.50	327433.83	115725.81	35369.50
72	940	300020	银江股份	57.50	0.34	6.97	12.01	0.74	0.78	53.32	0.00	44.43	14.34	-37.60	79.28	152685.73	102981.36	8313.07

续 表

行业排名	全部上市公司排名	股票代码	股票简称	综合得分（100分）	每股收益（元）	总资产报酬率（%）	净资产收益率（%）	总资产周转率（次）	流动资产周转率（次）	资产负债率（%）	获利倍数	营业收入增长率（%）	资本扩张率（%）	市场投资回报率（%）	股价波动率（%）	年末资产额（万元）	营业收入净额（万元）	净利润（万元）
73	946	002439	启明星辰	57.45	0.31	5.11	5.32	0.35	0.46	15.78	0.00	16.21	4.64	-14.71	63.08	123590.28	42638.37	6029.75
74	961	002093	国脉科技	57.16	0.13	8.36	10.22	0.52	0.65	40.32	0.00	13.30	12.10	-27.54	84.12	186293.90	86202.52	11729.76
75	969	002280	新世纪	56.99	0.40	8.31	8.49	0.66	0.92	12.13	0.00	47.64	4.51	-50.47	125.06	56676.66	36923.29	4291.27
76	973	300113	顺网科技	56.94	0.48	6.84	8.31	0.23	0.24	5.30	0.00	22.65	7.02	-21.39	94.24	78411.62	17269.09	6369.01
77	983	002115	三维通信	56.78	0.50	8.35	11.92	0.61	0.73	47.75	9.07	11.18	35.69	-35.59	65.86	206298.37	112097.57	11535.16
78	985	600776	东方通信	56.75	0.15	5.48	4.60	0.94	1.68	19.31	0.00	14.27	0.89	-18.81	115.35	332848.17	311652.43	19387.69
79	991	600410	华胜天成	56.59	0.45	7.50	11.60	1.34	1.54	41.86	12.97	24.74	37.08	-42.12	72.59	420804.43	508387.35	24484.42
80	1006	600487	亨通光电	56.33	1.18	9.93	11.96	1.18	1.85	67.98	2.69	220.79	55.86	-57.03	135.64	783584.38	668864.37	30406.52
81	1008	600804	鹏博士	56.31	0.12	3.96	3.91	0.40	0.86	45.10	0.00	25.17	3.48	-33.68	62.16	666607.21	220493.93	17680.43
82	1015	002261	拓维信息	56.14	0.30	9.09	8.16	0.42	0.50	10.52	0.00	4.01	11.84	-30.43	110.56	93423.02	37166.36	7692.46
83	1027	300079	数码视讯	55.98	0.91	7.33	8.93	0.19	0.22	3.95	0.00	26.11	6.96	-23.20	94.23	238371.53	44153.27	20490.87
84	1036	300211	亿通科技	55.81	0.58	7.42	8.06	0.56	0.77	15.09	0.00	1.16	233.43	-31.31	55.91	53074.41	22528.21	2614.15
85	1040	300184	力源信息	55.70	0.38	7.38	8.49	0.73	0.76	7.02	0.00	6.49	263.89	-31.31	100.60	48660.20	24760.63	2419.79
86	1048	002417	三元达	55.60	0.36	5.61	7.36	0.53	0.56	43.23	40.71	44.51	5.68	-7.56	91.47	154903.82	71744.82	6715.94
87	1050	002339	积成电子	55.52	0.74	7.81	7.71	0.52	0.60	24.21	101.61	38.82	8.14	-38.46	122.87	115681.54	54784.97	6927.42
88	1067	002401	中海科技	55.23	0.40	5.35	7.62	0.65	0.69	30.46	0.00	11.16	8.33	-36.61	119.04	78653.28	48624.36	4207.22
89	1073	002161	远望谷	55.12	0.32	11.55	10.98	0.29	0.44	6.03	0.00	6.92	133.58	-36.44	85.66	142151.30	32067.78	11658.78
90	1076	300047	天源迪科	54.89	0.52	8.29	8.20	0.39	0.53	3.89	0.00	68.83	4.04	-35.28	116.97	110222.69	41744.53	8888.72
91	1078	000977	浪潮信息	54.86	0.35	5.00	1.63	0.73	1.60	35.34	17.16	14.01	7.39	-30.39	94.47	173080.67	123280.17	7680.35
92	1100	300010	立思辰	54.59	0.32	10.66	11.34	0.61	0.81	24.15	0.00	20.36	7.23	-44.84	87.65	92695.09	54093.23	8158.74
93	1112	002421	达实智能	54.46	0.44	5.63	7.58	0.61	0.77	26.61	0.00	37.51	7.98	-39.14	86.40	82894.16	53056.00	4497.45
94	1124	600728	佳都新太	54.26	0.14	6.63	11.68	0.86	1.08	55.42	0.00	16.34	15.06	-34.61	121.38	74511.72	62608.63	4674.04
95	1137	600522	中天科技	54.05	1.01	8.10	9.90	0.77	1.28	33.91	6.92	12.12	61.07	-45.33	126.25	690820.67	487397.05	37330.14
96	1142	000586	汇源通信	53.97	0.10	6.93	8.20	0.92	1.28	60.29	4.86	22.75	11.93	-12.99	109.11	51882.13	48069.79	2259.17
97	1167	002253	川大智胜	53.64	0.67	7.78	7.79	0.25	0.33	12.91	0.00	19.69	88.85	-42.97	110.91	87408.51	17283.22	5217.29
98	1181	002296	辉煌科技	53.41	0.54	12.37	13.36	0.40	0.50	26.64	0.00	37.82	15.52	-61.64	154.71	98665.45	34495.52	9777.64
99	1182	000063	中兴通讯	53.41	0.61	5.27	4.88	0.91	1.15	75.05	2.12	22.76	5.32	-23.67	95.35	10536811.40	8625445.60	224309.30
100	1184	300167	迪威视讯	53.35	0.43	6.24	6.26	0.42	0.45	11.63	0.00	12.91	328.85	-31.31	108.17	82039.59	22934.16	2899.90
101	1201	002315	焦点科技	53.07	1.39	8.19	8.98	0.24	0.25	12.68	0.00	28.17	4.12	-43.53	127.73	186015.89	42673.67	16312.71
102	1204	600850	华东电脑	53.01	0.11	4.95	0.49	2.09	2.27	63.00	0.00	22.82	6.18	-17.15	74.76	95565.33	185574.37	3800.68
103	1216	300025	华星创业	52.88	0.32	10.98	12.76	0.88	1.10	43.54	23.82	112.20	30.77	-47.61	120.74	74871.77	51216.65	5071.32
104	1251	600797	浙大网新	52.27	0.15	5.31	1.69	1.31	2.03	56.06	2.73	5.86	14.94	-29.03	80.82	454993.31	587326.86	13690.49
105	1257	600775	南京熊猫	52.15	0.17	5.98	7.16	0.81	1.63	41.20	6.36	27.91	7.60	-37.57	91.22	271313.12	214239.53	11609.54
106	1266	300059	东方财富	51.93	0.51	4.51	5.83	0.16	0.17	6.76	0.00	51.55	5.41	-44.77	113.11	182371.11	28030.82	10653.68
107	1317	002467	二六三	51.05	0.59	5.11	5.93	0.25	0.29	9.84	0.00	0.93	2.21	-28.19	69.59	118885.47	29655.20	7124.94

续 表

行业排名	全部上市公司排名	股票代码	股票简称	综合得分（100分）	每股收益（元）	总资产报酬率（%）	净资产收益率（%）	总资产周转率（次）	流动资产周转率（次）	资产负债率（%）	获利倍数	营业收入增长率（%）	资本扩张率（%）	市场投资回报率（%）	股价波动率（%）	年末资产额（万元）	营业收入净额（万元）	净利润（万元）
108	1344	002148	北纬通信	50.50	0.10	3.01	2.35	0.53	0.68	2.22	0.00	5.56	6.59	-35.33	145.24	46482.32	23842.06	1165.83
109	1345	600130	ST 波导	50.48	0.08	6.24	2.47	0.66	1.00	23.94	0.00	-42.59	9.65	-35.58	121.98	90398.37	59385.86	6015.19
110	1365	300075	数字政通	50.24	0.62	4.85	5.38	0.13	0.15	2.14	0.00	26.46	4.75	-35.17	120.25	91806.92	12107.61	5193.10
111	1376	000748	长城信息	50.05	0.12	2.46	2.80	0.59	0.98	39.48	0.00	13.98	1.82	-36.45	103.24	213043.72	117725.04	4185.76
112	1386	002519	银河电子	49.90	0.57	6.64	7.80	0.75	0.89	23.11	0.00	18.37	4.48	-37.82	118.64	135058.48	101439.05	7977.05
113	1393	000948	南天信息	49.75	0.45	7.00	5.28	1.16	1.74	40.15	5.34	19.27	0.34	-47.84	127.87	218665.61	265684.93	11251.19
114	1403	600345	长江通信	49.54	0.50	6.51	3.27	0.53	0.89	31.58	16.47	34.65	1.33	-39.81	70.86	200619.29	106471.08	10749.82
115	1436	600718	东软集团	48.91	0.34	6.99	6.11	0.78	1.61	36.72	21.84	16.48	9.38	-50.34	143.52	792528.51	575124.93	42354.56
116	1439	600289	亿阳信通	48.89	0.34	8.46	6.74	0.44	0.66	34.39	11.80	13.43	19.89	-47.94	164.72	274160.45	121732.69	18902.17
117	1502	000070	特发信息	47.67	0.15	2.74	3.65	0.73	1.14	49.56	25.01	17.22	5.41	-38.12	70.82	182033.85	124686.30	4192.05
118	1520	600536	中国软件	47.50	0.58	6.24	2.68	0.76	1.05	56.29	5.89	-22.43	1.15	-31.56	79.62	355172.43	234975.70	15080.99
119	1546	002312	三泰电子	47.00	0.30	6.21	7.50	0.45	0.51	33.33	54.61	17.54	9.10	-47.40	89.18	104263.14	43865.32	5346.90
120	1566	600100	同方股份	46.71	0.36	5.19	2.76	0.76	1.24	67.43	3.84	14.81	-7.29	-34.86	134.00	3017095.18	2096204.99	86852.56
121	1590	000851	高鸿股份	46.13	0.07	3.15	1.93	1.72	2.11	53.22	1.87	61.24	2.45	-46.64	125.83	238902.01	408232.31	2715.77
122	1607	300134	大富科技	45.77	0.59	6.51	5.95	0.36	0.45	13.47	0.00	14.68	-3.82	-51.23	122.55	270678.72	98950.19	18823.97
123	1611	600601	方正科技	45.72	0.07	3.43	1.23	0.94	1.66	32.56	5.62	-23.82	3.12	-35.34	100.32	627789.80	622183.57	15227.58
124	1613	000547	闽福发 A	45.71	0.19	7.32	3.54	0.20	0.41	24.41	38.24	-8.57	22.21	-38.78	87.65	218026.36	40875.36	13412.92
125	1614	600288	大恒科技	45.67	0.25	6.13	6.14	1.29	1.68	46.59	8.16	3.12	6.69	-53.10	124.55	328235.20	408448.48	14619.19
126	1630	300098	高新兴	45.39	0.34	2.36	2.68	0.20	0.25	14.63	0.00	7.57	8.99	-18.58	55.61	103477.84	19610.25	3043.31
127	1637	600990	四创电子	45.25	0.41	5.57	10.16	0.89	1.14	64.26	8.77	45.62	12.31	-56.42	131.22	123782.58	100032.81	4882.01
128	1653	000909	数源科技	44.78	0.24	2.94	8.94	0.45	0.51	78.69	4.71	62.12	10.43	-34.86	98.61	320919.65	133524.89	4286.28
129	1654	601519	大智慧	44.75	0.16	2.19	4.58	0.26	0.32	4.73	0.00	0.66	294.80	-31.31	166.51	340620.30	57082.93	10599.66
130	1656	600756	浪潮软件	44.68	0.07	0.80	1.54	0.50	0.73	35.06	0.00	23.57	1.67	-29.45	88.68	116163.43	55409.00	1236.00
131	1673	000555	ST 太光	44.30	0.01	8.89	3.77	2.43	2.45	668.45	1.20	16.73	0.00	-45.55	89.74	2273.51	9986.71	61.84
132	1676	300028	金亚科技	44.23	0.18	2.92	6.59	0.26	0.33	18.07	0.00	1.53	1.71	-38.21	67.83	86925.86	21554.22	4727.06
133	1678	002465	海格通信	44.21	0.70	4.49	4.27	0.21	0.25	9.86	0.00	3.50	0.53	-41.46	103.24	479371.89	99959.77	23651.23
134	1711	300101	国腾电子	43.45	0.34	6.12	6.24	0.24	0.28	6.57	0.00	-1.51	3.63	-39.14	126.15	83798.59	19753.06	5094.01
135	1728	002095	生意宝	43.19	0.20	6.09	6.73	0.28	0.36	13.29	0.00	-16.71	4.91	-45.61	104.64	52546.13	14409.99	3269.61
136	1738	300038	梅泰诺	43.00	0.30	3.85	2.96	0.37	0.43	27.78	5.25	59.35	1.29	-39.96	88.82	104570.33	38685.40	2763.03
137	1759	300074	华平股份	42.45	0.51	4.62	5.64	0.15	0.16	3.20	0.00	22.23	1.30	-31.58	152.66	85631.09	12640.44	5061.31
138	1766	002232	启明信息	42.30	0.16	4.96	4.02	0.94	1.50	35.81	8.18	-10.12	13.65	-51.04	114.14	157000.47	138512.31	6224.24
139	1772	000688	*ST 朝华	42.17	0.00	13.19	8.52	0.99	1.09	376.83	0.00	0.00	0.00	0.00	0.00	2593.89	1405.78	188.56
140	1782	300085	银之杰	41.98	0.17	2.62	3.60	0.18	0.20	2.76	0.00	4.61	-2.86	-32.00	104.37	53029.55	9639.45	2083.09
141	1783	002316	键桥通讯	41.98	0.18	5.23	4.62	0.30	0.34	33.56	3.48	30.47	3.24	-36.12	63.93	126437.47	35647.20	3894.71
142	1785	600764	中电广通	41.96	0.03	5.28	2.14	0.90	1.37	49.26	3.17	6.91	1.73	-31.95	113.67	133369.16	130584.57	1740.41

续 表

行业排名	全部上市公司排名	股票代码	股票简称	综合得分（100分）	每股收益（元）	总资产报酬率（%）	净资产收益率（%）	总资产周转率（次）	流动资产周转率（次）	资产负债率（%）	获利倍数	营业收入增长率（%）	资本扩张率（%）	市场投资回报率（%）	股价波动率（%）	年末资产额（万元）	营业收入净额（万元）	净利润（万元）
143	1802	000997	新大陆	41.63	0.15	5.03	5.27	0.45	0.54	42.35	14.79	19.28	5.05	-43.44	119.80	244974.71	97481.36	8761.02
144	1806	000682	东方电子	41.53	0.02	2.47	2.54	0.62	0.97	22.64	0.00	15.13	2.54	-40.82	105.22	194755.52	118255.65	4151.05
145	1827	600455	*ST博通	40.84	0.24	4.67	-8.63	0.35	1.13	82.34	2.10	-2.06	11.41	0.00	33.51	76829.70	26256.71	1536.03
146	1838	000787	*ST创智	40.51	0.00	2.15	-8.51	0.00	0.00	9.83	203.73	0.00	253.32	0.00	0.00	8692.49	0.00	186.51
147	1839	300065	海兰信	40.49	0.44	3.67	3.58	0.40	0.46	9.25	0.00	51.86	12.86	-53.89	129.15	73578.43	27404.54	2704.85
148	1871	300150	世纪瑞尔	39.58	0.71	6.11	6.91	0.20	0.21	7.07	0.00	28.24	2.08	-68.19	182.54	150166.49	30009.01	9592.83
149	1892	300081	恒信移动	39.03	0.23	1.09	1.93	0.98	1.08	23.87	0.00	-4.97	2.08	-29.10	139.81	106336.76	97796.78	1553.25
150	1900	300042	朗科科技	38.66	0.24	1.03	1.73	0.26	0.35	11.44	0.00	4.52	1.20	-33.50	71.85	91478.24	23359.24	1631.04
151	1922	000805	*ST炎黄	37.89	0.31	43.00	7.67	0.00	0.00	163.96	0.00	0.00	0.00	0.00	0.00	3830.13	0.00	1943.68
152	1936	300052	中青宝	37.30	0.14	0.26	1.41	0.14	0.18	5.67	0.00	65.85	1.66	-40.10	105.68	96917.26	13201.11	1698.65
153	1942	600608	ST沪科	37.00	0.05	8.64	99.35	0.81	1.20	98.30	2.74	-4.37	0.00	-33.50	104.00	37209.50	30923.68	1793.50
154	1943	000066	长城电脑	36.89	0.08	2.22	3.07	2.31	2.80	68.83	10.17	-8.36	-6.03	-47.13	119.56	3280029.56	7646796.54	47442.93
155	1948	300050	世纪鼎利	36.68	0.41	4.58	5.71	0.22	0.25	4.86	0.00	-18.96	3.36	-61.03	210.20	169200.91	37613.10	9229.52
156	1957	300076	宁波GQY	36.18	0.29	2.48	3.01	0.26	0.32	6.97	0.00	21.15	3.50	-50.83	157.60	115300.79	29070.33	3346.94
157	1964	300033	同花顺	35.89	0.46	3.11	5.14	0.17	0.19	10.44	0.00	0.39	3.09	-52.48	143.86	124843.51	21527.50	6173.16
158	1975	600680	上海普天	35.37	0.03	1.64	-1.89	0.50	0.84	38.28	1.67	32.99	0.93	-27.83	71.25	231853.49	113030.24	1408.70
159	1990	002383	合众思壮	35.04	0.31	2.10	2.10	0.27	0.33	9.43	0.00	9.62	2.65	-36.80	101.92	168346.56	44131.83	4196.69
160	2004	300044	赛为智能	34.78	0.26	3.79	4.56	0.34	0.35	13.84	0.00	17.48	5.91	-56.65	156.57	64529.51	21374.99	2603.39
161	2005	600476	湘邮科技	34.72	0.04	3.06	-6.66	0.79	0.98	35.75	2.31	21.16	2.41	-37.95	102.53	43453.01	35757.72	657.22
162	2017	002184	海得控制	34.30	0.09	3.56	2.76	1.19	1.50	27.21	14.39	-3.04	1.74	-61.01	144.73	114939.10	133103.07	2583.91
163	2025	002373	联信永益	33.84	0.18	2.31	1.34	0.75	1.06	27.67	6.73	-8.30	0.83	-51.18	158.89	91012.48	63887.21	1230.41
164	2038	000021	长城开发	33.16	0.19	2.22	4.97	2.19	3.21	58.20	0.00	-10.31	-3.52	-55.51	152.01	1033675.46	1863038.06	22014.26
165	2063	002052	同洲电子	32.02	0.07	2.63	-2.41	0.66	0.90	62.27	1.51	-12.45	2.17	-19.83	103.68	298639.37	201438.71	2243.84
166	2079	600485	中创信测	31.08	0.16	2.12	0.61	0.38	0.45	26.49	0.00	-8.28	5.63	-45.07	122.49	66751.58	25743.02	2123.74
167	2080	600105	永鼎股份	31.08	0.11	3.48	3.27	0.53	0.78	56.46	2.25	-24.60	7.53	-57.03	141.17	373042.28	191249.12	6642.63
168	2104	002027	七喜控股	29.89	-0.18	-7.39	-7.57	1.30	2.09	33.67	0.00	-22.60	-7.97	-36.61	96.29	91978.47	127241.95	-5476.19
169	2121	002446	盛路通信	28.94	0.09	1.16	1.50	0.47	0.57	22.01	0.00	-4.72	-0.75	-50.21	121.09	83407.72	38943.72	1110.02
170	2159	000035	*ST科健	26.15	-0.15	4.31	2.40	0.01	0.02	292.28	0.55	4.63	0.00	67.35	102.97	63649.39	552.94	-2181.83
171	2180	600198	大唐电信	24.73	0.06	5.11	-3.38	0.99	1.22	86.08	1.69	12.19	0.54	-57.64	148.60	506931.19	451907.67	7073.46
172	2208	000836	鑫茂科技	22.68	-0.22	1.02	-6.47	0.52	0.93	54.24	0.36	40.06	-0.42	-51.14	130.68	209831.86	120862.10	-5854.13
173	2234	600640	中卫国脉	20.59	0.01	0.17	-2.10	0.22	0.28	4.24	0.00	-28.68	0.31	-30.70	136.86	107059.78	23763.39	316.97
174	2235	600076	*ST华光	20.56	-0.06	-6.34	-13.61	0.03	0.03	47.51	-22.70	-14.79	27.48	-35.63	83.21	33875.97	829.88	-2166.38
175	2252	600706	ST长信	18.54	-0.25	-80.51	20.65	0.00	0.00	628.08	-14.56	-99.97	0.00	-46.39	81.36	1493.99	0.85	-2233.88
176	2285	600392	太工天成	13.19	-1.01	-12.59	-50.08	0.39	0.60	73.53	-3.67	9.11	-39.46	-62.22	136.65	93213.47	39950.66	-16080.40
177	2288	002362	汉王科技	12.42	-2.32	-33.51	-44.10	0.35	0.48	24.73	-9586.20	-56.90	-34.88	-72.76	248.49	122914.60	53319.31	-49678.08

第十一章

电力行业上市公司业绩评价

电力行业是国民经济发展中重要的基础能源产业，是国民经济的第一基础产业，是关系国计民生的基础产业，是世界各国经济发展战略中的优先发展重点。作为一种先进的生产力和基础产业，电力行业对促进国民经济的发展和社会进步起到了重要作用。它与社会经济和社会发展有着十分密切的关系，它不仅是关系国家经济安全的战略问题，而且与人们的日常生活、社会稳定密切相关。随着中国经济的发展，用电的需求量不断扩大，电力销售市场的扩大刺激了整个电力生产的发展。

2011 年，全国电力消费继续保持平稳增长态势，全社会用电量超过 4.5 万亿千瓦时，同比增长 11.7%。全年我国新增电力装机 9000 万千瓦，全国电力装机达到 10.5 亿千瓦，但受火电燃料价格上涨和水电来水偏枯的影响，供电行业利润整体下降。随着中国经济增速的放缓，预计 2012 年我国电力需求增速也将延续下滑趋势，预计全社会用电量增速约为 9.5%。由于电力行业具有较明显的反周期特性，在经济下滑中，电企盈利能力将得到提升，加之发改委电价上调和煤价限制等有利政策，电力行业整体业绩将逐步改善。

一、电力行业上市公司业绩评价结果

截至 2011 年末，电力行业 A 股上市公司共计 56 家，其中盈利 48 家，亏损 8 家，即有 85.71% 的公司实现盈利，比 2010 年的 87.27% 稍有降低；电力行业上市公司总资产共计 16323.98 亿元，占上市公司总资产的 7.19%。

2011 年 2076 家上市公司共计完成营业收入 188392.47 亿元，电力行业 56 家上市公司完成营业收入 5627.96 亿元，占上市公司全部营业收入的 2.99%；全部上市公司共计实现净利润 10644.20 亿元，电力行业上市公司实现净利润 261.38 亿元，占上市公司全部实现净利润的 2.46%。

2011 年电力行业整体评价结果较为一般，行业业绩综合得分 54.26，低于全市场的 61.72 分的 12.09%，56 家电力行业上市公司中仅有通宝能源一家公司进入 2011 年上市公司业绩评价综合得分的百强名单。业绩为良好的有通宝能源、申能股份 2 家；业绩为中的有 28 家；业绩为低的有 12 家；业绩为差的有 14 家。

表 11－1　2011 年度电力行业中联十强排行榜

名次	股票代码	股票简称	在全部上市公司中排名
1	600780	通宝能源	55
2	600642	申能股份	287
3	600863	内蒙华电	404
4	600900	长江电力	406
5	600795	国电电力	407
6	600505	西昌电力	434
7	600982	宁波热电	506
8	600969	郴电国际	512
9	000027	深圳能源	555
10	600098	广州控股	576

基于对电力行业上市公司的整体评价，下面分别从财务效益状况、资产质量状况、偿债风险状况、发展能力状况、市场表现状况五个方面对电力行业上市公司进行具体分析。

（一）财务效益

表 11－2 列示了电力行业上市公司财务效益状况评价结果。从综合得分来看，电力行业上市公司财务效益低于上市公司平均水平。从财务效益状况指标来看，除盈利现金保障倍数外，电力行业上市公司财务效益指标均低于上市公司平均水平。与 2010 年的情况相比较，电力行业上市公司总体上财务效益状况呈下降状态，除盈利现金保障倍数外，其他指标均比 2010 年有较大幅度下降。

表 11－2　电力行业财务效益状况比较表

分析指标		2011 年上市公司平均值	2011 年行业值	2010 年行业值	增长率（%）
基本指标	扣除非经常性损益净资产收益率（%）	11.15	4.32	6.47	－33.23
	总资产报酬率（%）	7.45	5.04	5.39	－6.49
	得分	21.23	16.20	16.48	－1.70
修正指标	营业利润率（%）	6.70	4.57	6.83	－33.09
	盈利现金保障倍数	1.06	3.69	3.18	16.04
	股本收益率（%）	49.53	19.68	25.87	－23.93
综合得分		21.93	19.42	20.09	－3.33

（二）资产质量

表 11－3 列示了电力行业上市公司资产质量状况评价结果。从综合得分来看，电力行业

上市公司资产质量状况好于上市公司平均水平。从资产质量状况指标来看，除流动资产周转率（次）和存货周转率（次）指标外，电力行业上市公司其他指标均低于上市公司平均水平。与2010年比较可知，电力行业上市公司总体上资产质量有一定程度的提升。

表11－3　电力行业资产质量状况比较表

分析指标		2011年上市公司平均值	2011年行业值	2010年行业值	增长率（%）
基本指标	总资产周转率（次）	0.91	0.37	0.35	5.71
	流动资产周转率（次）	1.86	2.94	3.04	－3.29
	得分	9.57	9.32	9.12	2.19
修正指标	应收账款周转率（次）	14.01	10.15	10.27	－1.17
	存货周转率（次）	4.14	14.59	16.57	－11.95
综合得分		9.25	10.52	10.35	1.64

（三）偿债风险

表11－4列示了电力行业上市公司偿债风险状况评价结果。从综合得分来看，电力行业上市公司偿债风险状况大大弱于上市公司平均水平。从偿债风险状况指标来看，除获利倍数和速动比率外，其他风险指标均高于上市公司平均水平。与2010年电力行业上市公司偿债风险状况相比，除速动比率略有提升外，其他指标均显示出偿债风险提高趋势。2011年电煤价格上涨造成火电企业燃料成本大增，行业内各公司的营运资金需求增加是造成企业偿债风险上升的重要原因。

表11－4　电力行业偿债风险状况比较表

分析指标		2011年上市公司平均值	2011年行业值	2010年行业值	增长率（%）
基本指标	资产负债率（%）	59.04	73.07	71.94	1.57
	获利倍数	7.88	1.78	2.19	－18.72
	得分	9.26	4.33	4.59	－5.66
修正指标	速动比率（%）	72.33	33.99	29.15	16.60
	现金流动负债比率（%）	11.60	18.70	20.66	－9.49
	带息负债比率（%）	46.03	82.24	81.58	0.81
综合得分		9.05	4.05	4.15	－2.41

（四）发展能力

表11－5列示了电力行业上市公司发展能力状况评价结果。从综合得分来看，电力行业上市公司发展能力状况略差于上市公司平均水平。从发展能力状况指标来看，除三年营业收

入增长率指标外，其他指标均低于上市公司平均水平。与2010年电力行业上市公司发展能力状况相比，除三年营业收入增长率指标外，其他指标均比2010年出现一定程度的下降。营业收入增长率的提高一方面是由于2011年全年电力需求的增长，另一方面也受益于上网电价的提高。

表11－5 电力行业发展能力状况比较表

分析指标		2011年上市公司平均值	2011年行业值	2010年行业值	增长率（%）
基本指标	营业收入增长率（%）	24.27	19.59	31.84	－38.47
	资本扩张率（%）	17.20	8.01	13.09	－38.81
	得分	12.40	10.51	10.52	－0.10
修正指标	累计保留盈余率（%）	40.82	26.05	26.53	－1.81
	三年营业收入增长率（%）	21.50	23.49	22.53	4.26
	总资产增长率（%）	20.41	12.90	16.08	－19.78
	营业利润增长率（%）	7.12	－21.29	9.39	－326.73
综合得分		12.36	10.34	10.84	－4.61

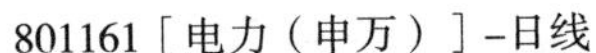

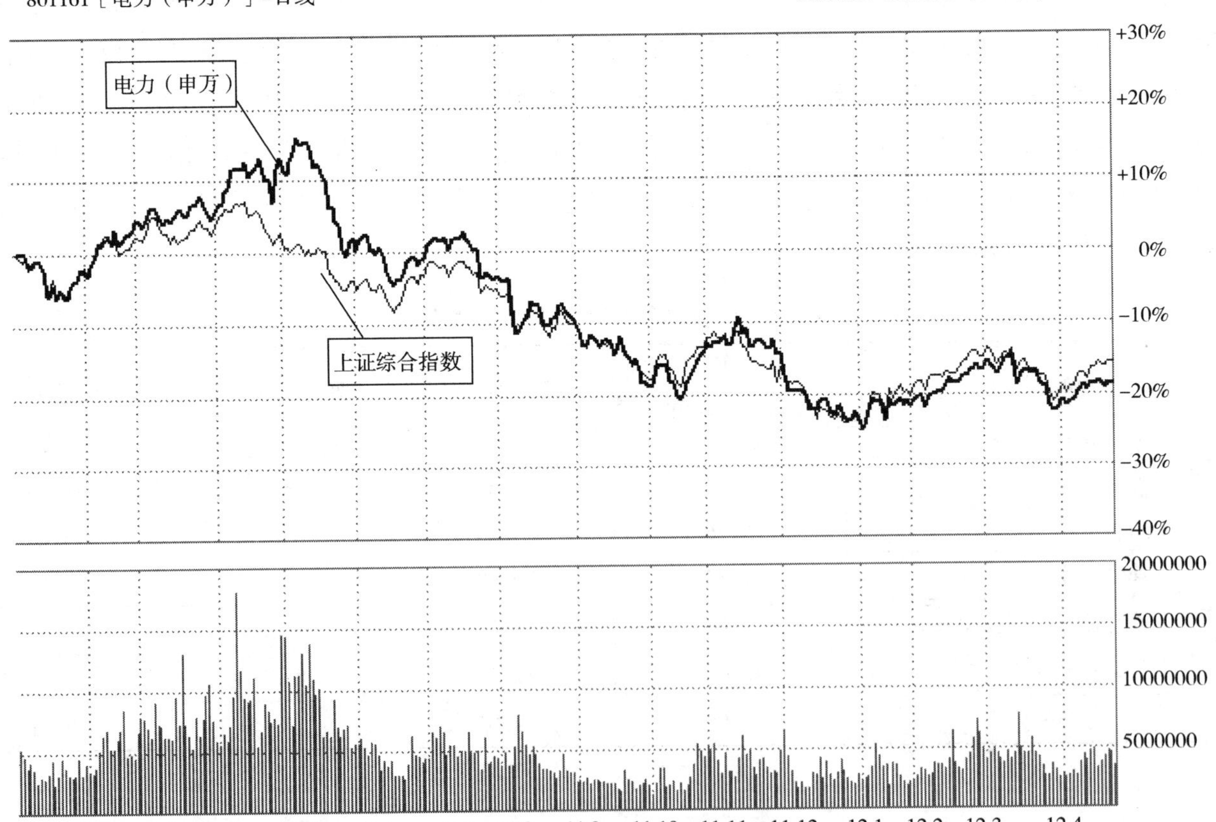

图11－1 电力指数与大盘指数波动

（五）市场表现

2011 年，A 股上证综指以全年 22.90% 的跌幅收官，电力行业作为国民经济的重要经济部门，其与整体经济走势高度相关，因而电力指数跟随市场行情同步波动下滑。具体情况见图 11－1。表 11－6 列示了电力行业上市公司市场表现状况评价结果。从综合得分来看，电力行业上市公司市场表现状况虽略强于全国上市公司平均水平，但仍为负值。从市场表现情况指标来看，由于受全年煤价上涨增加火电企业燃料成本等因素影响，2011 年电力行业市场投资回报率为负值，同时股价波动率略高于上市公司平均水平。与 2010 年电力行业上市公司市场表现相比较，市场投资回报率指标出现大幅下滑，下降 26.83 个百分点至－25.54%，除煤价高企等原因外，大盘走势对投资回报率的影响更加不容忽视。

表 11－6　电力行业公司市场表现状况比较表

分析指标	2011 年上市公司平均值	2011 年行业值	2010 年行业值	增长率（%）
市场投资回报率（%）	－31.17	－25.54	1.29	－
股价波动率（%）	96.03	100.77	92.33	9.14
得分	9.13	9.93	8.37	18.64

二、电力行业上市公司业绩影响因素分析

2011 年，全国电力消费继续保持平稳增长态势，全社会用电量超过 4.5 万亿千瓦时，同比增长 11.7%。全年我国新增电力装机 9，000 万千瓦，全国电力装机达到 10.5 亿千瓦，但受到火电新增规模下降、新增装机区域分布不平衡、电源电网建设不协调等因素影响，电力供需仍然较为紧张，部分地区出现不同程度的电力缺口。此外，全年三次上调电价反映了电荒背景下火电议价能力得到一定程度的增强。

在电量增长和电价上调的共同影响下，全电力行业收入实现较快增长，但受煤价上涨、汛期降雨减少以及央行多次加息等事项的影响，2011 年电力行业业绩同比出现下降。

（一）供电业绩小幅增长，发电盈利大幅下降

2011 年，电力行业细分子行业盈利情况分化较大。其中，供电子行业受益于良好的用电需求，盈利良好，利润总额占全行业的 50.8%，但由于火电上网电价的上调以及火电上网电量占整体发电量比重的升高，利润总额增幅较小。而发电子行业，虽然发电量实现了增长，但受火电燃料价格上涨和水电来水偏枯的影响，利润整体明显下降。

从电力、热力生产和供应业全行业总体来看，2011 年，电力全行业实现营业收入 43，

987 亿元，同比增长 16%；营业成本 40，765 亿元，同比增长 17%；营业费用、管理费用、财务费用分别为 72、556、1，664 亿元，同比分别增长 24%、5%、21%。

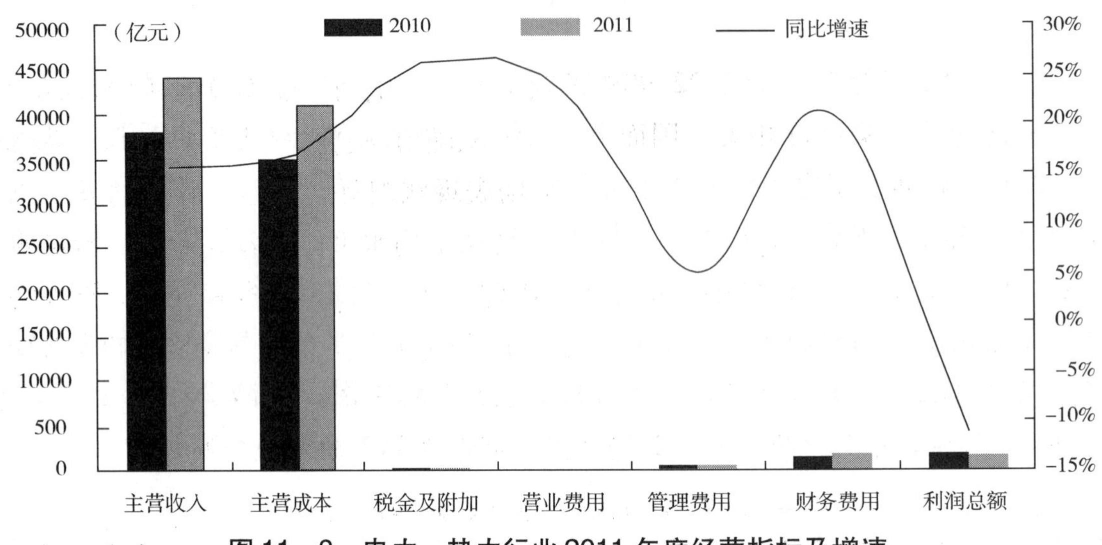

图 11－2　电力、热力行业 2011 年度经营指标及增速

资料来源：国家统计局

2011 年，电力、热力生产和供应业全行业实现利润总额 1,422 亿元，同比下降 11%。其中，供电子行业 2011 年实现利润总额 722 亿元，同比增长 3%；供热子行业 2011 年实现利润总额－11 亿元，同比减亏 2%；发电子行业 2011 年实现利润总额 711 亿元，同比下降 21%。

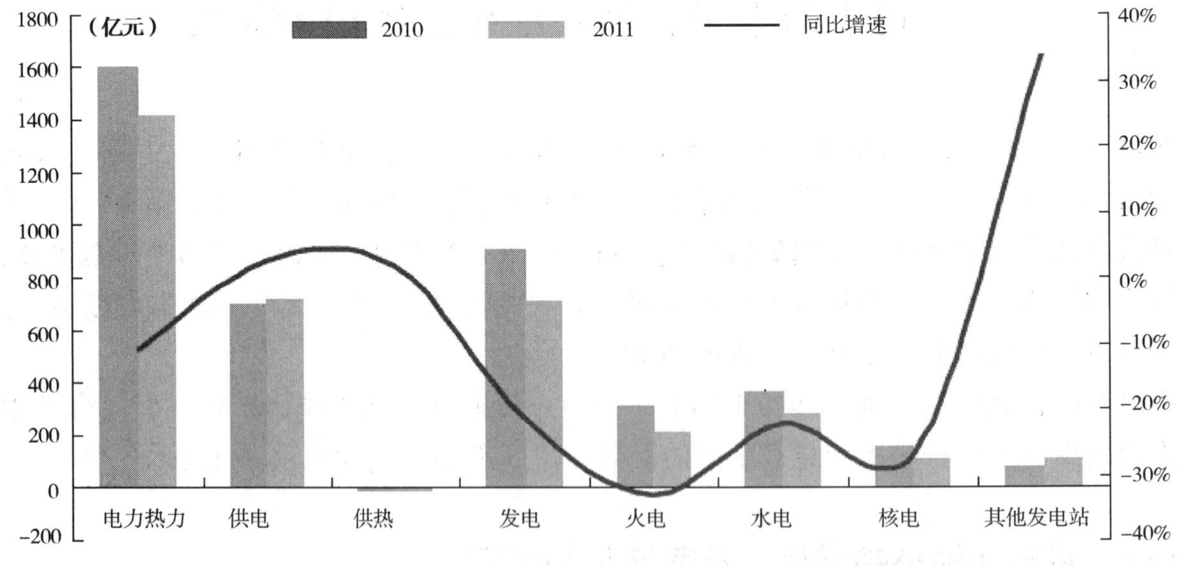

图 11－3　电力、热力及细分行业 2011 年度利润总额及增速对比

资料来源：国家统计局

在电量增长和电价上调的共同影响下，2011 年全年电力行业收入实现了较快增长。但火电子行业受煤价上涨影响，电价上涨的成果被吞噬，盈利出现下滑；水电子行业受汛期降雨减少影响，度电成本上升，拖累了行业整体盈利，全行业毛利率较去年同期下降 2 个百分点，降至 7.3%。另外，在央行多次加息影响下，全行业财务费用整体增长了 21%，也在一定程度上影响了行业盈利水平。综合以上因素，全电力、热力行业 2011 年盈利同比下降 11%。

（二）用电需求较为乐观，电网盈利维持稳定

2011 年，全国用电需求整体良好，全社会用电量同比增长 11.7%，加之销售电价的上调，带动电网营业收入实现较快增长。但由于火电电量占比提升，同时上网电价也出现了上调，供电子行业购电成本上升较多，全年业绩仅实现小幅增长。

2011 年，供电子行业实现营业收入 27415 亿元，同比增长 14%；实现营业成本 26162 亿元，同比增长 15%；全年营业费用、管理费用、财务费用分别为 29、162、432 亿元，同比分别增长 7%、下降 3% 和增长 12%；全年实现利润总额 722 亿元，同比增长 3%。

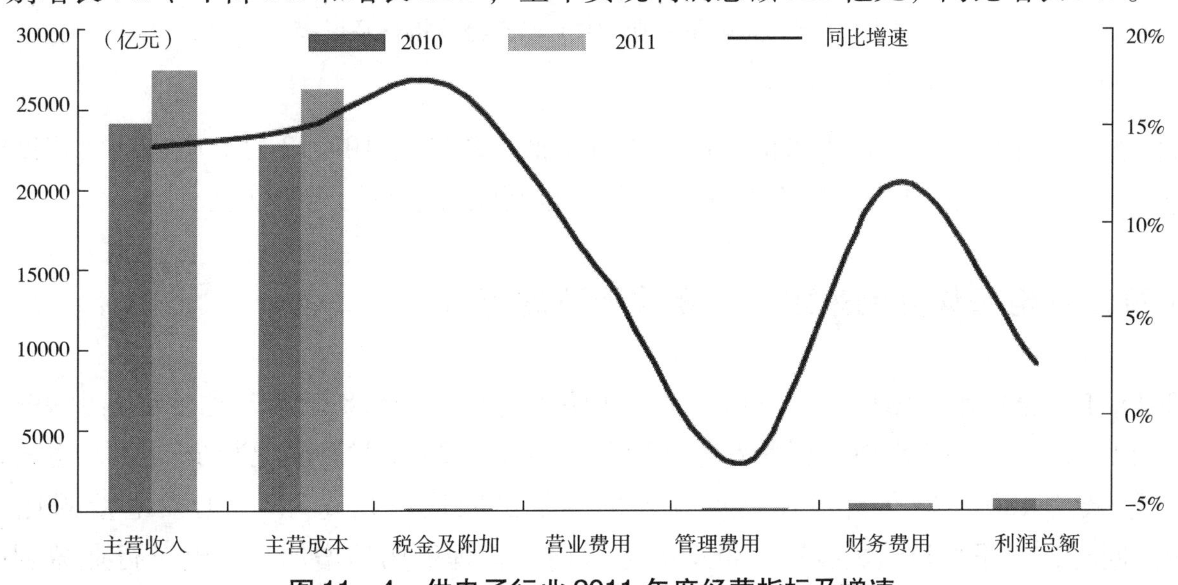

图 11-4　供电子行业 2011 年度经营指标及增速

资料来源：国家统计局

2011 年，供电子行业毛利率 4.6%，较去年同期下降 0.8 个百分点，主要是因为 2011 年水电发电量比例降低，增加了电网购电成本，导致盈利能力略有下降。

（三）煤价上涨拖累火电，盈利水平已经见底

2011 年，由于用电需求良好和水电电量下降，火电发电量同比增长 14.1%，加之上网电价的上调，带动火电营业收入同比出现增长，但由于燃料成本上涨较多，加剧了企业成本压力，毛利率同比下降 1.7 个百分点至 7.3%，火电子行业盈利下滑，处于微利状态。

2011 年，火电子行业实现营业收入 12717 亿元，同比增长 18%；实现营业成本 11794 亿元，同比增长 20%；全年营业费用、管理费用、财务费用分别为 13、223、757 亿元，同比分别增长 22%、4%、23%；全年实现利润总额 206 亿元，同比下降 33%。

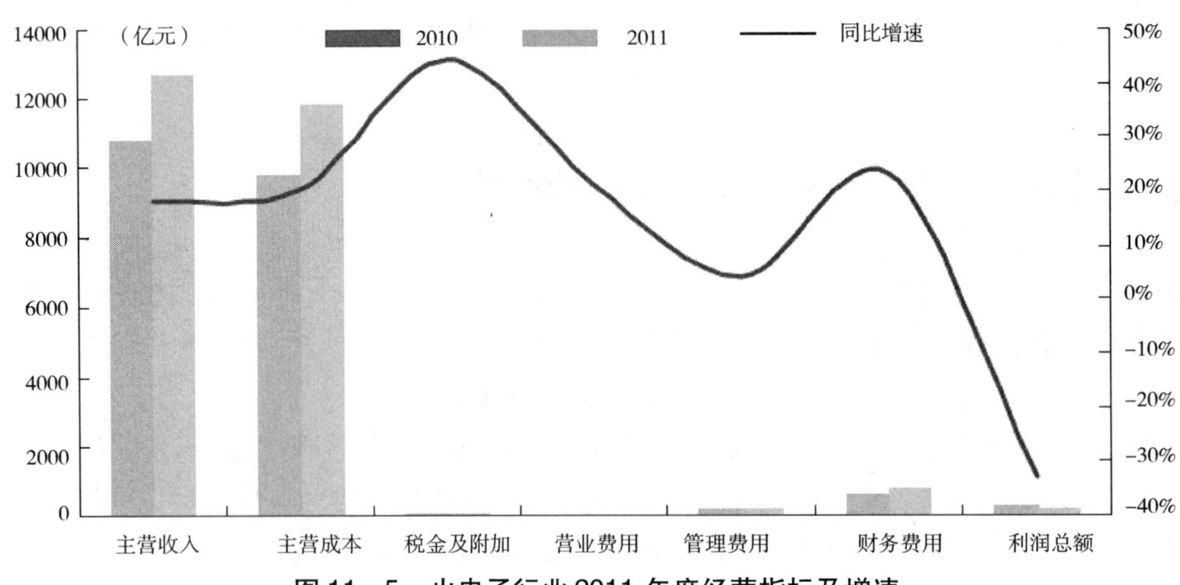

图 11-5 火电子行业 2011 年度经营指标及增速

资料来源：国家统计局

随着2011年四季度上网电价的上调和煤价走低，2011年10-12月火电行业实现度电利润1分，较三季度大幅上升0.8分，火电子行业盈利能力已开始逐渐恢复。

（四）水电整体受制来水，业绩改善还需等待

2011年，全国水电整体来水偏枯，平均年降水量只有556.8毫米，比常年偏少9%，为1951年以来最少。全年水电子行业发电利用小时为3，028小时，同比减少11%，也较往年平均水平低约180小时，直接导致水电装机容量虽同比增长6.7%，但发电量同比下降3.5%。同时，大量新机组的投产，带来财务费用、管理费用的增加，水电子行业盈利同比出现下降。

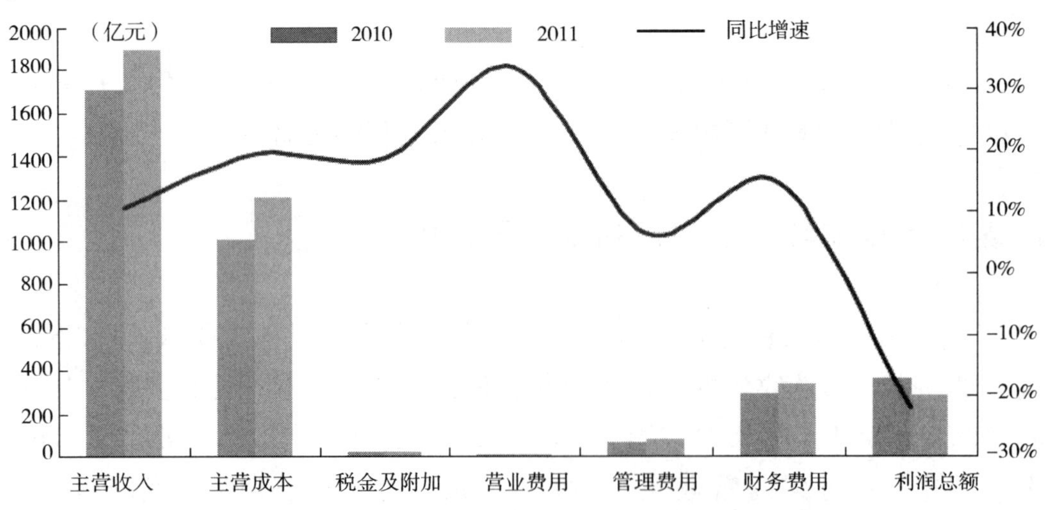

图 11-6 水电子行业 2011 年度经营指标及增速

资料来源：国家统计局

2011年水电子行业实现营业收入1，889亿元，同比增长11%；实现营业成本1，204亿元，同比增长19%；全年营业费用、管理费用、财务费用分别为12、78、336亿元，同比分别增长33%、7%、15%；全年实现利润总额283亿元，同比下降22%。

◎资料链接：

2011年电力行业大事记

★ 3月17日，我国全面安检核电设施并暂停审批核电项目；
★ 4月10日，山西等12省（市）火电上网电价平均上调约1．8分/度；
★ 5月13日，国内动力煤价格连涨8周；
★ 6月1日，发改委上调湖南等3省火电上网电价并上调15省（市）非民用销售电价，上调部分地区水电上网电价；
★ 7月9日，全国农村能源工作会议召开；
★ 7月19日，国家出台海上风电开发建设管理暂行办法细则；
★ 8月1日，中电联预测冬季电力缺口达3000万千瓦；
★ 8月2日，确定太阳能光伏发电上网标杆电价；
★ 8月18日，来水偏枯水电出力减少，影响冬季煤炭库存；
★ 9月5日，中电联发布2011年上半年电力可靠性报告；
★ 9月14日，火电机组开工率不足，11省市严重缺电；
★ 9月28日，国务院召开全国节能减排工作会议；
★ 9月29日，中国电建、中国能建两大电力建设集团成立；
★ 10月9日，国家发改委发布《关于发展天然气分布式能源的指导意见》；
★ 11月7日，电监会输配电成本监管暂行办法出台；
★ 11月28日，国家发改委组织召开电煤价格座谈会，并提出两条指导意见：2012年重点合同煤价格最高可上调5%、包括秦皇岛港在内的北方港口5500大卡热量的电煤现货价格不得高于800元/吨；
★ 11月30日，国家发改委宣布自2011年12月1日起上调上网电价和销售电价；
★ 12月11日，联合国气候变化大会推出的四项决议取得实质性进展。

三、2012年电力行业前景分析

2012年，中国经济增速出现放缓迹象，全年电力需求增速仍将延续下滑趋势，预计全社会用电量增速约为9.5%。同时，由于近年来电力投资尤其是火电投资快速下滑，导致装机增速持续低于用电需求，全国已进入电力紧缺的新一轮周期，预计未来几年电力供需将逐渐偏紧。

另一方面，由于电力行业具有较明显的反周期特性，在经济下滑中，电企盈利能力将得到提升，加之发改委电价上调和煤价限制等有利政策，电力行业整体业绩将得到持续提升。

（一）电价改革开始提速，有利政策逐步出台

进入2012年，深化资源性产品价格改革再次成为国务院深化体制改革重点工作之一，并且贵州开始试点电价改革，从而加快了“十二五”电力体制改革的步伐。

现阶段，连年出现的“煤电矛盾”和“缺电加剧”，集中反映了我国电力管理体制中的问题，体制弊端已成为制约我国电力行业乃至经济发展的重要因素，电价改革在“十二五”期间加快已是必然趋势，也已经成为能源结构调整的关键环节。

据《21世纪经济报道》消息，政府已经确定将在民用领域，实行阶梯电价与气价改革，对居民用电和天然气分段定价，资源价格随使用量增加而逐级递增。居民阶梯电价征求意见一年之后，即将付诸实践。

对于居民来说，中国现行的居民用电平均定价，没有考虑不同的消费群体。按照目前的电力平均定价或平均提价，那么低收入居民会减少用电量（相对贵），而高收入居民则增加用电量（相对便宜）。现行的对不同消费量实行统一电价的模式，居民平均电价低于供应成本，居民消费基本上是峰荷用电，用电量越多峰越高，供应成本越贵。在这种的情况下，或通过高工业电价进行交叉补贴，或通过国有电力企业的亏损进行补贴，实质上更多地补贴了高收入居民，因为高收入家庭用电最多。实行阶梯电价，除了能反映社会公平，还更有利于鼓励居民节约用电、减少能源浪费。对于政府来说，对居民用电实行阶梯式递增电价可以提高能源效率。从社会公平的角度，也应当对低收入群体实行低电价，效率与公平的方向是一致的。通过分段电量可以实现细分市场的差别定价，提高用电效率。并且，在公平性上，能够相对更多地补贴低收入居民。

（二）用电增速开始放缓，供需关系仍然偏紧

2011年全年用电稳步增加，电量增速有所回落，进入2012年，受经济增速放缓和1月节假日较多等因素影响，全国用电增速明显回落，2012年1～2月份全社会用电量7，497亿千瓦时，同比增长6.7%，剔除闰年因素，同比增速4.9%，回落7.4个百分点。中电联预测我国2012年全社会用电量在5.09～5.19万亿千瓦时，用电增速8.5%～10.5%左右，随着全球经济复苏，下半年电力需求有望回暖，全年用电增速预计将出现“前低后高”的走势。

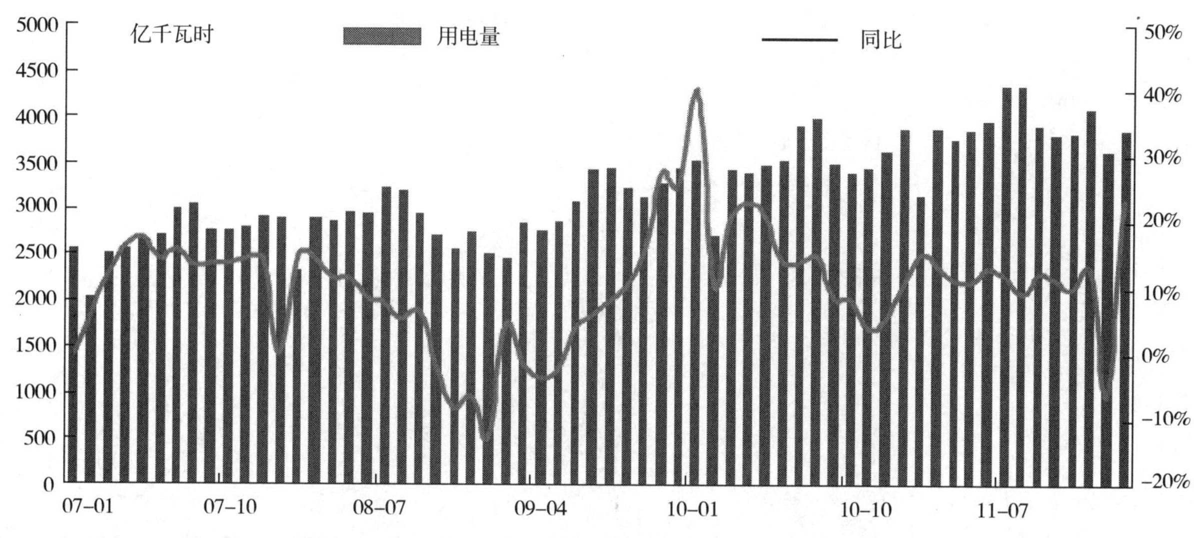

图 11－7 2007 年以来全国单月用电量及增速变动

资料来源：国家统计局

从 2012 年 1～2 月份用电结构来看，第一产业累计用电 123 亿千瓦时，同比下降 4.7%；第二产业累计用电 5316 亿千瓦时，同比增长 4.8%；第三产业累计用电 940 亿千瓦时，同比增长 10.3%；居民累计用电 1，117 亿千瓦时，同比增长 14.9%。总体来看，各产业用电增速继续放缓，其中，第二产业增速回落明显，第三产业和居民用电仍维持较快增速，符合我国节能减排和经济结构调整的发展方向。

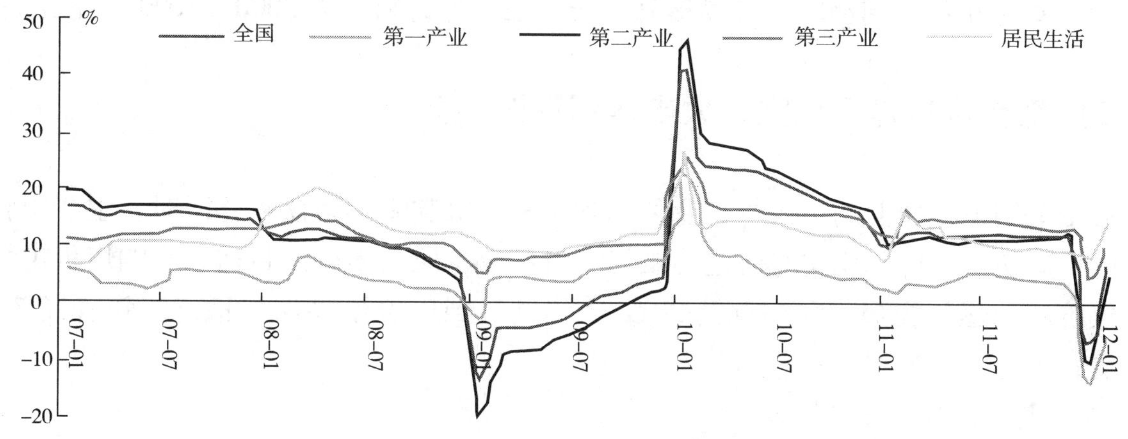

图 11－8 2007 年以来全国各行业累计用电量增速变动

资料来源：国家统计局

在经济结构调整、用电需求放缓的大背景下，各产业用电增速将有所分化，用电结构将逐渐趋于合理。其中，第一产业用电量相对稳定，保持低速增长；第二产业受节能减排政策、房地产调控、铁路建设放缓、电价上调对高耗能行业的抑制等因素综合影响，增速将不断放缓；第三产业和城乡居民生活用电量将保持较快增长。

受节能减排政策影响，火电投资下降，全国装机供给逐渐趋紧，清洁能源比重逐渐提升。火电投资额和火电新增规模的下降，将对未来电力供需平衡造成一定的影响，如果其他能源未能及时补充，未来两年，全国装机与日益增长的电力需求之间将形成明显的供需矛

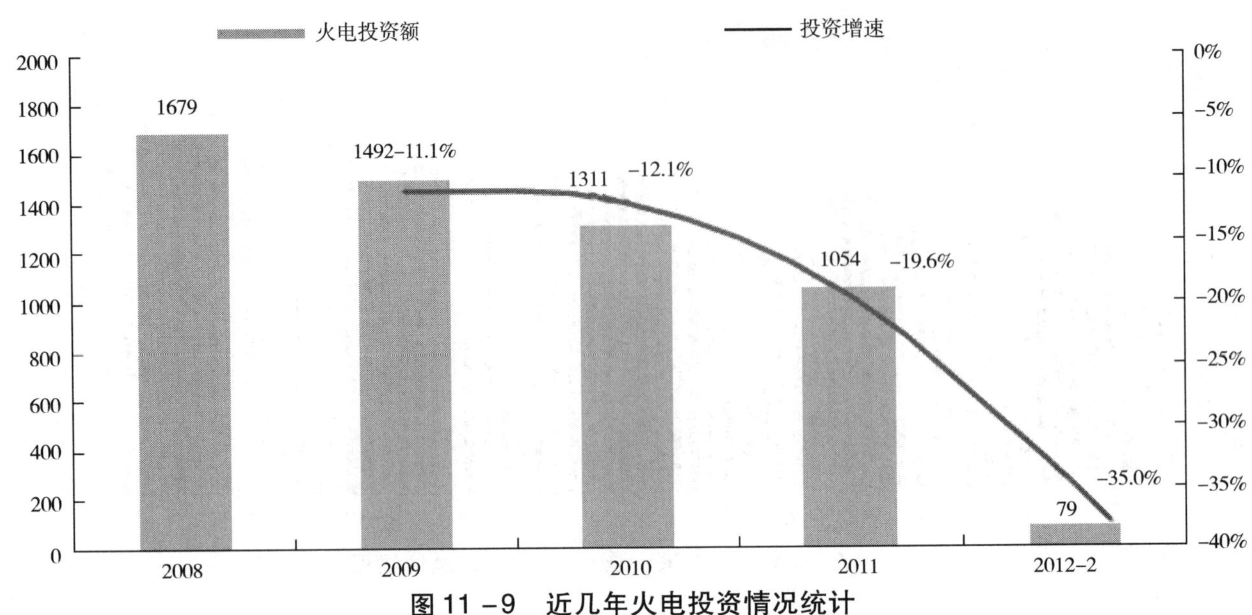

图11－9　近几年火电投资情况统计

资料来源：国家统计局

盾，导致电力供给更加紧张。加上水电来水仍然偏枯，预计2012年，全国电力供需形势仍然较为紧张，虽然全球经济放缓一定程度上缓和了供需矛盾，但区域性、时段性、季节性缺电仍将较为突出。

根据中电联预测，2012年，全国机组利用小时为4750小时，火电利用小时为5300～5400小时，火电机组利用小时将继续提升，全年最大电力缺口为3000～4000万千瓦。

（三）煤炭价格趋于稳定，火电盈利逐渐恢复

受益于上网电价的上调，火电行业的毛利率和度电利润逐渐恢复，同时，主要中转港口及沿海电厂煤炭采购价环比均有一定的跌幅，电厂成本压力缓解。目前，影响煤价走势因素增多，煤价波动逐年放缓，我们预计2012全年电煤到厂价格将保持稳定，随着经济好转，电量恢复，火电行业盈利将不断提升。

1. 电价上调，盈利逐渐恢复

根据统计局数据，2011年，火电子行业毛利率为7.3%，实现利润总额206亿元，同比下降33%，为2008年金融危机以来的最低值。但2011年12月，受益于发改委上调上网电价，火电行业单月利润总额实现99亿元，占全年利润的48%，度电利润达到0.23分，恢复至2009年时的盈利水平，行业毛利率也有所提升，达到8.9%。

2. 煤价环比下跌，成本压力缓解

2011年，发改委在上调上网电价时，还配套了煤价调控措施，此后，主要中转港口及沿海电厂采购价呈逐渐下跌趋势，煤炭产地相对保持平稳，进入2012年，煤价下跌趋势有所企稳，略有回升。

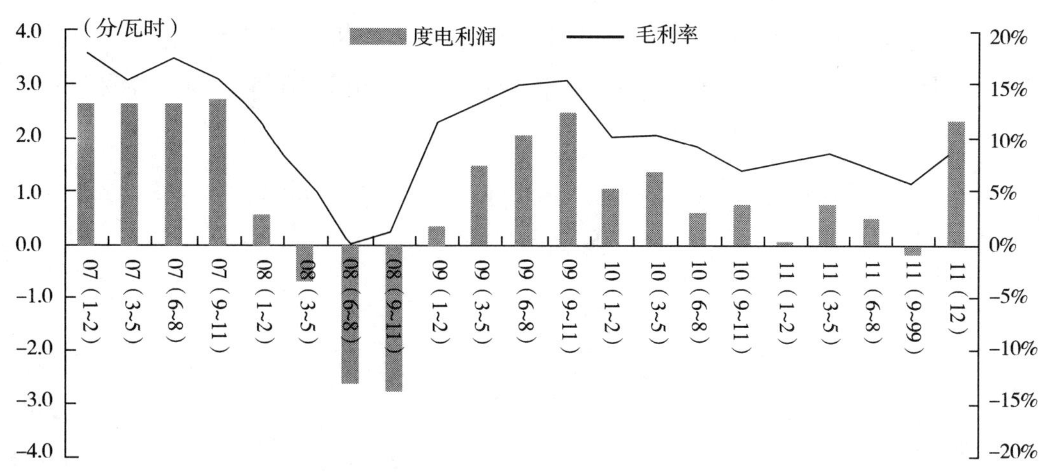

图 11－10　火电行业近几年度电利润统计

资料来源：国家统计局

自限价令以来，截至 2012 年 3 月 26 日，秦皇岛 5500 大卡的煤价为 780 元/吨，由从 2011 年 11 月份 865 元/吨的高点下跌 80～90 元，广州港 5500 大卡煤价 860 元/吨，下跌 75 元/吨，总体来看，港口煤价下跌了 10% 左右。

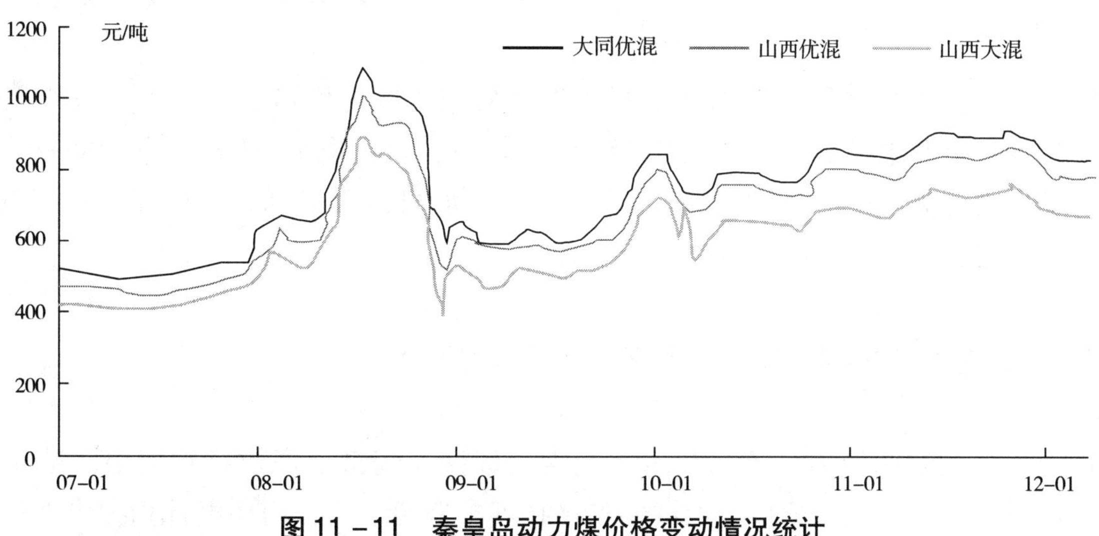

图 11－11　秦皇岛动力煤价格变动情况统计

资料来源：中国煤炭资源网

全年来看，2012 年，受诸多因素影响，煤价预计将保持平稳，港口煤价受进出口等影响，将窄幅波动，其中，秦皇岛 5500 大卡煤价将在 750～800 之间，坑口煤价受成本影响，下跌空间不大，全国电煤到厂价格也将保持基本稳定。

（四）来水出现好转迹象，水电盈利预期向好

2012 年，从 1～2 月份水量来看，全国主要江河累计来水量偏多 2 成，其中，长江上游偏多 2 成，中下游干流偏多 3～4 成，黄河、湘江、赣江、辽河等偏多 2～3 成。

预计 2012 年全国来水总体情况比 2011 年略好，按照水电装机同比增长 9%，利用小时

3,250 小时测算，水电发电量将达到 7,800 亿千瓦时，如果来水恢复正常，加上新机组投产，水电盈利能力将得到提升，预计水电企业 2012 年利润总额将达到 438 亿元左右，度电利润 0.06 元。

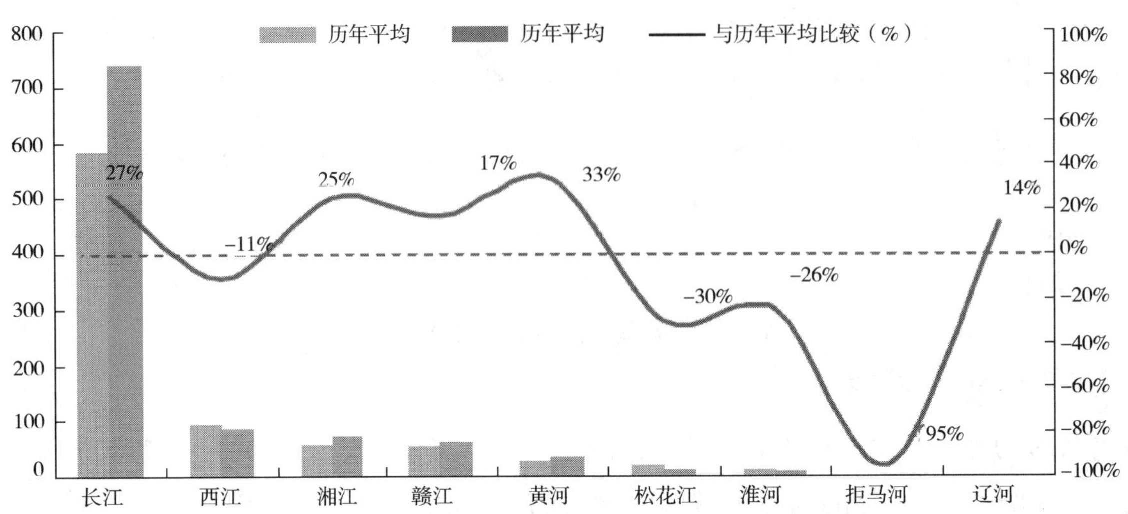

图 11 -12　2012 年全国主要江河累计水量与历年同期累计水量比较表（1 -2 月）

资料来源：水利部水文局

2012 年初，国务院 2 号文要求在贵州率先开展全国电力价格改革试点，由于我国水电上网电价是各类电源中最低的，约为 0.25 元/千瓦时，是火电的 60%、风电的 45%、核电的 58%、光伏发电的 23%，具有较强的竞争优势，如果改革成功，水电将是“竞价上网”的最直接受益者，经济效益明显。

（五）核电重启预期强烈，持续发展条件充分

经过半个多世纪的发展，核电技术逐渐走向成熟，经济、高效特点突出，减排效果明显，安全性也在不断提高。国核、中广核积极拓展铀资源，为国内核电计划提供保障。国内经济快速发展，也付出了重大的环境代价，中国面临巨大的减排压力，改善能源结构需求强烈。风电、光伏在最近几年取得长足进展，但是局限性明显，核电在改善能源结构过程中仍然要扮演重要角色。

核电在过去几年的快速发展得益于多方面条件的成熟，尤其是政策的大力支持。2006 年以来国内相关政策密集出台，在全球新一轮核电发展高峰中，中国扮演了最重要的角色。而政策出台大力扶植核电，离不开国内核电技术进步、成本快速下降以及良好的运行记录。

2011 年日本发生福岛核电事故，全球重新审视核电前景，核电大国中只有德国表示不再发展核电，其他国家发展核电态度依然坚定，美国时隔 34 年审批新核电站，2011 年 5 个国家表示将兴建国内第一座核电站。每一次核电事故都伴随着公众接受程度的大幅降低，同时也伴随着技术的革新，为下一轮核电的发展积蓄力量。事故发生以来关于核电项目审批何时放开一直成为关注焦点。事故后国内方面国务院出台“核四条”，核安全规划批准前暂停

核电新项目审批。监管部门在 2011 年 8 月份已经完成了对正在运行以及在建核电站的检查工作。

我国核电重启话题成为今年全国“两会”上颇受关注的热点之一。业界代表委员就相关的核电安全、核电技术发展等问题表现了积极、审慎、乐观的态度，核电重启渐行渐近。

两会政府工作报告指出，要“安全高效发展核电”。安全，始终是核电发展的首要条件。我国去年开始进行的对在建、在运核电站和核设施的安全大检查到目前为止已经结束。在大检查过程中，共计发现了 14 个方面需要整改的问题。有的已经完全解决了，有的正在解决当中，有的已经列入三年改造计划当中。2012 年 2 月，国务院常务会议原则通过了国家核安全综合检查报告，总体评价我国运行和在建核电站的安全是有保障的。

2012 年 3 月 8 日，全国政协委员、中核集团中国核动力研究设计院副院长兼总工程师陈炳德表示对今年重启核电表示“信心满满”。

自 2005 年京都议定书生效以来，节能减排、抑制全球变暖已经成为全球性议题。中国近年来经济快速增长，也付出了严重的环境代价，同时承受着来自发达国家的巨大减排压力。目前中国二氧化碳排放量已经超越美国，成为全球“首排”。2009 年哥本哈根气候大会上，作为《联合国气候变化框架公约》及其《京都议定书》的缔约方，中国表示将持续致力于推动公约和议定书的实施，认真履行相关义务；到 2020 年单位国内生产总值二氧化碳排放比 2005 年下降 40% -45%，减排目标将作为约束性指标纳入国民经济和社会发展的中长期规划，保证承诺的执行受到法律和舆论的监督；进一步完善国内统计、监测、考核办法，改进减排信息的披露方式，增加透明度，积极开展国际交流、对话与合作。

要实现 2020 年单位 GDP 二氧化碳排放下降 40 -45% 的目标，必须尽快改善能源结构。2010 年国内可再生能源装机容量占比为 8.3%，按照计划，这一比例在 2015 年要提高到 11.4%，2020 年提高到 15%。核电在改善能源结构过程中将扮演非常重要的角色。

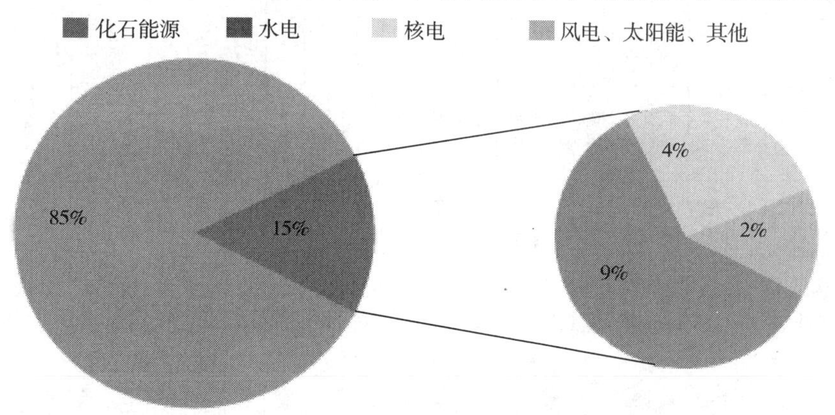

图 11 -13　预计我国 2020 年电力装机结构

资料来源：中信建投研究发展部

附表：

2011 年电力行业上市公司业绩评价结果排序表

行业排名	全部上市公司排名	股票代码	股票简称	综合得分（100 分）	每股收益（元）	总资产报酬率（%）	净资产收益率（%）	总资产周转率（次）	流动资产周转率（次）	资产负债率（%）	获利倍数	营业收入增长率（%）	资本扩张率（%）	市场投资回报率（%）	股价波动率（%）	年末资产额（万元）	营业收入净额（万元）	净利润（万元）
1	55	600780	通宝能源	80.31	0.33	12.76	15.17	1.20	5.31	51.50	7.83	157.34	92.43	12.14	98.96	668021.14	545267.70	36832.39
2	287	600642	申能股份	70.25	0.30	6.83	7.82	0.64	2.60	30.32	11.41	19.78	4.22	-9.65	56.57	3525253.43	2283712.66	194211.30
3	404	600863	内蒙华电	67.44	0.33	8.32	14.89	0.29	3.55	71.87	2.96	7.34	12.66	-12.35	76.02	2583977.04	723343.21	103333.75
4	406	600900	长江电力	67.36	0.47	9.07	11.46	0.13	2.87	56.91	3.39	-5.39	3.15	-13.70	58.77	15838502.64	2070037.75	770082.91
5	407	600795	国电电力	67.36	0.24	6.16	13.99	0.30	3.20	77.91	2.04	24.00	10.14	-4.78	65.88	18218421.52	5055762.52	449821.70
6	434	600505	西昌电力	66.82	0.50	13.38	27.36	0.34	3.54	45.50	16.88	8.50	35.21	-5.84	109.96	156659.24	55414.33	18287.33
7	506	600982	宁波热电	65.33	0.51	9.98	13.09	0.83	1.08	42.66	36.42	15.45	16.60	-10.45	64.77	130248.78	99183.84	8621.30
8	512	600969	郴电国际	65.19	0.43	6.06	10.26	0.46	1.33	72.36	4.49	10.03	20.96	-8.49	54.70	417912.34	185571.08	14171.03
9	555	000027	深圳能源	64.12	0.43	6.51	7.95	0.47	1.78	46.30	4.82	15.42	3.08	-27.12	80.93	3150908.37	1438701.85	118284.84
10	576	600098	广州控股	63.57	0.19	5.17	4.19	0.57	2.53	42.09	5.51	22.10	1.23	-10.38	62.41	2058834.18	1081752.76	60612.91
11	695	600396	金山股份	61.32	0.36	6.00	11.82	0.29	2.74	86.70	1.41	126.91	31.60	-28.40	67.10	1399721.50	321825.57	20778.12
12	700	600101	明星电力	61.24	0.68	10.60	15.85	0.33	2.71	37.71	41.54	-3.93	14.42	-36.81	132.75	248270.16	80837.88	21758.38
13	710	600167	联美控股	61.13	0.39	6.06	13.43	0.24	0.52	64.12	0.00	31.74	14.35	-23.12	123.86	182589.82	40619.45	8221.21
14	714	601991	大唐发电	61.06	0.15	4.68	5.49	0.32	3.25	79.28	1.52	19.30	31.94	-15.27	99.57	24407007.60	7238186.50	298935.90
15	833	600864	哈投股份	59.10	0.52	10.26	12.76	0.24	0.91	41.36	43.14	20.17	12.92	-28.10	88.18	422590.25	94947.55	29435.82
16	872	600995	文山电力	58.47	0.28	9.62	12.81	0.76	5.98	48.00	5.47	15.00	10.62	-43.00	141.21	213172.76	155270.55	13516.57
17	882	600674	川投能源	58.39	0.38	6.08	5.96	0.10	1.78	51.78	2.50	5.14	12.05	-24.22	88.99	1349428.59	115103.16	40809.59
18	934	600578	京能热电	57.60	0.37	5.76	9.84	0.30	1.60	67.68	2.70	19.02	10.42	-21.10	85.93	1135330.33	309904.64	30332.44
19	1026	600021	上海电力	55.99	0.22	5.68	7.96	0.55	3.78	71.81	1.84	10.04	1.64	19.75	92.05	3160258.47	1737628.82	66447.59
20	1037	600310	桂东电力	55.80	0.38	6.29	6.95	0.47	1.90	57.82	2.11	3.00	55.40	-39.32	113.12	513892.18	205627.92	12207.67
21	1051	600886	国投电力	55.51	0.13	2.83	2.56	0.20	2.08	82.01	1.45	36.09	35.27	-18.69	74.20	12091065.41	2170353.92	67229.79
22	1061	600131	岷江水电	55.34	0.25	9.06	18.25	0.29	3.43	68.39	3.53	24.52	19.67	-35.98	101.84	245553.99	67114.65	12759.88
23	1072	000539	粤电力 A	55.14	0.13	2.75	3.50	0.39	2.33	66.44	1.66	15.65	1.28	-9.90	77.17	3948019.54	1462014.07	25911.79
24	1079	600011	华能国际	54.85	0.09	4.12	2.46	0.56	4.22	77.14	1.31	27.91	-4.44	0.19	69.32	25436539.33	13342076.89	136425.93
25	1106	600509	天富热电	54.53	0.61	8.97	19.00	0.32	0.75	68.46	5.05	27.58	13.89	-31.86	91.57	749023.87	239846.58	39949.16
26	1117	600644	乐山电力	54.36	0.24	6.64	10.58	0.57	3.85	70.54	1.85	17.76	6.72	-39.65	126.85	376421.31	209502.33	9121.42
27	1129	600758	红阳能源	54.19	0.08	4.16	5.60	0.37	1.74	49.89	16.33	7.25	5.76	-26.24	91.57	61013.32	22101.25	1665.18
28	1237	600979	广安爱众	52.46	0.10	4.58	6.65	0.29	1.60	62.85	2.00	23.01	3.84	-16.91	92.16	321761.65	93120.32	5334.48
29	1278	600452	涪陵电力	51.74	0.06	2.57	3.02	1.08	4.20	62.33	3.77	5.03	3.05	-38.24	81.16	89979.04	95749.36	1002.41
30	1353	600116	三峡水利	50.40	0.25	4.47	6.62	0.32	1.19	62.90	2.26	12.53	3.01	4.27	131.30	289099.53	82651.99	5804.80

续　表

行业排名	全部上市公司排名	股票代码	股票简称	综合得分（100分）	每股收益（元）	总资产报酬率（%）	净资产收益率（%）	总资产周转率（次）	流动资产周转率（次）	资产负债率（%）	获利倍数	营业收入增长率（%）	资本扩张率（%）	市场投资回报率（%）	股价波动率（%）	年末资产额（万元）	营业收入净额（万元）	净利润（万元）
31	1391	600292	九龙电力	49.80	0.11	3.55	2.48	0.65	1.78	59.52	1.41	22.74	137.58	-35.46	81.17	714579.33	399584.95	5924.98
32	1451	600027	华电国际	48.60	0.01	3.69	0.49	0.39	4.82	84.06	1.04	19.89	9.54	-1.51	79.52	14837915.70	5449080.70	14472.30
33	1494	000883	湖北能源	47.82	0.29	5.23	6.78	0.32	2.26	68.66	1.87	-15.18	5.60	-44.32	123.05	3131505.38	960754.53	56867.08
34	1516	000690	宝新能源	47.54	0.10	6.01	5.23	0.45	1.56	59.27	2.02	14.18	3.71	-45.75	110.80	811921.24	351515.80	17002.25
35	1553	600236	桂冠电力	46.92	0.09	5.33	6.28	0.20	1.92	78.09	1.63	-9.03	3.75	-18.32	105.50	2095854.51	383763.09	31053.88
36	1586	000875	吉电股份	46.21	0.02	3.32	0.57	0.29	2.35	82.66	1.08	79.66	16.56	-35.93	83.05	1710823.70	455735.58	3611.28
37	1609	000600	建投能源	45.75	0.02	2.65	0.50	0.44	2.58	73.93	1.14	11.49	-0.69	-20.86	94.24	1560041.96	603215.63	1627.68
38	1644	000601	韶能股份	45.11	0.09	4.65	2.89	0.25	2.16	60.21	1.52	-0.55	1.66	-37.60	101.79	817048.03	210960.67	8714.15
39	1648	001896	豫能控股	45.00	0.03	4.72	2.77	0.69	2.26	86.79	1.09	4.08	-1.78	-8.06	164.55	606580.36	441145.21	2487.63
40	1716	600726	华电能源	43.38	0.00	4.88	0.24	0.44	3.02	82.09	1.13	18.48	1.30	-22.65	80.75	2205797.46	973854.38	4911.04
41	1735	000531	穗恒运A	43.06	0.22	5.61	4.61	0.52	1.85	65.80	1.94	10.60	-8.30	-43.89	122.83	649381.14	333467.23	10544.95
42	1832	000692	惠天热电	40.70	0.17	3.39	3.71	0.43	0.99	64.90	2.14	4.23	5.82	-40.44	96.58	352043.73	134594.52	4300.03
43	1917	000037	深南电A	38.09	0.03	4.22	1.00	0.45	0.87	65.38	1.11	50.83	-2.31	-31.55	85.10	545274.67	241581.77	903.16
44	1962	600744	华银电力	35.99	-0.27	2.73	-13.65	0.66	2.69	89.43	0.71	30.62	-11.85	-27.33	78.20	1509848.70	983701.07	-18847.64
45	1968	000426	兴业矿业	35.71	0.49	9.10	13.95	0.16	0.75	48.68	7.62	-3.98	42.04	-44.88	140.34	314084.42	38195.72	18582.93
46	2009	000966	长源电力	34.62	0.18	4.98	7.92	0.53	2.41	87.95	1.12	8.68	-4.72	-38.43	121.10	1446457.75	790760.31	5908.54
47	2037	000695	滨海能源	33.22	0.02	3.47	1.62	0.64	1.60	73.26	1.26	8.99	2.24	-63.58	187.50	126717.12	73396.43	655.28
48	2046	600868	ST梅雁	32.89	0.01	2.75	0.47	0.17	3.28	39.02	1.19	-0.03	0.70	-36.68	132.78	364062.53	65562.97	1553.93
49	2082	000958	ST东热	30.99	-0.92	-12.50	0.00	0.65	2.61	149.24	-1.90	-26.92	0.00	-39.92	98.26	141726.85	97000.10	-28278.07
50	2088	000543	皖能电力	30.67	0.02	1.25	0.52	0.37	4.15	66.75	0.69	36.10	-7.75	-26.17	152.21	1476962.33	515037.27	-9082.02
51	2149	000767	*ST漳电	26.77	-0.59	-3.79	-69.81	0.34	2.41	93.69	-1.33	-3.42	-50.48	-9.00	105.79	1212766.80	410313.49	-78879.56
52	2158	000899	*ST赣能	26.17	-0.42	0.65	-20.78	0.39	2.27	82.35	0.14	25.90	-18.71	-33.22	108.11	668420.25	258960.55	-27153.97
53	2162	000993	闽东电力	26.02	0.05	2.47	1.21	0.14	0.47	43.38	1.29	-24.44	-2.05	-44.79	149.82	280087.28	38493.01	1466.98
54	2201	002039	黔源电力	23.52	-0.41	2.83	-5.14	0.06	1.25	79.12	0.79	-32.43	6.51	-37.80	114.41	1550826.46	97687.30	-12052.76
55	2214	600719	大连热电	22.28	-0.17	0.57	-4.73	0.45	1.22	51.32	0.20	-0.28	-4.96	-46.97	108.97	146197.71	66533.26	-3451.24
56	2257	000720	*ST能山	17.50	-0.20	0.40	-22.08	0.50	3.45	85.09	0.11	2.14	-18.74	-51.82	117.92	573422.82	281512.20	-20905.93

第十二章

建筑行业上市公司业绩评价

建筑业是国民经济重要的支柱产业，是推动社会经济发展的重要力量。建筑业为国民经济各部门提供了重要的物质基础，对关联产业的发展有巨大的带动力，同时也是吸纳就业的重要行业。2011 年我国建筑业创造的价值，即增加值 32020 亿元，占国内生产总值（GDP）的 6.8%。随着国家基础建设的大力推进、城镇化加速发展和房地产市场稳定发展等因素的影响，建筑行业上市公司 2011 年业绩喜人。2011 年，建筑行业上市公司实现营业收入 21244 亿元，比上年同比增长 15.6%；实现净利润 558 亿元，比上年同比增长 24.06%。2012 年是实施“十二五”规划承上启下的重要一年，中央经济工作会议定调 2012 年经济社会发展的总基调是“稳中求进”。投资驱动下建筑业预计仍然会有平稳的发展，但增长速度会持续减缓，政策导向、行业属性、地域会对建筑行业的发展产生重要的影响。

一、建筑行业上市公司业绩评价结果

截至 2011 年末，建筑板块的 A 股上市公司共 47 家。2011 年建筑行业上市公司 46 家实现盈利。2011 年全部 A 股上市公司 2276 家共计实现主营业务收入 18.8 万亿元，建筑行业 47 家上市公司实现主营业务收入 21244.3 亿元，占上市公司主营全部业务收入的 11.3%，其中中国建筑、中国中铁、中国铁建、中国中冶和中国水电五家龙头企业主营业务收入合计 17435.5 亿元，占建筑板块的 82.1%；全部 A 股上市公司共计实现利润总额 13519.6 亿元，建筑行业上市公司实现利润总额 741.8 亿元，占上市公司全部实现利润总额的 5.49%，其中中国建筑、中国中铁、中国铁建、中国中冶和中国水电五家龙头企业利润总额为 741.8 亿元，占建筑板块的 76.4%。

2011 年建筑行业整体评价结果较为一般，行业业绩综合得分从总的评价结果来看，建筑行业综合得分为 54.3 分，低于全部 A 股上市公司的 61.7 分，47 家建筑行业上市公司有两家进入 2011 年上市公司业绩综合得分的百强名单。无业绩为优秀的上市公司；业绩为良好的有 6 家；业绩为中的有 25 家；业绩为低的有 10 家；业绩为差的有 6 家，整体表现平平。

表 12－1　2011 年度建筑行业中联十强排行榜

名次	股票代码	股票简称	业绩得分	在全部上市公司中排名
1	002081	金螳螂	81.7	39
2	002051	中工国际	81.4	42
3	002140	东华科技	76.7	104
4	601668	中国建筑	72.9	202
5	002628	成都路桥	72.6	215
6	601669	中国水电	70.1	292
7	600502	安徽水利	69.7	311
8	002325	洪涛股份	68.5	360
9	002310	东方园林	68.2	375
10	002620	瑞和股份	67.8	393

基于对建筑行业上市公司的整体评价，下面分别从财务效益状况、资产质量状况、偿债风险状况、发展能力状况、市场表现状况五个方面对建筑行业上市公司进行具体分析。

（一）财务效益

从综合得分来看，2011 年建筑行业上市公司财务效益状况差于上市公司平均水平。具体指标方面，建筑行业上市公司净资产收益率略高于上市公司平均水平，相比 2010 年也有所提高。但总资产报酬率虽然较 2010 年有所提高，但远低于上市公司均值。其他三个修正指标，营业利润率、盈利现金保障倍数和股本收益率均低于上市公司平均水平。同比 2010 年，除盈利现金保障倍数外，营业利润率和股本收益率略有增长。整体来讲，2011 年建筑行业的财务效益较 2010 年略有好转，但低于上市公司平均值。

表 12－2　建筑行业财务效益状况比较表

评价指标		2011 年上市公司平均值	2011 年行业值	2010 年行业值	增长率（%）
基本指标	扣除非经常性损益净资产收益率（%）	11.15	12.42	11.75	5.70
	总资产报酬率（%）	7.45	4.37	4.25	2.82
	得分	21.23	19.83	17.97	10.35
修正指标	营业利润率（%）	6.70	3.33	3.06	8.82
	盈利现金保障倍数	1.06	-0.81	-0.36	125.00
	股本收益率（%）	49.53	43.49	37.54	15.85
综合得分		21.93	18.32	17.22	6.39

（二）资产质量

从综合得分来看，2011 年建筑行业上市公司资产质量状况略优于上市公司平均水平。具体来讲，总资产周转率高于上市公司均值，说明建筑企业总资产运用效率较好，但低于去年水平。流动资产周转率同比 2010 年有所下降，同时还远低于上市公司平均值。从修正指标来看，相比 2010 年，应收账款周转率和存货周转率均出现不同程度的下降，同时也远低于上市公司平均值。总体来说，建筑行业的资产质量状况略高于上市公司水平，但与 2010 年相比，建筑行业的资产质量状况有所下降。

表 12－3　建筑行业资产质量状况表

评价指标		2011 年上市公司平均值	2011 年行业值	2010 年行业值	增长率（%）
基本指标	总资产周转率（次）	0.91	1.01	1.16	－12.93
	流动资产周转率（次）	1.86	1.31	1.48	－11.49
	得分	9.57	9.18	10.11	－9.20
修正指标	应收账款周转率（次）	14.01	6.57	7.57	－13.21
	存货周转率（次）	4.14	3.31	4.18	－20.81
综合得分		9.25	9.98	10.63	－6.11

（三）偿债风险

从表 12－4 中建筑行业指标的分析可知，该行业上市公司偿债风险状况平均得分 5.19 分，低于全国所有上市公司 9.05 分的平均水平。具体来讲，资产负债率远高于上市公司平均水平，现金流动负债比率低于上市公司均值。2011 年建筑行业的偿债风险与 2010 年相比有一定的增加。由于新开工项目增加、行业拆解短期流动负债数量增加，整个行业的偿债风险随着资产负债率的上升有所加大。

表 12－4　建筑行业偿债风险状况表

评价指标		2011 年上市公司平均值	2011 年行业值	2010 年行业值	增长率（%）
基本指标	资产负债率（%）	59.04	80.00	78.68	1.68
	获利倍数	7.88	5.18	8.47	－38.84
	得分	9.26	3.94	4.32	－8.80
修正指标	速动比率（%）	72.33	77.95	79.89	－2.43
	现金流动负债比率（%）	11.60	－3.05	－1.44	111.81
	带息负债比率（%）	46.03	32.86	26.95	21.93
综合得分		9.05	5.19	5.65	－8.14

（四）发展能力

从表12－5可知，建筑行业上市公司发展能力状况指标平均得分为12.37分，与全国所有上市公司12.36的平均水平基本持平。具体指标方面，主营业务收入率较2010年行业值大幅下降，也远低于上市公司平均值。三年营业收入增长率、总资产增长率和营业利润增长率，虽然均高于上市公司平均水平，但较2010年行业值有所下降，特别是营业利润增长率同比降低33.65%，其主要原因还是建筑行业是一个微利行业，同时2011年受房地产深入调控政策影响，房价略有下降或维持稳定，而原材料和人力成本出现上涨，从而进一步降低了建筑行业的利润。

表12－5 建筑行业发展能力状况表

评价指标		2011年上市公司平均值	2011年行业值	2010年行业值	增长率（%）
基本指标	主营业务增长率（%）	24.27	9.26	35.52	－73.93
	资本扩张率（%）	17.20	19.02	19.00	0.11
	得分	12.40	11.06	11.52	－3.99
修正指标	累计保留盈余率（%）	40.82	28.63	22.89	25.08
	三年营业收入增长率（%）	21.50	26.53	32.92	－19.41
	总资产增长率（%）	20.41	23.57	29.15	－19.14
	营业利润增长率（%）	7.12	18.57	27.99	－33.65
综合得分		12.36	12.37	12.66	－2.29

（五）市场表现

得分方面，2011年建筑市场表现的得分为8.45分，低于上市公司9.13分的平均值。2011年，大盘在流动性紧缩、房地产深入调控、欧债危机等因素影响下表现不佳，上市公司市场投资回报率平均值－31.17%，建筑业作为国民经济的重要支柱，其与整体经济走势高度相关，因而建筑业市场投资回报率跟随市场行情同步下跌。表12－6列示了建筑行业上市公司市场表现评价结果。从指标来看，2011年建筑行业的股价波动率为99.66%，略高于全国所有上市公司96.03%的平均水平，建筑板块在证券市场的活跃能力略高于市场平均水平。

表12－6 建筑行业公司市场表现表

评价指标	2011年上市公司平均值	2011年行业值	2010年行业值
市场投资回报率（%）	－31.17	－34.37	15.93
股价波动率（%）	96.03	99.66	104.24
得分	9.13	8.45	8.93

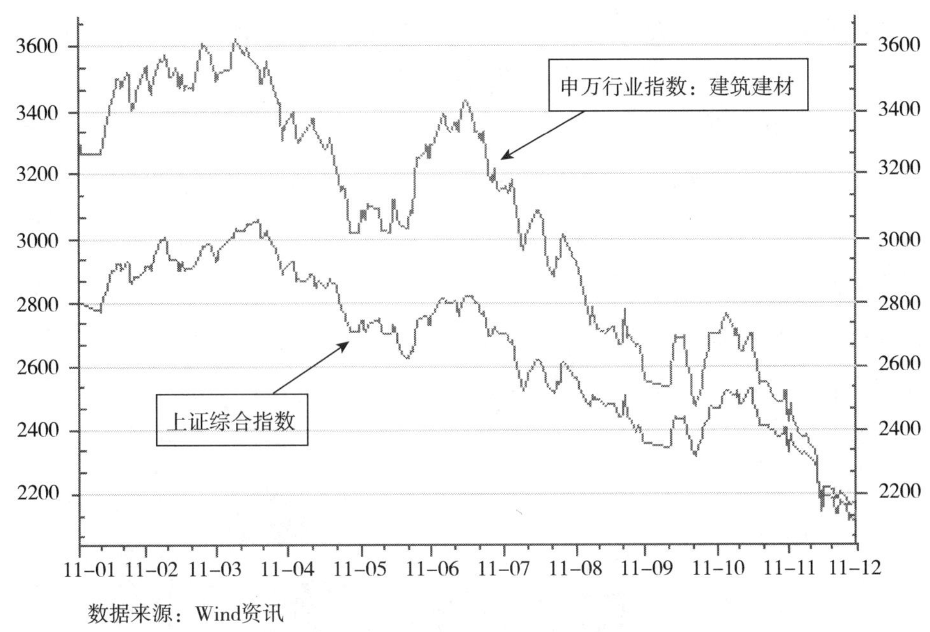

数据来源：Wind资讯

图 12-1 建筑行业指数和上证综合指数对比

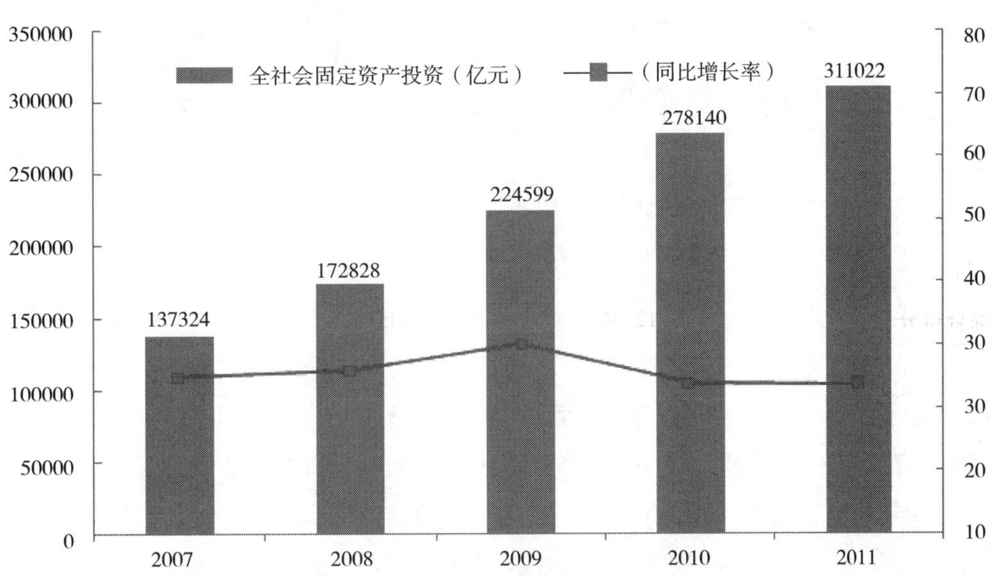

图 12-2 2007~2011 年固定资产投资及增长情况

数据来源：2011 年国民经济与社会发展统计公报

二、建筑行业上市公司业绩影响因素分析

（一）固定资产投资和城镇化率持续增长但增幅减缓

建筑业是实现固定资产投资的行业，固定资产投资直接决定着建筑行业的发展水平。2011 年固定资产投资 311022 亿元，比上年增长 23.6%，其中，分行业城镇固定资产投资

中，建筑业比2010年增长42.9%，投资额为3253亿元。房地产业全年完成投资75685亿元，同比增长29.7%。2011年全社会建筑业增加值32020亿元，比上年增长10.0%。全国具有资质等级的总承包和专业承包建筑业企业实现利润4241亿元，增长24.4%，其中国有及国有控股企业1172亿元，增长36.0%。城镇化方面，中国开始进入工业化稳定，城镇化加速的阶段，城市房地产业与基础设施的建设为为经济发展创造持续的活力。城镇化的发展，带来巨大的市政工程、城市配套服务设施、商业建筑、城市环保设施等基础设施以及房屋建设方面巨大建筑需求，成为推动建筑行业长期发展的主要因素。

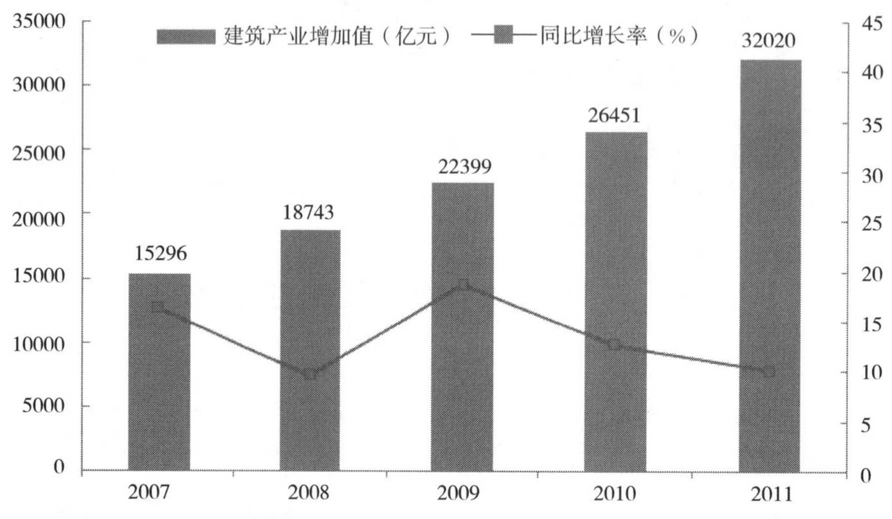

图12－3　2007～2011年建筑业增加值及增长情况

数据来源：2011年国民经济与社会发展统计公报

值得注意的是，从近三年固定资产投资和建筑产业发展规模可以看出，二者增速逐年下滑迹象明显。上市公司方面，中国建筑2011年营业收入4828亿元，增长30.3%；新签合同额9307亿元，增长16.1%，较之2010年营业收入3704亿元，增长42.3%；新签合同额7428亿元，增长78.8%，增速均有所下降。2012年，我国将继续实施积极的财政政策和稳健的货币政策，保持宏观经济政策的连续性和稳定性，增强调控的针对性、灵活性、前瞻性，继续处理好保持经济平稳较快发展、调整经济结构、管理通胀预期的关系，加快推进经济发展方式转变和经济结构调整，着力扩大国内需求，保持经济平稳较快发展和物价总水平基本稳定。可以预见2012年，固定资产投资和建筑产业增长的速度仍然会适度回落。

◎资料链接：

2011年中国建筑业十大新闻

★ 2月24日，全国保障性安居工程会议在京举行，全年1000万套保障房建设任务下发至各省、自治区、直辖市和新疆生产见者兵团。

★ 利比亚国家大动乱，中国建筑工程公司在利比亚的工程项目被迫停工，包括13家央企在内的承包商损失严重，几万名中国建筑工人经历了海外大撤离。

★ 3月1日，“十一五”重点建设项目、总投资25亿元的国家博物馆改扩建工程竣工并对外开放。

★ 4月28日，2011年西安世界园艺博览会正式开园。

★ 6月30日，举世瞩目的京沪高铁正式通车运营。全长1318公里的京沪高铁是世界上一次建成线路最长、标准最高的高速铁路。

★ 6月30日，胶州湾大桥和隧道正式建成通车，胶州湾大桥全长36.48公里，是世界上最长的跨海大桥，总投资超过100医院。

★ 11月10日，城镇保障性住房开工实现年初计划的目标任务。

★ 11月13日，铁道部公布宇松铁路查处结果，受到社会的广泛关注。

★ 12月1日，《上海市建设工程监理管理办法》和《上海市建设工程检测管理办法》正式施行，对全行业完善建设工程管理、提高工程安全质量水平具有重要的指导意义。

★ 12月24日，跨越长江、连接沪苏的快速通道，被称为“长江入海第一桥”的崇启大桥正式建成通车。

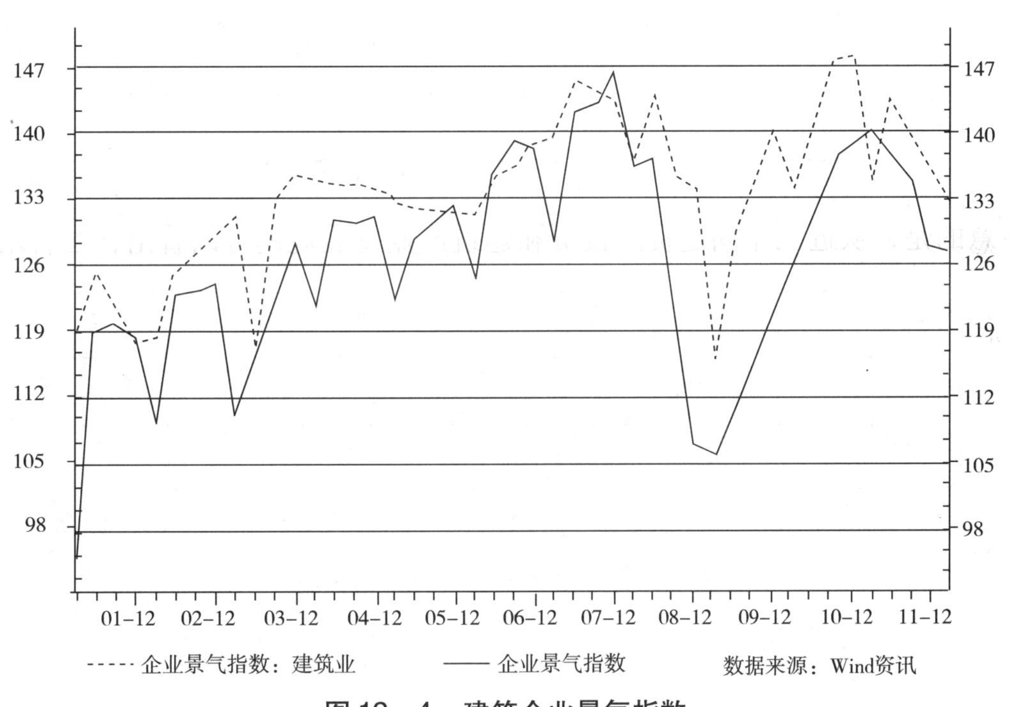

图12-4 建筑企业景气指数

（二）房地产市场深入调控、流动性紧缩、原材料和人力成本价格上涨对建筑企业上市公司产生负面影响

2011年，全国房地产开发投资61740亿元，比上年增长27.9%，全年商品房销售面积10.99亿平方米，增长4.9%，商品房销售额59119亿元，增长12.1%。虽然房地产各项指标仍然保持了一定的增长，但增幅大幅下降。受房地产继续深入调控影响，2011年商品房

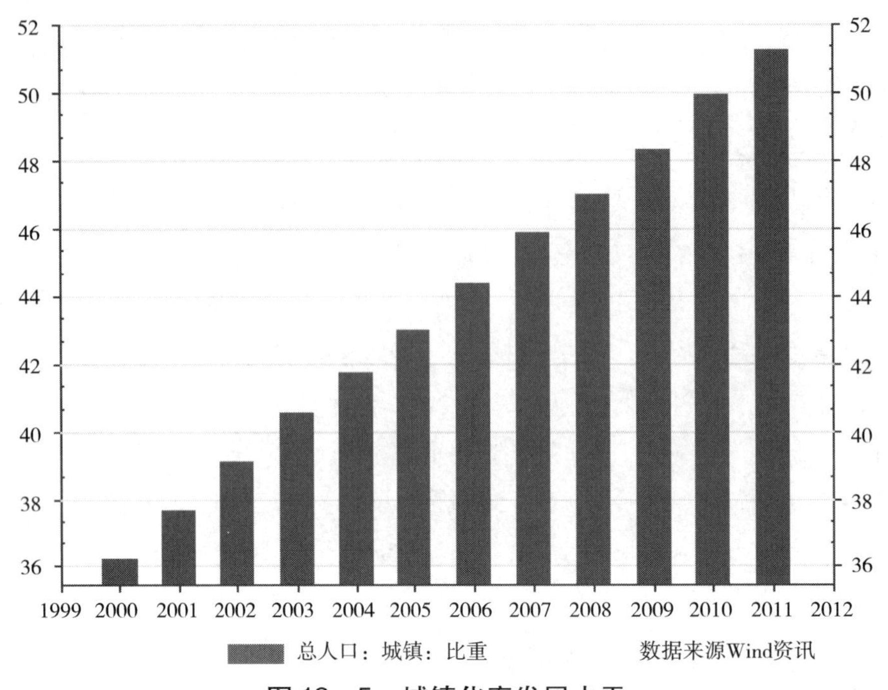

图 12-5 城镇化率发展水平

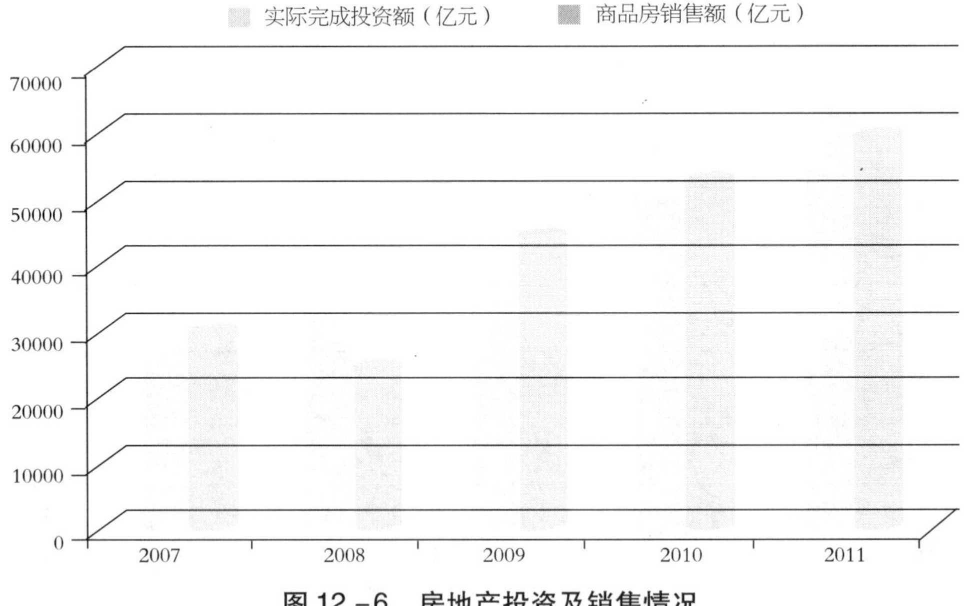

图 12-6 房地产投资及销售情况

数据来源：Wind 资讯

销售面积和商品房销售额增幅同比 2010 年分别回落 5.7 和 6.8 个百分点。70 个大中城市新建住宅销售价格月环比下降的城市个数逐步增加。12 月份，70 个大中城市中，环比下降的城市为 52 个，比 11 月份增加 49 个。但商品房深入调控的同时，保障房建设开始加速，2011 年新开工建设城镇保障性安居工程住房 1043 万套（户），基本建成城镇保障性安居工程住房 432 万套。就与房地产业密切相关的建筑业而言，2011 年建筑业总产值累计达 117734 亿元，同比增长 22.6%；建筑业企业利润总额达到 4241 亿元，涨幅 24%。仍然存在企业利润依旧增长，但增幅趋缓的现象。2011 年，央行先后三次加息和六次上调存款准备金率，与此同时，主要能源、原材料价格大幅攀升和人工成本仍惯性大幅上涨。需求受到抑制，同时成本上升导致建筑企业利润率下滑，从而拖累了主营房地产业务建筑企业上市公司的市场表现。以中国建筑为例，其2011年营业利润251.6亿元，增长33.9%；净利润192.4亿元，增长30.7%；房地产销售额891亿元，增长33.2%；销售面积700万平方米，增长7.5%，较2010年营业利润187.9亿元，增长47.7%；净利润147.2亿元，增长54.8%；销售额668亿元，增长42.1%；销售面积653万平方米，增长16.8%，均出现下降。

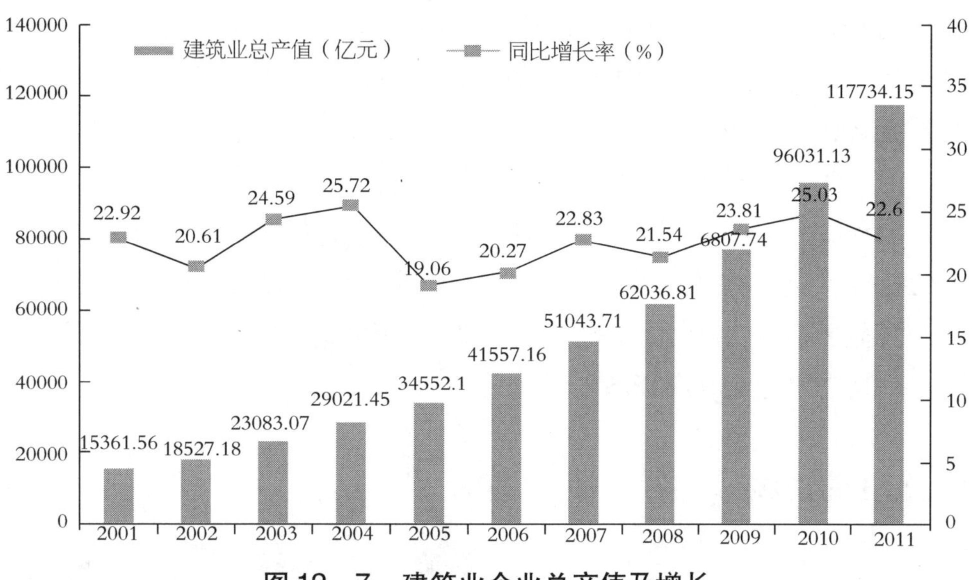

图12－7　建筑业企业总产值及增长

数据来源：Wind资讯

◎**资料链接：**

2011年央行加息与存款准备金率变动一览表

存款准备金

★ 12月5日下调存款准备金0.5个百分点

★ 6月20日起上调存款准备金率0.5个百分点

★ 5月18日起上调存款准备金率0.5个百分点

★ 4月21日起上调存款准备金率0.5个百分点

★ 3月25日起上调存款准备金率0.5个百分点

★ 2月24日起上调存款准备金率0.5个百分点

★ 1月20日起上调存款准备金率0.5个百分点

加息

★ 7月7日起加息0.25个百分点

★ 4月6日起加息0.25个百分点

★ 2月9日起加息0.25个百分点

（三）中央一号文件锁定水利，水利基础设施建设全面提速

2011年中央一号文件锁定水利，提出把水利作为国家基础建设的优先领域，把农田水利作为农村基础设施建设的重点任务，把严格水资源管理作为加快转变经济发展方式的战略举措。紧随其后，多次高规格的中央水利工作会议陆续召开，对加快水利改革发展作出全面部署。“十二五”水利改革发展取得良好开局，2011年全国水利投资达3341亿元，其中中央水利投资首次突破千亿元大关，中央财政水利专项资金同比增长70.5%。水利投融资体制改革取得重要突破，公共财政水利投资明显增长，从土地出让收益中提取10%用于农田水利建设的政策得到落实。受此影响，水利基础设施建设全面加快，主要河流湖泊治理全面加快，一批重点水利工程开工建设。农村水电增效扩容改造试点项目启动实施，国家水土保持重点工程建设扎实推进，水生态保护和修复力度进一步加大。上市公司方面，作为行业龙头的中国水电，受益于国内水利水电的发展，2011年实现营业收入1134.71亿元，新签合同1278.45亿元，其中水电合同412.26亿元。

（四）铁路投资锐减，高铁大规模建设较难维持

2011年铁路固定资产投资实现4610亿元，同比下降44.7%，新建铁路完成投资3899.05亿元。建成京沪、广深等高速铁路共1421公里；张家口至集宁、黄桶至织金铁路建设完成。新开工拉萨至日喀则、成都至兰州、吉林至珲春等铁路，建设规模1079公里。由于铁路建设市场的萎缩，铁路招标严重减少，作为铁路基建行业的龙头企业（2011全年其铁路市场占有率约为50.6%），中国中铁2011年铁路新签订单同比下降76%。受此影响，2011年，中国中铁新签合同额5708亿元，同比减少22.4%；实现营业总收入4607.20亿元，同比减少2.75%；归属于上市公司股东的净利润为66.90亿元，同比减少9.55%；其中，扣除非经常性损益的影响后，归属于上市公司股东的净利润为63.13亿元，同比减少3.21%。

三、2012年建筑行业业绩前景分析

（一）宏观经济平稳增长，建筑行业持续受益

2012年中国宏观经济将整体稳定，相比前几年经济的高增长率，中国将进入中速增长的阶段，2012年政府将GDP的增长目标定为7.5%。与此同时，消费和净出口尚不足以维持经济增长，因此固定资产投资对于经济增长的贡献还将持续，建筑业将继续完成全社会固

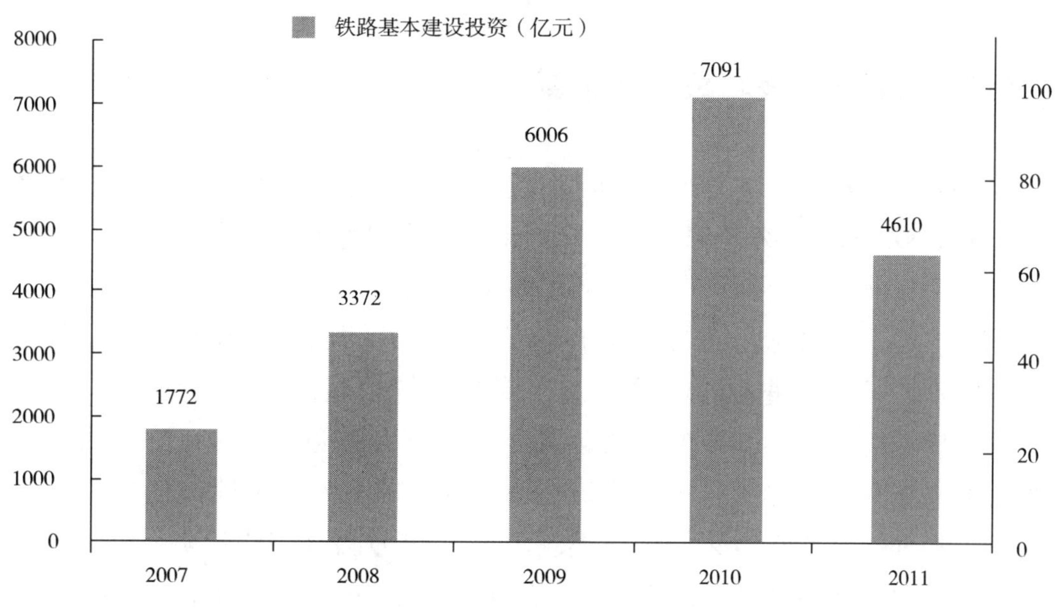

图 12－8　2007～2011 年铁路基本建设投资及增长

数据来源：铁道部

定资产投资建设任务，实现平稳增长。总体上看，中国仍面临着城市化率较低、基础设施建设薄弱等问题，城镇化将成为我国经济发展最大的驱动因素，建筑、地产与基础设施仍然是拉动经济增长贡献最大的行业。随着“十二五”产业结构调整和经济发展的转型，国家将重点加大对农村建设、中西部发展、社会事业、科技发展、生态环境保护和基础设施建设等领域的投资，其中城乡基础设施建设应是今后建筑业拓展的主要市场，交通、能源、环保等基础设施建设将成为继房地产、市政设施建设之后的又一个投资热点，新农村建设也将成为重要的潜在市场。在区域经济快速发展、城市化加速、基础设施建设投资持续加大、高铁路网密集建设、地铁市政建设持续升温的总体发展趋势下，这些都将给建筑业带来巨大的投资机会，但可以预计，建筑业的增长速度会逐渐放缓。

（二）保障房建设及地产刚性需求前景广阔

房地产市场仍然是建筑业发展的重要市场。2012 年房地产调控的大环境还将持续，但从中长期看，土地资源总体仍然偏紧，扩大内需也将为市场提供更多的需求，房地产行业的发展前景依然非常广阔。我国住房供给体系将从过度市场化、过分依赖商品房的住房供给体系，向市场与保障双结合转变。因此，2012 年除商品房市场保持稳步增长外，保障性住房将成为重要组成部分，2012 年新开工建设保障性住房和棚户区改造住房将达到 700 万套以上，基本建成 500 万套以上，竣工量要高于 2011 年。这将使得住房市场的“双轨制”逐步形成，住宅供应结构分化趋势更加显著。住房供应体系的分化，对建筑业整体市场景气无较大影响，房地产市场相关建筑业前景依然广阔，保障性住房开发给建筑施工类公司带来经营模式的变革和盈利能力的提升，将导致国内房屋建筑龙头企业的长期发展。

（三）建筑业绿色发展之路蓄势待发

《国民经济和社会发展第十二个五年规划纲要》首次提出，建筑业要推广绿色建筑、绿色施工。2011年，住房和城乡建设部发布了《建筑工程绿色施工评价标准》，积极推动建筑业发展绿色施工。目前随着全社会节能和环保事业的发展，大规模推进绿色建筑与建筑节能的时机已经成熟，对于发展绿色建筑和建筑节能的社会共识已经形成。建筑业既要加大既有建筑节能改造投入，又要推进新建建筑节能，要推广绿色建筑、绿色施工，着力用先进建造、材料、信息技术优化结构和服务模式，大力发展符合绿色建筑要求的新型建材及制品，国务院总理温家宝在政府工作报告中也明确指出，加大既有建筑节能改造投入，积极推进新建建筑节能，这些都标志着在政策层面，建筑节能已成为国家“十二五”期间的重点内容。如北京率先启动老旧小区改造，计划在2012年对882栋共计1500万平方米的简易楼进行抗震节能改造。

（四）建筑企业行业分化将逐渐加剧

建筑行业整体将呈现缓慢增长的态势，但更深入具体的分析，住宅建设、装修装饰、园林、能源（水电、石油化工、现代煤化工）、交通（城市轨道交通和城际高速铁路）和环保基础设施建设等行业在未来将持续快速。具体来讲，房地产市场多年高速增长的积淀导致装饰行业的快速发展，城镇化进程的加快促进园林建设行业的高速发展。中国经济高速发展带来的能源诉求将导致能源建设长久持续。2011年水利建设被作为国家基础设施建设的优先领域，十二五投资额会达到1.8万亿，预计2012年水利行业的建设市场将比2011年增加1倍。现代煤化工等新型能源投资建设也会进入快速发展时期。交通方面，许多大中城市的交通拥堵将加大轨道交通建设的迫切性。铁路方面，在经历了2011年的投资低靡后将向常态回归，2012年安排铁路固定资产投资5000亿元，整个“十二五”期间安排的铁路投资为2.8万亿。

（五）2012年建筑企业不确定性分析

2012年对建筑企业发展影响最大的是政策风险，特别是国家对房地产市场持续进行调控的相关政策，如土地供应政策、金融信贷政策和财税政策等，将对上市公司业务带来不确定性。同时，建筑还将受到劳动力成本提高、劳动力资源短缺、建筑原材料价格上涨、房地产信贷政策多变等因素的影响。海外市场的迅速拓展需防范新兴市场发生宏观经济大幅波动的风险及汇率风险和违约风险。

附表：

2011 年建筑行业上市公司业绩评价结果排序表

行业排名	全部上市公司排名	股票代码	股票简称	综合得分（100分）	每股收益（元）	总资产报酬率（%）	净资产收益率（%）	总资产周转率（次）	流动资产周转率（次）	资产负债率（%）	获利倍数	营业收入增长率（%）	资本扩张率（%）	市场投资回报率（%）	股价波动率（%）	年末资产额（万元）	营业收入净额（万元）	净利润（万元）
1	39	002081	金螳螂	81.70	1.52	15.18	33.87	1.72	1.91	59.46	0.00	52.80	151.15	-25.09	55.57	770536.98	1014522.28	73979.34
2	42	002051	中工国际	81.40	1.05	7.08	19.78	0.84	0.93	78.46	24.21	41.89	17.90	-9.54	31.05	1192171.58	717515.57	46945.60
3	104	002140	东华科技	76.70	0.62	9.98	27.98	0.73	0.85	70.89	0.00	27.82	27.16	-13.14	52.25	382786.88	234648.98	27845.40
4	202	601668	中国建筑	72.90	0.45	6.37	17.36	1.07	1.31	76.59	9.92	30.35	14.70	-16.38	58.96	50582925.30	48283663.70	1923854.10
5	215	002628	成都路桥	72.60	1.45	12.60	21.34	1.13	1.37	52.14	9.93	49.32	228.45	-31.31	38.74	287659.89	255217.60	19163.98
6	292	601669	中国水电	70.10	0.49	5.27	17.43	0.80	1.43	80.64	2.98	11.80	131.78	-31.31	24.46	16321513.50	11347088.11	394107.26
7	311	600502	安徽水利	69.70	0.75	9.77	18.98	1.05	1.44	73.03	3.65	38.59	61.78	44.41	92.56	604045.96	531293.38	25021.51
8	360	002325	洪涛股份	68.50	0.60	9.03	11.26	1.18	1.29	34.82	0.00	43.72	17.00	-24.40	61.78	199901.76	216772.94	13610.01
9	375	002310	东方园林	68.20	2.99	20.51	28.45	0.99	1.02	52.30	25.38	100.21	46.15	-34.75	84.67	396214.04	291010.69	45273.32
10	393	002620	瑞和股份	67.80	1.05	8.28	13.32	1.23	1.29	45.61	0.00	29.79	321.81	-31.31	37.51	152423.58	131371.20	6831.81
11	470	300197	铁汉生态	66.00	1.28	15.68	17.55	0.87	0.98	11.89	0.00	98.30	498.10	-31.31	129.72	155440.12	82517.44	14025.28
12	475	002375	亚厦股份	66.00	1.06	9.60	17.75	1.29	1.39	57.37	0.00	61.60	19.19	-51.28	106.50	674604.12	725264.47	46944.13
13	490	002586	围海股份	65.70	0.78	8.99	14.28	1.01	1.35	53.02	9.27	27.85	207.85	-31.31	67.07	174543.77	130077.46	7757.54
14	509	002542	中化岩土	65.30	0.51	9.14	11.70	0.53	0.61	9.28	0.00	17.29	508.96	-31.31	86.99	81376.47	26409.09	5028.86
15	627	002431	棕榈园林	62.57	0.72	12.25	15.93	0.90	0.97	41.38	0.00	93.23	18.46	-43.61	94.98	336194.37	249349.57	28944.31
16	628	600039	四川路桥	62.56	0.50	4.56	13.02	0.85	1.51	81.90	2.72	46.60	16.63	-28.74	72.07	852529.41	671565.98	18650.46
17	647	600491	龙元建设	62.20	0.29	6.13	12.22	1.21	1.36	78.28	5.06	37.09	8.36	-15.50	78.04	1257931.96	1349584.67	32106.76
18	728	600970	中材国际	61.00	1.69	10.25	39.08	1.36	1.55	76.34	0.00	4.87	29.32	-52.77	161.32	1902835.54	2509799.62	155976.41
19	735	002482	广田股份	60.90	0.88	7.68	10.65	1.21	1.26	48.35	0.00	28.88	9.97	-42.36	105.25	535052.04	541047.96	28099.38
20	759	000961	中南建设	60.50	0.80	5.93	16.33	0.43	0.47	79.47	5.63	34.64	30.65	-35.48	122.71	3356794.77	1230283.96	99330.40
21	794	000065	北方国际	60.00	0.45	6.73	14.02	1.23	1.36	72.37	2.99	43.91	12.31	-37.49	92.05	233013.56	263235.67	8529.56
22	810	600170	上海建工	59.60	1.17	3.09	14.89	1.41	1.78	83.30	0.00	16.60	33.98	-40.87	144.40	6826047.43	8285690.07	148245.41
23	822	600496	精工钢构	59.40	0.48	7.71	15.77	1.17	1.55	65.01	6.78	7.40	19.69	-32.89	101.08	553326.74	570627.40	28017.26
24	883	600248	延长化建	58.40	0.35	5.84	18.47	1.44	1.76	72.07	0.00	18.42	22.48	-43.88	100.29	318951.61	422519.22	14939.07
25	923	601886	江河幕墙	57.80	0.70	7.32	11.65	0.89	1.01	47.04	6.30	11.20	144.28	-31.31	77.37	775574.39	576249.05	33709.74
26	952	600068	葛洲坝	57.40	0.45	5.57	13.31	0.77	1.34	78.72	3.05	27.21	7.85	-36.83	133.23	6631571.37	4653989.62	181007.09
27	1024	601789	宁波建工	56.00	0.35	5.67	12.95	2.27	2.53	71.46	4.51	9.45	115.28	-31.31	77.86	442377.73	867562.69	11972.40
28	1196	002135	东南网架	53.10	0.30	3.64	6.33	0.81	1.00	67.13	2.73	16.06	63.24	-26.37	70.85	522775.87	365675.22	8768.93
29	1125	601186	中国铁建	52.70	0.64	3.11	12.72	1.18	1.40	84.46	6.07	-2.72	12.86	-44.75	146.37	42298284.10	45736611.00	788196.40
30	1259	600820	隧道股份	52.00	0.71	3.97	11.06	0.66	1.03	78.40	3.58	-6.47	9.40	-29.79	89.96	2259044.90	1419154.99	51671.95

续 表

行业排名	全部上市公司排名	股票代码	股票简称	综合得分（100分）	每股收益（元）	总资产报酬率（%）	净资产收益率（%）	总资产周转率（次）	流动资产周转率（次）	资产负债率（%）	获利倍数	营业收入增长率（%）	资本扩张率（%）	市场投资回报率（%）	股价波动率（%）	年末资产额（万元）	营业收入净额（万元）	净利润（万元）
31	1293	600326	西藏天路	51.40	0.15	6.85	8.48	0.59	0.99	39.71	9.99	16.68	9.34	-46.80	137.70	233029.97	131949.56	11406.36
32	1438	002307	北新路桥	48.90	0.13	4.20	5.34	0.82	1.23	71.30	1.86	20.33	56.94	-36.96	99.26	425151.29	289864.76	5334.34
33	1481	601618	中国中冶	48.10	0.22	3.21	6.65	0.74	1.01	82.48	2.61	11.31	8.71	-32.31	99.65	33203096.20	23017820.40	371256.70
34	1486	002060	粤水电	48.00	0.20	2.02	3.69	0.56	0.97	71.30	2.14	2.39	59.51	-35.93	113.66	820748.63	402393.65	7072.12
35	1501	601390	中国中铁	47.70	0.31	2.95	9.33	1.07	1.40	82.64	4.16	-2.84	10.09	-42.33	134.67	46873209.70	45970134.30	723954.60
36	1626	600528	中铁二局	45.40	0.36	3.18	11.69	1.67	1.86	84.91	4.27	8.84	8.05	-47.94	169.00	3937364.13	5952128.68	66883.23
37	1675	300117	嘉寓股份	44.30	0.27	4.12	5.09	0.55	0.65	37.83	10.45	35.43	4.22	-46.60	109.52	185891.08	99710.16	5767.25
38	1725	600853	龙建股份	43.20	0.07	1.94	4.76	1.17	1.45	86.97	2.00	1.66	4.46	-34.73	71.39	587316.21	660776.02	3561.10
39	1726	600477	杭萧钢构	43.20	0.15	3.18	7.44	0.77	1.01	76.94	2.84	3.38	11.08	-30.78	84.68	550369.98	358126.87	8969.81
40	1748	600545	新疆城建	42.80	0.24	5.04	8.76	0.45	0.58	65.56	4.06	7.85	7.62	-45.04	112.99	533927.51	217656.22	15543.65
41	1776	000090	深天健	42.10	0.45	4.33	5.25	0.40	0.70	59.07	3.77	0.02	-34.36	-42.19	110.00	750024.61	354721.30	20321.95
42	1884	002163	中航三鑫	39.40	0.07	2.89	4.51	0.52	1.26	74.86	2.49	24.03	1.27	-45.89	144.30	648356.01	288984.78	7308.79
43	1901	002062	宏润建设	38.70	0.31	3.45	5.99	0.70	0.82	76.29	2.85	1.11	8.21	-53.67	170.07	928622.37	611209.74	12686.63
44	1945	600284	浦东建设	36.80	0.49	5.70	7.74	0.09	0.35	67.29	2.26	22.55	6.83	-56.20	173.02	1308558.23	114176.70	32068.85
45	2091	600512	腾达建设	30.50	0.03	1.86	2.05	0.34	0.46	72.92	2.13	-16.71	0.69	-37.71	94.72	416432.69	126799.06	2306.45
46	2182	600986	科达股份	24.70	0.08	0.71	-0.95	0.60	0.76	71.84	1.29	36.66	-0.94	-53.91	151.76	240797.11	130637.39	-644.07
47	2217	600145	ST 国创	21.70	-0.06	-5.33	-11.29	0.40	0.49	44.83	-6.77	-32.01	-10.69	-34.62	111.89	36784.16	16314.08	-2428.10

第十三章

传播与文化行业上市公司业绩评价

传播与文化产业是一个特殊的产业，既具有一般的行业属性，又具有社会公益性质。其中的核心产业门类如传媒产业，既具有大众传媒的特点，又是党和国家的宣传渠道。文化产业推动经济发展方式转变的作用明显增强，逐步成长为国民经济支柱性产业。

2011 年国家对建设文化强国政策的确定，文化体制改革进入全面深化阶段，文化产业发展进入加速阶段。在整体经济增长走势趋缓大氛围下，文化产业上市公司收入增长放缓，利润增长还是保持较高水平。

一、传播与文化行业上市公司业绩评价结果

截至 2011 年末，传播与文化行业 A 股上市公司共计 31 家，其中盈利 29 家，亏损 2 家，即有 93.55% 的公司实现盈利，比 2010 年降低了 6.45%；传播与文化行业上市公司总资产共计 1063.63 亿元，占上市公司总资产的 0.47%。

2011 年全国 2276 家上市公司共计完成营业收入 188392.47 亿元，31 家传播与文化行业上市公司完成营业收入 546.98 亿元，占上市公司全部营业收入的 0.29%；全部上市公司共计实现净利润 10644.20 亿元，传播与文化行业上市公司实现净利润 70.84 亿元，占上市公司全部实现净利润的 0.67%。

2011 年传播与文化行业整体评价结果良，行业业绩综合得分 72 分，比全市场的 61.7 分高 10.3%，31 家传播与文化行业上市公司中只有浙报传媒一家进入 2011 年上市公司业绩评价综合得分的百强名单，排名第 24 位。业绩为良好的有 14 家；业绩为中的有 11 家；业绩为低的有 2 家；业绩为差的有 4 家。

表 13－1　2011 年度传播与文化行业中联十强排行榜

名次	股票代码	股票简称	在全部上市公司中排名
1	600633	浙报传媒	24
2	300058	蓝色光标	127
3	600373	中文传媒	172
4	600637	百视通	188
5	600386	北巴传媒	192
6	300104	乐视网	193

续 表

名次	股票代码	股票简称	在全部上市公司中排名
7	600880	博瑞传播	199
8	600757	长江传媒	214
9	601928	凤凰传媒	243
10	300251	光线传媒	258

基于对传播与文化行业上市公司的整体评价，下面分别从财务效益、资产质量、偿债风险、发展能力、市场表现五个方面对传播与文化行业上市公司进行具体分析。

（一）财务效益

从综合得分来看，2011 年传播与文化行业上市公司财务效益状况高于全国上市公司平均水平。

表 13－2 列示了 2011 年传播与文化行业上市公司财务效益状况评价结果。在传播与文化行业上市公司财务效益状况指标中，电广传媒财务效益排名第一。电广传媒 2011 年实现营业收入 28.45 亿元，比上年下降 54.04%；实现营业利润 6.37 亿元，比上年增长 22.39%，归属母公司所有者的净利润 5.08 亿元，比上年增加 23.89%。公司 2011 年不再独家代理湖南电视台广告致 2011 年营业收入大幅下降，有线网络成为公司营收和利润的最大增量来源。2011 年公司销售、管理、财务等三项费用得到控制，最终营业利润有所增长。

表 13－2　传播与文化行业财务效益状况比较表

分析指标		2011 年上市公司平均值	2011 年行业值	2010 年行业值	增长率（%）
基本指标	扣除非经常性损益净资产收益率（%）	11.15	10.34	10.19	1.47
	总资产报酬率（%）	7.45	8.40	8.31	1.08
	得分	21.23	21.48	20.32	5.71
修正指标	营业利润率（%）	6.70	12.66	11.76	7.65
	盈利现金保障倍数	1.06	0.86	1.61	-46.58
	股本收益率（%）	49.53	40.49	37.62	7.63
综合得分		21.93	22.27	21.99	0.63

与 2010 年的情况相比较，2011 年传播与文化行业上市公司总体上财务效益状况略有进步，除盈利现金保障倍数以外的其他指标均高于 2010 年行业值，但扣除非经常性损益净资产收益率、盈利现金保障倍数、股本收益率三项指标低于 2011 年全部上市公司平均值。

（二）资产质量

从综合得分来看，传播与文化行业上市公司资产质量状况优于全国上市公司平均水平。

表13－3列示了传播与文化行业上市公司资产质量状况评价结果。在传播与文化行业上市公司资产质量状况指标中，广电网络、北广传媒、浙报传媒和上海钢联四家得分均为满分。企业在运营中保持了较高的存货周转率，广电网络、北广传媒、浙报传媒和上海钢联2011年存货周转率分别为12.3、11.58、17.5和17.94，大大高于行业平均水平4.8；另外广电网络和上海钢联的应收账款周转率分别为72.41、170.26，大大高于行业平均水平11.09。

表13－3　传播与文化行业资产质量状况比较表

分析指标		2011年上市公司平均值	2011年行业值	2010年行业值	增长率（%）
基本指标	总资产周转率（次）	0.91	0.58	0.58	0.00
	流动资产周转率（次）	1.86	1.01	1.10	－8.18
	得分	9.57	7.15	7.22	－0.97
修正指标	应收账款周转率（次）	14.01	11.09	12.00	－7.58
	存货周转率（次）	4.14	4.80	4.83	－0.62
综合得分		9.25	10.37	10.48	－1.05

与2010年比较可知，2011年传播与文化行业上市公司总体上资产质量略有下降，但变化不大，除总资产周转率与上年持平，其余指标均有不同度下降，主要是应收账款周转率下降幅度稍大。

（三）偿债风险

从综合得分来看，2011年传播与文化行业上市公司偿债风险状况远优于全国上市公司平均水平。

表13－4列示了传播与文化行业上市公司偿债风险状况评价结果。在传播与文化行业上市公司偿债风险状况指标中，方直科技、天舟文化得分排名第一，其资产负债率分别为2.81%、8.53%，远低于上市公司及行业平均；速动比率分别为3667.9%、943.88%，远高于行业平均。

表 13－4　传播与文化行业偿债风险状况比较表

分析指标		2011 年上市公司平均值	2011 年行业值	2010 年行业值	增长率（%）
基本指标	资产负债率（%）	59.04	36.73	37.56	-2.21
	获利倍数	7.88	193.07	22.61	753.91
	得分	9.26	12.99	12.56	3.42
修正指标	速动比率（%）	72.33	185.6	184.65	0.51
	现金流动负债比率（%）	11.60	21.71	37.98	-42.84
	带息负债比率（%）	46.03	26.33	31.18	-15.55
综合得分		9.05	11.52	11.77	-2.12

与2010年相比较，2011年传播与文化行业上市公司偿债风险状况平均得分下降2.12%，说明在传播与文化行业业务规模扩大的过程中，各个公司的营运资金需求增加，相应偿债风险也随之有所加大。

（四）发展能力

从综合得分来看，2011年传播与文化行业上市公司发展能力状况优于全国上市公司的平均水平。

表13－5列示了传播与文化行业上市公司发展能力状况评价结果。在传播与文化行业上市公司发展能力状况指标中，浙报传媒得分排名第一，主要原因是公司于2011年完成了重大资产重组，使浙报集团旗下传播与文化资产注入到公司，从而导致营业收入增长率、资本扩张率等各项指标均居行业前列。

表 13－5　传播与文化行业发展能力状况比较表

分析指标		2011 年上市公司平均值	2011 年行业值	2010 年行业值	增长率（%）
基本指标	营业收入增长率（%）	24.27	23.06	30.90	-25.37
	资本扩张率（%）	17.20	35.10	58.84	-40.35
	得分	12.40	14.30	13.93	2.66
修正指标	累计保留盈余率（%）	40.82	30.15	24.47	23.21
	三年营业收入增长率（%）	21.50	18.44	23.02	-19.90
	总资产增长率（%）	20.41	30.87	43.29	-28.69
	营业利润增长率（%）	7.12	43.87	63.30	-30.70
综合得分		12.36	14.20	14.64	-3.01

2011年传播与文化行业上市公司营业收入增长率从2010年的30.9%降至23.06%，营业收入实现负增长。由于国家关于传播与文化产业具体扶持政策较晚落实，2011年传播与文化行业上市公司业绩增速变缓，但资本扩张率、总资产增长率、营业利润增长率还是远高

于全国上市公司的平均水平，传播与文化行业还是在高速发展时期。

（五）市场表现

2011 年，欧债危机不断演进，全球经济步履蹒跚，国内严控通货膨胀，坚持房地产调控，创业板退市制度推出，大盘全年大跌，沪指下跌 21.68%，深证综指下跌 32.86%，深证成指下跌 28.41%，均位居全球股指跌幅榜前十名。传播与文化行业逐渐成为国民经济的支柱的重要性，随着 2011 年 10 月《中共中央关于深化文化体制改革、推动社会主义文化大发展大繁荣若干重大问题的决定》的发布日益彰显，传播与文化指数文化传媒板块涨幅明显，其后期指数优于市场行情。具体情况见图 13－1。

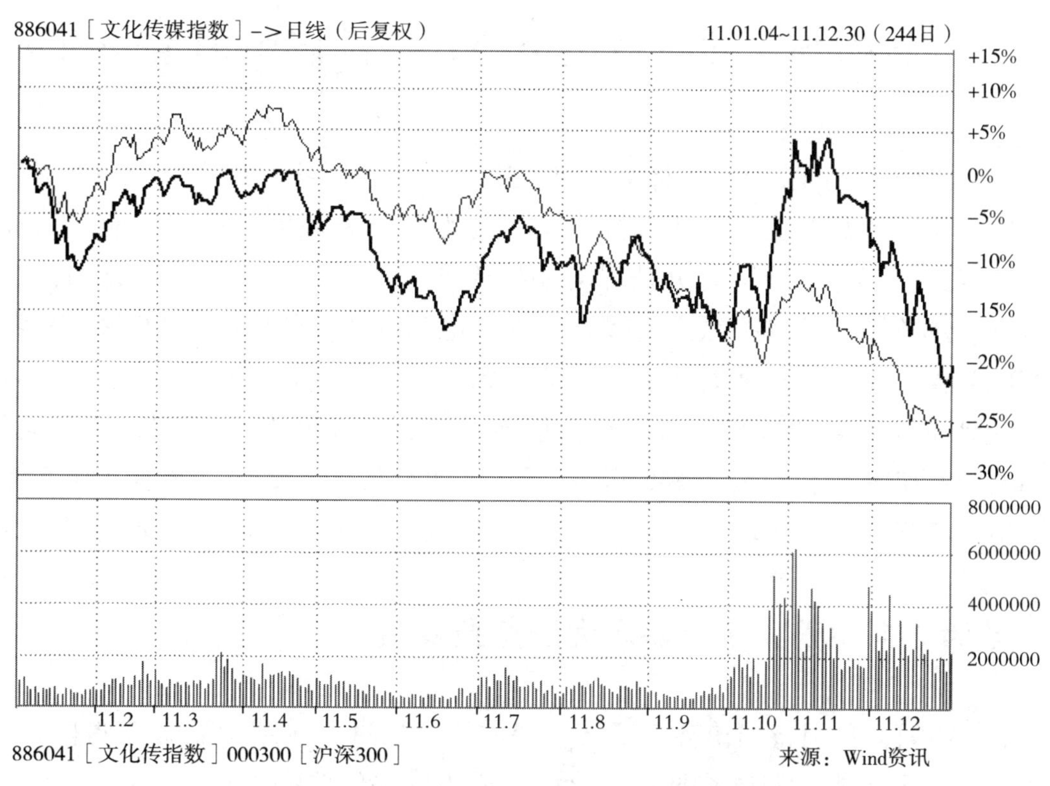

图 13－1　传播与文化指数与大盘指数波动

从综合得分来看，传播与文化行业上市公司市场表现状况优于全国上市公司的平均水平。

表 13－6 列示了传播与文化行业上市公司市场表现状况评价结果。在传播与文化行业上市公司市场表现状况指标中，华谊兄弟、华闻传媒得分并列第一，华谊兄弟主要是力图从"优质的娱乐内容提供商"向"全娱乐运营平台"转型，与腾讯的深度合作，通过"授权费＋参股"的模式运作文化城等导致投资者的追捧。华闻传媒增资入股国广东方，涉足新媒体领域，致受投资者追捧。

表 13-6 传播与文化行业公司市场表现状况比较表

分析指标		2011 年上市公司平均值	2011 年行业值	2010 年行业值	增长率（%）
基本指标	市场投资回报率（%）	-31.17	-12.75	-10.11	-
	股价波动率（%）	96.03	69.71	59.34	-26.48
	得分	9.59	13.61	8.90	-18.78

2011 年传播与文化行业上市公司市场投资回报率为 -12.75%，低于 2010 年的 -10.11%。在大盘整体低迷情况下，传播与文化行业上市公司有 7 家市场投资回报率大于 0，21 家高于全国上市公司平均水平，其中最高的为百视通 79.59%。

二、传播与文化行业上市公司业绩影响因素分析

2011 年是国内传媒行业整体稳步成长的一年，也是精彩纷呈的变革之年。在宏观经济整体调整期中，受政策和产业内生成长性驱动，传媒行业表现出了稳定行业产值提升能力；借助产业变革之力，部分细分行业更呈现出井喷式增长的潜力，获取了市场的持续注意力。随着文化体制改革不断深化，报纸、广播、电视、电影等传统传媒行业均有抢眼表现；三网融合进入实施阶段，全媒体产业时代引领的新一轮变革正阔步走来；率先进入资本市场的传媒板块因而受到不同程度的青睐，新一轮传媒企业集团的上市热情也因此空前高涨。2011 年度传播与文化行业实现营业收入 546.98 亿元，同比增长 23%，增速同比下降 5 个百分点，实现净利润 70.84 亿元，同比增长 76%，增速同比上升 21 个百分点，主要受以下因素影响。

（一）政策导向明确，市场需求促进产业发展

“十二五”期间，我国将加快转变经济发展方式、推进产业结构战略性调整。“十二五”规划建议中，首次明确提出我国将推动文化产业成为国民经济的支柱性产业。近年来，中国经济强国的地位不断提升，相应文化强国的战略目标也逐渐明确，在中国转变经济增长方式背景下，国家在文化传媒领域出台了一系列重要的扶持政策。

十七届六中全会会议有利于推动我国文化体制的进一步改革以及文化产业的进一步发展和繁荣，对整个文化传媒产业都有正面影响。

扶持政策随之跟进：

广电总局：“限娱令”和“限广令”，控制各大卫视频道娱乐节目数量及播出时间，规范影视剧和新闻节目中间插播广告行为，防止出现过度娱乐化和低俗倾向。

财政部、税务总局：加大财政文化投入力度，提高文化支出占财政支出比例；加强重点文化领域经费保障；发挥财政资金的杠杆作用，引导带动金融资本和其他社会资本投入文化产业。

◎资料链接：

★ 2011 年 10 月中央十七届六中全会通过了《中共中央关于深化文化体制改革、推动社会主义文化大发展大繁荣若干重大问题的决定》，首次提出“社会主义文化强国”的目标，并提出“文化改革发展成效纳入科学发展考核评价体系”，将有力保障《决定》推进落实。

主要内容包括：

★ 构建现代文化产业体系。鼓励有实力的文化企业跨地区、跨行业、跨所有制兼并重组，培育文化产业领域战略投资者。

★ 支持和壮大国有或国有控股文化企业，鼓励和引导各种非公有制文化企业。在投资核准、信用贷款、土地使用、税收优惠、上市融资等方面给予支持。

★ 深化国有文化单位改革。支持国有文化企业面向资本市场融资，支持其吸引社会资本进行股份制改造。

★ 保证公共财政对文化建设投入的增长幅度高于财政经常性收入增长幅度，提高文化支出占财政支出比例。

国务院法制办：公布《电影产业促进法征求意见稿》，降低市场准入门槛；通过财政、税收、金融、用地等扶持措施激励电影业务；加强监督管理，规范市场秩序；加强电影公益服务。

财政部、证监会、保监会等部委相继推出其他相关扶持政策。

2011 年，我国文化产业总产值预计超过 3.9 万亿元，占 GDP 比重将首次超过 3%，文化产业对国民经济增长的贡献不断上升。

（二）居民消费升级显现，促进文化传媒行业发展

从美国、日本等发达国家的经验来看，在人均 GDP 达到 3000 美元之后，文化娱乐消费需求有一个快速增长的过程。国际经验表明，当人均 GDP 达到 5000 美元后，经济的快速发展不仅带来了经济总量的增长，还更加带来了社会经济成分、组织形式、利益关系和分配方式的多样化。2010 年中国的人均 GDP 已经达到 4000 美元以上，目前正是文化消费需求快速释放的过程。马斯洛需求层次上升，精神文明需求提高；人均 GDP 上升，国民收入提高带动消费升级；具备全新消费习惯的新一代人逐渐成为消费主力军；以上几点正是促进文化传媒行业发展的主要需求，尤其在电影方面表现极出突出。2011 年，中国电影总票房超过 130 亿元，比 2010 年的“百亿”增长 30%。

（三）传媒产业格局变化，推动传播与文化产业发展

◎资料链接：

★ 在技术、经济、受众等多种因素作用下，媒体融合趋势在2011年进一步深化，并且呈现出更为复杂的图景。媒介融合革命不仅给传播业务和传播产业带来了结构性的变化，更使传统的传播规则面临极大的挑战，媒介的融合同时伴生媒介的裂变与重组；并进一步引发媒介生产方式的革命。

来源：中国新闻网

在以新媒体发展、媒介融合为主旋律的“全媒体”变革时代，商业价值的核心仍聚焦在内容、渠道这两个关键要素上，内容与渠道的B2B购买模式、渠道与用户的直接销售模式和渠道、用户、广告之间的二次销售模式主宰着传媒产业的利益格局。而随着媒介转型时代到来，用户与传播主体的力量对比发生了逆转，伴随渠道多元化，用户对渠道的主动选择权越来越大，渠道分化的趋势也越发明显；同时，内容正版化加速渠道分化。渠道多元化、竞争加剧催生了影视剧市场内容产业繁荣，新闻出版市场的出版渠道弱化、发行渠道多元化也加速了出版内容市场的繁荣，但优质的内容资源仍是稀缺资源。随着渠道竞争加剧和新媒体高调进入市场，国内传媒市场的渠道资源面临过剩局面，用户有限的注意力资源将被重新瓜分。在这一过程中，传统媒体面临最大的价值萎缩风险，以网络媒体为代表的新媒体首先冲击平媒，数字化冲击、纸价上涨、年轻受众流失共同造成了平媒发展的隐忧。近年传媒产业的部分新媒体公司、大型出版传媒集团已经不能满足于聚焦内容或渠道，多元商业模式的趋势已经出现。跨平台的横向整合传播能力是传媒相关多元战略的核心，内容资源和传播平台的整合变得越来越重要。相关多元整合不仅是内容与渠道的整合，全媒体、全产业链的竞争趋势正在形成。这种整合将打散内容商与渠道商、甚至传媒产业各细分业的边界，也给行业带来巨大的成长空间。

代表性事件如下：

蓝色光标上市后进行了一系列跨媒体并购，初步形成了包括广告、公共关系及活动管理等增值服务在内的完整的营销服务链条。这一系列扩张的成效在公司2011年报中得以体现，2011年公司营业收入同比增长155.4%，归属于上市公司股东的净利润同比增长101.67%，呈高速增长态势。

新华网产业园区举行开园仪式，旨在建立集网络媒体、搜索引擎、移动互联网、网络视频、数字出版、电子商务等于一体的新媒体产业链和网站集群。

百视通公司联手中国银联、康佳集团首次推出基于智能电视终端的在线支付系统和应用服务。

中央电视台与中国移动通信集团公司签署战略合作协议，宣布将设立合资公司，打造

"中国手机电视台"。

百度宣布与华数传媒达成战略合作协议，电视用户将可以通过手中的电视遥控器，在电视屏幕上使用百度所提供的搜索、影视、娱乐、社区交流等服务。

南方报业传媒集团、河南日报报业集团、重庆、陕西、四川、福建等地方媒体纷纷与腾讯公司签署战略合作协议，联手打造地方网站。

2011 年三网融合取得了实质性进展，第二批试点城市已经开始部署。

（四）技术创新和新技术应用，促进了文化传媒产业发展

新技术不断出现，促进了电影、电视技术的不断发展，出现了 IMAX、3D、高清视频等多种影像方式；同时智能手机、平板电脑、网络、云计算等的发展，促进了传播与文化行业新商业模式的出现、新技术的市场化、新的用户趋势变化，促进了新媒体的发展，满足了用户消费需求多样化，刺激了用户消费欲望。根据中国互联网信息中心 2011 年 11 月测算的数据，我国网民总数已经达到 5.05 亿，其中手机网民数量达 3.4 亿，总体网民当中手机用户普及率达 65.5%。3G 用户增长给移动互联网创造了很好的用户基础环境，从整体上促进了文化传媒产业发展。

三、2012 年传播与文化行业展望

展望 2012 年，我国传播与文化产业，外部有国家层出不穷的各项积极扶持政策利好，内部有中国居民文化消费需求日益快速上升和新媒体技术引入带来的强大产业发展动力，在内外部因素共同作用下，我国文化传媒产业步入发展的黄金时期。

（一）文化强国政策明确，传播与文化产业未来复合增速达 23%

2011 年 10 月中央十七届六中全会通过了《中共中央关于深化文化体制改革、推动社会主义文化大发展大繁荣若干重大问题的决定》，首次提出"社会主义文化强国"的目标，指出要加快发展文化产业、推动文化产业成为国民经济支柱性产业。

中国文化部 2012 年 2 月发布《"十二五"时期文化产业倍增计划》，提出要在"十二五"期间，文化部门管理的文化产业增加值年平均现价增长速度高于 20%，2015 年比 2010 年至少翻一番，实现倍增。倍增计划围绕实现跨越式发展的主题和国民经济支柱性产业的定位，提出了培育壮大市场主体、转变文化产业发展方式等 10 个方面的任务。

新闻出版总署 2 月发布《关于加快出版传媒集团改革发展的指导意见》，其中明确指出，到"十二五"期末，将进一步做强做优国家层面人文、教育、科技三大出版传媒集团，培育多个年销售收入超过 200 亿元的大型骨干出版传媒集团，推动新华书店跨地区兼并重

组，组建全国性国有大型发行集团；强调融资的重要性，鼓励出版传媒企业上市，加强各级新闻出版行政主管部门与金融机构的战略合作，为出版传媒集团信贷融资提供便利条件，推动制定支持出版传媒集团以专利权、商标权、著作权、自主品牌等无形资产出资、质押贷款等有关政策；鼓励出版传媒集团积极尝试新业态和新的经营手段：包括网络出版、手机出版、云出版，以及与电子商务企业合作；给非公有文化企业定位进一步明确，要引导和规范国有出版传媒集团与非公有文化企业开展产品合作、项目合作、资本合作；允许国有出版传媒集团引进具备资质的非公有文化企业作为国有出版传媒集团的一个部门参与出版活动；允许出版传媒集团控股或参股成长性较好的非公有文化企业。

◎资料链接：

2012 年 2 月《国家“十二五”时期文化改革发展规划纲要》发布

★ 为实现文化产业“逐步成长为国民经济支柱性产业”的目标，“十二五”期间文化产业发展的重点是进一步加快发展文化创意、数字出版、移动多媒体、动漫游戏等新兴文化产业。

★ 积极发展和壮大出版发行、影视制作、广告等传统文化产业，加快发展文化创意、数字出版、移动多媒体、动漫游戏等新兴文化产业，规范发展文化产业园区。

★ 在重点培育一批核心竞争力强的国有或国有控制大型文化企业或企业集团的基础上，在国家许可范围内，引导社会资本以多种形式投资文化产业，逐步形成公有制为主体、多种所有制共同发展的文化产业格局。推动文化产业与旅游、体育、信息、物流、建筑等产业的融合发展，提升品牌价值，增加物质产品和现代服务业的附加值和文化含量。

★ 在市场主体培育方面，将以建立现代企业制度为重点，完善产业分工协作体系，鼓励有实力的文化企业跨地区、跨行业、跨所有制兼并重组。

★ “十二五”期间，中国将进一步形成推动文化产业发展的政策扶持体系，包括政府投入保障政策、文化经济政策、文化贸易促进政策、版权保护政策、法制保障政策等。即加大财政、税收、金融、用地等方面对文化产业的政策扶持力度，继续执行文化体制改革配套政策，对转企改制国有文化单位扶持政策执行期限再延长 5 年。

2012 年 1 月财政部、国家税务总局下发通知，决定自 2011 年 1 月 1 日至 2012 年 12 月 31 日对动漫产业发展实施增值税、营业税优惠政策。

2012 年 3 月 5 日，温家宝总理在政府工作报告中提出，“坚持优先发展教育。中央财政已按全国财政性教育经费支出占国内生产总值的 4% 编制预算，地方财政也要相应安排，确保实现这一目标。”2012 年中央财政安排文化体育与传媒支出 493.84 亿元，增长 18.7%。

上述政策均旨在推动中国文化事业的发展，文化将成为支柱产业，这意味文化产业增加值占GDP的比重将达到5%以上。2010年全国文化产业的增加值突破了1.1万亿元，占国内生产总值的比重为2.78%。根据《“十二五”规划纲要》，2015年总量预计达到55.8万亿元，年均增长7%。由此推算，到2015年我国文化产业增加值至少应该达到2.79万亿才能成为国民经济支柱性产业。以2010年文化产业增加值为1万亿计算，“十二五”期间文化产业的年均复合速至少达23%，文化传媒未来五年有望在政策推动下呈高复合增长。

（二）居民消费升级继续推动文化传媒行业发展

2011年中国的人均GDP已经达到5000美元以上，目前正是文化消费需求快速释放的过程。文化产业的加快发展已经具备了需求的基础。同时中国的经济增长也需要进一步向消费内需为主的模式转型，预计随着人均GDP的持续增长，我国居民对于文化消费的需求将进一步扩大。另一方面，随着居民基本生活生存需求被满足，储蓄愈发增多，根据马斯洛三角，人们会更多的追求精神需求，文化传媒产业也将被人们更多的关注和需要。

（三）2012年是文化产业资本发展元年，文化产业上市进程加快

文化产业扶持政策持续加码对行业的促进作用将有效降低文化市场准入门槛，出版行业有望更多鼓励民营资本参与，产业并购继续扩大，文化企业上市、跨区域跨行业并购重组提速。

数据显示，目前已经公布上市计划的文化企业达到180多家，其中以出版印刷领域的企业最多，达54家；其次为影视及动漫领域企业，达52家；两大领域计划上市的企业占全部计划上市企业数量的57%。在计划上市的公司当中，以演艺为主营业务的企业也有意计划上市，成为计划上市的文化企业新力量。

（四）媒体各细分领域表现将各有侧重

出版行业：行业整体增速预期不高；新媒体冲击下的重灾区，传统媒体中转型诉求最强的子行业，因而成为政策扶持和转型试水的重点行业。传统的平面媒体板块虽然处于成熟期，自身增速有限，将借力于国家政策推动进行行业资源整合，通过业务转型，大力发展数字出版，开拓其他新媒体领域；通过并购整合等方式，进一步提升产业集中度，实现集团跨媒体、跨地区、跨行业、跨所有制发展；出版传媒行业的整体市场化进程有望借助资本市场力量的推动得到加速；民营传媒公司有望大量登陆资本市场。

影视行业：2012年中美双方就解决WTO电影问题谅解备忘录达成协议，在原来每年引进美国电影配额约20部的基础上增加14部3D或IMAX电影；加快数字化影院的建设和多厅影院的发展，将继续向二三线城市延伸，银幕数量年增长预计将达3000块左右，十二五

期间2万块；放宽大陆、香港、台湾电影界的合作将更加普遍，中外合拍的题材和方式也会更加多元，通过合作进入内地以外的市场会成为中国电影业发展的重要策略，以上措施保证电影行业仍将处于年增长30%以上的高速发展时期；“内容为王”日渐明朗，优质内容稀缺；渠道端竞争加剧导致优质影视剧集行情高涨，B2B购买市场上奇货可居；文化消费升级，行业蛋糕持续做大；鼓励、扶持型软驱动政策有望覆盖的细分行业。

影视动漫领域：行业正处于高速成长期，市场需求正处于异常旺盛的上升时期。2011年，中国动漫产业产值达到100亿元，动漫题材的衍生品市场接近500亿。动漫产业将在保持30%以上增速的同时进入由“大”向“强”转变的攻坚期。

广告营销行业：行业整合度低，外延式扩张预期明显；广告客户需求悄然变化，具有整合营销传播能力的大公司将集中市场份额；行业整体增速将放缓。

IPTV行业：直接受益于政策硬驱动的封闭市场；2012年三网融合突破性进展预期和二批试点城市公布直接利好在壁垒内的设备商、运营商。

（五）产业链纵向和横向整合加速

产业链的整合存在两股推动力量：

自上而下的政策推动。按照政府规划，2012年将加快推进全国有线网络整合、出版发行集团跨区域整合以及报业跨区域发展。2012年传统媒体整合将从省内整合迈向跨区域整合。

自下而上的市场驱动。传统媒体迫于新媒体的竞争压力也将加速横向整合，尤其是平面媒体和有线网络；日益壮大的新媒体将向上游的内容领域渗透；而领先的内容公司也将加强对新媒体或传统媒体渠道的合作或掌控。2012年，我们将看到更多的在线视频与电视台的战略结盟、互联网巨头与影视内容领先公司的战略合作、电影制作公司与院线公司之间的相互渗透，以及出版发行集团之间的跨区域扩张。

（六）文化产业仍处于新业态不断涌现、新旧业态彼此调整寻找市场定位的时期，产业发展呈现“媒介融合”、“强调互动”两大特征趋势

一方面，文化产业新业态不断地发展，如出版领域的数字出版、自助出版，和网络新媒体有关的微电影、手机院线、云电视等。新业态的出现与发展紧紧围绕和依赖现代信息技术，但新业态在崛起的过程中要面临市场定位、盈利模式建构等产业化的问题，在以内容为王的文化产业中，内容还是一个产业发展的根本，同时还有渠道。另一方面，部分旧的业态开始走下坡路，其中最突出的便是实体书店和传统纸质出版，民营书店的接连倒闭反映出了这种趋势。新旧业态的并行发展，在当前呈现出两大趋势，一是“媒介融合”，二是“互动性”的增强。关于“互动性”，一方面指在文化消费过程中受众参与被前所未有的强调，成为当下文化乃至社会生活的重要特征，也成为文化项目盈利点设计的利器。关于“融合

性”，由于数字技术带来的变革，跨界与融合成了文化产业发展的关键词。新业态给旧业态提供了机遇，比如在近几年也略显颓势的电视在新兴的云计算的支持下大有希望开拓一片新天地。总的趋势上，新的文化业态会慢慢地代替旧的业态或者将其融合，但是不管新的还是旧的，其未来定位都还没有完全明朗，所以现阶段以及未来的较长的一段时间都将是文化产业的新旧业态不断调整和寻找位置的时期。

附表：

2011 年传播与文化行业上市公司业绩评价结果排序表

行业排名	全部上市公司排名	股票代码	股票简称	综合得分（100分）	每股收益（元）	总资产报酬率（%）	净资产收益率（%）	总资产周转率（次）	流动资产周转率（次）	资产负债率（%）	获利倍数	营业收入增长率（%）	资本扩张率（%）	市场投资回报率（%）	股价波动率（%）	年末资产额（万元）	营业收入净额（万元）	净利润（万元）
1	24	600633	浙报传媒	83.79	0.66	27.76	41.45	1.46	2.84	30.38	0.00	211.95	865.20	-31.31	42.55	161715.28	134227.69	25889.98
2	127	300058	蓝色光标	75.75	0.67	14.30	13.77	1.03	1.40	29.23	0.00	155.40	20.59	33.01	115.47	150733.71	126605.83	14527.51
3	172	600373	中文传媒	74.14	0.85	8.01	7.71	1.10	2.05	48.26	22.67	122.95	11.28	-9.83	93.19	758616.00	698135.94	48297.94
4	188	600637	百视通	73.36	0.63	13.22	17.34	0.44	0.92	14.39	0.00	-37.43	94.69	79.59	79.94	311621.50	133546.52	35564.89
5	192	600386	北巴传媒	73.17	0.44	11.56	14.20	1.16	1.99	34.35	13.39	23.68	13.64	-26.82	62.75	216784.25	242424.11	19334.88
6	193	300104	乐视网	73.10	0.60	11.81	12.89	0.43	0.90	40.42	119.15	151.22	12.62	-2.58	93.39	177438.71	59855.59	13087.79
7	199	600880	博瑞传播	73.00	0.63	20.72	17.02	0.51	1.27	21.10	0.00	12.37	27.22	-37.22	97.84	276400.01	130595.93	42051.64
8	214	600757	长江传媒	72.59	0.46	14.25	17.79	1.28	2.27	33.18	1316.85	314.24	0.00	7.07	94.05	398054.46	261122.89	28488.01
9	243	601928	凤凰传媒	71.37	0.36	7.03	10.05	0.60	0.81	27.70	0.00	11.44	120.51	-31.31	21.82	1235360.19	602530.20	74234.96
10	258	300251	光线传媒	70.93	1.88	18.08	17.08	0.61	0.66	5.54	0.00	45.52	671.39	-31.31	45.71	189314.76	69792.51	17579.66
11	268	000719	大地传媒	70.63	0.33	14.10	14.51	1.59	2.42	30.52	17.00	0.00	414837.64	-31.31	16.48	225329.46	179184.48	14238.81
12	284	000793	华闻传媒	70.33	0.19	13.23	14.12	0.78	1.76	31.66	19.54	9.07	10.12	-3.29	54.31	522000.35	379389.17	50770.02
13	285	300226	上海钢联	70.31	1.08	12.64	13.76	0.94	1.31	31.62	275.34	117.78	300.37	-31.31	42.36	57637.96	35003.69	4016.21
14	286	601098	中南传媒	70.27	0.45	6.34	10.31	0.57	0.71	27.14	0.00	22.97	12.04	-23.19	59.23	1089322.08	585657.00	80619.16
15	371	002238	天威视讯	68.23	0.37	6.76	7.52	0.46	1.20	28.00	130.16	3.05	3.88	-17.24	44.39	195442.12	84954.13	11949.61
16	422	600551	时代出版	67.14	0.54	6.96	8.75	0.63	0.89	26.56	0.00	32.99	8.68	-14.57	53.44	410083.66	243817.84	27524.97
17	437	600831	广电网络	66.76	0.25	5.96	9.13	0.44	3.18	55.90	3.62	16.12	11.07	-2.63	69.40	332885.76	141917.91	13985.88
18	444	300235	方直科技	66.62	0.65	13.30	11.82	0.39	0.40	2.81	0.00	-7.43	247.17	-31.31	54.51	29162.51	7534.78	2494.77
19	492	600088	中视传媒	65.66	0.22	4.00	7.10	0.64	0.82	54.01	0.00	10.04	3.52	-11.11	75.73	231962.39	128948.46	7569.95
20	494	300071	华谊嘉信	65.65	0.36	9.70	8.61	1.99	2.35	17.85	0.00	82.01	9.79	-17.50	81.51	56298.36	101142.30	4181.42
21	498	601801	皖新传媒	65.56	0.44	7.42	11.17	0.65	0.86	21.46	0.00	10.40	8.90	-26.05	66.77	480896.05	304748.03	39909.22
22	598	300133	华策影视	63.12	0.80	14.20	11.33	0.30	0.33	11.21	0.00	43.01	10.10	2.95	102.67	147297.35	40306.82	15598.84
23	619	300148	天舟文化	62.73	0.34	6.63	6.27	0.50	0.55	8.53	0.00	29.82	5.16	16.71	177.47	57752.72	27760.15	3319.82
24	988	300027	华谊兄弟	56.73	0.34	11.83	11.20	0.40	0.50	30.68	0.00	-16.73	8.77	0.13	49.88	246375.74	89238.34	20542.02
25	1103	000917	电广传媒	54.56	1.25	9.33	17.43	0.25	0.64	66.18	3.48	-54.04	-2.42	4.31	61.79	1122788.81	284547.60	63680.09
26	1411	601999	出版传媒	49.45	0.12	2.21	2.24	0.59	0.78	32.13	0.00	4.86	3.21	-24.59	68.38	241095.86	139299.76	6807.82
27	1544	600681	ST 万鸿	47.05	0.10	27.03	0.41	0.18	1.09	88.22	0.00	154.40	0.00	-31.31	79.04	14768.24	1734.96	2501.17
28	1862	002181	粤传媒	39.97	0.03	0.45	0.81	0.24	0.46	13.89	0.00	-1.77	0.03	-14.61	64.21	140620.11	33259.74	1080.15
29	1887	600037	歌华有线	39.34	0.26	2.45	-1.66	0.19	0.54	52.15	0.00	0.18	1.12	-37.87	92.38	1111743.39	189783.70	27931.98
30	2148	000693	S＊ST 聚友	26.92	-0.32	-21.51	65.91	0.17	0.34	165.65	-2.97	-28.54	0.00	0.00	0.00	19184.49	3681.00	-6276.95
31	2273	000504	ST 传媒	14.94	-0.10	-10.72	-22.95	0.32	1.17	52.84	-345.53	-40.20	-19.09	-50.88	100.33	27647.26	9089.30	-3075.45

第十四章

银行业上市公司业绩评价

2011 年是我国“十二五”的开局之年，我国经济由回升向好进入稳定增长阶段。面对复杂多变的外部环境，我国银行业主动适应全球金融监管变革要求，主动融入中国经济转型发展大局。在净息差提高、规模增长驱动、中间业务提升及成本控制等因素的推动下，2011 年我国 A 股 16 家上市银行实现营业收入 22338.33 亿元，同比增长 27.22%，归属于母公司净利润 8750.06 亿元，增速达到了 29.17%。

展望 2012 年，受美、欧债务危机冲击，美、德、法、俄等大国面临政府选举，世界经济形势趋于复杂，国内需求也存在放缓压力，房地产市场、投融资平台、民间借贷等领域潜在风险增大。各种不确定因素明显增加，使我国上市银行在今年的增长中面临一定的隐忧。

一、2011 年银行业上市公司业绩评价结果

截至 2011 年末，银行业的 A 股上市公司共 16 家，其中：沪市 14 户，占 87.5%，深市 2 户，占 12.5%。16 家银行业上市公司资产总额 744953.81 亿元，所有者权益合计 45228.88 亿元，平均资产负债率为 93.98%，2011 年实现营业收入 22338.33 亿元，同比增长 27.22%，实现净利润 8824.74 亿元，同比增长 28.96%。

2011 年银行业整体评价结果较为理想，16 家银行业上市公司中有 8 家进入 2011 年上市公司业绩评价综合得分的百强名单。银行业中联十强排行榜见下表 14－1。

表 14－1　2011 年度银行业中联十强排行榜

名次	股票代码	股票简称	在全部上市公司中排名
1	601398	工商银行	5
2	601939	建设银行	7
3	600036	招商银行	15
4	600016	民生银行	25
5	601009	南京银行	27
6	601998	中信银行	38
7	002142	宁波银行	63
8	601988	中国银行	83
9	601288	农业银行	185
10	601166	兴业银行	189

下面分别从安全性状况、流动性状况、盈利能力状况、发展能力状况以及市场表现状况五个方面对银行业上市公司进行具体分析。

（一）安全性状况

1、资本充足率

资本充足率2011年高于监管标准值，与2010年相比，资本充足率增长了0.24%。资本充足率名列前三位分别为：宁波银行（15.36%）、南京银行（14.96%）、建设银行（13.68%）；资本充足率名列后三位的分别为：兴业银行（11.04%）、民生银行（10.86%）、光大银行（10.57%）；5大国有控股银行除农业银行（11.94%）外资本充足率均在12%以上。

2. 不良贷款率

2011年与2010年相比，不良贷款率减少了0.06%，主要得益于持续的高速经济增长、快速发展的金融市场以及企业加强风险管理与控制。不良贷款率较低的前三位分别为：兴业银行（0.38%）、浦发银行（0.44%）、深发展（0.53%）；不良贷款率较高的三家分别为：农业银行（1.55%）、建设银行（1.09%）、中国银行（1.00%）。大部分银行业不良贷款率较低，表明贷款资产的质量较好。

（二）流动性状况

1、短期资产流动性比率

2011年与2010年相比，短期资产流动性比率提高了0.39%。流动性比率名列前三位分别为：中信银行（58.97%）、建设银行（53.70%）、宁波银行（52.19%）；流动性比率名列后三位的分别为：北京银行（33.64%）、兴业银行（30.71%）、工商银行（27.60%）。大部分银行短期资产流动性比率较高，还款能力较强。

2. 存贷款比例

2011年与2010年相比，存贷款比例降低了0.18%。存贷款比例较低的前三家分别为：招商银行（61.85%）、南京银行（61.51%）、农业银行（58.50%）；存贷款比例较高的前三家分别为：深发展（73.49%）、中信银行（73.26%）、民生银行（72.85%）。

（三）盈利能力

1、净资产收益率

2011年净资产收益率前三位分别为：兴业银行（24.67%）、招商银行（24.17%）、民生银行（23.95%）；后三位分别为：中国银行（18.27%）、华夏银行（17.44%）、南京银行（15.87%）；5大国有控股银行除中国银行外，其他4家净资产收益率均高于20%。以上表明银行业整体盈利能力较强。

2. 总资产回报率

2011年总资产回报率排名前三位的分别为：建设银行（1.47%）、工商银行（1.44%）、民生银行（1.40%）；排名后三位的分别为：北京银行（1.06%）、深发展（1.05%）、华夏银行（0.81%），16家上市银行中只有华夏银行总资产回报率低于1%。

（四）发展能力

1、总资产增长率

2011年总资产增长率排名前三位分别为北京银行（83.50%）、深发展（52.35%）、南京银行（22.54%）；排名后三位的分别为：农业银行（13.56%）、中信银行（13.43%）、中国银行（12.05%）；由于基数较大，国有控股银行总资产增长率均在15%以下。

2. 营业收入增长率

2011年营业收入增长率排名前三位分别为：深发展（64.94%）、民生银行（50.39%）、南京银行（40.66%）；后三位分别为：建设银行（22.75%）、交通银行（21.80%）、中国银行（18.55%）。

（五）市场表现

2011年银行业市场表现整体强于大盘，整体表现（见图14－1）。从市场投资回报率看，民生银行、工商银行、农业银行和建设银行四家为正，其他12家为负收益，民生银行的投资回报率最高，达到19.17%；2011年上市银行的平均市场投资回报率为－9.41%，相比于2010年的－28.22%有一定的增长。从波动性指标看，股价波动性最大的前三家分别为宁波银行（126.20%）、兴业银行（100.01%）及北京银行（88.59%），农业银行股价波动最小只有8.53%。

2011年银行业的总体市场表现可以参见银行业和沪深300指数走势比较图，见图14－1。

二、银行业上市公司业绩影响因素分析

2011年，A股16家上市银行实现营业收入22338.33亿元，同比增长27.22%，其中利息净收入17507.49亿元，同比增长24.71%，手续费及佣金净收入4133.07亿元，同比增长

图 14－1　银行业和沪深 300 指数走势比较图

38.74%。实现净利润 8824.74 亿元，同比增长 28.96%，归属于母公司净利润 8750.06 亿元，增速为 29.17%，其中深发展、宁波、民生、华夏、中信、浦发、光大、招行增速在 40% 以上。

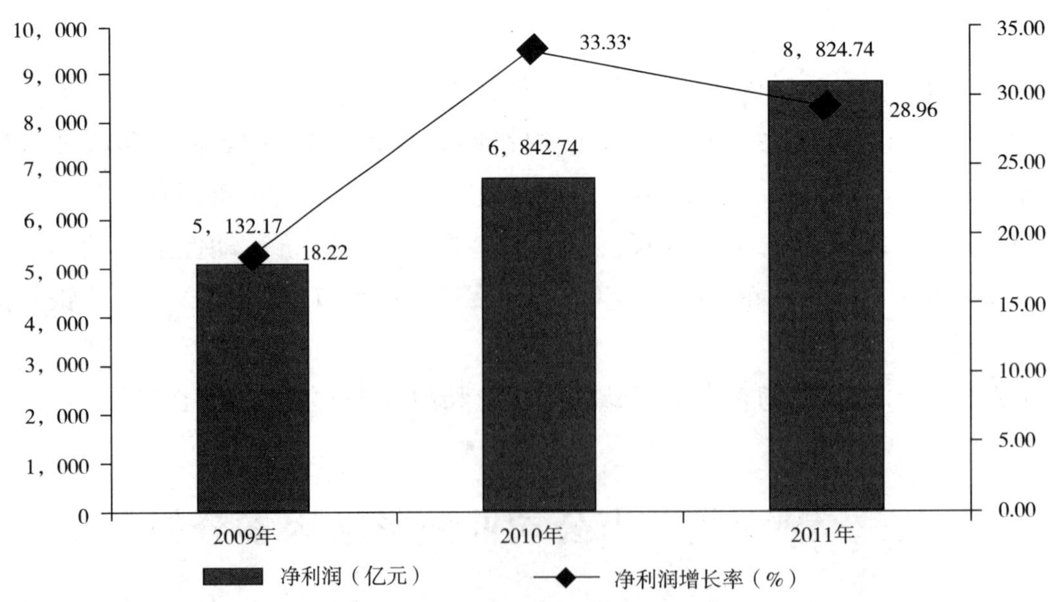

图 14－2　16 家上市银行近三年净利润情况（数据来源：wind）

2011 年银行业盈利大幅增长主要由于以下因素：净息差提高、规模增长、中间业务快速发展以及成本收入比下降等等。银行4季度单季度净利润大多表现为环比负增长，主要是年末拨备和费用计提较多所致。

2011年银行业上市公司业绩的影响因素详述如下：

（一）净息差仍然是2011年银行盈利的最重要来源

利息净收入向来是银行收入的重头，2011年亦不例外。数据显示，北京银行2011年利息净收入占营业收入的比重高达90.56%，是上市银行中占比最高的一家，其次是浦发银行，占比90.46%，另外，华夏银行为90.31%，南京银行为87.26%。五大国有银行中农业银行占比最高，为81.33%。

目前中国银行业净息差水平在3%左右。具体看，中、农、工、建等国有银行相对低一些，一般在2.5%左右；股份制银行和城商行普遍高一些，一般在3%以上。

2011年净息差上升幅度最大的分别是宁波、招行、中信、华夏，上升幅度分别为47、41、37、35bp；其中，宁波、民生、招行、中信的净息差达到3%以上，分别为3.23%、3.14%、3.06%和3%。净息差的上升原因主要是生息率的上升幅度大于负债成本的上升幅度。民生银行2011年负债成本降低明显，得益于存款的快速增长。中信银行生息率下降，主要是由于同业业务规模显著增加所致。

2011年由于信贷资源紧张，贷款价格上浮较多，资金价格上浮直接扩大了银行净息差。净息差提高的因素还有以下一些方面：（1）资产结构调整，增加高收益资产比重；（2）议价能力提升，尤其是部分商业银行推出的有创新点、吸引力的贷款产品，通常这部分贷款90%以上是利率上浮的；（3）市场流动性趋紧，债券收益率回升，存拆放同业收益率提高；（4）受加息预期等因素影响，活期存款占比提高。

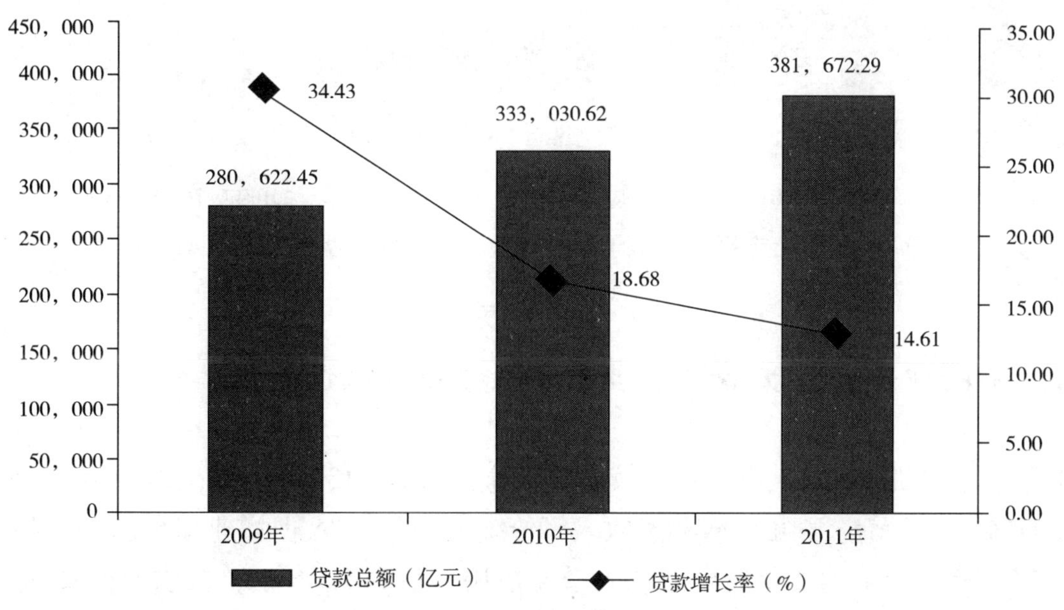

图14－3　上市银行历史年度贷款总额情况（数据来源：wind）

（二）规模增长是利润增长另一个主要的驱动因素

2011 年底，A 股 16 家上市银行资产总额达到 744953.81 亿元，比年初增加了 106591.68 亿元，增长 16.70%；发放贷款及垫款余额达 371813.82 亿元，比上年底的 325044.22 亿元增长 46769.60 亿元，增长率为 14.39%。2011 年基础设施行业贷款及房地产贷款增速回落，但占比仍居新增贷款投向前两位。另外中长期贷款仍呈上升趋势，虽然增速同样也有所下降。由于金融机构加大对个人消费领域的大力支持，2011 年个人消费信贷呈现快速上升的态势。中小企业贷款增速高于大型企业贷款。资产规模大的银行开展中间业务优势也比较明显。

2011 年，A 股 16 家上市银行存款总额为 569306.20 亿元，较年初的 505692.02 亿元，增加了 63614.18 亿元。南京银行、兴业银行、宁波银行等吸收存款增速较快，均超过 18%；传统的国有控股银行工行、农行、建行则增长总额较大，增速均在 10% 左右；2011 年中国银行吸收存款增长较大，总额增长近 12788.08 亿，增速达到 16.96%，为五大国有控股行增速之首。

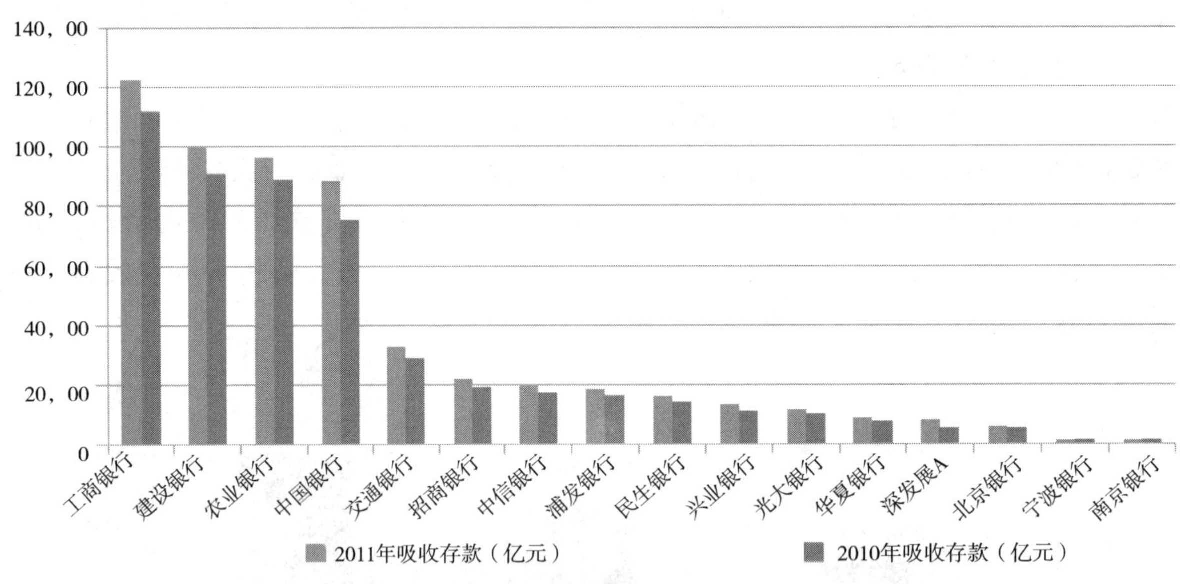

图 14－4　上市银行近两年吸收存款总额情况（数据来源：wind）

（三）中间业务的发展带动手续费及佣金收入快速增长

2011 年全年，A 股 16 家上市银行手续费及佣金净收入 4133.07 亿元，较 2010 年的 2978.93 亿元增长 1154.15 亿元，金额虽然较利息收入等传统银行业务少，但增速却高达 38.74%。

2011 年华夏银行手续费及佣金净收入增速最快，达到 1.06 倍，其次是兴业银行和民生银行分别是 84.23%、82.18%。工商银行、农业银行和建设银行手续费及佣金净收入增长总额居前，均超过 200 亿元，农业银行增速超过 49%。

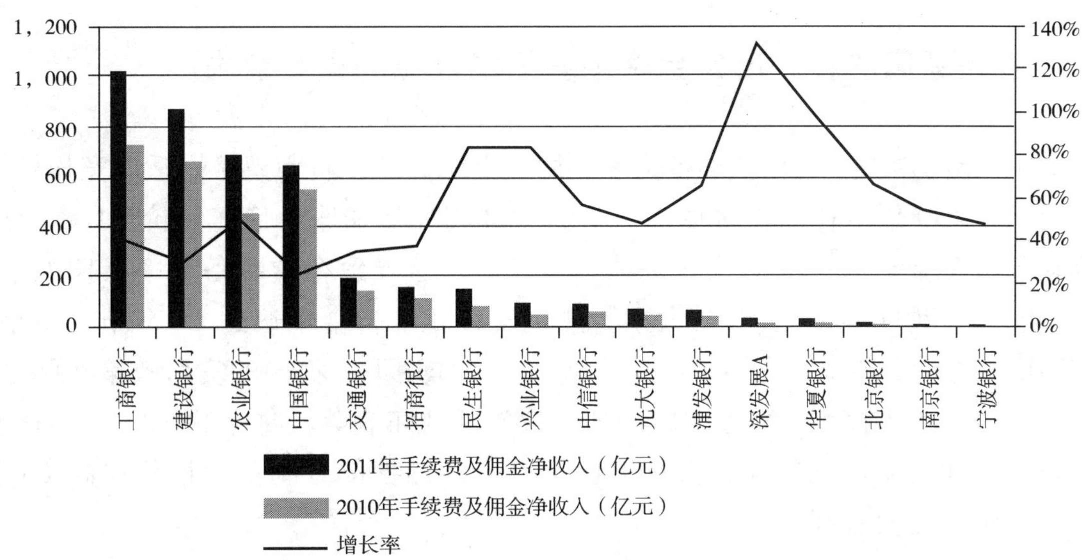

图 14－5　上市银行近两年手续费及佣金收入情况（数据来源：wind）

各行业务比重分布差别很大。中国工商银行 2011 年上半年手续费及佣金净收入为 537.91 亿元，同比增长 45.8%。其中，支付结算类中间业务上半年收入为 135.82 亿元，银行卡类中间业务上半年收入为 80.58 亿元，这两类业务收入均排在行业细分市场首位。中国建设银行 2011 年上半年手续费及佣金净收入为 476.71 亿元，同比增长 41.7%。其中，代理委托类中间业务上半年收入为 79.20 亿元，托管类中间业务上半年收入为 45.31 亿元，该两类业务收入均排在行业细分市场首位。中国农业银行 2011 年上半年手续费及佣金净收入为 371.36 亿元，同比增长 65.4%。其中，咨询顾问类中间业务上半年收入为 127.36 亿元，位居行业细分市场之首，紧随其后的是中国建设银行咨询顾问类中间业务收入 103.90 亿元，两者占 2011 年上半年咨询顾问类中间业务总额的 82.4%。

今年中间业务实现大幅增长，主要受益于资本市场趋于活跃、银行加大拓展力度以及银行理财产品快速增长等多种因素。

（四）成本收入比下降推动净利润提高

2011 年，A 股 16 家上市银行业务及管理费占营业收入的平均比例为 33.01%，比 2010 年的 35.28% 降低了 2.27%，拉动净利润上升近 6%。16 家银行中，浦发银行的业务及管理费占营业收入的比例下降最显著，自 2010 年的 33.06% 降至 2011 年的 28.79%，降低了 4.25%。突出显示了浦发银行在 2011 年的经营过程中对成本实行了有效的控制。同样降低较多的还有中信银行、北京银行和民生银行，成本收入均下降了 3.9% 左右。五大国有银行中农业银行从 2010 年的 38.59% 降至 2011 年的 35.89%，下降的最多，达到 2.70%，说明在其上市后进一步加强了成本的控制。五大行中，工商银行的成本控制能力相比较强，其业务及管理费占营业收入的比例近 3 年均保持在五大行的最低水平，2011 年从 2010 年的 30.61% 降至 29.38%。

（五）屡创新高的存款准备金率削弱了银行业的盈利能力

央行2010年内六次上调存款准备金率、两次上调利率，货币政策由适度宽松转向稳健。2011年上半年，CPI依然在高位徘徊，央行为了抑制通货膨胀、稳定物价，1~6月间再次六次提高存款准备金率，三次上调存贷款基准利率，这导致存款准备金率长期处于较高水平，并创下新高，2011年6月20日大型金融机构存款准备金率达到21.50%，中小金融机构达到18.00%的历史高位。在多项调控措施的综合作用下，稳健的货币政策实际已经转为紧缩的货币政策，严重控制了商业银行的信贷投放额度和节奏，商业银行的大量资金被央行冻结，加剧银行业的流动性风险，商业银行不得不以牺牲部分利益为代价提高资产的流动性，这削弱了银行业的盈利能力。

◎资料链接：

2011年中国银行业十件大事

★ 加入世贸组织十年，我国银行业金融机构综合实力和国际地位显著提高，总资产超百万亿，商业银行整体加权平均资本充足率超过12%，主要商业银行不良率下降1%，全球千家大银行排名破百，与此同时，在华外资银行稳健发展。

★ 央行六次上调存款准备金率，三次上调存贷款基准利率，年底又适时下调存款准备金率，各银行业金融机构积极传导灵活稳健货币政策，保持合理信贷投放力度和节奏，信贷投向持续优化，有效支持了经济平稳较快增长。

★ 隆重纪念中国农村信用社成立60周年，农村金融机构改革持续推进，支持“三农”发展力度不断加强。

★ 中国银监会连续发文，推动商业银行加大对小微企业金融服务力度，小微企业贷款连续三年实现两个“不低于”的目标。

★ 六部委发布《关于扩大跨境贸易人民币结算地区的通知》，将跨境贸易人民币结算境内地域范围扩大至全国，支持香港成为离岸人民币业务中心。

★ 监管机构积极参与国际金融准则新一轮修订，陆续颁布相关指导意见及管理办法，强化银行业监管。

★ 积极配合中央房地产调控政策，综合运用多种金融手段和措施支持保障性安居工程建设，促进房地产金融产业规范健康发展。

★ 进一步贯彻落实《国务院关于加强地方政府融资平台工作管理有关问题的通知》等政策要求，地方融资平台贷款清理规范工作取得阶段性成果。

★ 贯彻执行三部委通知要求，积极履行社会责任，免除部分服务收费，切实保障金融消费者享有良好基础金融服务的权益。

★ 监管机构及中国建设银行、中国农业银行等机构主要领导相继调整。

三、2012 年银行业前景分析

2012 年，整体上市银行的增长面临一定的隐忧，这些不利影响在一季报中已经得到部分的显现，2012 年一季度 A 股 16 家上市银行归属于母公司净利润的平均增速为20%，比去年同期的33.23%增速出现了明显下降。2011 年全年上市银行虽然实现了不良贷款余额的双降，但是如果从第三季度的环比情况看，上市银行 2011 年末的不良贷款余额比第三季度末的环比有了明显的上升；从 2012 年第一季度的环比看，整体不良贷款余额继续环比增长。

2012 年初，监管部门展开了银行业不规范经营专项整治工作，中国人民银行在 2 月下调了存款准备金率，经济下行的不确定性以及温州综合金融试验区导致市场对于利率市场化进程加快的担忧等等因素，都会对上市银行的经营产生影响。

（一）监管部门加强了对银行业不规范经营的治理

2012 年初，监管部门展开了银行业整治不规范经营专项工作。1 月 20 日，银监会发布了《中国银监会关于整治银行业金融机构不规范经营的通知》，部署整治银行不规范经营。通知强调，银行业金融机构在开展贷款等业务时，要严格落实“七不准”禁止性规定，还要求银行业金融机构必须做到各种收费项目科学合理、统一定价、名目管理，并在 2012 年一季度内完成自查。随后，银监会、央行、发改委共同出台《商业银行服务价格管理办法（征求意见稿）》，要求商业银行服务明码标价。《办法》中将银行收费项目分为政府定价（或指导价）项目和市场调节定价项目两大类，前者包括人民币基本结算价格，后者则需明码标价，并在提价、新设收费项目时及时向三部门报告。此次连续出台的两个方案，严厉程度明显高于以往，显示了监管层彻底整治银行业不规范经营的决心。

监管的加强对银行业中间业务收入的影响相对有限，《通知》中的贷款收费，大多体现在手续费及佣金收入的“财务咨询费”（或称财务顾问费等）中。财务咨询费本质上是变相的贷款利息收入，究其原因主要有两方面：（1）银行借用议价地位额外收费。（2）银行内部过高的中间业务收入考核指标，导致银行业务员采取了这种变换名目的不规范做法，即将部分利息变相为咨询费。参考历史经验，财务咨询费收入占总收入比例在2%左右，因此其影响整体上较为有限。且部分咨询费收入会回流至利息收入，则影响更小。此次涉及的银行乱收费问题，其根源是在于信贷收缩中银行过高的议价能力。银行议价能力高首先反映了我国金融服务供给上仍为不足，随着金融业“脱媒”的继续发展，银行业会往中小企业领域聚集，随着中小企业信贷领域金融服务供给的扩大，银行议价能力下降是大势所趋。

2011 年中间业务高增长主要由信贷相关的所谓顾问咨询费、承诺费等推动，而随着2012 年经济增速平稳下滑，信贷需求减缓，那些靠信贷紧张而带来的中间业务上涨将会回归常态。为了实现利润的持续增长，国内商业银行会积极扩展业务范围，大力发展信托、投行、融资租赁等新型业务，提高这些新型业务对收入、利润的贡献。

（二）存款准备金率存在下调的预期

中国人民银行宣布自2012年2月24日起下调法定存款准备金率0.5个百分点，这是自2011年11月以来第二次下调，确认了货币政策放松的立场。自此，大型国有银行存款准备金率达到20.5%，中小型银行存款准备金率达到18.5%。调整后，4047亿人民币资金将会被相应解冻。由于人民币升值预期减弱及资本外流，外汇占款的规模的不断下降，存款准备金率的下调很有必要，从而抵消流动性的减少。

整体看，此次央行下调存款准备金率主要原因可能是从去年11月份开始的持续信贷低迷，整体银行的可贷资金偏少倒逼的结果，从另一方面也说明央行希望保证宏观经济稳步发展，不出现过大的下滑，因此可以预见，2012年货币政策仍将主要表现为微调且以数量型工具为主，未来存款准备金率仍有下调空间但频率可能较慢。

目前阶段，降低存款准备金率对存款和贷款都有利，缓解存款下降趋势。（1）从宏观角度看，降低存款准备金率改善了市场主体（尤其是银行）的预期，导致货币乘数下降压力有所缓解；另一方面释放基础货币4000亿；最终对货币供给有利。（2）从微观形成机制看，目前流动性压力已制约小银行放贷，降低存款准备金率使可贷资金增加，缓解中小银行流动性压力，利于中小银行贷款回归正常，存款压力亦有所缓解。（3）利于贷款和其派生存款增加，利于“新增贷款—派生存款—再新增贷款”银行体系派生存款能力增加；另一方面金融创新使得同业资金亦流入实体经济，同业资金压力缓解利于银行体系的贷存款派生。

（三）资本充足率的新标准加大了银行业再融资的压力

2011年5月3日，中国银监会发布了【2011】44号文《关于中国银行业实施新监管标准的指导意见》。指导意见明确提出，基于我国银行业改革发展实际，借鉴《第三版巴塞尔协议》，提高资本充足率监管要求。具体为将现行的两个最低资本充足率要求（一级资本和总资本占风险资产的比例分别不低于4%和8%）调整为三个层次的资本充足率要求：一是明确三个最低资本充足率要求，即核心一级资本充足率、一级资本充足率和资本充足率分别不低于5%、6%和8%。二是引入逆周期资本监管框架，包括：2.5%的留存超额资本和0－2.5%的逆周期超额资本。三是增加系统重要性银行的附加资本要求，暂定为1%。新标准实施后，正常条件下系统重要性银行和非系统重要性银行的资本充足率分别不低于11.5%和10.5%；若出现系统性的信贷过快增长，商业银行需计提逆周期超额资本。按照此项标准，在已公布2012年一季报的银行中，华夏银行11.21%，兴业银行11.04%，光大银行10.67%，民生银行10.86%都是基本达到监管要求。以此来看，2012年银行业将整体面临较大的再融资压力。

（四）贷款增速的决定性因素将回到银行自身——存贷比和资本充足率

今年贷款增速的决定性因素将回到银行自身——存贷比和资本充足率，未来信贷增速将高度关联于存款增长，在存款压力依旧严峻的形势下，贷款供不应求的局面和银行的信贷议价能力均不会出现根本性扭转。

激烈的存款竞争格局在2012年仍难有根本性缓解。一方面，尽管通胀水平回落，但长期通胀率仍可能保持较高水平，储蓄负利率状况难以根本性扭转。另一方面，人民币升值预期减弱使得外汇占款增速下降也施压于存款增长。此外，金融工具的不断创新加速金融脱媒，存款替代品不断增多。存款增长仍是制约银行信贷投放的重要因素。

2012年信贷投放将呈现两大特点：（1）决定贷款增速的最重要因素将来自银行自身——存贷比（更为重要）和资本充足率，今年前两个月存款外流、银行存贷比吃紧是造成年初新增贷款低于预期的最主要原因，同时，为维持资本充足率水平，存贷比尚有较大空间的银行亦不能通过大幅提高存贷比来获得高于同业的贷款增速。向前看，贷款增速将高度关联于存款增速的变化，在今年存款依然紧张的背景下，贷款供不应求的局面不会出现根本性扭转，银行的信贷议价能力有望得以保持，而存款基础更强的银行将在信贷投放上拥有更大的优势和自主性；（2）新增贷款短期化趋势将得到强化，1～2月延续了此前数月短期贷款增速较快的趋势，在未来贷款增速受制于存贷比约束和中长期基建贷款受限的背景下，银行在信贷投放上将持续倾向于中小企业以及票据融资等短期产品，以确保在贷款增速调节上的灵活性。

（五）温州综合金融试验区加快了利率市场化的进程

2012年4月底，国务院决定设立温州市金融综合改革试验区，并推出了包括规范发展民间融资、建立民间融资备案管理制度等在内的12项具体任务。温州市民营经济发达，民间资金充裕，民间金融活跃。近年来，温州部分中小企业出现资金链断裂和企业主出走现象，对经济和社会稳定造成一定影响。开展金融综合改革，切实解决温州经济发展存在的突出问题，引导民间融资规范发展，提升金融服务实体经济的能力，不仅对温州的健康发展至关重要，而且对全国的金融改革和经济发展具有重要的探索意义。会议批准实施《浙江省温州市金融综合改革试验区总体方案》，要求通过体制机制创新，构建与经济社会发展相匹配的多元化金融体系，使金融服务明显改进，防范和化解金融风险能力明显增强，金融环境明显优化，为全国金融改革提供经验，加快了利率市场化的进程。

（六）经济下行是中国银行业面临的最大风险

进入2012年，经济下滑引致的银行业风险有增无减。统计数据显示，今年1～2月，全国规模以上工业企业实现利润6060亿元，同比下降5.2%，而2011年全年，全国规模以上工业企业利润增长还达到了25.4%。利润的下滑将削弱企业的还本付息能力。2012年在经济软着陆的前提下，不良贷款额和不良贷款率都将温和上升。

从银行全行业来看，2011年第四季度银行业不良贷款额和不良贷款率较三季度出现小幅上升。2011年末不良贷款余额为4279亿元，较三季度末上升201亿元；不良贷款率环比上升0.1至1.0个百分点。

不良贷款的反弹是经济下行过程中的正常现象，2012年银行关注类贷款和不良贷款余额可能仍会延续上升态势，但不良率仍将维持低位，信贷成本不会大幅度提高。在此背景下，银行业务重点将从规模扩张转为结构调整，利润增长的主要来源将从贷款规模的扩张转变为调整贷款结构，通过调整贷款资金的投向，提供差异化的有吸引力的产品，提高产品定价能力来提高盈利能力。

附表：

银行业上市公司业绩评价结果排序表

行业排名	全部上市公司排名	股票代码	股票简称	综合得分（100分）	每股收益（元）	资本充足率（%）	不良贷款率（%）	短期资产流动性比例（%）	存贷款比例（%）	净资产收益率（%）	总资产回报率（%）	总资产增长率（%）	营业收入增长率（%）	市场投资回报率（%）	股价波动率（%）	年末资产额（亿元）	营业收入净额（亿元）	净利润（亿元）
1	5	601398	工商银行	89.47	0.60	13.17	0.94	27.60	63.50	23.44	1.44	14.70	24.79	2.76	10.47	154768.68	4752.14	2084.45
2	7	601939	建设银行	88.64	0.68	13.68	1.09	53.70	65.05	22.51	1.47	14.59	22.75	0.14	12.96	122818.34	3970.90	1694.39
3	15	600036	招商银行	85.52	1.67	11.53	0.56	44.28	61.85	24.17	1.39	14.64	34.72	-8.36	80.23	27949.71	961.57	361.27
4	25	600016	民生银行	83.73	1.05	10.86	0.63	40.90	72.85	23.95	1.40	13.96	50.39	19.17	31.68	22290.64	823.68	284.43
5	27	601009	南京银行	83.36	1.08	14.96	0.78	39.21	61.51	15.87	1.29	22.54	40.66	-10.75	77.48	2817.92	74.63	32.35
6	38	601998	中信银行	81.91	0.71	12.27	0.60	58.97	73.26	21.07	1.27	13.43	37.99	-19.87	34.92	27658.81	769.48	308.44
7	63	002142	宁波银行	79.79	1.13	15.36	0.68	52.19	66.62	18.81	1.24	20.84	34.75	-29.35	126.20	2604.98	79.66	32.54
8	83	601988	中国银行	78.06	0.44	12.97	1.00	47.00	68.77	18.27	1.17	12.05	18.55	-6.50	10.01	118300.66	3281.66	1303.19
9	185	601288	农业银行	73.78	0.38	11.94	1.55	40.18	58.50	20.46	1.11	13.56	30.06	0.73	8.53	116775.77	3777.31	1219.56
10	189	601166	兴业银行	73.35	2.36	11.04	0.38	30.71	71.46	24.67	1.20	15.09	37.77	-13.63	100.01	24087.98	598.70	255.97
11	191	601328	交通银行	73.18	0.82	12.44	0.86	35.37	71.94	20.49	1.19	14.52	21.80	-13.17	24.90	46111.77	1269.56	508.17
12	263	601169	北京银行	70.75	1.44	12.06	0.53	33.64	64.41	19.30	1.06	83.50	32.57	-21.32	88.59	9564.99	207.28	89.46
13	266	000001	深发展A	70.68	2.47	11.51	0.53	51.93	73.49	20.32	1.05	52.35	64.94	-5.00	68.87	12581.77	296.43	103.90
14	288	600000	浦发银行	70.20	1.46	12.70	0.44	42.80	71.48	20.07	1.12	16.13	36.23	-15.57	60.59	26846.94	679.18	273.55
15	417	600015	华夏银行	67.17	1.48	11.68	0.92	39.39	66.65	17.44	0.81	15.82	37.03	-0.49	62.37	12441.41	335.44	92.21
16	435	601818	光大银行	66.80	0.45	10.57	0.64	37.67	72.28	20.44	1.12	14.22	29.67	-29.42	33.96	17333.46	460.73	180.85

第十五章

证券行业上市公司业绩评价

中国证券行业处于转型期，2011 年是行业转型拐点，中国证监会的监管开始放松，并主导创新，大量创新业务由试点转向常规化，证券行业从以经纪业务、投行业务、自营业务为主的传统业务模式，转向创新业务加速发展的时期。

2012 年第一季度，各家上市证券公司则受益于市场回暖取得了开门红，除了太平洋证券之外净利润全部环比增长。其中，海通证券、招商证券、光大证券和西南证券环比增长 100% –250%，国元证券和长江证券一季度净利润环比增长 50% 以上，其余上市公司业绩环比均小幅增长。

一、证券行业上市公司总体分析

截至 2011 年末，证券行业的 A 股上市公司共 16 家。16 家证券行业上市公司资产总额 7520. 03 亿元，所有者权益合计 3571. 89 亿元，2010 年完成营业收入 847. 00 亿元；实现净利润 312. 69 亿元。

按照中国上市公司业绩评价指标体系，16 家证券行业上市公司中无一家进入 2011 年上市公司业绩评价综合得分的百强名单。

表 15 –1 2011 年度证券行业中联十强排行榜

行业排名	股票代码	股票简称	全部上市公司排名
1	600030	中信证券	139
2	601099	太平洋	333
3	600109	国金证券	380
4	000728	国元证券	387
5	600837	海通证券	395
6	002500	山西证券	415
7	600999	招商证券	468
8	000783	长江证券	518
9	000750	国海证券	556
10	601688	华泰证券	573

下面分别从安全性状况、流动性状况、盈利能力状况、发展能力状况以及市场表现状况

五个方面对证券行业上市公司进行具体分析。

（一）安全性状况

1. 证券自营规模比率

根据表15－2可以看出，证券自营规模比率2011年低于监管标准值，且全部16家证券的证券自营规模比率均低于监管标准值。

与2010年相比，下降了23.75%，主要由于2011年市场整体状况低迷，且部分券商进行经营结构调整，券商减少了自营业务的规模。

证券自营规模比率名列前三位分别为：中信证券（56.86%）、光大证券（52.86%）、海通证券（38.09%）；证券自营规模比率名列后三位的分别为：国金证券（5.75%）、太平洋证券（6.02%）、山西证券（7.75%）；风格激进的券商证券自营规模比率较大。

2. 净资本和各项安全准备之和比率

根据表15－2可以看出，2011年净资本和各项安全准备之和比率高于监管标准值，且全部15家证券的净资本和各项安全准备之和比率均高于监管标准值。

2011年与2010年相比，净资本和各项安全准备之和比率减少了14.33%，主要由于2011年整体证券行业收益的下降。净资本和各项安全准备之和比率名列前三位分别为：国元证券（1025.25%）、山西证券（622.01%）、西南证券（618.93%）。

表15－2 行业安全性状况表

分析指标	行业标准值	2011年行业平均值（%）	2010年行业平均值（%）	增长率（%）
证券自营规模比率	≤100%	22.38	29.35	－23.75
净资本/各项安全准备之和	≥100%	441.28	515.10	－14.33
安全性得分		11.79	11.27	4.57

（二）流动性状况

1. 净资产比率

根据表15－3可以看出，2011年与2010年相比，净资本比率降低了3.83%，主要因为市场整体不景气，同时行业竞争加大，新的利润增长点未能产生重大影响造成。净资本比率名列前三位分别为：东北证券（95.19%）、太平洋证券（90.34%）、国金证券（87.79%）。

2. 资产负债率

根据表15－3可以看出，2011年与2010年相比，资产负债率大幅上升了20.06%，主要是由于在市场整体收益不乐观。资产负债率名列前三位分别为：山西证券（8425.04%）、国元证券（3,090.60%）、光大证券（1,586.19%）。

表 15－3　行业流动性状况比较表

分析指标	2011 年行业 平均值（%）	2010 年行业 平均值（%）	增长率（%）
净资本比率	74.70	77.67	－3.83
资产负债比率（%）	966.11	804.72	20.06
流动性得分	10.20	11.04	－7.61

（三）盈利能力

表 15－4 列示了证券行业上市公司盈利能力评价结果。从基本指标来看，净资产收益率和总资产收益率均有较大程度的下滑，主要是因为券商的佣金率下滑十分明显，进而造成经纪业务收入下降，而经纪业务为证券公司的主要收入来源，融资融券、股指期货以及直接投资等创新业务已开始为券商贡献收入，但收入贡献程度有限。

2011 年总资产报酬率最高的证券公司为中信证券（8.36%）其他 15 家上市证券公司的总资产报酬率均低于 5%。

表 15－4　行业盈利能力比较表

分析指标	2011 年行业 平均值（%）	2010 年行业 平均值（%）	增长率（%）
净资产收益率（%）	5.89	13.56	－56.53
总资产报酬率（%）	2.34	3.82	－38.74
盈利能力得分	23.10	19.66	17.50

（四）发展能力

2010 年有 15 家上市证券公司（其中对比参照 2009 年 11 家上市证券公司），2011 年有 16 家上市证券公司，统计的口径不同，且新上市公司在资本扩张方面和收入提高方面发展较快，因此在资本扩张率和营业收益增值率差异较大。

从表 15－5 可知，证券行业上市公司的资本扩张能力和营业收入增长能力两个方面均有不同程度的下滑，主要是由于 2011 年和 2010 年相对于上一年，新上市的公司数量的不同。

在资本扩张率方面，除广发证券（62.97%）外，其余各家扩展均较为保守，在营业收入增长方面，因二级市场不景气的影响，全部 16 家均实现负增长。

表 15－5　行业发展能力比较表

分析指标	2011 年行业 平均值（%）	2010 年行业 平均值（%）	增长率（%）
资本扩张率	6.33	34.37	－81.58
营业收入增长率	－26.11	－2.63	893.55
发展能力得分	12.53	14.32	－12.47

（五）市场表现

2011 年相对 2010 年在上市证券公司数量上增加了 1 家，新上市公司在收益率和波动性上都存在着不稳定性。

在收益率方面，相对 2010 年，2011 年的收益率下降了 16.46 个百分点，除了新上市国海证券外均有 20% 以上的下降在波动性方面，新国海证券为新上市公司，故其收益的波动性较为剧烈。

同时新的上市证券公司的表现要好于其他公司，但相对波动风险也较大。

表 15－6　行业市场表现比较表

分析指标	2011 年行业平均值（%）	2010 年行业平均值（%）	增长率（%）
收益率	－21.32	－4.86	－
波动性	176.91	61.62	187.09
市场表现得分	7.81	12.11	－35.54

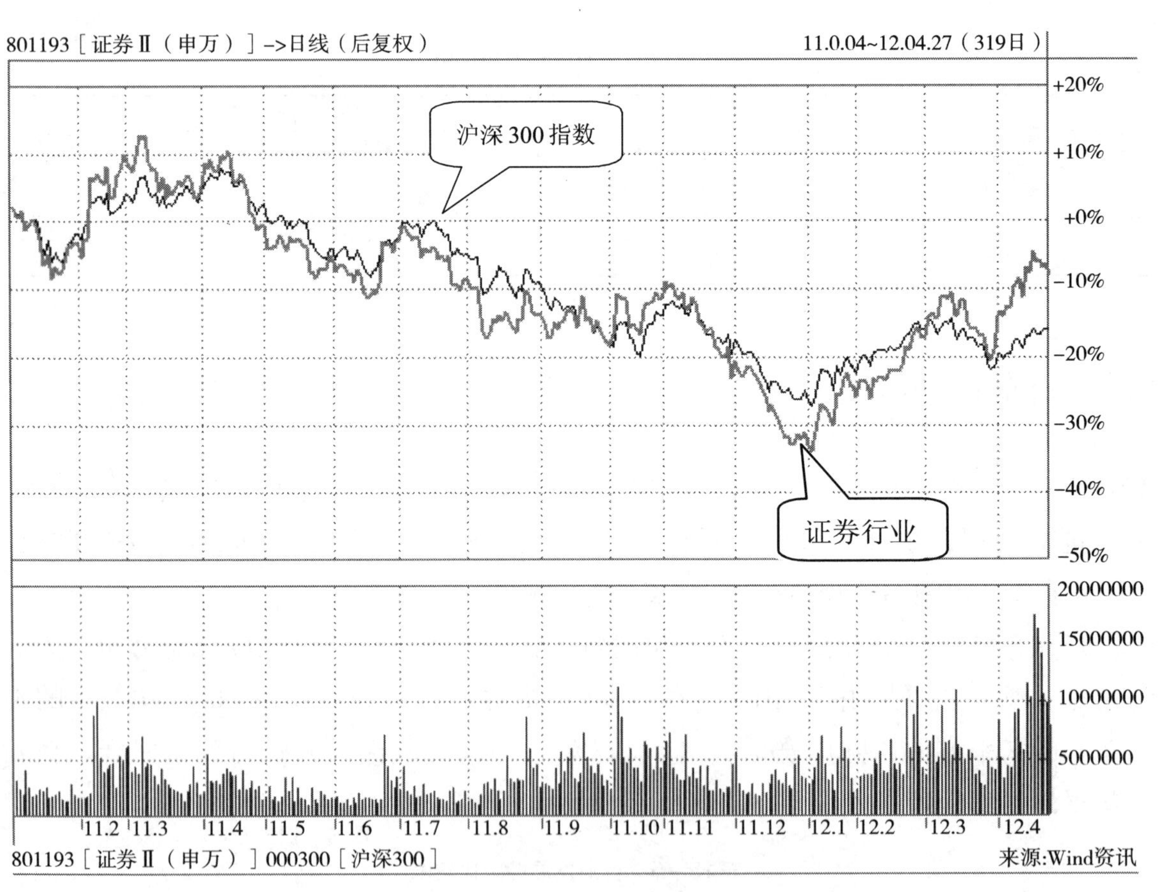

图 15－1　证券行业和沪深 300 指数走势比较图

二、证券行业上市公司业绩影响因素分析

2011 年，多项创新业务推进，上市公司的盈利模式正在进一步优化。总的看来经纪业务仍是证券公司的主要收入来源，总体的依赖性已经明显降低。尤其以中信证券和海通证券为代表的大型证券公司对于经纪业务的依赖度明显低于中小型证券公司。2011 年，14 家上市证券公司经纪业务占比较2010 年大幅下降11. 3 个百分点至34. 3%，而由于融资融券业务带动的利息收入占比则上升 5. 2 个百分点至 13. 4%，由直投业务带动的自营业务占比上升4. 2 个百分点至 28. 1%。

2011 年全年股票交易额为42. 2 万亿元，日均股票交易额为 1728 亿元，相比 2010 年的2255 亿元减少 23. 4%，全年股票及股票连接融资额为 5336. 3 亿元，同比下降 41. 5%；企业主体债券（不含短期融资券）融资额 15，833. 8 亿元。

2011 年末融资融券余额 382. 1 亿元，同比大幅增长接近 2 倍；2011 年全年融资交易额5570 亿元，可比口径下同比增长 2. 5 倍。主要受以下因素影响。

（一）经纪业务费率持续下滑

2011 年日均股基交易额为 1745 亿元，较 2010 年下降 23. 6%。同时换手率逐步走低，月度日均换手率达到历史低点 0. 53%。2011 年 12 月 31 日流通市值达 16. 5 万亿元，较 2010 年均值上升余约 5%。

1. 市场份额有升有降

2011 年，除了中信证券和广发证券因为处置中信建投/广发华福而数据不可比，只有 4 家上市证券公司市场份额同比有所提升，涨幅在 2% –10% 期间。其中长江证券、西南证券和兴业证券的市场份额同比上升幅度在 5% 以上。另外 7 家上市证券公司市场份额同比微幅下降，华泰证券市场份额下降最为明显。14 家上市公司总市场份额同比减少 10%，显示行业集中度有所下降。

2012 年第 1 季度，6 家上市证券公司市场份额环比小幅下降，其余证券公司市场份额均同比上升或者基本维持稳定。其中，海通证券和光大证券市场份额环比上升幅度较大。

2. 经纪业务净手续费率下滑趋缓

2011 年上市证券公司经纪业务平均净手续费率为 0. 079%，同比下降 0. 024 个百分点或者 13. 5%。其中海通证券、宏源证券和西南证券等手续费率基数较高的证券公司下滑幅度偏大。

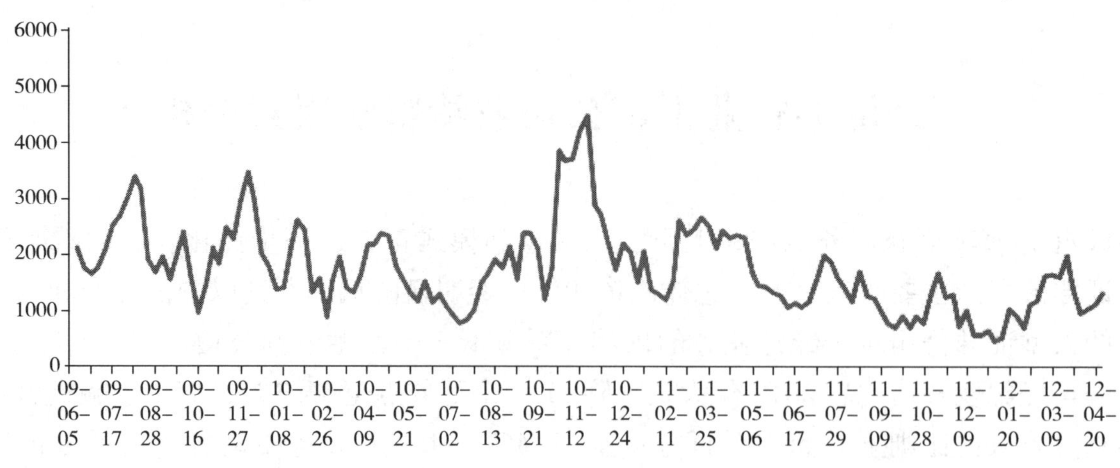

图 15－2　周交易额图

◎资料链接：

证监会开出最严厉 IPO 中介罚单

★ 2011 年 11 月 29 日，证监会通报了胜景山河首发相关中介机构的处罚情况：两名项目保荐代表人被撤销“保代”资格，其保荐机构平安证券也被出具警示函；而与此同时，牵涉这一项目的审计机构和法律顾问也一并遭到证监会警示。公开资料显示，2010 年 10 月 27 日，胜景山河 IPO 申请获批，不过就在其发行完准备挂牌的前夜，有媒体质疑其招股书披露不实，涉嫌虚增销售收入等情况。胜景山河上市因此被监管层紧急叫停。随后，2011 年 4 月 6 日，证监会撤销了胜景山河的上市资格，并指出该公司在招股说明书中未披露关联方及客户信息，构成信息披露的重大遗漏，这是证监会开出最严厉 IPO 中介罚单。

（二）自营业务受挫，直投业务进入业绩贡献期

在 2011 年市场下跌 22% 的情况下，扣除中信证券转让华夏基金带来的一次性收益，16 家上市证券公司自营业务收入同比减少 70%。2012 年第 1 季度上市证券公司取得自营业务收入全部实现盈利，扣除去年华夏基金股权转让的一次性收益，环比回升 47.1%。从各家证券公司自营业务情况来看，中信证券、宏源证券及国元证券环比增长较多。

2011 年 16 家上市证券公司自营业务规模合计 1842 亿元，同比上升 7.1%。而 2012 年第 1 季度市场上涨，上市公司自营业务规模环比只略增 1.6% 至 1872 亿元，本季度股市的上扬，股票公允价值回升的同时证券公司获利减仓应该是主要原因。

截至 2012 年第 1 季度末，除了太平洋证券和国金证券今年刚刚设立直投子公司外，14 家上市证券公司均已经开展直投业务收入。

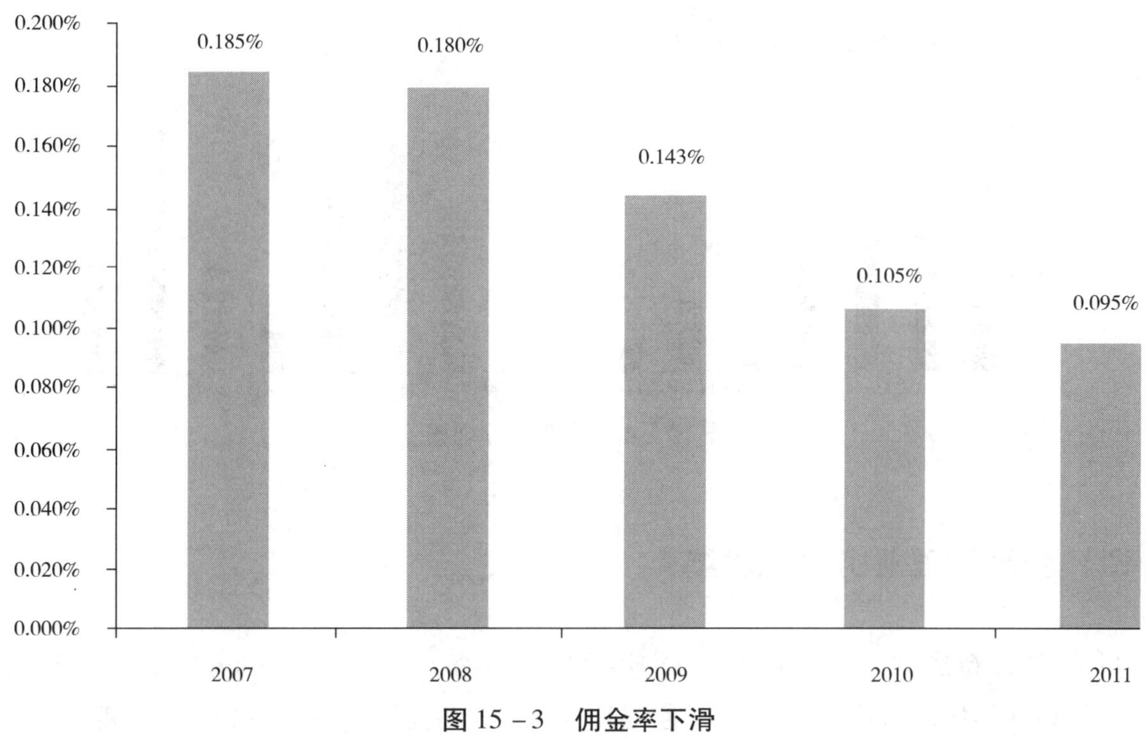

图 15－3　佣金率下滑

据公开资料统计，2011 年共有中信证券、海通证券和广发证券共 5 个项目实现实际退出或者减持，三家公司分别约获得收益 12.84 亿元、2900 万元和 2600 万元，而 2012 年，包括上述三家及光大证券、华泰证券的直投业务均有项目解禁，开始贡献业绩。

（三）股票债券融资涨跌互现

与 2010 年投行业务的高度景气相比，受二级市场低迷影响，2011 年投行业务有所下滑。但投行业务收入所占比重较去年仍有所提高，占比由 2010 年的 14.2% 提升到 2011 年的 18.7%。

1. 股票融资额下滑明显、债券融资额创造新高

2011 年股票及股票连接融资额同比下滑 44.1%，为 5366 亿元；2012 年第 1 季度则回升 15.7% 达到 1032 亿元。

2011 年企业主体债券融资额同比大幅增长 57% 达到 1.6 万亿元；同时 2012 年第 1 季度则环比减少 24% 至 5098 亿元。

2. 证券承销收入随股票融资额下滑

由于债券承销费率较低，证券公司投资银行收入随着 2011 年股票融资额的下滑而下挫，上市证券公司 2011 年承销

业务收入为 76.9 亿元，同比减少 24.5%。而 2012 年第 1 季度承销业务收入也随融资额回升而环比增长 19.7%。

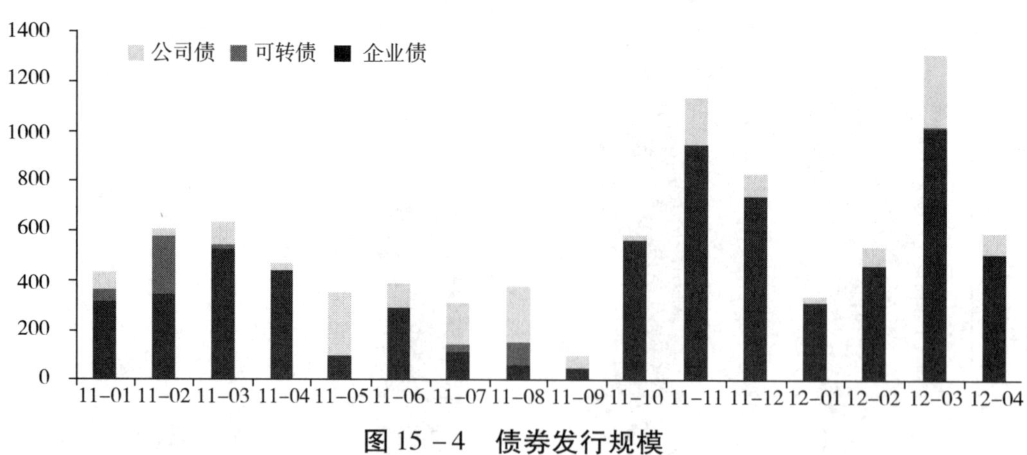

图 15－4　债券发行规模

（四）资产管理业务平稳发展

2011 年共有新成立产品 109 只，同比增长 12.4%，发行份额约 636 亿份，同比下降 23.9%。2011 年 10 月信达现金宝资产管理计划的推出是资产管理业务的一个重要创新。从 2011 年末集合理财产品的规模来看，集合资产管理业务同比略有上升。其中，东北证券同比上升 100% 以上。

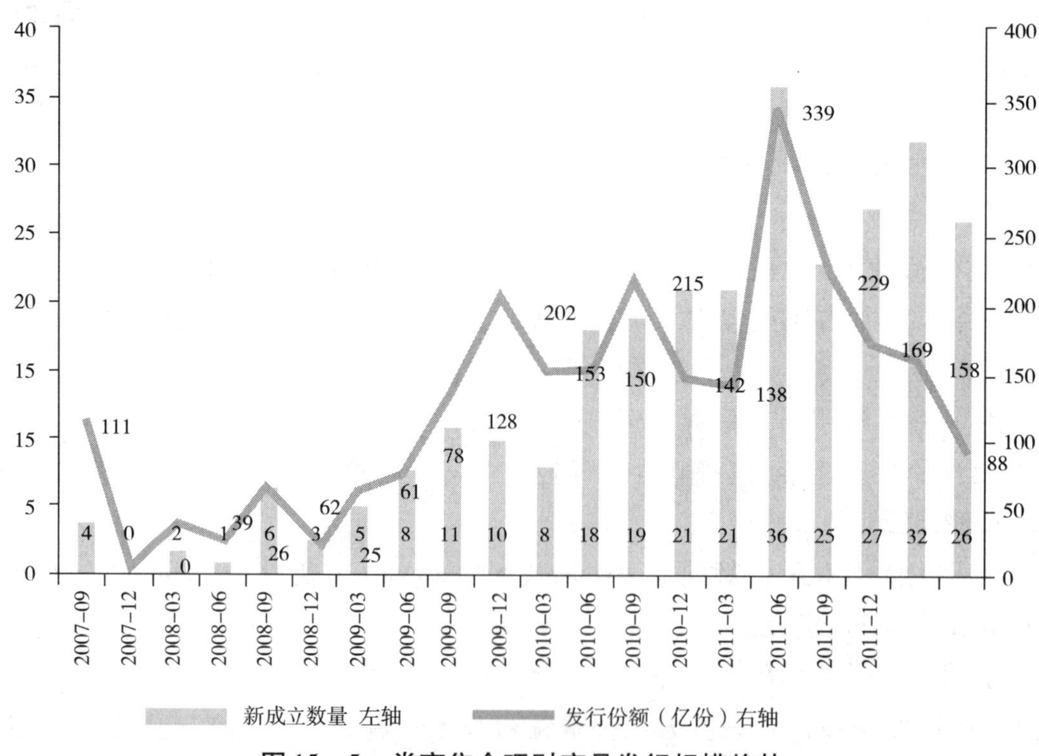

图 15－5　券商集合理财产品发行规模趋势

2012 年第 1 季度，随着市场振荡调整以及部分产品到期，集合资产管理规模小幅缩减，环比减少 2.9%。随着 2011 年资产管理业务规模的增加，上市证券公司的资产管理业务收入同比上升 14.1%；而 2012 年 1 季度资产管理业务收入环比下降 15.2%。

◎资料链接：

证监会修改融资融券业务试点规则

★ 2011 年 8 月 19 日中国证监会公布了融资融券业务试点规则的修改草案。其相关负责人表示，证监会在上述草案中对融资融券业务试点规则进行了梳理和完善，并同步研究了作为融资融券业务配套机制的转融通业务规则，以为融资融券业务由试点转入常规做好必要准备。2010 年 3 月，证券公司融资融券业务试点正式启动。该负责人表示，一年多来的试点实践表明，融资融券业务试点规则总体上是可行有效的。此次主要在常规业务、经验做法以及客户管理 3 方面做了修改。

（五）融资融券业务规模大幅增长

融资融券业务自 2011 年转常规，年末融资融券余额同比增长 199% 至 382 亿元。上市证券公司中长江证券、宏源证券及兴业证券的融资融券余额同比均增长 2 倍以上。2012 年一季度市场融资融券余额继续环比增长 22.4% 至 468 亿元。其中西南证券、华泰证券和招商证券融资融券余额环比增长在 50% 左右。

2011 年上市证券公司融资融券业务利息收入合计 15.5 亿元，同比增长 4.8 倍。

三、2012 年证券行业前景分析

2012 年证券类市场或不容乐观，由于券商板块与市场指数走势紧密关联，两者之间的相关度高达 95%，因此预计 2012 年的传统业务仍将受市场行情制约，创新业务在短期内对券商业绩贡献提升作用影响不大。

在市场低迷的状况下，券商业绩分化也逐步显现出来。以中信、海通为代表的大型券商资本实力雄厚，收入结构在进一步优化。随着政策环境不断宽松，大型券商在创新业务上的能力差异将逐步加大券商之间的业绩分化。

同时，政策变化仍是券商行情的催化剂。扩大自营业务投资范围、直投业务常规化、融资融券业务常规化，转融通试点以及融资融券标的扩容等一系列监管层主导的创新业务政策的落实有望在 2012 年提升证券业的业绩。此外，资产管理产品发行由审批制改为备案制、新三板扩容以及国际板等创新业务有望在 2012 年推出。

（一）经纪业务趋于好转

2012年第1季度，上市证券公司经纪业务平均净手续费率环比基本持平，为0.078%。由于近两年中国证券业协会一直强调和规范经纪业务净手续费率，预计2012年多数地区经纪业务净手续费率大幅下滑压力较小，但长期下滑趋势仍不会改变。同时，随着存款准备金的下调以及经济的逐步回落，资金层面最坏的时期已经过去。这将有效支撑2012年成交活跃度的提升。

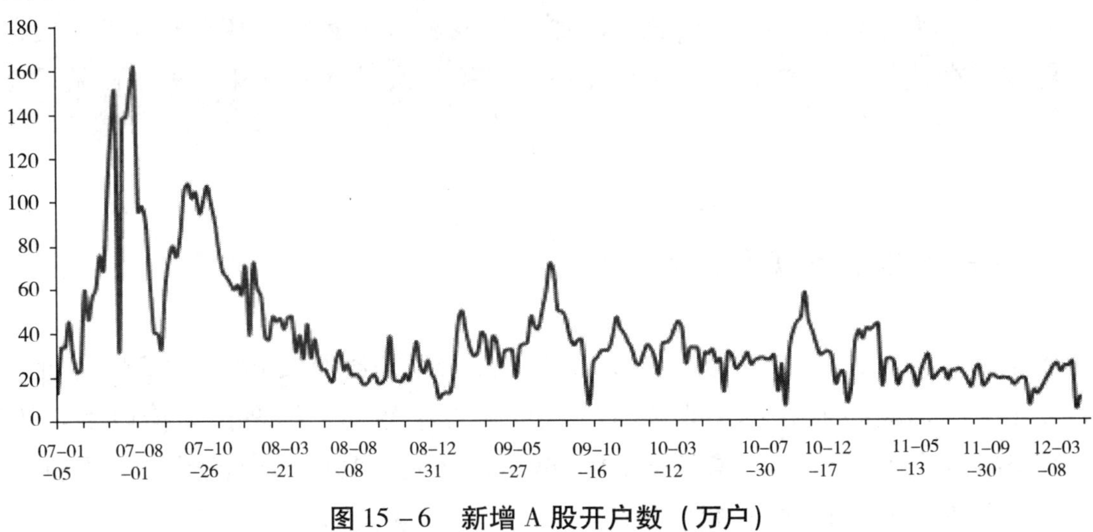

图15-6　新增A股开户数（万户）

（二）自营业务业绩增长有较大不确定性

在国内货币紧缩与宏观经济放缓预期之下，难以给证券公司提供超预期收益。尽管目前部分上市券商存在资金过剩的情况，但自营业务仍难以提供超预期收益，反而成为短期业绩波动的重要因素，原因有几方面：

1. 目前A股市场尽管整体估值位于低水平，但呈行业分化局面，低估值板块主要集中在金融、地产、能源及汽车等领域，这些领域或面临地方债问题，或受到宏观调控影响，或有较强的增长放缓甚至负增长预期等，短期内难有突破，进而给A股市场整体带来压力；

2. 在货币紧缩及加息通道中，债券收益率虽呈上行但程度有限，短期资金拆借市场收益亦只是权宜之策；

3. 尽管监管层有条件放宽了一些券商自营业务范围，但尚属起步阶段，一些具体政策未明，并且也将增加业绩的短期波动。

（三）投行业务稳步增长

1. 股权融资收益正常发展

由于目前我国的直接融资比重仍然较低，广大中小企业对资金及进入资本市场的渴求度较高，因此积极发展债券市场、显著提高直接融资比重等仍是“十二五”期间资本市场发展的重要方向之一。此外监管层也多次表示要努力建设有中国特色的国际一流投资银行，在政策支持企业直接融资的背景下，2012 年一级市场将仍会保持一个相对较高的发行节奏，投行收入也将成为券商一个相对稳定的收入来源。在此情形下，尽管 IPO 市场竞争逐渐激烈，但是大中型券商在净资本以及保荐代表人方面具有一定优势，因此在投行业务上仍将占据着优势地位。

预期投资银行业务将在一定时间内仍保持稳定发展态势，2012 年股票融资额有望接近 2011 年水平，公司债与企业债则有望较 2011 年有所增长。

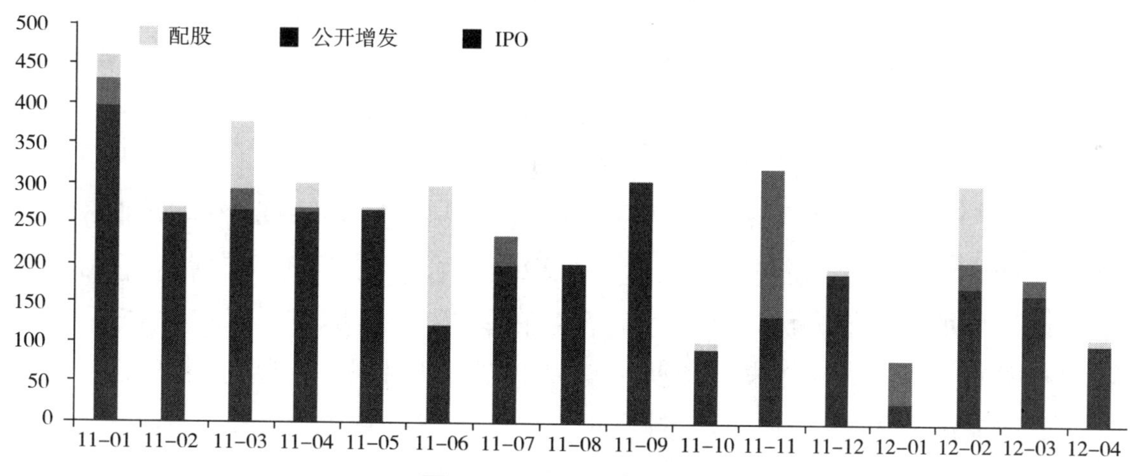

图 15－7　公开发行规模

2. 债权融资迎来发展机遇

2012 年债市将会走出牛市行情，信用债会好于利率债，那么在债市收益率走低的背景下，企业对债券的融资需求必然会提高。从监管角度看，证监会日前已正式发文成立债券办公室，这是第一个专为债券市场发展设立的办公室。交易所债市与银行间债市互联互通也将是证监会希望推动的事件之一，与银行间市场相比，目前交易所债市交易额目前仅占债券市场的 5%，而债券市场存量有 21 万亿元。因此，从市场和监管两个层面看，2012 年债权融资市场将成为券商重点经营的投行方向。

◎资料链接：

证监会加强保荐业务经营风险监管

★ 2011年6月21日，中国证监会发布《保荐业务内部控制指引（公开征求意见稿)》，要求保荐机构建立健全保荐业务管理制度、操作规范和内部监管核查体系，加强保荐业务经营中的风险识别、评价和管理，确保对保荐业务质量和风险进行有效控制。《指引》明确，保荐机构应避免内控制度执行流于形式，从源头上提高保荐项目质量，保荐部门不得干涉研究部门。同时，科学合理地评估承销风险，慎重选择市场时机，审慎控制发行失败或包销风险。

（四）制度转型为资管业务规模扩大提供新契机

我国58家证券公司共发行集合理财产品263支，最新资产净值合计达到1450亿元，占公募基金比为7%、信托资产的3.5%、银行理财的2.1%，其规模发展空间巨大，审批制度的转型将提速资管业务发展，促使其规模快速增长。

2011年9月份证监会向各家券商下发关于修订《证券公司客户资产管理业务试行办法》的基本思路（征求意见稿）。意见稿主要包括拟取消集合计划审批、产品创新、以及产品相关终止条件删除等重要条件。预计该项政策将会在2012年逐步实施，一旦券商理财产品由审批制转为备案制，将大大缩短发行周期，有利于券商理财规模的迅速扩张，而产品创新则有利于券商更加灵活的使用投资工具，提高理财产品的发行规模。

（五）融资融券业务成主要增长点

2011年4季度，融资融券在转融通、标的券放开、转常规这三方面均获得实质性的突破：目前标的券范围已由之前的90支增加到目前的285支；《转融通业务监督管理试行办法》正式发布、证金公司正式成立，标志着转融通业务的推出已进入最后冲刺阶段，

预计2012上半年将正式推出；转常归方面，证监会已发布《关于修改〈证券公司融资融券业务试点管理办法〉的决定》以及《关于修改〈证券公司融资融券业务试点内部控制指引〉的决定》，所有符合资格的券商已开始系统测试。

标的券的放开不仅意味着投资者可选范围的增加，更丰富了信用交易者相对偏好的高弹性股票；而转融通的推出短期而言主要将对融券业务产生较大推动作用。

预计随着融资融券试点业务常规化、投资标的的扩大以及转融通业务方案的完善，融资融券的规模将逐步扩大，市场交易量也将随之放大，长远来看对证券行业和资本市场的影响都十分巨大。

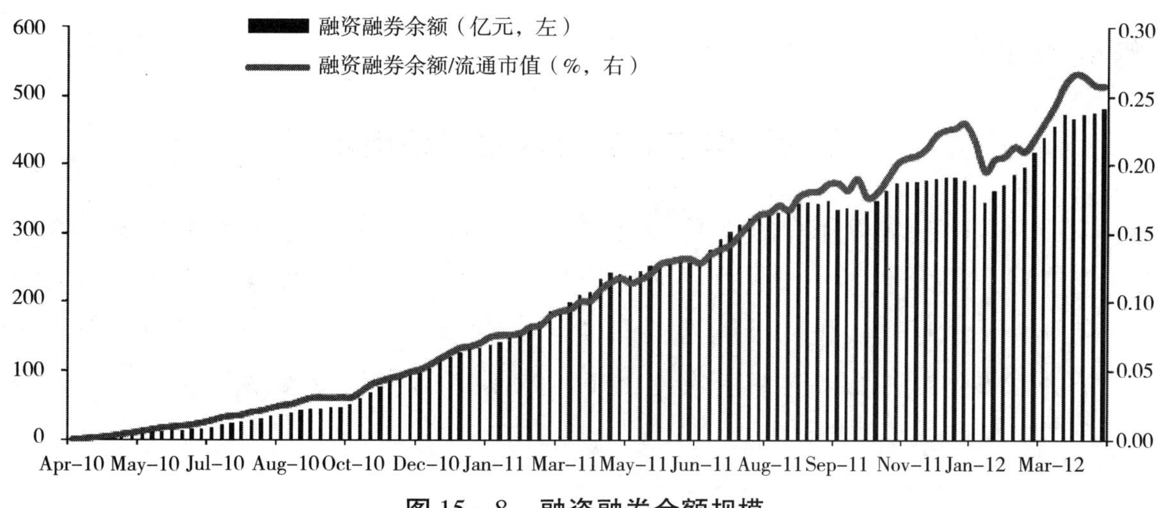

图 15－8　融资融券余额规模

◎资料链接：

首批 RQFII 试点机构出炉

★ 首批获得 RQFII 试点资格的机构于 2011 年 12 月 21 日出炉。记者从基金公司获悉，南方、嘉实、海富通、大成等 9 家基金的香港分支机构在 21 日获得证监会通知，获得 RQFII 资格。

★ 这意味着额度 200 亿元的 RQFII 试点即将开闸。获得资格的南方基金香港子公司南方东英目前已经上报了一只偏债型产品，但具体成行仍要等待下一步香港证监会的批准，以及外管局的外汇额度。

（六）直投业务进入收获期

基于直投业务的买方业务特质，其新业务的投资依赖新的净资本补充，且二级市场10%～20%的波动预期对于 PE 市场成倍的高收益而言，不足以桎梏锁定期满的 PE 退出热情。基于此判断，我们假定券商在到达解禁期后立即出售持有股份，解禁期按不同情况划分为 36 个月、12 个月以及上市后 24 个月转让持有股份不得超过 50% 计算，按照市价对几家上市公司的直投业务投资隐含收益进行了测算。上市券商中中信证券及海通证券受益最为显著，并已从今年开始进入获利期；广发证券、华泰证券及光大证券等已良好布局，获利可期。

◎资料链接：

创业板退市制度征求意见稿出炉

★ 2011年11月28日下午深交所推出《关于完善创业板退市制度的方案（征求意见稿）》，向社会公开征求意见。深交所有关负责人就该方案中新增“连续受到交易所公开谴责”和“股票成交价格连续低于面值”两个退市条件；不支持暂停上市的公司通过借壳实现恢复上市；取消“退市风险警示处理”方式等热点问题向媒体做了通报。

（七）新三板将为券商带来新业务机会

新三板扩容是资本市场制度建设和创新的又一大步，提速预期继续增大。在实现标的扩容与参与者门槛降低的情况下，新三板市场的活跃有望为为券商带来新的业务机会。目前，已有59家券商获得了主办资格，挂牌企业达到94家。新三板的开启将进一步放宽PE市场的退出门槛，间接利好券商直投业务发展。

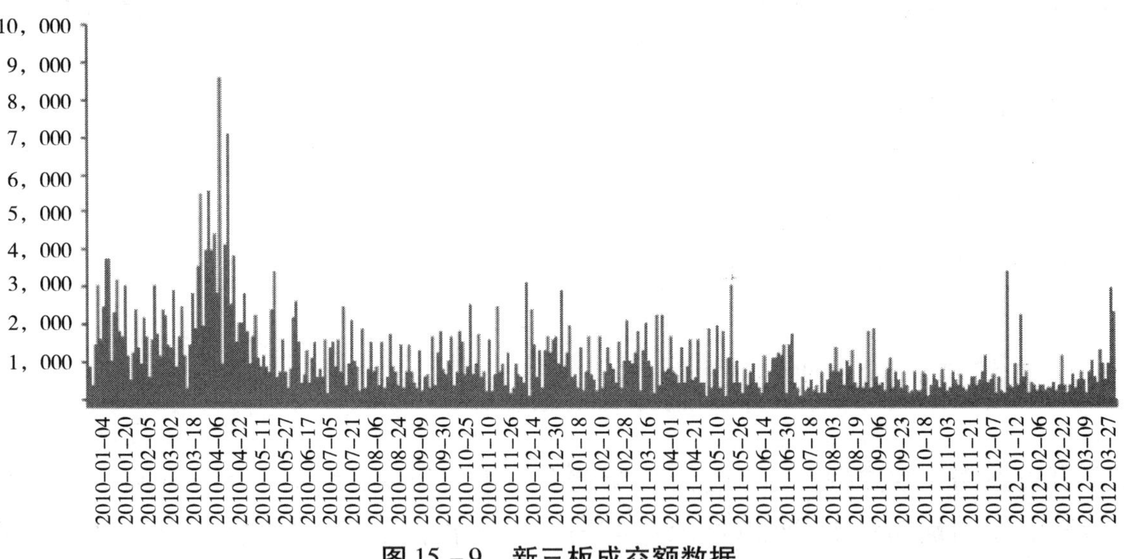

图15－9 新三板成交额数据

新三板业务将为券商带来多重收益，进一步优化收入结构。第一，新三板采用做市商制度，因此做市商可以通过买卖的差价获取利润，并维持流动性，也能获得一定的手续费收入；第二，公司在代办系统挂牌时，主办券商可以收取一定的费用，如果挂牌公司因业绩发展有进一步融资需求的时候，主办券商也可作为承销商，收取一定的承销费用；第三，作为主办券商或副主办券商，对挂牌公司的经营情况和价值应该有比较明确的判断，可以通过发掘投资机会，进入直接投资项目储备，待公司成功实现转板后可获得直投的投资收益。

（八）约定式回购创造利润新增点

股票约定购回交易，亦即股票买断式回购交易，是指符合条件的投资者以约定价格向证券公司卖出特定股票，并约定在未来某一日期按照另一约定价格从证券公司购回的交易行为。该业务一方面能够缓解大小非的解禁压力，另一方面能够为股市提供新的增量资金，同时券商也能够提升资本收益率。在此情形下，券商的资本收益率水平有大幅度提升的空间。

中信、海通以及银河证券拟作为首批券商试点参与股票约定式回购业务。目前标的券设定为400只，且仅限于企业及机构客户参与。通过股票约定式回购，券商可以为客户提供较为便捷的融资手段。券商的回购利率相对高于同期银行贷款利率，但是由于此项业务放款时间快，而且不限定资金投向，对于部分握有上市公司股份的企业或机构来说，依然具有较强的吸引力。此外，通过该项业务一方面可以为企业提供流动性，另一方面也可以减少部分企业由于资金紧张而减持股票对市场造成的冲击。

附表：

2011年证券行业上市公司业绩评价结果排序表

行业排名	全部上市公司排名	股票代码	股票简称	综合得分（100分）	证券自营规模比率（%）	净资本/各项安全准备之和（%）	净资本比率（%）	资本负债比率（%）	净资产收益率（%）	总资产报酬率（%）	资本扩张率（%）	营业收入增长率（%）	收益率（%）	波动性（%）	年末资产额（万元）	营业收入净额（万元）	净利润（万元）
1	139	600030	中信证券	75.06	56.86	618.93	67.82	213.69	17.00	8.36	22.78	-9.94	-20.84	79.43	14828038.00	2503319.38	1260448.89
2	333	601099	太平洋	69.05	6.02	424.19	90.34	170.85	7.69	2.90	8.00	-1.38	-41.63	144.56	494048.80	66562.32	15668.08
3	380	600109	国金证券	68.02	5.75	583.22	87.79	361.97	7.40	2.33	7.53	-34.35	-34.52	135.46	886470.51	107970.96	23167.11
4	387	000728	国元证券	67.89	12.61	1025.25	70.69	3090.60	3.80	2.37	-1.21	-20.83	-29.32	88.72	2259707.19	177511.98	56271.38
5	395	600837	海通证券	67.65	38.09	527.66	70.14	282.82	6.93	3.06	2.18	-4.86	-22.94	64.53	9887637.67	929273.00	328199.68
6	415	002500	山西证券	67.22	7.75	622.01	71.45	8425.04	3.21	1.26	-3.62	-26.59	-45.75	92.57	1310138.10	109808.54	19366.74
7	468	600999	招商证券	66.12	16.31	468.97	60.23	130.46	8.29	2.45	2.89	-19.45	-30.07	116.51	6885722.66	522515.57	200829.40
8	518	000783	长江证券	65.02	10.84	472.22	75.80	213.12	3.92	1.35	20.72	-41.75	-36.64	121.29	2866205.57	186351.88	43498.28
9	556	000750	国海证券	64.12	13.80	187.37	79.40	102.29	2.88	0.93	5.04	-32.95	204.79	517.51	1117523.88	127054.44	11434.15
10	573	601688	华泰证券	63.76	9.93	100.00	68.85	100.00	5.52	1.83	1.13	-30.00	-44.76	169.36	8574237.03	623034.31	182073.98
11	574	601377	兴业证券	63.69	14.85	433.02	72.27	163.14	5.20	2.08	0.21	-15.43	-42.41	215.93	2194593.74	231508.67	54615.59
12	622	600369	西南证券	62.67	29.54	100.00	78.05	100.00	2.38	1.30	-11.00	-46.28	-23.16	66.09	1776758.96	104025.06	26267.52
13	624	601788	光大证券	62.64	52.86	379.51	67.90	1586.19	6.85	3.10	-3.04	-10.99	-31.82	132.76	4332914.02	449848.07	159542.56
14	626	000562	宏源证券	62.57	33.62	315.07	66.57	140.96	9.03	2.68	-2.44	-28.78	-37.40	139.99	2128701.89	235370.36	64559.11
15	667	000776	广发证券	61.73	32.04	463.31	72.66	246.67	8.85	2.38	62.97	-41.82	-60.37	537.53	7681075.09	594567.06	205848.72
16	811	000686	东北证券	59.60	17.21	339.67	95.19	130.01	-4.64	-0.94	-10.83	-52.37	-44.28	208.24	1253396.66	80964.39	-15100.46

附录一

中国上市公司业绩评价体系说明

为准确、科学评价上市公司的经营业绩，提高上市公司监管效率，更好地服务于广大投资者和提高上市公司经营管理水平。2001 年中联财务顾问有限公司和中联资产评估有限公司组织评价领域有关专家成立“中国上市公司业绩评价课题组”，借鉴国内外企业绩效评价的体系与方法，结合上市公司的特点，研究建立了中国上市公司业绩评价指标体系。该评价体系是贯彻科学发展观的具体体现，从多角度反映上市公司的业绩，在衡量公司盈利能力的同时，兼顾公司的成长、风险、资产质量和市场表现。旨在为广大投资者、政府监管机构、债权人、公司职工以及其他利益相关者了获取上市公司真实业绩的相关资料及信息，并提供一个有效的分析工具。现将该评价体系的基本内容说明如下：

一、中国上市公司评价体系的主要特点

在研究上市公司业绩评价体系过程中，我们充分借鉴了财政部、原国家经贸委、原中央企业工委、劳动保障部和原国家计委联合颁布《企业效效评价实施细则》和国务院国有资产监督管理委员会颁布的《中央企业绩效评价管理暂行办法》（国资委令第 14 号）的有关规定，根据公开披露的上市公司数据，紧密结合中国上市公司的特点，突出反映上市公司的市场表现，研究建立了中国上市公司业绩评价指标体系。归纳起来，主要有以下特点。

（一）充分体现了投入回报特性。企业的根本属性是以盈利为目的，不仅是短期盈利，更重要的是可持续的长期盈利。本评价体现以投入产出为核心，充分反映企业的盈利能力。在评价的五个方面中，有两个方面主要反映盈利能力，一个是从企业的角度反映企业的盈利水平，即盈利能力，占 35% 的权重；另一个是从市场角度反映股票的增值水平，即市场表现，占 15% 的权重。盈利能力主要从投资人和社会两个角度来反映，体现在净资产收益率和总资产报酬率上，增值水平主要体现在市场投资回报率上。而且。因此，本评价体系的核心是体现投入产出特性。

（二）构建了多层次的立体评价体系。本评价体系的评价指标包括基本评价指标和修正评价指标两个层次，两层次之间不是简单的并列关系，而是递进的修正和验证关系，首先，通过 10 项基本评价指标计算出上市公司的业绩评价的得分，然后，通过 13 项评价指标对基本指标评价分数进行验证和修正，从而得出更加客观的评价结果。

（三）首创了线性评价标准。对某一个评价指标而言，传统的评价标准只是一个数值，

最多也只有满意值和不允许值等两个评价标准。而在本评价体系中，创立了线性评价标准，具体而言，每一评价指标分为优秀、良好、平均、较低、较差等五档标准，这五档标准反映在坐标轴上就是一条曲线，即评价标准线，线标准不仅能为评价计分提供准确地计算依据，而且，能描述不同评价指标的经济特性，不同的评价指标有不同类型的评价标准曲线，只有线标准才能实现更加科学的计分。

（四）具有较强的可操作性。在设计本评价体系时，我们将可操作性作为一项重要的目标，首先，要求所有的评价指标能够从公开的市场上能够获取；其次，评价标准要做到符合实际，既考虑到中国企业的普遍情况，又考虑到上市公司的实际特点；最后，还要设计一套上市公司业绩评价软件，通过软件自动评价中国上市公司的评价得分。

二、中国上市公司业绩评价指标体系

由于我国上市公司法人治理不完善、股权割裂、法制不健全等原因，上市公司出于市场融资、配合二级市场炒作、避免亏损、管理层骗取激励基金及政治追求等特别目的，人为进行盈余操纵，甚至财务欺诈的行为时有发生。因此，不能仅仅从实现利润情况评价上市公司的业绩，我们认为，上市公司的业绩应包括财务效益、资产质量、偿债风险、发展能力及市场表现等五个方面，对于每一方面，我们设置了若干财务指标反映其真实状况，具体分为基本指标和修正指标两个层次。只有五方面的有机结合，才能客观反映企业的真实业绩。

（一）中国上市公司业绩评价指标体系的设置原则

上市公司业绩评价指标体系的设置遵循以下几项原则：一是选定的指标应具有较强的横向、纵向可比性，尽可能排除偶然或异常事项的影响，如果不能完全剔除这些因素的干扰，则通过调整相关指标的权数以降低其对评价结果的影响程度；二是各项指标的设立在整体均衡的基础上应突出相互的制衡性，整个指标体系要具备“此消彼长”的内在机制，提高操控整个指标体系的困难程度；三是指标体系的确定要充分考虑上市公司特点，而且所有财务指标的计算、取值只局限在上市公司公告的数据资料内，不尝试获得每家上市公司进一步的内部信息资料，即在现行法规框架下，通过对部分必要信息的分析判断取得尽可能公平合理的评价结果。

（二）中国上市公司业绩评价指标体系的主要特点

第一，突出股东回报，企业的根本属性就是实现股东价值最大化，本评价体系以投入产出为核心，从股东价值和企业价值两个角度来反映企业的盈利能力，主要采用扣除非经常性损益后的净资产收益率和总资产报酬率两个财务指标来体现，占35%的权重，核心是突出股东回报，体现股东价值最大化。扣除非经常性损益后的净资产收益率剔除了企业盈利的偶然因素，反映企业持续盈利能力，总资产报酬率反映企业占用总资产创造的总价值，包括对股东的回报和对债权人的回报。当然，反映企业盈利能力的财务指标还有很多，我们重点从经营活动创造的利润、盈利是否有现金保障、投入资本获得的收益等多角度对企业的盈利能力进行修正，目的是更加全面、完整、真实地反映企业的盈利能力。

第二，关注公司成长。上市公司的发展不仅需要短期盈利，更需要长期持久的健康发展，本体系从规模增长的角度反映企业的成长性，采用的主要指标是销售增长率和资本扩张率，权重占20%。销售增长反映企业的市场占有和业务发展状况，资本扩张反映企业的盈利中用于扩大再生产的状况。同时，还采用三年营业收入增长、总资产增长、营业利润增长和盈余保留等项指标对成长性进行修正。

第三、体现资产质量。企业资产是创造财富的源泉，资产质量的高低间接反映企业盈利能力。本体系从资产效率的角度反映资产运营水平，采用的主要指标是总资产周转率和流动资产周转率，权重占15%。总资产周转率反映总资产创造产品和服务的能力，体现总资产的运营效率，流动资产周转率反映企业流动资产的运营效率。同时，还采用应收账款周转速度和存货周转速度进行修正。

第四，反映债务风险。企业在发展的同时要防范债务风险，防止出现债务危机，要做到收益和风险的平衡。本体系从负债和流动性角度反映企业的偿债能力，采用的主要指标是资产负债率和已获利息倍数，权重占15%。资产负债率是国际通行反映企业债务水平的指标，已获利息倍数反映企业的盈利中偿还债务利息的能力。同时，还采用带息负债、现金流和速动资产比率进行修正。

第五，重视市场表现。尽管目前我国资本市场的股票价与上市公司业绩的相关性不强，仅股价不能完全反映上市公司的真实业绩，但从我们多年的研究结果看，上市公司的市场表现与业绩的相关性逐年提高，本课题很重视企业在资本市场上的表现，将市场表现作为企业业绩的重要内容，采用的主要指标是市场投资回报率和股价波动率，占15%的权重。市场投资回报率反映股票投资人在资本市场上获得的收益，包括股价上涨、分红、送股等，股价波动率反映股价的稳定性，对股价大起大落的公司适当减分。

（三）中国上市公司业绩评价指标体系的基本框架

中国上市公司业绩评价指标体系由财务效益状况、资产质量状况、偿债风险状况、发展能力状况以及市场表现等五部分指标构成，包括基本指标和修正指标两个层次，共23项评价指标。

中国上市公司业绩评价指标体系与指标权数表

评价指标		基本指标		修正指标	
评价内容	权数 100	指标	权数 100	指标	权数 100
一、财务效益状况	35	净资产收益率（%） 总资产报酬率（%）	20 15	营业利润率（%） 盈利现金保障倍数 股本收益率（%） 资产规模系数	7 8 8 12
二、资产质量状况	15	总资产周转率（次） 流动资产周转率（次）	8 7	应收账款周转率（次） 存货周转率（次）	9 6
三、偿债风险状况	15	资产负债率（%） 获利倍数	8 7	速动比率（%） 现金流动负债比率（%） 带息负债比率（%）	5 5 5
四、发展能力状况	20	营业收入增长率（%） 资本扩张率（%）	10 10	累计保留盈余率（%） 三年营业收入增长率（%） 总资产增长率（%） 营业利润增长率（%） 资产规模系数	3 3 4 4 6
五、市场表现状况	15	市场投资回报率（%） 股价波动率（%）	10 5		

（四）基本指标的内涵

基本指标是评价上市公司业绩的主要计量指标，是整个评价指标体系的核心。基本指标由净资产收益率、总资产报酬率、总资产周转率、流动资产周转率、资产负债率、已获利息倍数、营业收入增长率、资本扩张率、市场投资回报率以及股价波动率共 10 项计量指标构成。

1. 净资产收益率

（1）基本概念

净资产收益率是指企业一定时期内的净利润同平均净资产的比率。净平均净资产收益率充分体现了投资者投入企业的自有资本获取净收益的能力，突出反映了投资与报酬的关系，是评价企业资本经营效益的核心指标。

（2）计算公式

净资产收益率 =（净利润 - 非经常性损益）/平均净资产 * 100%

（3）内容解释

①净利润是指企业未作任何分配前的税后利润，为更好的评价企业业绩，反映上市公司的可持续盈利能力，本指标的净利润是指扣除非经常性损益后的净利润。

②平均净资产是企业年初所有者权益同本年所有者权益变动的平均数。净资产包括实收资本、资本公积、盈余公积和未分配利润等。

2. 总资产报酬率

（1）基本概念

总资产报酬率是企业在报告期内获得的可供投资者和债权人分配的经营收益占总资产的百分比，反映资产利用的综合效果，本指标剔除了财务杠杆对收益率的影响。

（2）计算公式

总资产报酬率 = 息税前利润/年度平均资产总额 * 100%

（3）内容解释

①息税前利润是指企业利润总额 + 利息支出。数据取值于《利润及利润分配表》。由于很多上市公司没有披露利息支出，这里采用财务费用代替。

②年度平均资产总额指企业年平均占用的资产额，年度平均资产总额 = （资产总额年初数 + 资产总额年末数）/2，数据取值于《资产负债表》。

3. 总资产周转率

（1）基本概念

总资产周转率是指企业一定时期主营业务收入净额同平均资产总额的比值。总资产周转率是综合评价企业全部资产经营质量和利用效率的重要指标。

（2）计算公式

$$总资产周转率（次）=\frac{主营业务收入净额}{平均资产总额}$$

（3）内容解释

①主营业务收入净额同上。

②平均资产总额是指企业资产总额年初数与年末数的平均值，平均资产总额 = （资产总额年初数 + 资产总额年末数）/2。数据取值于《资产负债表》。

4. 流动资产周转率

（1）基本概念

流动资产周转率是指企业一定时期主营业务收入净额同平均流动资产总额的比值。流动资产周转率是评价企业资产利用效率的另一主要指标。

（2）计算公式

$$流动资产周转率（次）=\frac{主营业务收入净额}{平均流动资产总额}$$

（3）内容解释

①主营业务收入净额同上。

②平均流动资产总额是指企业流动资产总额的年初数与年末数的平均值，平均流动资产总额 =（流动资产年初数 + 流动资产年末数）/2。数值取值于《资产负债表》。

5. 资产负债率

（1）基本概念

资产负债率是指企业一定时期负债总额同资产总额的比率。资产负债率表示企业总资产中有多少是通过负债筹集的，该指标是评价企业负债水平和偿债能力的综合指标。该指标为逆向指标，实际值越低，得分越高。

（2）计算公式

$$资产负债率 = \frac{负债总额}{资产总额} \times 100\%$$

（3）内容解释

①负债总额是指企业流动负债、长期负债和递延税款贷项的总和。少数股东权益不在负债总额中体现。数值取值于《资产负债表》。

②资产总额是指企业拥有各项资产价值的总和。数值取值于《资产负债表》。

6. 获利倍数

（1）基本概念

获利倍数是指企业一定时期的盈利偿还利息的能力。从偿还利息的角度来反映企业当期偿付债务的能力，也叫利息保障倍数。

（2）计算公式：

获利倍数 =（利润总额 + 利息费用）/利息费用

（3）内容解释

①由于相当多的上市公司没有披露利息支出，本体系采用利润表中的“财务费用”替代。

7. 营业收入增长率

（1）基本概念

营业收入增长率是指企业本年营业收入增长额同上年营业收入的比率。营业收入增长率表示与上年相比，企业营业收入的增减变动情况，是评价企业成长状况和发展能力的重要指标。

（2）计算公式

营业收入增长率（%）= 本年营业收入增长额/上年营业收入 * 100%

（3）内容解释

①本年营业收入增长额是企业本年营业收入与上年营业收入的差额，本年营业收入增长额 = 本年营业收入 - 上年营业收入。如本年营业收入低于上年，本年营业收入增长额用

“－”表示。有关数据取值于《利润及利润分配表》。

②上年营业收入指企业上年全年的主要经营活动所取得的收入减去折扣与折让后的数额。数据取值于《利润及利润分配表》。

8. 资本扩张率

（1）基本概念

资本扩张率是指上市公司本年股东权益增长额同年初股东权益的比率。资本扩张率表示企业当年资本的积累能力，是评价企业发展潜力的重要指标。

（2）计算公式

$$资产扩张率=\frac{本年股东权益增长率}{年初股东权益}\times 100\%$$

（3）内容解释

①本年股东权益增长额是指企业本年股东权益与上年股东权益的差额，本年股东权益增长额＝股东权益年末数—股东权益年初数。数值取值于《资产负债表》。

②年初股东权益指股东权益的年初数。数值取值于《资产负债表》。

9. 市场投资回报率

（1）基本概念

市场投资回报率是指上市公司本年在资本市场上投资股票所获的的收益同同年初股票投资成本的比率，反应上市公司股权在一年内的增值幅度。市场投资回报包括股票价格变动、企业分红派息、送配股等因素。市场投资回报率表示上市公司资本市场的增值能力，是评价上市公司市场表现的重要指标。

（2）计算公式

$$市场投资回报率=\frac{本年股票投资收益}{股票投资成本}\times 100\%$$

（3）内容解释

①本年股票投资收益是指在资本市场投资股票所获的收益，本年股票投资收益＝股票年末复权价格－股票年初复权价格

②股票投资成本是指年初投资股票时的复权价格。

9. 股价波动率

（1）基本概念

股价波动率是指上市公司每周股价同平均股价的标准平均方差，反映上市公司本年股票价格在股票市场上的波动情况。股价波动率主要体现上市公司的经营风险，以及稳定持续发展情况。该指标为逆向指标，实际值越低，得分越高。

（2）计算公式

$$股价波动率 = \sqrt{\sum_{i=1}^{n}(\frac{xi}{\bar{x}}-1)^2} \times 100\%$$

其中：xi 表示每周股票的复权开盘价

$\bar{x}$ 表示一年股票的平均复权价

N 表示一年的股票开盘周数

（3）有关说明

①为避免送配股、分红等对股价的影响，股价波动率采用股票的复权价格计算

②考虑到股价对波动率的影响，在计算股价波动率时，对每周复权价和平均股价都除以平均股价。

（五）修正指标的内涵

修正指标是从多方面调整完善基本指标评价结果的计量因素，是整个评价指标体系的重要辅助部分。通过修正指标的分析评价，实现对基本指标评价结果的全面调整和修正，形成定量指标评价结果。修正指标由营业利润率、盈利现金保障倍数、股本收益率、资产规模系数、应收账款周转率、存货周转率、速动比率、现金流动负债比率、带息负债比率、累计保留盈余率、三年营业收入增长率、总资产增长率以及营业利润增长率共13 项计量指标构成。

1. 营业利润率

（1）基本概念

营业利润率是指企业一定时期营业利润同营业收入的比率。它表明企业每单位营业收入能带来多少营业利润，反映了企业日常经营性业务的获利能力。

（2）计算公式

营业利润率 = 本年营业利润/本年营业收入 * 100%

（3）内容解释

①营业利润是指日常经营业务获得的利润，不包括投资收益、营业外收支等因素。数据取值于《利润及利润分配表》。

②营业收入额是指企业当期销售产品、商品、提供劳务等主要经营活动所取得的收入减去折扣与折让后的数额。数据取值于《利润及利润分配表》。

2. 盈利现金保障倍数

（1）基本概念

盈利现金保障倍数是企业一定时期经营现金净流量同净利润的比值。盈利现金保障倍数指标反映了企业当期净利润中现金收益的保障程度，真实地反映了企业盈余的质量。

（2）计算公式

$$盈余现金保障倍数 = \frac{经营现金净流量}{净利润}$$

（3）内容解释

①经营现金净流量指一定时期内，由企业经营活动所产生的现金及其等价物的流入量与流出量的差额。数据取值于《现金流量表》。

②净利润同上。数据取值于《利润及利润分配表》。

3. 股本收益率

（1）基本概念

股本收益率是指企业一定时期内获得的净利润与平均股本净额的比率。股本收益揭示了上市公司净资产中的股本获取净收益的能力。突出反映了股本与报酬的关系。

（2）计算公式

$$股本收益率 = \frac{净利润}{平均股本净额} \times 100\%$$

（3）内容解释

①净利润采用归属母公司的净利润

②平均股本净额是指企业股本净额年初数与年末数的平均值，平均股本净额 =（股本净额年初数 + 股本净额年末数）/2。数据取值于《资产负债表》。

4. 资产规模系数

为准确反映不同规模企业的业绩增长难度，合理评价公司业绩，我们设置了资产规模系数。对于资产总额较大的企业，其盈利增长和发展能力增长空间较小，获得高速增长的难度较大，对于资产总额较小的企业，其盈利增长和发展能力增长空间较大，获得高速增幅相对容易。因此，我们用资产规模系数来修正盈利能力和发展能力状况的评价得分，以上市公司的平均资产总额为基准，依据上市公司的实际资产规模适当修正评价得分。原则上，上市公司的总资产规模越大，则其对基本得分的正方向修正力度就越大。

5. 应收账款周转率

（1）基本概念

应收账款周转率是企业一定时期内主营业务收入净额同应收账款平均余额的比率。应收账款周转率是对流动资产周转率的补充说明。

（2）计算公式

$$应收账款周转率（次） = \frac{主营业务收入净额}{应收账款平均余额}$$

（3）内容解释

①主营业务收入净额同上。

②应收账款是指企业因赊销产品、材料、物资和提供劳务而应向购买方收取的各种款项。应收账款是应收账款账面价值减坏账准备之后的净值。应收账款平均余额 = （应收账款余额年初数 + 应收账款余额年末数）/2。数据取值于《资产负债表》。

6. 存货周转率

（1）基本概念

存货周转率是企业一定时期主营业务成本与存货平均余额的比率。存货周转率是对流动资产周转率的补充说明。

（2）计算公式

$$存货周转率（次）=\frac{主营业务成本}{存货平均余额}$$

（3）内容解释

①营业成本是指企业销售产品、商品或提供劳务等经营业务的实际成本。数据取值于《利润及利润分配表》。

②存货余额是指企业存货账面价值与存货跌价准备之和，存货余额是存货账面价值减存货跌价准备之后的净值。存货账面价值指企业期末各种存货的历史成本。存货跌价准备指存货可变现净值低于存货成本的部分。存货平均余额是存货余额年初数与年末数的平均值，即存货平均余额 = （存货余额年初数 + 存货余额年末数）/2。数据取值于《资产负债表》《资产减值表》。

7. 速动比率

（1）基本概念

速动比率是企业一定时期的速动资产同流动负债的比率。速动比率衡量企业的短期偿债能力，评价企业流动资产变现能力的强弱。

（2）计算公式

$$速动比率=\frac{速动资产}{流动负债}\times 100\%$$

（3）内容解释

①速动资产是指扣除存货后流动资产的数额，速动资产 = 流动资产 - 存货。数据取值于《资产负债表》。

②流动负债同上。

8. 现金流动负债比率

（1）基本概念

现金流动负债比率是企业一定时期的经营现金净流量同流动负债的比率。现金流动负债比率是从现金流动角度来反映企业当期偿付短期负债的能力。

（2）计算公式：

$$现金流动负债比率=\frac{年经营现金净流量}{年末流动负债}\times 100\%$$

（3）内容解释

①年现金净流量指一定时期内，由企业经营活动所产生的现金及其等价物的流入量与流出量的差额。数据取值于《现金流量表》。

②流动负债指企业所有偿还期在一年或一个经营周期以内债务。数据取值于《资产负债表》。

9. 带息负债比率

（1）基本概念

带息负债比率是指带息负债与企业负债总额。带息负债包括短期借款+一年内到期的非流动负债+长期借款+应付债券+应付利息。该指标反映企业负债中承担利息负债的比率。该指标为逆向指标，实际值越低，得分越高。

（2）计算公式

带息负债比率=带息负债/负债总额＊100%

其中：带息负债=短期借款+一年内到期的非流动负债+长期借款+应付债券+应付利息

（3）内容解释

①带息负债表示企业负债中需要承担利息的负债额度。数值取值于《资产负债表》。

②负债总额同上。数值取值于《资产负债表》。

10. 累计保留盈余率

（1）基本概念

累计保留盈余率是指企业盈余公积与未分配利润之和同平均股东权益的比率。累计保留盈余率反映了企业靠自身经营积累的发展能力大小。

（2）计算公式

$$累计保留盈余率=\frac{盈余公积+未分配利润}{平均股东权益}\times 100\%$$

（3）内容解释

①盈余公积是企业按照有关规定及程序从净利润中提取的。数据取值于《资产负债表》。

②未分配利润是企业净利润经过一系列利润分配程序之后的剩余额。数据取值于《资产负债表》。

③平均股东权益是指企业股东权益年初数与年末数的平均值，平均股东权益=（股东

权益年初数+股东权益年末数）/2。数据取值于《资产负债表》。

11. 三年营业收入平均增长率

（1）基本概念

三年营业收入平均增长率表明企业营业收入连续三年的增长情况，体现企业的持续发展态势和市场扩张能力。

（2）计算公式

$$三年主营业务平均增长率=\left(\sqrt{\frac{当年主营业务收入净额}{三年前主营业务收入净额}}\right)$$

（3）内容解释

①当年营业收入同上。

②三年前营业收入指企业三年前的营业收入数。数据取值于三年前《利润及利润分配表》。

12. 总资产增长率

（1）基本概念

总资产增长率是指企业资产规模的增长，反映企业的成长性。

（2）计算公式

总资产增长率=本年资产总额增长额/上年资产总额＊100%

（3）内容解释

①本年资产总额增长额=本年资产总额－上年资产总额。如本年资产总额低于上年，本年资产总额增长额用“－”表示。数据取值于《资产负债表表》。

13. 营业利润增长率

（1）基本概念

营业利润增长率是指企业本年营业利润增加额同上年营业利润的比率。

（2）计算公式

营业利润增长率=（本年营业利润－上年营业利润）/上年营业利润＊100%

（3）内容解释

①本年营业利润增长额=本年营业利润－上年营业利润。如本年营业利润低于上年，本年营业利润增长额用“－”表示。数据取值于《利润及利润分配表》。

②上年营业利润数据取值于上年的《利润及利润分配表》。

（六）评价指标权数的确定方法

在一个指标集合中，指标权数是其中每项指标占有的比重。每项指标对上市公司业绩的影响程度不同，其占有的权重应有所差别。不同的评价目的，评价指标权数的设置也有所区别。上市公司的财务效益状况是整个业绩评价指标体系的重点，该部分的指标权重就应相应加大。在权数设置上进行了分层处理，根据不同层次指标评价的需要，同时采用了德尔菲法（专家意见法）和相关性权重法来确定每个指标的权数。

1. 总权数与分层次权数的设置。

按照权重设计的习惯做法，将评价指标体系的总权数设定为100，即所有指标都是最好的企业可得满分100分。同时，为便于不同层次指标的评价计分，先将基本指标和修正指标的权重均设定为100，修正指标是对基本指标的评价结果的修正，再将不同层次的计分结果返回百分制。

2. 具体指标的权数设置。

对具体指标的权数设置综合运用了相关性权重法与德尔菲法。首先，根据测算的各评价指标之间的相关系数，确定指标之间的关联度，根据关联度赋予每个指标的权数。然后，运用德尔菲法将测算初定的权数分配表，分别发送有关部门、专家，征求他们的意见，在此基础上进行意见综合，形成具体指标的权数分配。

三、中国上市公司业绩评价标准

评价标准是评价三要素之一，是上市公司业绩评价体系中重要组成部分，如果没有合适的评价对比标准，就无法进行具体评价。为取得客观、公正、准确的业绩评价结果，需要根据评价目的和上市公司的特点制定评价标准。为了客观、准确地评价上市公司经营业绩，我们利用全部上市公司的数据，结合全社会平均水平测算制定出一个统一的标准值，以适应所有上市公司跨行业评价的需要，其中上市公司的行业特性和规模大小分别通过所属行业的行业系数和企业规模系数进行修正。

本次业绩评价在考虑行业、规模影响因素的基础上，进一步将评价标准分类细化，分为优秀、良好、平均、较低、较差五个档次。下表是根据上述原则制定的2011年度上市公司评价标准值：

2011年度中国上市公司业绩评价标准值

项　目	优秀值	良好值	平均值	较低值	较差值
一、财务效益状况					
净资产收益率（%）	18.90	16.70	12.40	3.40	-0.30
总资产报酬率（%）	13.80	12.00	7.90	3.90	2.40
营业利润率（%）	25.50	15.90	7.50	3.30	0.90

续 表

项 目	优秀值	良好值	平均值	较低值	较差值
盈余现金保障倍数	2.50	1.90	1.20	-0.50	-2.20
总股本收益率（%）	73.50	61.20	40.00	13.30	-0.10
二、资产质量状况					
总资产周转率（次）	1.50	1.20	0.90	0.40	0.30
流动资产周转率（次）	3.20	2.40	1.70	0.60	0.40
存货周转率（次）	12.60	8.90	4.40	1.60	0.60
应收账款周转率（次）	45.70	24.30	13.70	5.00	3.20
三、偿债风险状况					
资产负债率（%）［逆向指标］	16.40	33.70	57.40	66.50	74.30
已获利息倍数	25.50	18.50	7.50	2.40	1.40
速动比率（%）	365.50	168.00	73.70	55.00	36.10
现金流动负债比率（%）	55.20	38.80	16.00	3.50	-16.90
带息负债比率［逆向指标］	3.30	22.10	44.40	59.60	73.80
四、发展能力状况					
营业收入增长率（%）	56.00	46.60	37.20	10.40	-3.50
资本扩张率（%）	130.00	41.30	21.80	5.70	-1.20
累计保留盈余率（%）	56.80	51.10	38.70	13.00	1.50
三年营业收入平均增长率（%）	38.90	26.00	19.30	4.10	-3.30
总资产增长率（%）	78.60	42.40	22.60	8.80	-1.30
营业利润增长率（%）	60.80	37.90	23.50	-16.60	-38.50
五、市场表现状况					
市场投资回报率（%）	68.00	42.70	12.40	-18.40	-31.70
股价波动率（%）［逆向指标］	50.00	64.60	95.00	126.20	152.60

四、中国上市公司的行业分类

本次业绩评价参照中国证监会颁布的《上市公司行业分类指引》，对被评价的上市公司进行行业分类，并针对不同行业确定了不同的行业系数。

上市公司业绩评价的行业分类情况表

序号	行业名称	行业代码
1	全国所有企业	
2	农林牧渔业	A
3	采掘业	B

续　表

序号	行业名称	行业代码
4	其中：煤炭	B01
5	制造业	C
6	食品、饮料	C0
7	纺织、服装、毛皮	C1
8	造纸、印刷	C3
9	石油、化学、塑胶、塑料	C4
10	电子	C5
11	金属、非金属	C6
12	机械、设备、仪表	C7
13	医药、生物制品	C8
14	其他制造业	C9
15	电力煤气及水的生产和供应业	D
16	建筑业	E
17	交通运输、仓储业	F
18	信息技术业	G
19	批发和零售贸易业	H
20	房地产业	J
21	社会服务业	K
22	传播与文化产业	L
23	综合类	M

此外，我们根据上市公司的特点，分别依据上市地点、上市时间以及上市公司规模进行了分组。在本评价体系中，将各项分组汇总数据视同一户上市公司进行了业绩评价，目的是为了广大投资者在分析各上市公司业绩的同时，也能分辨不同行业的发展状况，从而更好地评判上市公司业绩状况。

五、中国上市公司业绩评价计分方法

上市公司业绩评价计分方法主要为功效系数法，分为基本指标计分方法、修正指标计分方法两种。

（一）基本指标计分方法

基本指标计分方法是指运用业绩评价的基本指标，将指标实际值对照相应的评价标准值，计算各项指标实际得分的方法。计算公式为：

基本指标总得分＝∑单项基本指标得分

单项基本指标得分＝本档基础分＋调整分

本档基础分＝指标权数×本档标准系数

调整分＝［（实际值－本档标准值）/（上档标准值－本档标准值）］×（上档基础分－本档基础分）

上档基础分＝指标权数×上档标准系数

对有关指标的分母为零或为负数时，作了相应的具体处理。

在每一部分指标评价分数计算出来后，要计算该部分指标的分析系数。分析系数是指企业财务效益、资产营运、偿债能力、发展能力四部分评价内容各自的评价分数与该部分权数的比率。基本指标分析系数的计算公式为：某部分基本指标分析系数＝该部分指标得分/该部分权数

（二）修正指标计分方法

修正指标计分方法是在基本指标计分结果的基础上，运用修正指标对企业效绩基本指标计分结果作进一步调整。修正指标的计分方法仍运用功效系数法原理，以各部分基本指标的评价得分为基础，计算各部分的综合修正系数，再据此计算出修正指标分数。计算公式为：

修正后总得分＝Σ四部分修正后得分

各部分修正后得分＝该部分基本指标分数×该部分综合修正系数

综合修正系数＝Σ该部分各指标加权修正系数

某指标加权修正系数＝（修正指标权数/该部分权数）×该指标单项修正系数

某指标单项修正系数＝1.0＋（本档标准系数＋功效系数×0.2－该部分基本指标分析系数）/2

功效系数＝（指标实际值－本档标准值）/（上档标准值－本档标准值）

该部分基本指标分析系数＝该部分基本指标得分/该部分权数

在计算修正指标的修正系数时，对有关指标的单项修正系数作如下特殊规定。

（三）特殊修正指标计分方法

1. 资产规模系数

由于上市公司的总资产规模差异较大，不同规模公司的盈利增长难度是不同的，大企业可以获得规模效益，但利润或资产的增长速度很难与小企业相比，为了客观、公正地评价上市公司业绩，因而在评价体系的财务效益状况部分设置资产规模系数修正指标，并制定相应的评价标准值。上市公司的总资产规模越大，则其修正系数也越大，具体方法如下：

（1）当平均资产总额除以户均资产小于0.1，该指标修正系数为0.6；

（2）当平均资产总额除以户均资产在0.1（含）~0.5之间，该指标的基本修正系数为0.6~0.8；

（3）当平均资产总额除以户均资产0.5（含）~1.0之间，该指标的基本修正系数为0.8~1.0；

（4）当平均资产总额除以户均资产在1（含）~5之间，该指标的基本修正系数为1.0~1.2；

（5）当平均资产总额除以户均资产在5（含）~10之间，该指标的基本修正系数为1.2~1.4；

（6）当平均资产总额除以户均资产在10（含）~100之间，该指标的基本修正系数为1.4~1.6；

（7）当平均资产总额除以户均资产大于100，该指标修正系数为1.6。

2. 行业系数

本次评价采用了所有企业统一的标准值，由于上市公司有本行业的资产营运特点，为客观、公正地评价上市公司业绩，就需要通过设置行业系数来修正上市公司的行业差异。

取得行业系数的具体办法是：首先，根据企业绩效评价方法，采用统一的评价标准计算出全国所有企业资产营运状况得分；然后，分行业对资产营运状况得分进行汇总统计，计算出各行业的资产营运状况的平均得分；最后，根据各行业的平均得分测算出各行业相应的行业修正系数。

六、金融类上市公司业绩评价方法

近年来，银行、保险、证券等行业公司纷纷上市，自2006年中国银行、工商银行等国有大型银行A股上市开启了金融巨头上市的开端以来，交通银行、兴业银行、中信银行等大中型银行、中国人寿、中国平安等保险巨头，以及海通证券等证券公司也相继发行上市，金融类上市公司已成为证券市场中一个重要的不可忽视的组成部分。

金融类上市公司越来越多，在A股市场权重越来越大，如何对金融类上市公司业绩进行评价就成为一个重要课题。与其他企业不同，金融类公司是经营特殊业务的公司，这种特殊性决定了不能采用一般行业企业的评价方法对之进行评价，主要表现在某些衡量指标差异较大，如资产负债率一般远高于其他企业，而总资产收益率相对较低，同时，金融类上市公司还有相对比较特殊的风险控制等指标，因此，不能将金融企业与其他企业简单等同起来一起进行评价，而必须单独设立一整套评价体系对之进行评价。同时，银行、保险、证券三类公司尽管都属于金融类公司，但相互之间区别也比较大，必须对每一子类公司分别研究进行评价。

为此，我们在对金融类公司的特殊性进行研究的基础上，对金融类公司的业绩评价体系进行了初步探索，由于业绩评价是建立在多个样本基础之上的，考虑到目前上市保险公司仅有三家，无法取得比较客观的评价结果，因此，目前我们仅对上市银行和证券公司的业绩评价进行了认真研究，并参考前述上市公司的评价方法，建立了一套上市银行、证券公司的业绩评价体系。

（一）上市银行、证券公司绩效评价体系

根据目前银行、证券公司的财务状况特点以及我国有关监管部门对银行、证券公司的监管情况，我们在这两年对上市银行进行评价试点的基础上对评价方法进行了一定改进，并结合银行、证券公司各自不同的财务指标特点分别建立了银行、证券公司的评价指标体系，以更能反映银行业、证券业的整体财务状况。

参考前述上市公司的评价方法，经营效绩在流动性、安全性、盈利性、发展能力及股票市场表现上的要求，上市银行评价体系的设计仍然围绕这五个方面来选择指标。考虑到上市银行、证券公司在安全性和流动性方面比普通行业公司要求更高，同时相关财务指标也比较特殊，因此，我们着重对反映银行和证券公司安全性和流动性的指标进行了分析比较，并从一系列监管指标中选择了有代表性的财务指标加以应用。对于盈利能力、发展能力、市场表现等方面财务指标，我们尽量选择可以与普通行业公司相关指标对标的财务指标来衡量。

在比较了其他各个指标后，我们选取了十个指标用以衡量上述五个方面，同时考虑到指标的影响力，决定了其权重大小。

下表是上市银行业业绩评价指标体系。

评价内容	基本指标	指标权重（%）
安全性	资本充足率	8
	不良资产比率	7
流动性	短期资产流动性比例	8
	存贷款比例	7
盈利能力	净资产收益率	20
	总资产报酬率	15
发展能力	总资产增长率	8
	营业收入增长率	12
市场表现	投资回报率	10
	股价波动率	5

下表是证券行业业绩评价指标体系。

评价内容	基本指标	指标权重（%）
安全性	证券自营规模比率	8
	风险准备覆盖率	7
流动性	净资本比率	8
	资本负债比率	7
盈利能力	净资产收益率	20
	总资产收益率	15
发展能力	总资产增长率	8
	营业收入增长率	12
市场表现	投资回报率	10
	股价波动率	5

注：安全性及流动性指标均为证监会监管要求的风险控制指标。其中，证券自营规模比率＝自营权益类证券及证券衍生品/净资本；风险准备覆盖率＝净资本/各项风险准备之和；净资本比率＝净资本/净资产；净资本负债比率＝净资本/负债。

此外，考虑到上市银行和部分证券公司规模差异较大，不同规模的银行或证券公司的盈利能力和发展能力指标不能用统一标准衡量，因此，参考一般企业的评价方法，设置了规模系数对盈利能力和发展能力指标进行调整，使行业内不同规模的企业标准能够相符。考虑到银行和证券公司的资产规模普遍较大，不能简单地运用一般上市企业的规模系数，因此，仅针对银行业具体情况单独设置了规模系数。

（二）上市银行、证券公司业绩评价标准

本次上市银行和证券公司业绩评价考虑到行业特殊性、银行业或证券业监管要求及上市公司整体情况三个因素，将评价标准分为优秀值和平均值两个档次，但是对应不同的指标，标准值的选取有所不同。

对于银行业资本充足率指标，其平均值为银行业监管标准值8%。

对于净资产收益率、总资产增长率、主营业务收入增长率、投资回报率、股价波动率等指标，由于在这些指标上银行企业与其他企业具有可比性，因此，选择所有上市公司对应指标的优秀值、平均值为标准计算。

其他指标则选取所有上市银行或证券公司对应指标的优秀值和平均值为标准计算。

（三）上市银行、证券公司业绩评价计分方法

上市银行和证券公司业绩评价计分方法仍然采用功效系数法。

指标计分方法是指运用业绩评价的指标，将指标实际值对照相应的评价标准值，计算各

项指标实际得分的方法。计算公式为：

指标总得分 = ∑单项基本指标得分

单项指标得分 = [0.6 + （实际值 - 平均值）/（优秀值 - 平均值）*0.4] *权重

对有关指标的分母为零或为负数时，作了相应的具体处理。

附 录 二

2011年度中国上市公司业绩评价排序

2011 年度中国上市公司业绩评价排序

排名	评价单位代码	单位名称	评价得分	排名	评价单位代码	单位名称	评价得分
1	600104	上汽集团	94.70	2	000858	五粮液	90.13
3	002304	洋河股份	89.84	4	600519	贵州茅台	89.63
5	601398	工商银行	89.47	6	000568	泸州老窖	88.91
7	601939	建设银行	88.64	8	601633	长城汽车	88.55
9	600160	巨化股份	87.74	10	601088	中国神华	87.35
11	600585	海螺水泥	87.00	12	000876	新希望	86.92
13	601857	中国石油	86.09	14	600028	中国石化	85.77
15	600036	招商银行	85.52	16	600887	伊利股份	85.42
17	600403	大有能源	85.32	18	600809	山西汾酒	84.52
19	601899	紫金矿业	84.45	20	002415	海康威视	84.40
21	601006	大秦铁路	84.37	22	600188	兖州煤业	83.92
23	600031	三一重工	83.86	24	600633	浙报传媒	83.79
25	600016	民生银行	83.73	26	000596	古井贡酒	83.70
27	601009	南京银行	83.36	28	601888	中国国旅	83.24
29	600340	华夏幸福	83.11	30	600741	华域汽车	83.05
31	600348	阳泉煤业	82.73	32	000651	格力电器	82.67
33	600060	海信电器	82.55	34	000937	冀中能源	82.51
35	000703	恒逸石化	82.25	36	600066	宇通客车	82.02
37	002299	圣农发展	82.00	38	601998	中信银行	81.91
39	002081	金螳螂	81.69	40	600271	航天信息	81.61
41	600309	烟台万华	81.53	42	002051	中工国际	81.42
43	002146	荣盛发展	81.30	44	002033	丽江旅游	81.24
45	600763	通策医疗	81.11	46	600489	中金黄金	81.04
47	600600	青岛啤酒	81.02	48	600123	兰花科创	80.71
49	000869	张裕 A	80.57	50	002385	大北农	80.54
51	601699	潞安环能	80.50	52	000602	金马集团	80.50
53	000422	湖北宜化	80.42	54	002311	海大集团	80.32
55	600780	通宝能源	80.31	56	600690	青岛海尔	80.27
57	002572	索菲亚	80.25	58	002458	益生股份	79.95
59	000157	中联重科	79.94	60	601101	昊华能源	79.92
61	600111	包钢稀土	79.83	62	601233	桐昆股份	79.81
63	002142	宁波银行	79.79	64	601117	中国化学	79.64
65	600406	国电南瑞	79.54	66	000983	西山煤电	79.32
67	000888	峨眉山 A	79.19	68	002186	全聚德	78.89
69	000656	金科股份	78.86	70	600395	盘江股份	78.85
71	000550	江铃汽车	78.85	72	000527	美的电器	78.84
73	600546	山煤国际	78.73	74	600897	厦门空港	78.52
75	600508	上海能源	78.52	76	300015	爱尔眼科	78.39
77	600687	刚泰控股	78.37	78	600582	天地科技	78.28
79	000598	兴蓉投资	78.28	80	600350	山东高速	78.19
81	002038	双鹭药业	78.19	82	002195	海隆软件	78.15
83	601988	中国银行	78.06	84	601898	中煤能源	78.05
85	601678	滨化股份	77.93	86	002234	民和股份	77.88
87	000430	张家界	77.68	88	600723	首商股份	77.62
89	600362	江西铜业	77.52	90	601566	九牧王	77.46
91	000423	东阿阿胶	77.44	92	300267	尔康制药	77.23
93	601666	平煤股份	77.22	94	600547	山东黄金	77.15

续 表

排名	评价单位代码	单位名称	评价得分	排名	评价单位代码	单位名称	评价得分
95	600077	宋都股份	77.13	96	000417	合肥百货	77.13
97	600801	华新水泥	76.82	98	000789	江西水泥	76.82
99	600971	恒源煤电	76.81	100	000538	云南白药	76.75
101	000603	ST 盛达	76.75	102	600276	恒瑞医药	76.72
103	600401	ST 申龙	76.71	104	002140	东华科技	76.65
105	002063	远光软件	76.65	106	000666	经纬纺机	76.65
107	600256	广汇股份	76.63	108	002475	立讯精密	76.61
109	002233	塔牌集团	76.58	110	002241	歌尔声学	76.45
111	002226	江南化工	76.37	112	601100	恒立油缸	76.31
113	000981	银亿股份	76.27	114	600315	上海家化	76.17
115	600335	国机汽车	76.12	116	002293	罗莱家纺	76.12
117	300182	捷成股份	76.10	118	601001	大同煤业	76.09
119	000799	酒鬼酒	75.95	120	002635	安洁科技	75.92
121	002024	苏宁电器	75.91	122	000885	同力水泥	75.87
123	600827	友谊股份	75.86	124	002410	广联达	75.86
125	002646	青青稞酒	75.84	126	002563	森马服饰	75.84
127	300058	蓝色光标	75.75	128	002065	东华软件	75.70
129	300231	银信科技	75.65	130	002419	天虹商场	75.61
131	600366	宁波韵升	75.60	132	000780	平庄能源	75.36
133	002627	宜昌交运	75.32	134	000809	铁岭新城	75.26
135	000650	仁和药业	75.23	136	002477	雏鹰农牧	75.20
137	600199	金种子酒	75.14	138	002029	七匹狼	75.12
139	600030	中信证券	75.06	140	002327	富安娜	74.96
141	600318	巢东股份	74.93	142	300183	东软载波	74.93
143	002069	獐子岛	74.91	144	300259	新天科技	74.82
145	002344	海宁皮城	74.78	146	002558	世纪游轮	74.67
147	002493	荣盛石化	74.67	148	600409	三友化工	74.61
149	000786	北新建材	74.61	150	002264	新华都	74.58
151	002612	朗姿股份	74.57	152	600636	三爱富	74.56
153	600684	珠江实业	74.55	154	601010	文峰股份	74.50
155	600125	铁龙物流	74.49	156	000581	威孚高科	74.48
157	600859	王府井	74.45	158	300245	天玑科技	74.43
159	000731	四川美丰	74.38	160	000726	鲁泰 A	74.37
161	600138	中青旅	74.36	162	002648	卫星石化	74.31
163	002041	登海种业	74.28	164	601139	深圳燃气	74.27
165	002236	大华股份	74.26	166	300257	开山股份	74.25
167	600535	天士力	74.23	168	002037	久联发展	74.22
169	601333	广深铁路	74.18	170	600588	用友软件	74.16
171	300005	探路者	74.16	172	600373	中文传媒	74.14
173	000999	华润三九	74.11	174	600594	益佰制药	74.08
175	002557	洽洽食品	74.08	176	002546	新联电子	74.06
177	002006	精功科技	74.03	178	601918	国投新集	73.97
179	600785	新华百货	73.92	180	600094	大名城	73.92
181	600085	同仁堂	73.89	182	300170	汉得信息	73.87
183	002267	陕天然气	73.82	184	600729	重庆百货	73.80
185	601288	农业银行	73.78	186	601216	内蒙君正	73.71
187	002273	水晶光电	73.69	188	600637	百视通	73.36
189	601166	兴业银行	73.35	190	002044	江苏三友	73.26

续　表

排名	评价单位代码	单位名称	评价得分	排名	评价单位代码	单位名称	评价得分
191	601328	交通银行	73. 18	192	600386	北巴传媒	73. 17
193	300104	乐视网	73. 10	194	000778	新兴铸管	73. 09
195	002223	鱼跃医疗	73. 08	196	002601	佰利联	73. 07
197	002611	东方精工	73. 03	198	002585	双星新材	73. 03
199	600880	博瑞传播	73. 00	200	000501	鄂武商 A	72. 98
201	002250	联化科技	72. 92	202	601668	中国建筑	72. 86
203	300195	长荣股份	72. 85	204	601000	唐山港	72. 83
205	300171	东富龙	72. 80	206	000877	天山股份	72. 79
207	000655	金岭矿业	72. 79	208	300244	迪安诊断	72. 75
209	002623	亚玛顿	72. 74	210	300224	正海磁材	72. 72
211	002588	史丹利	72. 71	212	300202	聚龙股份	72. 70
213	300127	银河磁体	72. 67	214	600757	长江传媒	72. 59
215	002628	成都路桥	72. 59	216	600612	老凤祥	72. 51
217	000970	中科三环	72. 49	218	000049	德赛电池	72. 46
219	002581	万昌科技	72. 44	220	002269	美邦服饰	72. 39
221	600739	辽宁成大	72. 35	222	002153	石基信息	72. 35
223	002548	金新农	72. 34	224	300273	和佳股份	72. 30
225	000338	潍柴动力	72. 19	226	002637	赞宇科技	72. 12
227	000987	广州友谊	72. 11	228	300012	华测检测	72. 09
229	002570	贝因美	72. 00	230	002085	万丰奥威	71. 96
231	000002	万科 A	71. 92	232	600009	上海机场	71. 91
233	600518	康美药业	71. 88	234	002595	豪迈科技	71. 87
235	600436	片仔癀	71. 74	236	000792	盐湖股份	71. 68
237	002597	金禾实业	71. 65	238	300275	梅安森	71. 64
239	002561	徐家汇	71. 57	240	002376	新北洋	71. 56
241	300276	三丰智能	71. 54	242	600791	京能置业	71. 52
243	601928	凤凰传媒	71. 37	244	600561	江西长运	71. 34
245	600575	芜湖港	71. 31	246	000826	桑德环境	71. 31
247	300166	东方国信	71. 26	248	002567	唐人神	71. 21
249	600784	鲁银投资	71. 20	250	600377	宁沪高速	71. 20
251	000861	海印股份	71. 20	252	000069	华侨城 A	71. 19
253	600195	中牧股份	71. 16	254	002430	杭氧股份	71. 13
255	002539	新都化工	71. 08	256	002154	报喜鸟	71. 05
257	300186	大华农	71. 03	258	300251	光线传媒	70. 93
259	600143	金发科技	70. 84	260	002605	姚记扑克	70. 83
261	002277	友阿股份	70. 82	262	002155	辰州矿业	70. 81
263	601169	北京银行	70. 75	264	002014	永新股份	70. 74
265	600527	江南高纤	70. 70	266	000001	深发展 A	70. 68
267	002204	大连重工	70. 64	268	000719	大地传媒	70. 63
269	002096	南岭民爆	70. 61	270	000933	神火股份	70. 61
271	600267	海正药业	70. 55	272	002565	上海绿新	70. 54
273	300230	永利带业	70. 53	274	300145	南方泵业	70. 52
275	002353	杰瑞股份	70. 50	276	002116	中国海诚	70. 46
277	002641	永高股份	70. 43	278	002615	哈尔斯	70. 42
279	600048	保利地产	70. 36	280	600153	建发股份	70. 35
281	600549	厦门钨业	70. 34	282	002001	新和成	70. 34
283	601677	明泰铝业	70. 33	284	000793	华闻传媒	70. 33
285	300226	上海钢联	70. 31	286	601098	中南传媒	70. 27

续 表

排名	评价单位代码	单位名称	评价得分	排名	评价单位代码	单位名称	评价得分
287	600642	申能股份	70.25	288	600000	浦发银行	70.20
289	601933	永辉超市	70.17	290	002592	八菱科技	70.16
291	300234	开尔新材	70.09	292	601669	中国水电	70.07
293	300160	秀强股份	70.07	294	300043	星辉车模	70.04
295	600115	东方航空	70.03	296	300272	开能环保	70.00
297	300253	卫宁软件	70.00	298	002157	正邦科技	69.99
299	601208	东材科技	69.97	300	600660	福耀玻璃	69.97
301	002632	道明光学	69.97	302	600792	云煤能源	69.92
303	300281	金明精机	69.90	304	002389	南洋科技	69.90
305	600794	保税科技	69.87	306	002032	苏泊尔	69.87
307	300246	宝莱特	69.86	308	600216	浙江医药	69.84
309	002109	兴化股份	69.84	310	300219	鸿利光电	69.82
311	600502	安徽水利	69.68	312	300210	森远股份	69.65
313	600079	人福医药	69.57	314	300277	海联讯	69.56
315	002631	德尔家居	69.55	316	002645	华宏科技	69.52
317	002450	康得新	69.51	318	002128	露天煤业	69.48
319	600779	水井坊	69.39	320	002252	上海莱士	69.37
321	000848	承德露露	69.33	322	300146	汤臣倍健	69.32
323	002372	伟星新材	69.28	324	600507	方大特钢	69.26
325	002217	联合化工	69.26	326	600697	欧亚集团	69.22
327	300236	上海新阳	69.21	328	601908	京运通	69.18
329	600987	航民股份	69.17	330	600054	黄山旅游	69.13
331	600307	酒钢宏兴	69.12	332	601717	郑煤机	69.10
333	601099	太平洋	69.05	334	002626	金达威	69.02
335	002408	齐翔腾达	69.02	336	002398	建研集团	68.96
337	600650	锦江投资	68.95	338	300096	易联众	68.93
339	600012	皖通高速	68.88	340	002275	桂林三金	68.87
341	600521	华海药业	68.84	342	002050	三花股份	68.84
343	002643	烟台万润	68.82	344	000708	大冶特钢	68.82
345	600805	悦达投资	68.81	346	300115	长盈精密	68.81
347	002308	威创股份	68.81	348	000059	辽通化工	68.80
349	002497	雅化集团	68.77	350	601799	星宇股份	68.75
351	002621	大连三垒	68.71	352	002470	金正大	68.69
353	000529	广弘控股	68.65	354	002602	世纪华通	68.63
355	300282	汇冠股份	68.61	356	300258	精锻科技	68.54
357	300045	华力创通	68.52	358	300037	新宙邦	68.52
359	000830	鲁西化工	68.52	360	002325	洪涛股份	68.50
361	002634	棒杰股份	68.49	362	000935	四川双马	68.48
363	600004	白云机场	68.43	364	002216	三全食品	68.41
365	002642	荣之联	68.38	366	601877	正泰电器	68.35
367	600699	均胜电子	68.32	368	300269	联建光电	68.32
369	300196	长海股份	68.29	370	300124	汇川技术	68.24
371	002238	天威视讯	68.23	372	601607	上海医药	68.21
373	300188	美亚柏科	68.20	374	002251	步步高	68.20
375	002310	东方园林	68.15	376	002358	森源电气	68.14
377	002187	广百股份	68.12	378	002220	天宝股份	68.06
379	300039	上海凯宝	68.05	380	600109	国金证券	68.02
381	300238	冠昊生物	67.98	382	300014	亿纬锂能	67.97

续　表

排名	评价单位代码	单位名称	评价得分	排名	评价单位代码	单位名称	评价得分
383	002559	亚威股份	67. 94	384	000043	中航地产	67. 92
385	000011	深物业 A	67. 91	386	600803	威远生化	67. 90
387	000728	国元证券	67. 89	388	600029	南方航空	67. 85
389	002625	龙生股份	67. 83	390	300250	初灵信息	67. 82
391	002479	富春环保	67. 82	392	601199	江南水务	67. 80
393	002620	瑞和股份	67. 80	394	002152	广电运通	67. 76
395	600837	海通证券	67. 65	396	002268	卫士通	67. 64
397	600067	冠城大通	67. 59	398	002603	以岭药业	67. 59
399	002577	雷柏科技	67. 55	400	002400	省广股份	67. 54
401	600587	新华医疗	67. 48	402	300222	科大智能	67. 47
403	000401	冀东水泥	67. 47	404	600863	内蒙华电	67. 44
405	000623	吉林敖东	67. 43	406	600900	长江电力	67. 36
407	600795	国电电力	67. 36	408	000630	铜陵有色	67. 36
409	600141	兴发集团	67. 33	410	002230	科大讯飞	67. 32
411	300229	拓尔思	67. 31	412	000811	烟台冰轮	67. 26
413	300064	豫金刚石	67. 25	414	000895	双汇发展	67. 24
415	002500	山西证券	67. 22	416	002294	信立泰	67. 18
417	600015	华夏银行	67. 17	418	002206	海利得	67. 16
419	600219	南山铝业	67. 15	420	300248	新开普	67. 15
421	601567	三星电气	67. 14	422	600551	时代出版	67. 14
423	600742	一汽富维	67. 12	424	002638	勤上光电	67. 12
425	002598	山东章鼓	67. 12	426	002640	百圆裤业	67. 01
427	002369	卓翼科技	66. 96	428	000963	华东医药	66. 94
429	600668	尖峰集团	66. 93	430	000620	新华联	66. 92
431	002520	日发数码	66. 87	432	002012	凯恩股份	66. 84
433	600563	法拉电子	66. 83	434	600505	西昌电力	66. 82
435	601818	光大银行	66. 80	436	600975	新五丰	66. 79
437	600831	广电网络	66. 76	438	600750	江中药业	66. 76
439	300263	隆华传热	66. 75	440	002357	富临运业	66. 64
441	600422	昆明制药	66. 63	442	600993	马应龙	66. 62
443	600835	上海机电	66. 62	444	300235	方直科技	66. 62
445	300270	中威电子	66. 56	446	002538	司尔特	66. 56
447	002394	联发股份	66. 56	448	600121	郑州煤电	66. 55
449	600007	中国国贸	66. 55	450	600018	上港集团	66. 53
451	002285	世联地产	66. 53	452	300026	红日药业	66. 50
453	002505	大康牧业	66. 50	454	300217	东方电热	66. 49
455	300168	万达信息	66. 45	456	300017	网宿科技	66. 45
457	300204	舒泰神	66. 39	458	002136	安纳达	66. 38
459	601111	中国国航	66. 35	460	300214	日科化学	66. 35
461	300266	兴源过滤	66. 32	462	002474	榕基软件	66. 27
463	002231	奥维通信	66. 27	464	300261	雅本化学	66. 23
465	002607	亚夏汽车	66. 17	466	002262	恩华药业	66. 17
467	002534	杭锅股份	66. 16	468	600999	招商证券	66. 12
469	600266	北京城建	66. 09	470	300197	铁汉生态	66. 04
471	000537	广宇发展	66. 04	472	300232	洲明科技	66. 01
473	601118	海南橡胶	65. 97	474	002035	华帝股份	65. 97
475	002375	亚厦股份	65. 96	476	300279	和晶科技	65. 89
477	300247	桑乐金	65. 89	478	600662	强生控股	65. 87

续　表

排名	评价单位代码	单位名称	评价得分	排名	评价单位代码	单位名称	评价得分
479	002639	雪人股份	65.87	480	000573	粤宏远 A	65.85
481	300271	紫光华宇	65.83	482	002317	众生药业	65.79
483	000039	中集集团	65.79	484	002191	劲嘉股份	65.78
485	002541	鸿路钢构	65.77	486	002360	同德化工	65.76
487	600196	复星医药	65.74	488	600516	方大炭素	65.72
489	601518	吉林高速	65.70	490	002586	围海股份	65.69
491	600829	三精制药	65.68	492	600088	中视传媒	65.66
493	300199	翰宇药业	65.66	494	300071	华谊嘉信	65.65
495	000998	隆平高科	65.65	496	002177	御银股份	65.63
497	002397	梦洁家纺	65.62	498	601801	皖新传媒	65.56
499	600761	安徽合力	65.54	500	002544	杰赛科技	65.54
501	601989	中国重工	65.44	502	600967	北方创业	65.44
503	002549	凯美特气	65.40	504	002622	永大集团	65.37
505	002508	老板电器	65.36	506	600982	宁波热电	65.33
507	002629	仁智油服	65.33	508	600717	天津港	65.30
509	002542	中化岩土	65.26	510	600754	锦江股份	65.25
511	600372	中航电子	65.21	512	600969	郴电国际	65.19
513	601137	博威合金	65.13	514	000411	英特集团	65.07
515	300008	上海佳豪	65.05	516	002092	中泰化学	65.04
517	002055	得润电子	65.03	518	000783	长江证券	65.02
519	600548	深高速	65.02	520	002550	千红制药	65.01
521	000425	徐工机械	64.96	522	002485	希努尔	64.90
523	002313	日海通讯	64.90	524	002350	北京科锐	64.85
525	600997	开滦股份	64.83	526	000900	现代投资	64.81
527	601369	陕鼓动力	64.80	528	002306	湘鄂情	64.74
529	002082	栋梁新材	64.74	530	000707	双环科技	64.73
531	002582	好想你	64.72	532	600787	中储股份	64.70
533	601107	四川成渝	64.67	534	002387	黑牛食品	64.60
535	600881	亚泰集团	64.56	536	600552	方兴科技	64.54
537	002647	宏磊股份	64.49	538	002440	闰土股份	64.49
539	600371	万向德农	64.46	540	000989	九芝堂	64.46
541	002543	万和电气	64.45	542	600639	浦东金桥	64.44
543	000892	*ST 星美	64.43	544	000060	中金岭南	64.41
545	601158	重庆水务	64.35	546	300174	元力股份	64.30
547	600983	合肥三洋	64.27	548	600056	中国医药	64.21
549	300278	华昌达	64.19	550	300274	阳光电源	64.19
551	300227	光韵达	64.18	552	300070	碧水源	64.18
553	000024	招商地产	64.17	554	002616	长青集团	64.13
555	000027	深圳能源	64.12	556	000750	国海证券	64.12
557	000985	大庆华科	64.07	558	600857	工大首创	64.06
559	300192	科斯伍德	64.06	560	300206	理邦仪器	64.05
561	601311	骆驼股份	64.03	562	600118	中国卫星	64.03
563	300163	先锋新材	63.98	564	600875	东方电气	63.93
565	300177	中海达	63.91	566	600375	华菱星马	63.90
567	300256	星星科技	63.88	568	601222	林洋电子	63.83
569	002568	百润股份	63.82	570	002535	林州重机	63.81
571	000683	远兴能源	63.80	572	600017	日照港	63.78
573	601688	华泰证券	63.76	574	601377	兴业证券	63.69

续 表

排名	评价单位代码	单位名称	评价得分	排名	评价单位代码	单位名称	评价得分
575	002287	奇正藏药	63.66	576	600098	广州控股	63.57
577	000593	大通燃气	63.55	578	600570	恒生电子	63.54
579	600845	宝信软件	63.51	580	002396	星网锐捷	63.47
581	000960	锡业股份	63.46	582	300243	瑞丰高材	63.44
583	600694	大商股份	63.41	584	600080	ST 金花	63.37
585	601116	三江购物	63.34	586	000089	深圳机场	63.33
587	300268	万福生科	63.32	588	600891	秋林集团	63.31
589	002003	伟星股份	63.30	590	002422	科伦药业	63.27
591	002099	海翔药业	63.25	592	600425	青松建化	63.20
593	300225	金力泰	63.18	594	002624	金磊股份	63.18
595	600626	申达股份	63.17	596	300036	超图软件	63.17
597	000639	西王食品	63.15	598	300133	华策影视	63.12
599	002610	爱康科技	63.09	600	600062	华润双鹤	63.08
601	002176	江特电机	63.08	602	300280	南通锻压	63.07
603	601011	宝泰隆	63.04	604	600161	天坛生物	63.03
605	600298	安琪酵母	62.98	606	000819	岳阳兴长	62.98
607	002552	宝鼎重工	62.97	608	000685	中山公用	62.97
609	000915	山大华特	62.95	610	000552	靖远煤电	62.92
611	000522	白云山 A	62.87	612	002569	步森股份	62.82
613	002331	皖通科技	62.82	614	002219	独一味	62.80
615	601018	宁波港	62.79	616	002604	龙力生物	62.77
617	000516	开元投资	62.77	618	300240	飞力达	62.75
619	300148	天舟文化	62.73	620	002229	鸿博股份	62.69
621	002371	七星电子	62.67	622	600369	西南证券	62.67
623	300180	华峰超纤	62.66	624	601788	光大证券	62.64
625	600278	东方创业	62.58	626	000562	宏源证券	62.57
627	002431	棕榈园林	62.57	628	600039	四川路桥	62.56
629	002022	科华生物	62.56	630	002532	新界泵业	62.52
631	002609	捷顺科技	62.51	632	002302	西部建设	62.49
633	002026	山东威达	62.48	634	300138	晨光生物	62.47
635	601808	中海油服	62.46	636	002574	明牌珠宝	62.46
637	000012	南玻 A	62.43	638	600828	成商集团	62.42
639	600152	维科精华	62.39	640	600841	上柴股份	62.35
641	002320	海峡股份	62.35	642	000822	山东海化	62.34
643	300189	神农大丰	62.33	644	601766	中国南车	62.27
645	002367	康力电梯	62.27	646	300239	东宝生物	62.24
647	600491	龙元建设	62.23	648	002614	蒙发利	62.21
649	601718	际华集团	62.19	650	002073	软控股份	62.12
651	300215	电科院	62.11	652	600446	金证股份	62.06
653	002503	搜于特	62.06	654	000525	红太阳	62.05
655	000709	河北钢铁	62.03	656	002237	恒邦股份	61.98
657	600295	鄂尔多斯	61.97	658	600985	雷鸣科化	61.95
659	600117	西宁特钢	61.91	660	002507	涪陵榨菜	61.90
661	000863	*ST 商务	61.88	662	300209	天泽信息	61.87
663	000732	泰禾集团	61.87	664	300198	纳川股份	61.86
665	002266	浙富股份	61.85	666	300203	聚光科技	61.80
667	000776	广发证券	61.73	668	600759	正和股份	61.70
669	000969	安泰科技	61.70	670	600655	豫园商城	61.69

续 表

排名	评价单位代码	单位名称	评价得分	排名	评价单位代码	单位名称	评价得分
671	600559	老白干酒	61.68	672	600126	杭钢股份	61.67
673	002005	德豪润达	61.62	674	300191	潜能恒信	61.60
675	002554	惠博普	61.59	676	000582	北海港	61.59
677	600246	万通地产	61.57	678	600693	东百集团	61.56
679	601007	金陵饭店	61.55	680	300181	佐力药业	61.55
681	000415	渤海租赁	61.53	682	300130	新国都	61.52
683	300218	安利股份	61.48	684	002613	北玻股份	61.48
685	300019	硅宝科技	61.45	686	600871	S 仪化	61.43
687	300114	中航电测	61.43	688	002584	西陇化工	61.42
689	300007	汉威电子	61.41	690	002365	永安药业	61.41
691	000661	长春高新	61.40	692	600197	伊力特	61.36
693	002378	章源钨业	61.35	694	002194	武汉凡谷	61.34
695	600396	金山股份	61.32	696	002004	华邦制药	61.32
697	002117	东港股份	61.29	698	300207	欣旺达	61.27
699	600898	三联商社	61.26	700	600101	明星电力	61.24
701	000571	新大洲 A	61.24	702	600498	烽火通信	61.23
703	300208	恒顺电气	61.23	704	300105	龙源技术	61.21
705	002185	华天科技	61.21	706	601992	金隅股份	61.19
707	002034	美欣达	61.17	708	000513	丽珠集团	61.17
709	600704	物产中大	61.13	710	600167	联美控股	61.13
711	000419	通程控股	61.12	712	002279	久其软件	61.11
713	000729	燕京啤酒	61.11	714	601991	大唐发电	61.06
715	600383	金地集团	61.06	716	300264	佳创视讯	61.06
717	002345	潮宏基	61.05	718	600811	东方集团	61.04
719	300051	三五互联	61.04	720	300242	明家科技	61.03
721	000000	盾安环境	61.03	722	600616	金枫酒业	61.00
723	002587	奥拓电子	60.98	724	002292	奥飞动漫	60.98
725	002424	贵州百灵	60.97	726	002025	航天电器	60.97
727	300006	莱美药业	60.96	728	600970	中材国际	60.95
729	002555	顺荣股份	60.95	730	002599	盛通股份	60.94
731	002210	飞马国际	60.92	732	600183	生益科技	60.91
733	002341	新纶科技	60.90	734	600686	金龙汽车	60.88
735	002482	广田股份	60.85	736	002159	三特索道	60.84
737	002110	三钢闽光	60.83	738	002104	恒宝股份	60.82
739	600712	南宁百货	60.79	740	600873	梅花集团	60.74
741	000502	绿景控股	60.73	742	600467	好当家	60.70
743	300228	富瑞特装	60.67	744	600233	大杨创世	60.66
745	600469	风神股份	60.65	746	600783	鲁信创投	60.64
747	002553	南方轴承	60.64	748	600313	ST 中农	60.58
749	000028	国药一致	60.58	750	002442	龙星化工	60.55
751	002349	精华制药	60.55	752	600635	大众公用	60.54
753	300024	机器人	60.54	754	300194	福安药业	60.50
755	000048	ST 康达尔	60.46	756	300200	高盟新材	60.45
757	300088	长信科技	60.45	758	002333	罗普斯金	60.45
759	000961	中南建设	60.45	760	600883	博闻科技	60.42
761	002618	丹邦科技	60.41	762	002578	闽发铝业	60.41
763	002020	京新药业	60.40	764	600113	浙江东日	60.39
765	601599	鹿港科技	60.38	766	002481	双塔食品	60.30

续 表

排名	评价单位代码	单位名称	评价得分	排名	评价单位代码	单位名称	评价得分
767	002203	海亮股份	60.30	768	000856	ST唐陶	60.30
769	600269	赣粤高速	60.29	770	002106	莱宝高科	60.27
771	600716	凤凰股份	60.24	772	000612	焦作万方	60.23
773	300241	瑞丰光电	60.22	774	600051	宁波联合	60.20
775	002522	浙江众成	60.19	776	000006	深振业A	60.18
777	002068	黑猫股份	60.16	778	000810	华润锦华	60.15
779	600019	宝钢股份	60.14	780	600210	紫江企业	60.12
781	000818	方大化工	60.12	782	600724	宁波富达	60.10
783	600259	广晟有色	60.09	784	002545	东方铁塔	60.09
785	002575	群兴玩具	60.08	786	000507	珠海港	60.08
787	000825	太钢不锈	60.07	788	000919	金陵药业	60.05
789	600814	杭州解百	60.02	790	600767	运盛实业	60.01
791	000541	佛山照明	59.99	792	600557	康缘药业	59.98
793	002571	德力股份	59.98	794	000065	北方国际	59.97
795	600688	S上石化	59.94	796	000022	深赤湾A	59.93
797	600703	三安光电	59.92	798	000544	中原环保	59.89
799	002405	四维图新	59.88	800	000701	厦门信达	59.88
801	000887	中鼎股份	59.86	802	600802	福建水泥	59.85
803	600221	海南航空	59.84	804	000721	西安饮食	59.81
805	600433	冠豪高新	59.70	806	600581	八一钢铁	59.68
807	300220	金运激光	59.67	808	002179	中航光电	59.65
809	000671	阳光城	59.63	810	600170	上海建工	59.61
811	000686	东北证券	59.60	812	300187	永清环保	59.57
813	000587	ST金叶	59.55	814	000782	美达股份	59.52
815	600182	S佳通	59.49	816	600426	华鲁恒升	59.46
817	300212	易华录	59.46	818	002483	润邦股份	59.41
819	002343	禾欣股份	59.41	820	002158	汉钟精机	59.40
821	002579	中京电子	59.38	822	600496	精工钢构	59.37
823	002566	益盛药业	59.33	824	000905	厦门港务	59.33
825	600773	西藏城投	59.30	826	600479	千金药业	59.29
827	000868	安凯客车	59.26	828	300003	乐普医疗	59.25
829	002091	江苏国泰	59.25	830	002335	科华恒盛	59.17
831	600157	永泰能源	59.14	832	300255	常山药业	59.13
833	600864	哈投股份	59.10	834	600888	新疆众和	59.09
835	600486	扬农化工	59.09	836	002636	金安国纪	59.08
837	002258	利尔化学	59.07	838	002255	海陆重工	59.06
839	300260	新莱应材	59.05	840	000561	烽火电子	59.05
841	300100	双林股份	59.04	842	600597	光明乳业	59.02
843	601996	丰林集团	59.01	844	600277	亿利能源	58.96
845	002404	嘉欣丝绸	58.95	846	600139	西部资源	58.91
847	002583	海能达	58.90	848	600618	氯碱化工	58.89
849	002281	光迅科技	58.89	850	002089	新海宜	58.88
851	000566	海南海药	58.88	852	600201	金宇集团	58.85
853	002288	超华科技	58.84	854	000758	中色股份	58.82
855	002197	证通电子	58.78	856	300144	宋城股份	58.76
857	002318	久立特材	58.73	858	300165	天瑞仪器	58.72
859	600420	现代制药	58.71	860	600005	武钢股份	58.69
861	300030	阳普医疗	58.69	862	600874	创业环保	58.68

续 表

排名	评价单位代码	单位名称	评价得分	排名	评价单位代码	单位名称	评价得分
863	600560	金自天正	58.68	864	002298	鑫龙电器	58.68
865	002591	恒大高新	58.60	866	002368	太极股份	58.60
867	002469	三维工程	58.59	868	600033	福建高速	58.58
869	002540	亚太科技	58.55	870	600081	东风科技	58.50
871	000715	中兴商业	58.50	872	600995	文山电力	58.47
873	002079	苏州固锝	58.47	874	600738	兰州民百	58.46
875	300119	瑞普生物	58.46	876	002501	利源铝业	58.45
877	000930	中粮生化	58.45	878	002242	九阳股份	58.43
879	300213	佳讯飞鸿	58.41	880	002351	漫步者	58.41
881	600702	沱牌舍得	58.40	882	600674	川投能源	58.39
883	600248	延长化建	58.39	884	002286	保龄宝	58.37
885	601028	玉龙股份	58.32	886	600172	黄河旋风	58.27
887	600778	友好集团	58.24	888	002075	沙钢股份	58.22
889	002151	北斗星通	58.21	890	601636	旗滨集团	58.19
891	300216	千山药机	58.18	892	002502	骅威股份	58.18
893	000100	TCL 集团	58.18	894	300009	安科生物	58.16
895	002589	瑞康医药	58.16	896	000759	中百集团	58.15
897	000524	东方宾馆	58.14	898	300099	尤洛卡	58.13
899	000878	云南铜业	58.13	900	002491	通鼎光电	58.10
901	002165	红宝丽	58.09	902	600120	浙江东方	58.08
903	600746	江苏索普	58.05	904	002484	江海股份	58.05
905	300190	维尔利	58.04	906	002580	圣阳股份	58.01
907	002460	赣锋锂业	58.01	908	002243	通产丽星	58.01
909	002131	利欧股份	57.99	910	000723	美锦能源	57.98
911	600261	阳光照明	57.97	912	002560	通达股份	57.96
913	002274	华昌化工	57.96	914	000040	宝安地产	57.96
915	600050	中国联通	57.95	916	300046	台基股份	57.95
917	601113	华鼎锦纶	57.94	918	600571	信雅达	57.94
919	002301	齐心文具	57.94	920	000957	中通客车	57.94
921	000982	中银绒业	57.92	922	300016	北陆药业	57.85
923	601886	江河幕墙	57.84	924	300004	南风股份	57.84
925	300254	仟源制药	57.83	926	600398	凯诺科技	57.82
927	600187	国中水务	57.81	928	002617	露笑科技	57.79
929	600073	上海梅林	57.73	930	000938	紫光股份	57.73
931	002576	通达动力	57.69	932	600613	永生投资	57.64
933	600619	海立股份	57.61	934	600578	京能热电	57.60
935	300054	鼎龙股份	57.59	936	000828	东莞控股	57.57
937	300002	神州泰岳	57.56	938	600598	北大荒	57.54
939	002393	力生制药	57.54	940	300020	银江股份	57.50
941	600150	中国船舶	57.48	942	002300	太阳电缆	57.48
943	002167	东方锆业	57.48	944	600097	开创国际	57.47
945	300164	通源石油	57.45	946	002439	启明星辰	57.45
947	002144	宏达高科	57.44	948	600082	海泰发展	57.41
949	600090	啤酒花	57.40	950	600577	精达股份	57.38
951	600869	三普药业	57.37	952	600068	葛洲坝	57.37
953	000590	紫光古汉	57.35	954	000752	西藏发展	57.33
955	300193	佳士科技	57.31	956	000788	西南合成	57.31
957	600351	亚宝药业	57.23	958	600059	古越龙山	57.23

续 表

排名	评价单位代码	单位名称	评价得分	排名	评价单位代码	单位名称	评价得分
959	000812	陕西金叶	57.20	960	600470	六国化工	57.19
961	002093	国脉科技	57.16	962	000722	*ST 金果	57.13
963	000880	潍柴重机	57.12	964	002338	奥普光电	57.11
965	002031	巨轮股份	57.03	966	002608	舜天船舶	57.02
967	002100	天康生物	57.02	968	002108	沧州明珠	57.01
969	002280	新世纪	56.99	970	002594	比亚迪	56.96
971	601727	上海电气	56.95	972	002123	荣信股份	56.95
973	300113	顺网科技	56.94	974	002283	天润曲轴	56.93
975	000058	深赛格	56.91	976	002030	达安基因	56.89
977	600676	交运股份	56.87	978	002412	汉森制药	56.84
979	300126	锐奇股份	56.81	980	600461	洪城水业	56.79
981	600368	五洲交通	56.79	982	300249	依米康	56.78
983	002115	三维通信	56.78	984	000962	东方钽业	56.76
985	600776	东方通信	56.75	986	002644	佛慈制药	56.74
987	300221	银禧科技	56.73	988	300027	华谊兄弟	56.73
989	000852	江钻股份	56.71	990	600190	锦州港	56.63
991	600410	华胜天成	56.59	992	601616	广电电气	56.58
993	600634	*ST 海鸟	56.58	994	300158	振东制药	56.57
995	002361	神剑股份	56.51	996	600572	康恩贝	56.49
997	000901	航天科技	56.46	998	002472	双环传动	56.45
999	600823	世茂股份	56.43	1000	600337	美克股份	56.41
1001	300103	达刚路机	56.41	1002	002596	海南瑞泽	56.39
1003	600677	航天通信	56.36	1004	002619	巨龙管业	56.35
1005	000536	华映科技	56.34	1006	600487	亨通光电	56.33
1007	002445	中南重工	56.32	1008	600804	鹏博士	56.31
1009	600063	皖维高新	56.30	1010	002309	中利科技	56.30
1011	002448	中原内配	56.27	1012	300223	北京君正	56.18
1013	000920	南方汇通	56.18	1014	000665	武汉塑料	56.18
1015	002261	拓维信息	56.14	1016	002078	太阳纸业	56.12
1017	600893	航空动力	56.11	1018	600317	营口港	56.11
1019	002212	南洋股份	56.07	1020	600525	长园集团	56.05
1021	002630	华西能源	56.05	1022	002066	瑞泰科技	56.05
1023	600586	金晶科技	56.03	1024	601789	宁波建工	56.00
1025	600329	中新药业	56.00	1026	600021	上海电力	55.99
1027	300079	数码视讯	55.98	1028	002036	宜科科技	55.97
1029	600367	红星发展	55.95	1030	300176	鸿特精密	55.95
1031	000860	顺鑫农业	55.89	1032	002067	景兴纸业	55.87
1033	300110	华仁药业	55.86	1034	000816	江淮动力	55.85
1035	601700	风范股份	55.82	1036	300211	亿通科技	55.81
1037	600310	桂东电力	55.80	1038	600323	南海发展	55.74
1039	600106	重庆路桥	55.72	1040	300184	力源信息	55.70
1041	002478	常宝股份	55.70	1042	002101	广东鸿图	55.70
1043	000967	上风高科	55.70	1044	000546	光华控股	55.70
1045	002352	鼎泰新材	55.67	1046	002124	天邦股份	55.64
1047	601798	蓝科高新	55.61	1048	002417	三元达	55.60
1049	002130	沃尔核材	55.58	1050	002339	积成电子	55.52
1051	600886	国投电力	55.51	1052	600653	申华控股	55.50
1053	000402	金融街	55.46	1054	300154	瑞凌股份	55.45

续 表

排名	评价单位代码	单位名称	评价得分	排名	评价单位代码	单位名称	评价得分
1055	002048	宁波华翔	55.45	1056	000625	长安汽车	55.44
1057	600537	亿晶光电	55.43	1058	300108	双龙股份	55.43
1059	002245	澳洋顺昌	55.43	1060	600500	中化国际	55.40
1061	600131	岷江水电	55.34	1062	601880	大连港	55.33
1063	002516	江苏旷达	55.30	1064	002330	得利斯	55.29
1065	600529	山东药玻	55.26	1066	300265	通光线缆	55.23
1067	002401	中海科技	55.23	1068	600155	＊ST 宝硕	55.21
1069	601008	连云港	55.19	1070	600057	象屿股份	55.18
1071	300159	新研股份	55.16	1072	000539	粤电力 A	55.14
1073	002161	远望谷	55.12	1074	300175	朗源股份	55.08
1075	600008	首创股份	54.99	1076	300047	天源迪科	54.89
1077	002364	中恒电气	54.87	1078	000977	浪潮信息	54.86
1079	600011	华能国际	54.85	1080	000833	贵糖股份	54.85
1081	002476	宝莫股份	54.83	1082	601299	中国北车	54.81
1083	300178	腾邦国际	54.81	1084	600830	香溢融通	54.80
1085	002593	日上集团	54.78	1086	002633	申科股份	54.76
1087	002007	华兰生物	54.74	1088	600270	外运发展	54.73
1089	600262	北方股份	54.72	1090	002606	大连电瓷	54.72
1091	002094	青岛金王	54.72	1092	600303	曙光股份	54.70
1093	000610	西安旅游	54.69	1094	002436	兴森科技	54.68
1095	601003	柳钢股份	54.65	1096	002429	兆驰股份	54.65
1097	600327	大东方	54.64	1098	600388	龙净环保	54.62
1099	002049	晶源电子	54.61	1100	300010	立思辰	54.59
1101	000698	沈阳化工	54.59	1102	600815	厦工股份	54.56
1103	000917	电广传媒	54.56	1104	002392	北京利尔	54.55
1105	002150	江苏通润	54.54	1106	600509	天富热电	54.53
1107	002346	柘中建设	54.52	1108	300233	金城医药	54.50
1109	002562	兄弟科技	54.48	1110	002600	江粉磁材	54.47
1111	600370	三房巷	54.46	1112	002421	达实智能	54.46
1113	002355	兴民钢圈	54.45	1114	000159	国际实业	54.44
1115	600006	东风汽车	54.41	1116	002074	东源电器	54.40
1117	600644	乐山电力	54.36	1118	002054	德美化工	54.35
1119	300237	美晨科技	54.33	1120	300034	钢研高纳	54.33
1121	002170	芭田股份	54.33	1122	002137	实益达	54.31
1123	002305	南国置业	54.27	1124	600728	佳都新太	54.26
1125	002530	丰东股份	54.26	1126	600114	东睦股份	54.23
1127	002340	格林美	54.20	1128	000418	小天鹅 A	54.20
1129	600758	红阳能源	54.19	1130	600251	冠农股份	54.17
1131	002518	科士达	54.17	1132	000635	英力特	54.16
1133	600378	天科股份	54.14	1134	600280	南京中商	54.14
1135	000156	＊ST 嘉瑞	54.14	1136	002015	霞客环保	54.07
1137	600522	中天科技	54.05	1138	002196	方正电机	54.02
1139	000416	民生投资	54.00	1140	600495	晋西车轴	53.99
1141	600483	福建南纺	53.99	1142	000586	汇源通信	53.97
1143	600418	江淮汽车	53.94	1144	601058	赛轮股份	53.93
1145	600300	维维股份	53.93	1146	000795	太原刚玉	53.92
1147	000523	广州浪奇	53.92	1148	002536	西泵股份	53.89
1149	600663	陆家嘴	53.88	1150	002537	海立美达	53.88

续 表

排名	评价单位代码	单位名称	评价得分	排名	评价单位代码	单位名称	评价得分
1151	600833	第一医药	53.84	1152	600387	海越股份	53.83
1153	002013	中航精机	53.83	1154	601258	庞大集团	53.82
1155	300128	锦富新材	53.80	1156	002573	国电清新	53.80
1157	002409	雅克科技	53.80	1158	600258	首旅股份	53.74
1159	001696	宗申动力	53.73	1160	002590	万安科技	53.71
1161	000761	本钢板材	53.70	1162	300179	四方达	53.69
1163	002086	东方海洋	53.68	1164	600667	太极实业	53.66
1165	600867	通化东宝	53.65	1166	300201	海伦哲	53.65
1167	002253	川大智胜	53.64	1168	002509	天广消防	53.61
1169	600743	华远地产	53.59	1170	600240	华业地产	53.59
1171	600070	浙江富润	53.58	1172	002010	传化股份	53.58
1173	600499	科达机电	53.57	1174	000010	SST 华新	53.57
1175	000988	华工科技	53.56	1176	600770	综艺股份	53.52
1177	000042	深长城	53.51	1178	002171	精诚铜业	53.48
1179	600137	浪莎股份	53.43	1180	000088	盐田港	53.42
1181	002296	辉煌科技	53.41	1182	000063	中兴通讯	53.41
1183	002556	辉隆股份	53.40	1184	300167	迪威视讯	53.35
1185	000881	大连国际	53.35	1186	600568	中珠控股	53.33
1187	600010	包钢股份	53.30	1188	600966	博汇纸业	53.29
1189	000831	*ST 关铝	53.28	1190	600026	中海发展	53.24
1191	600089	特变电工	53.23	1192	002249	大洋电机	53.21
1193	002126	银轮股份	53.20	1194	000400	许继电气	53.18
1195	002527	新时达	53.17	1196	002135	东南网架	53.14
1197	002513	蓝丰生化	53.13	1198	002043	兔宝宝	53.12
1199	000979	中弘股份	53.12	1200	600517	置信电气	53.10
1201	002315	焦点科技	53.07	1202	000099	中信海直	53.07
1203	000738	中航动控	53.03	1204	600850	华东电脑	53.01
1205	600755	厦门国贸	52.98	1206	600965	福成五丰	52.97
1207	002321	华英农业	52.97	1208	000559	万向钱潮	52.96
1209	002190	成飞集成	52.94	1210	600824	益民集团	52.93
1211	600648	外高桥	52.91	1212	600998	九州通	52.90
1213	600513	联环药业	52.89	1214	000638	万方地产	52.89
1215	600872	中炬高新	52.88	1216	300025	华星创业	52.88
1217	002332	仙琚制药	52.87	1218	002058	威尔泰	52.83
1219	002329	皇氏乳业	52.79	1220	002225	濮耐股份	52.79
1221	002246	北化股份	52.74	1222	002111	威海广泰	52.74
1223	600381	贤成矿业	52.73	1224	600749	西藏旅游	52.72
1225	601186	中国铁建	52.71	1226	000560	昆百大 A	52.69
1227	600148	长春一东	52.68	1228	600458	时代新材	52.63
1229	600645	中源协和	52.62	1230	600701	工大高新	52.58
1231	000026	飞亚达 A	52.55	1232	002382	蓝帆股份	52.53
1233	600685	广船国际	52.52	1234	000718	苏宁环球	52.52
1235	002143	高金食品	52.49	1236	002139	拓邦股份	52.48
1237	600979	广安爱众	52.46	1238	300139	福星晓程	52.45
1239	300172	中电环保	52.44	1240	600781	上海辅仁	52.43
1241	600391	成发科技	52.39	1242	000403	S*ST 生化	52.39
1243	002278	神开股份	52.37	1244	002336	人人乐	52.36
1245	002564	张化机	52.34	1246	002447	壹桥苗业	52.33

续 表

排名	评价单位代码	单位名称	评价得分	排名	评价单位代码	单位名称	评价得分
1247	000517	荣安地产	52.33	1248	002222	福晶科技	52.30
1249	002070	众和股份	52.30	1250	600734	实达集团	52.29
1251	600797	浙大网新	52.27	1252	600782	新钢股份	52.27
1253	002486	嘉麟杰	52.24	1254	600158	中体产业	52.17
1255	002494	华斯股份	52.17	1256	600855	航天长峰	52.15
1257	600775	南京熊猫	52.15	1258	600543	莫高股份	52.15
1259	600820	隧道股份	52.04	1260	002348	高乐股份	52.03
1261	000528	柳工	52.02	1262	600132	重庆啤酒	52.01
1263	600960	渤海活塞	52.00	1264	600592	龙溪股份	51.99
1265	000975	科学城	51.96	1266	300059	东方财富	51.93
1267	000939	凯迪电力	51.92	1268	002466	天齐锂业	51.91
1269	002088	鲁阳股份	51.91	1270	600714	金瑞矿业	51.88
1271	300162	雷曼光电	51.86	1272	300136	信维通信	51.86
1273	600128	弘业股份	51.83	1274	002008	大族激光	51.81
1275	000554	泰山石油	51.77	1276	300062	中能电气	51.75
1277	600628	新世界	51.74	1278	600452	涪陵电力	51.74
1279	300112	万讯自控	51.74	1280	300048	合康变频	51.74
1281	002129	中环股份	51.74	1282	000796	易食股份	51.68
1283	002276	万马电缆	51.63	1284	000823	超声电子	51.63
1285	600858	银座股份	51.62	1286	600255	鑫科材料	51.57
1287	600035	楚天高速	51.53	1288	600503	华丽家族	51.52
1289	600651	飞乐音响	51.49	1290	002347	泰尔重工	51.48
1291	000906	南方建材	51.46	1292	000429	粤高速A	51.45
1293	600326	西藏天路	51.44	1294	300090	盛运股份	51.43
1295	002180	万力达	51.43	1296	600720	祁连山	51.41
1297	002551	尚荣医疗	51.39	1298	000753	漳州发展	51.39
1299	000572	海马汽车	51.38	1300	600721	百花村	51.37
1301	300031	宝通带业	51.35	1302	000785	武汉中商	51.35
1303	002453	天马精化	51.30	1304	002228	合兴包装	51.27
1305	600325	华发股份	51.26	1306	300109	新开源	51.26
1307	002391	长青股份	51.26	1308	000837	秦川发展	51.26
1309	300262	巴安水务	51.25	1310	300169	天晟新材	51.24
1311	002381	双箭股份	51.24	1312	300122	智飞生物	51.20
1313	000756	新华制药	51.18	1314	300049	福瑞股份	51.11
1315	002517	泰亚股份	51.10	1316	300041	回天胶业	51.05
1317	002467	二六三	51.05	1318	002463	沪电股份	51.05
1319	002021	中捷股份	51.04	1320	002498	汉缆股份	51.03
1321	600397	安源股份	51.02	1322	000968	煤气化	51.01
1323	600962	国投中鲁	51.00	1324	000631	顺发恒业	50.96
1325	600108	亚盛集团	50.95	1326	600480	凌云股份	50.90
1327	002370	亚太药业	50.89	1328	002046	轴研科技	50.89
1329	002547	春兴精工	50.83	1330	000553	沙隆达A	50.83
1331	600356	恒丰纸业	50.82	1332	002433	太安堂	50.80
1333	300013	新宁物流	50.77	1334	000700	模塑科技	50.75
1335	600376	首开股份	50.72	1336	600166	福田汽车	50.70
1337	002441	众业达	50.69	1338	002464	金利科技	50.67
1339	000973	佛塑科技	50.65	1340	002042	华孚色纺	50.64
1341	600282	南钢股份	50.62	1342	300173	松德股份	50.60

续　表

排名	评价单位代码	单位名称	评价得分	排名	评价单位代码	单位名称	评价得分
1343	000950	建峰化工	50.52	1344	002148	北纬通信	50.50
1345	600130	ST 波导	50.48	1346	002297	博云新材	50.48
1347	002512	达华智能	50.46	1348	002454	松芝股份	50.46
1349	000004	国农科技	50.45	1350	601126	四方股份	50.43
1351	600511	国药股份	50.43	1352	600449	宁夏建材	50.41
1353	600116	三峡水利	50.40	1354	002087	新野纺织	50.40
1355	600352	浙江龙盛	50.38	1356	002282	博深工具	50.38
1357	600978	宜华木业	50.37	1358	002462	嘉事堂	50.36
1359	600658	电子城	50.35	1360	600268	国电南自	50.35
1361	600423	柳化股份	50.34	1362	600119	长江投资	50.32
1363	600647	同达创业	50.27	1364	600380	健康元	50.25
1365	300075	数字政通	50.24	1366	600339	天利高新	50.22
1367	600740	山西焦化	50.21	1368	002377	国创高新	50.20
1369	600862	南通科技	50.19	1370	600624	复旦复华	50.19
1371	002239	金飞达	50.19	1372	300066	三川股份	50.18
1373	002471	中超电缆	50.14	1374	600654	飞乐股份	50.12
1375	601177	杭齿前进	50.06	1376	000748	长城信息	50.05
1377	002444	巨星科技	50.04	1378	002147	方圆支承	50.03
1379	300142	沃森生物	50.01	1380	600226	升华拜克	49.98
1381	300072	三聚环保	49.97	1382	002438	江苏神通	49.97
1383	000409	*ST 泰复	49.97	1384	600075	新疆天业	49.91
1385	600463	空港股份	49.90	1386	002519	银河电子	49.90
1387	002413	常发股份	49.87	1388	600569	安阳钢铁	49.83
1389	000530	大冷股份	49.82	1390	600497	驰宏锌锗	49.81
1391	600292	九龙电力	49.80	1392	600652	爱使股份	49.79
1393	000948	南天信息	49.75	1394	002053	云南盐化	49.67
1395	002103	广博股份	49.65	1396	600038	哈飞股份	49.63
1397	002209	达意隆	49.63	1398	600072	中船股份	49.62
1399	000916	华北高速	49.62	1400	002416	爱施德	49.58
1401	601600	中国铝业	49.55	1402	600438	通威股份	49.54
1403	600345	长江通信	49.54	1404	002406	远东传动	49.52
1405	002423	中原特钢	49.50	1406	002328	新朋股份	49.48
1407	002125	湘潭电化	49.47	1408	002040	南京港	49.47
1409	000428	华天酒店	49.47	1410	000850	华茂股份	49.46
1411	601999	出版传媒	49.45	1412	600708	海博股份	49.44
1413	600666	西南药业	49.44	1414	000609	绵世股份	49.42
1415	600834	申通地铁	49.34	1416	300022	吉峰农机	49.29
1417	002221	东华能源	49.26	1418	002314	雅致股份	49.25
1419	600332	广州药业	49.24	1420	600225	天津松江	49.23
1421	300021	大禹节水	49.23	1422	002076	雪莱特	49.22
1423	600673	东阳光铝	49.21	1424	600649	城投控股	49.17
1425	002434	万里扬	49.17	1426	600846	同济科技	49.12
1427	600638	新黄浦	49.12	1428	600122	宏图高科	49.12
1429	600252	中恒集团	49.10	1430	000936	华西股份	49.09
1431	000705	浙江震元	49.08	1432	002407	多氟多	49.07
1433	300141	和顺电气	49.06	1434	600976	武汉健民	48.94
1435	002489	浙江永强	48.94	1436	600718	东软集团	48.91
1437	600459	贵研铂业	48.91	1438	002307	北新路桥	48.91

续 表

排名	评价单位代码	单位名称	评价得分	排名	评价单位代码	单位名称	评价得分
1439	600289	亿阳信通	48.89	1440	600665	天地源	48.88
1441	000713	丰乐种业	48.86	1442	600583	海油工程	48.84
1443	300106	西部牧业	48.77	1444	600711	盛屯矿业	48.74
1445	002247	帝龙新材	48.73	1446	000564	西安民生	48.68
1447	600710	常林股份	48.67	1448	000032	深桑达 A	48.66
1449	002366	丹甫股份	48.63	1450	600231	凌钢股份	48.62
1451	600027	华电国际	48.60	1452	600333	长春燃气	48.56
1453	600149	ST 廊发展	48.53	1454	300131	英唐智控	48.47
1455	002363	隆基机械	48.44	1456	600096	云天化	48.42
1457	000802	北京旅游	48.40	1458	300157	恒泰艾普	48.39
1459	002334	英威腾	48.37	1460	300252	金信诺	48.36
1461	600727	ST 鲁北	48.35	1462	000007	ST 零七	48.34
1463	300121	阳谷华泰	48.29	1464	000927	一汽夏利	48.29
1465	002291	星期六	48.28	1466	002411	九九久	48.25
1467	000096	广聚能源	48.25	1468	600810	神马股份	48.24
1469	000626	如意集团	48.24	1470	600614	鼎立股份	48.23
1471	300120	经纬电材	48.22	1472	000680	山推股份	48.22
1473	000301	东方市场	48.21	1474	002449	国星光电	48.18
1475	600279	重庆港九	48.13	1476	601777	力帆股份	48.12
1477	002510	天汽模	48.09	1478	000009	中国宝安	48.09
1479	300057	万顺股份	48.07	1480	601958	金钼股份	48.06
1481	601618	中国中冶	48.06	1482	600501	航天晨光	48.05
1483	600832	东方明珠	47.97	1484	600237	铜峰电子	47.97
1485	002323	中联电气	47.97	1486	002060	粤水电	47.97
1487	002090	金智科技	47.94	1488	600439	瑞贝卡	47.93
1489	300056	三维丝	47.91	1490	600185	格力地产	47.90
1491	600382	广东明珠	47.87	1492	600189	吉林森工	47.85
1493	600212	江泉实业	47.83	1494	000883	湖北能源	47.82
1495	000790	华神集团	47.82	1496	002531	天顺风能	47.80
1497	600466	迪康药业	47.79	1498	002435	长江润发	47.77
1499	002208	合肥城建	47.72	1500	600671	*ST 天目	47.69
1501	601390	中国中铁	47.67	1502	000070	特发信息	47.67
1503	000589	黔轮胎 A	47.65	1504	002322	理工监测	47.63
1505	002138	顺络电子	47.63	1506	600895	张江高科	47.61
1507	600058	五矿发展	47.60	1508	002057	中钢天源	47.60
1509	600735	新华锦	47.59	1510	600879	航天电子	47.58
1511	600354	敦煌种业	47.57	1512	002524	光正钢构	47.56
1513	601188	龙江交通	47.55	1514	002499	科林环保	47.54
1515	002457	青龙管业	47.54	1516	000690	宝新能源	47.54
1517	600808	马钢股份	47.52	1518	600488	天药股份	47.51
1519	600889	南京化纤	47.50	1520	600536	中国软件	47.50
1521	002189	利达光电	47.50	1522	600839	四川长虹	47.47
1523	600232	金鹰股份	47.44	1524	300185	通裕重工	47.44
1525	601168	西部矿业	47.41	1526	601218	吉鑫科技	47.39
1527	600861	北京城乡	47.36	1528	600602	广电电子	47.36
1529	000034	深信泰丰	47.32	1530	300078	中瑞思创	47.31
1531	300089	长城集团	47.29	1532	600136	道博股份	47.27
1533	002271	东方雨虹	47.24	1534	600257	大湖股份	47.22

续 表

排名	评价单位代码	单位名称	评价得分	排名	评价单位代码	单位名称	评价得分
1535	600176	中国玻纤	47.22	1536	300123	太阳鸟	47.20
1537	600456	宝钛股份	47.19	1538	000965	天保基建	47.17
1539	002201	九鼎新材	47.11	1540	600361	华联综超	47.08
1541	300147	香雪制药	47.07	1542	000421	南京中北	47.07
1543	600748	上实发展	47.05	1544	600681	ST 万鸿	47.05
1545	002526	山东矿机	47.04	1546	002312	三泰电子	47.00
1547	002127	新民科技	46.99	1548	600992	贵绳股份	46.98
1549	002175	广陆数测	46.96	1550	600623	双钱股份	46.93
1551	000031	中粮地产	46.93	1552	600682	南京新百	46.92
1553	600236	桂冠电力	46.92	1554	600055	华润万东	46.91
1555	600086	东方金钰	46.89	1556	300155	安居宝	46.89
1557	600020	中原高速	46.87	1558	002173	山下湖	46.83
1559	300143	星河生物	46.82	1560	000757	*ST 方向	46.78
1561	000687	保定天鹅	46.78	1562	600308	华泰股份	46.77
1563	600175	美都控股	46.72	1564	002514	宝馨科技	46.72
1565	002324	普利特	46.72	1566	600100	同方股份	46.71
1567	002207	准油股份	46.68	1568	002428	云南锗业	46.67
1569	000657	*ST 中钨	46.67	1570	600093	禾嘉股份	46.63
1571	000029	深深房 A	46.59	1572	002388	新亚制程	46.57
1573	000045	深纺织 A	46.57	1574	300001	特锐德	46.54
1575	002224	三力士	46.48	1576	600475	华光股份	46.47
1577	002342	巨力索具	46.44	1578	600322	天房发展	46.41
1579	002303	美盈森	46.40	1580	600595	中孚实业	46.39
1581	000020	深华发 A	46.39	1582	300132	青松股份	46.35
1583	002183	怡亚通	46.34	1584	600573	惠泉啤酒	46.26
1585	002133	广宇集团	46.26	1586	000875	吉电股份	46.21
1587	300083	劲胜股份	46.19	1588	000807	云铝股份	46.16
1589	600622	嘉宝集团	46.14	1590	000851	高鸿股份	46.13
1591	600675	中华企业	46.12	1592	600664	哈药股份	46.11
1593	000413	宝石 A	46.09	1594	600630	龙头股份	46.01
1595	600822	上海物贸	46.00	1596	002120	新海股份	45.99
1597	000716	南方食品	45.99	1598	600555	九龙山	45.96
1599	000540	中天城投	45.95	1600	300149	量子高科	45.90
1601	600192	长城电工	45.89	1602	600695	大江股份	45.86
1603	002198	嘉应制药	45.86	1604	000921	ST 科龙	45.79
1605	000798	中水渔业	45.78	1606	600165	新日恒力	45.77
1607	300134	大富科技	45.77	1608	002097	山河智能	45.76
1609	000600	建投能源	45.75	1610	600523	贵航股份	45.73
1611	600601	方正科技	45.72	1612	000862	银星能源	45.72
1613	000547	闽福发 A	45.71	1614	600288	大恒科技	45.67
1615	002213	特尔佳	45.64	1616	000551	创元科技	45.61
1617	600272	开开实业	45.59	1618	300032	金龙机电	45.59
1619	000636	风华高科	45.56	1620	600242	中昌海运	45.53
1621	600621	上海金陵	45.52	1622	600229	青岛碱业	45.49
1623	000978	桂林旅游	45.48	1624	002326	永太科技	45.46
1625	000506	中润资源	45.46	1626	600528	中铁二局	45.44
1627	600211	西藏药业	45.41	1628	000910	大亚科技	45.40
1629	000619	海螺型材	45.40	1630	300098	高新兴	45.39

续 表

排名	评价单位代码	单位名称	评价得分	排名	评价单位代码	单位名称	评价得分
1631	000980	金马股份	45.39	1632	600078	澄星股份	45.34
1633	300205	天喻信息	45.34	1634	000055	方大集团	45.34
1635	002533	金杯电工	45.32	1636	600530	交大昂立	45.31
1637	600990	四创电子	45.25	1638	600415	小商品城	45.23
1639	600825	新华传媒	45.20	1640	600617	ST 联华	45.17
1641	600253	天方药业	45.14	1642	002214	大立科技	45.13
1643	002071	江苏宏宝	45.12	1644	000601	韶能股份	45.11
1645	002399	海普瑞	45.10	1646	000912	泸天化	45.09
1647	000737	*ST 南风	45.01	1648	001896	豫能控股	45.00
1649	000735	罗牛山	44.94	1650	300061	康耐特	44.88
1651	600285	羚锐制药	44.83	1652	002098	浔兴股份	44.82
1653	000909	数源科技	44.78	1654	601519	大智慧	44.75
1655	000019	深深宝 A	44.72	1656	600756	浪潮软件	44.68
1657	000889	渤海物流	44.68	1658	002254	泰和新材	44.65
1659	000599	青岛双星	44.61	1660	002374	丽鹏股份	44.60
1661	600468	百利电气	44.57	1662	600241	时代万恒	44.55
1663	600589	广东榕泰	44.54	1664	000659	珠海中富	44.53
1665	600177	雅戈尔	44.52	1666	600290	华仪电气	44.51
1667	300087	荃银高科	44.44	1668	600798	宁波海运	44.43
1669	600343	航天动力	44.41	1670	002443	金洲管道	44.39
1671	300067	安诺其	44.38	1672	002402	和而泰	44.33
1673	000555	ST 太光	44.30	1674	300035	中科电气	44.28
1675	300117	嘉寓股份	44.25	1676	300028	金亚科技	44.23
1677	000153	丰原药业	44.22	1678	002465	海格通信	44.21
1679	000061	农产品	44.21	1680	002056	横店东磁	44.20
1681	002495	佳隆股份	44.13	1682	002488	金固股份	44.11
1683	600774	汉商集团	44.10	1684	600558	大西洋	44.10
1685	000739	普洛股份	44.06	1686	600482	风帆股份	44.04
1687	600725	云维股份	44.02	1688	600611	大众交通	44.02
1689	600847	ST 渝万里	44.00	1690	000733	振华科技	44.00
1691	600328	兰太实业	43.97	1692	002023	海特高新	43.94
1693	600336	澳柯玛	43.90	1694	000803	金宇车城	43.90
1695	002511	中顺洁柔	43.88	1696	300063	天龙集团	43.80
1697	002182	云海金属	43.76	1698	000702	正虹科技	43.72
1699	300082	奥克股份	43.71	1700	002215	诺普信	43.70
1701	600745	中茵股份	43.68	1702	600856	长百集团	43.67
1703	600481	双良节能	43.67	1704	002480	新筑股份	43.64
1705	600230	沧州大化	43.56	1706	600222	太龙药业	43.55
1707	002395	双象股份	43.52	1708	002263	大东南	43.52
1709	000488	晨鸣纸业	43.52	1710	002160	常铝股份	43.46
1711	300101	国腾电子	43.45	1712	600981	江苏开元	43.42
1713	002017	东信和平	43.40	1714	600661	新南洋	43.39
1715	600531	豫光金铅	43.39	1716	600726	华电能源	43.38
1717	600733	S*ST 前锋	43.34	1718	300102	乾照光电	43.31
1719	002141	蓉胜超微	43.31	1720	600260	凯乐科技	43.30
1721	300011	鼎汉技术	43.30	1722	600556	*ST 北生	43.24
1723	600208	新湖中宝	43.24	1724	000801	四川九洲	43.21
1725	600853	龙建股份	43.20	1726	600477	杭萧钢构	43.19

续　表

排名	评价单位代码	单位名称	评价得分	排名	评价单位代码	单位名称	评价得分
1727	300091	金通灵	43. 19	1728	002095	生意宝	43. 19
1729	002080	中材科技	43. 19	1730	300161	华中数控	43. 18
1731	000607	＊ST 华控	43. 18	1732	000712	锦龙股份	43. 15
1733	000410	沈阳机床	43. 07	1734	002380	科远股份	43. 06
1735	000531	穗恒运 A	43. 06	1736	000679	大连友谊	43. 04
1737	002354	科冕木业	43. 02	1738	300038	梅泰诺	43. 00
1739	000050	深天马 A	42. 99	1740	600689	上海三毛	42. 96
1741	600460	士兰微	42. 94	1742	600807	天业股份	42. 88
1743	600510	黑牡丹	42. 85	1744	002059	云南旅游	42. 83
1745	600159	大龙地产	42. 80	1746	002083	孚日股份	42. 80
1747	002002	ST 金材	42. 79	1748	600545	新疆城建	42. 77
1749	600567	山鹰纸业	42. 71	1750	300053	欧比特	42. 69
1751	600428	中远航运	42. 63	1752	600360	华微电子	42. 60
1753	300151	昌红科技	42. 55	1754	000637	茂化实华	42. 54
1755	000951	中国重汽	42. 50	1756	600892	ST 宝诚	42. 48
1757	600227	赤天化	42. 46	1758	002168	深圳惠程	42. 46
1759	300074	华平股份	42. 45	1760	600200	江苏吴中	42. 44
1761	002240	威华股份	42. 40	1762	600790	轻纺城	42. 38
1763	600203	ST 福日	42. 36	1764	600363	联创光电	42. 35
1765	600678	＊ST 金顶	42. 32	1766	002232	启明信息	42. 30
1767	002260	伊立浦	42. 29	1768	600806	昆明机床	42. 24
1769	002473	圣莱达	42. 24	1770	002105	信隆实业	42. 24
1771	600657	信达地产	42. 21	1772	000688	＊ST 朝华	42. 17
1773	300018	中元华电	42. 16	1774	600169	太原重工	42. 15
1775	300152	燃控科技	42. 14	1776	000090	深天健	42. 14
1777	600604	＊ST 二纺	42. 12	1778	000859	国风塑业	42. 11
1779	600071	凤凰光学	42. 10	1780	300068	南都电源	42. 10
1781	600818	中路股份	42. 03	1782	300085	银之杰	41. 98
1783	002316	键桥通讯	41. 98	1784	002426	胜利精密	41. 97
1785	600764	中电广通	41. 96	1786	300029	天龙光电	41. 96
1787	300153	科泰电源	41. 95	1788	600353	旭光股份	41. 86
1789	000017	＊ST 中华 A	41. 86	1790	601558	华锐风电	41. 83
1791	600817	＊ST 宏盛	41. 83	1792	002272	川润股份	41. 83
1793	600838	上海九百	41. 82	1794	002492	恒基达鑫	41. 79
1795	600022	山东钢铁	41. 76	1796	600973	宝胜股份	41. 73
1797	600061	中纺投资	41. 71	1798	600696	多伦股份	41. 70
1799	002284	亚太股份	41. 67	1800	600526	菲达环保	41. 65
1801	600605	汇通能源	41. 63	1802	000997	新大陆	41. 63
1803	000158	常山股份	41. 63	1804	600821	津劝业	41. 59
1805	000911	南宁糖业	41. 59	1806	000682	东方电子	41. 53
1807	600562	ST 高陶	41. 51	1808	002270	法因数控	41. 50
1809	600220	江苏阳光	41. 47	1810	002384	东山精密	41. 42
1811	300156	天立环保	41. 40	1812	002289	宇顺电子	41. 35
1813	600843	上工申贝	41. 25	1814	000931	中关村	41. 24
1815	002122	天马股份	41. 21	1816	600218	全柴动力	41. 19
1817	600722	ST 金化	41. 13	1818	000672	＊ST 铜城	41. 11
1819	000736	重庆实业	41. 10	1820	002045	广州国光	41. 08
1821	000755	山西三维	41. 08	1822	002295	精艺股份	41. 03

续 表

排名	评价单位代码	单位名称	评价得分	排名	评价单位代码	单位名称	评价得分
1823	600506	ST 香梨	41.02	1824	002359	齐星铁塔	41.01
1825	002455	百川股份	40.98	1826	002356	浩宁达	40.87
1827	600455	*ST 博通	40.84	1828	600379	宝光股份	40.81
1829	000151	中成股份	40.81	1830	300140	启源装备	40.79
1831	600107	美尔雅	40.76	1832	000692	惠天热电	40.70
1833	002529	海源机械	40.69	1834	002456	欧菲光	40.67
1835	000996	中国中期	40.64	1836	002496	辉丰股份	40.62
1837	002118	紫鑫药业	40.58	1838	000787	*ST 创智	40.51
1839	300065	海兰信	40.49	1840	600399	抚顺特钢	40.46
1841	000023	深天地 A	40.44	1842	600520	中发科技	40.40
1843	002425	凯撒股份	40.39	1844	600826	兰生股份	40.38
1845	600419	ST 天宏	40.38	1846	000404	华意压缩	40.30
1847	600865	百大集团	40.27	1848	600490	ST 合臣	40.24
1849	300135	宝利沥青	40.21	1850	601890	亚星锚链	40.17
1851	000926	福星股份	40.16	1852	600234	ST 天龙	40.13
1853	600576	万好万家	40.12	1854	000886	海南高速	40.12
1855	600355	ST 精伦	40.10	1856	000616	亿城股份	40.07
1857	002403	爱仕达	40.06	1858	002290	禾盛新材	40.04
1859	600228	*ST 昌九	40.02	1860	300080	新大新材	40.02
1861	601588	北辰实业	40.01	1862	002181	粤传媒	39.97
1863	000078	海王生物	39.91	1864	000800	一汽轿车	39.80
1865	002193	山东如意	39.77	1866	002379	鲁丰股份	39.72
1867	000408	ST 金谷源	39.72	1868	002235	安妮股份	39.66
1869	600609	ST 金杯	39.62	1870	600606	金丰投资	39.58
1871	300150	世纪瑞尔	39.58	1872	600765	中航重机	39.57
1873	600478	科力远	39.57	1874	000681	*ST 远东	39.56
1875	300093	金刚玻璃	39.55	1876	600885	ST 力阳	39.54
1877	002515	金字火腿	39.51	1878	000046	泛海建设	39.48
1879	002418	康盛股份	39.47	1880	600988	ST 宝龙	39.46
1881	600565	迪马股份	39.43	1882	600293	三峡新材	39.43
1883	002490	山东墨龙	39.42	1884	002163	中航三鑫	39.41
1885	000532	力合股份	39.40	1886	002077	大港股份	39.35
1887	600037	歌华有线	39.34	1888	002523	天桥起重	39.32
1889	600984	ST 建机	39.21	1890	000678	襄阳轴承	39.20
1891	300107	建新股份	39.18	1892	300081	恒信移动	39.03
1893	000949	新乡化纤	39.03	1894	002452	长高集团	38.99
1895	600796	钱江生化	38.87	1896	600771	ST 东盛	38.84
1897	300055	万邦达	38.73	1898	600112	长征电气	38.72
1899	600053	中江地产	38.72	1900	300042	朗科科技	38.66
1901	002062	宏润建设	38.66	1902	000777	中核科技	38.63
1903	600819	耀皮玻璃	38.58	1904	000629	攀钢钒钛	38.58
1905	000835	四川圣达	38.57	1906	600736	苏州高新	38.54
1907	000514	渝开发	38.45	1908	002009	天奇股份	38.42
1909	600580	卧龙电气	38.30	1910	002107	沃华医药	38.30
1911	600789	鲁抗医药	38.27	1912	002227	奥特迅	38.23
1913	002414	高德红外	38.22	1914	600156	华升股份	38.14
1915	002432	九安医疗	38.11	1916	002437	誉衡药业	38.10
1917	000037	深南电 A	38.09	1918	002386	天原集团	38.07

续　表

排名	评价单位代码	单位名称	评价得分	排名	评价单位代码	单位名称	评价得分
1919	600429	三元股份	38.06	1920	002244	滨江集团	38.02
1921	601872	招商轮船	37.89				
1922	000805	*ST 炎黄	37.89	1923	600133	东湖高新	37.88
1924	600302	标准股份	37.85	1925	300069	金利华电	37.80
1926	600890	ST 中房	37.66	1927	000820	*ST 金城	37.66
1928	300129	泰胜风能	37.65	1929	002164	东力传动	37.57
1930	002461	珠江啤酒	37.49	1931	600884	杉杉股份	37.46
1932	000928	中钢吉炭	37.39	1933	600223	鲁商置业	37.38
1934	600283	钱江水利	37.33	1935	002134	天津普林	37.32
1936	300052	中青宝	37.30	1937	000691	*ST 亚太	37.26
1938	600168	武汉控股	37.25	1939	600052	浙江广厦	37.24
1940	600184	光电股份	37.09	1941	600311	荣华实业	37.05
1942	600608	ST 沪科	37.00	1943	000066	长城电脑	36.89
1944	600963	岳阳林纸	36.84	1945	600284	浦东建设	36.84
1946	600584	长电科技	36.78	1947	000062	深圳华强	36.69
1948	300050	世纪鼎利	36.68	1949	000622	S*ST 恒立	36.68
1950	600235	民丰特纸	36.65	1951	002451	摩恩电气	36.51
1952	300040	九洲电气	36.45	1953	002028	思源电气	36.33
1954	000762	西藏矿业	36.31	1955	600209	ST 罗顿	36.27
1956	002192	路翔股份	36.19	1957	300076	宁波 GQY	36.18
1958	000995	ST 皇台	36.13	1959	600566	洪城股份	36.08
1960	000548	湖南投资	36.08	1961	002178	延华智能	36.00
1962	600744	华银电力	35.99	1963	000882	华联股份	35.98
1964	300033	同花顺	35.89	1965	600103	青山纸业	35.83
1966	002119	康强电子	35.83	1967	000521	美菱电器	35.82
1968	000426	兴业矿业	35.71	1969	002132	恒星科技	35.70
1970	600247	成城股份	35.60	1971	600312	平高电气	35.54
1972	300092	科新机电	35.54	1973	000628	高新发展	35.51
1974	000677	*ST 海龙	35.38	1975	600680	上海普天	35.37
1976	600389	江山股份	35.34	1977	002064	华峰氨纶	35.33
1978	000667	名流置业	35.33	1979	300137	先河环保	35.29
1980	000976	春晖股份	35.26	1981	000518	四环生物	35.24
1982	000829	天音控股	35.23	1983	000030	*ST 盛润 A	35.23
1984	002121	科陆电子	35.17	1985	000932	华菱钢铁	35.15
1986	002205	国统股份	35.14	1987	600206	有研硅股	35.11
1988	002319	乐通股份	35.11	1989	600793	ST 宜纸	35.10
1990	002383	合众思壮	35.04				
1991	000766	通化金马	35.03	1992	002521	齐峰股份	35.02
1993	600737	中粮屯河	34.97	1994	300125	易世达	34.90
1995	002016	世荣兆业	34.90	1996	000839	中信国安	34.87
1997	000670	S*ST 天发	34.86	1998	002113	*ST 天润	34.85
1999	600162	香江控股	34.84	2000	300023	宝德股份	34.84
2001	600851	海欣股份	34.83	2002	600448	华纺股份	34.83
2003	000779	三毛派神	34.79	2004	300044	赛为智能	34.78
2005	600476	湘邮科技	34.72	2006	002337	赛象科技	34.72
2007	002256	彩虹精化	34.68	2008	600171	上海贝岭	34.64
2009	000966	长源电力	34.62	2010	600732	上海新梅	34.60
2011	600731	湖南海利	34.60	2012	600083	ST 博信	34.53

续 表

排名	评价单位代码	单位名称	评价得分	排名	评价单位代码	单位名称	评价得分
2013	002169	智光电气	34.53	2014	600462	＊ST 石岘	34.49
2015	002427	尤夫股份	34.47	2016	000711	天伦置业	34.41
2017	002184	海得控制	34.30	2018	600590	泰豪科技	34.25
2019	600533	栖霞建设	34.22	2020	000797	中国武夷	34.21
2021	600074	＊ST 中达	34.15	2022	000925	众合机电	34.15
2023	000036	华联控股	34.01	2024	300077	国民技术	33.88
2025	002373	联信永益	33.84	2026	000632	三木集团	33.82
2027	002018	华星化工	33.81	2028	000509	SST 华塑	33.80
2029	000725	京东方 A	33.75	2030	002420	毅昌股份	33.72
2031	000407	胜利股份	33.65	2032	000990	诚志股份	33.61
2033	000570	苏常柴 A	33.54	2034	000768	西飞国际	33.50
2035	600705	S＊ST 北亚	33.33	2036	600629	棱光实业	33.30
2037	000695	滨海能源	33.22	2038	000021	长城开发	33.16
2039	600365	＊ST 通葡	33.13	2040	600135	乐凯胶片	33.13
2041	600129	太极集团	33.12	2042	600550	天威保变	33.10
2043	600538	ST 国发	33.09	2044	002390	信邦制药	33.06
2045	600747	大连控股	32.97	2046	600868	ST 梅雁	32.89
2047	600299	ST 新材	32.81	2048	600599	熊猫烟花	32.74
2049	600099	林海股份	32.74	2050	600691	＊ST 东碳	32.56
2051	600421	ST 国药	32.47	2052	600768	宁波富邦	32.44
2053	000038	＊ST 大通	32.42	2054	600306	商业城	32.34
2055	600400	红豆股份	32.31	2056	000033	新都酒店	32.23
2057	600064	南京高科	32.20	2058	002487	大金重工	32.19
2059	000608	阳光股份	32.17	2060	000710	天兴仪表	32.15
2061	000633	ST 合金	32.13	2062	000591	桐君阁	32.09
2063	002052	同洲电子	32.02	2064	600579	ST 黄海	31.97
2065	601005	重庆钢铁	31.94	2066	002199	东晶电子	31.88
2067	600593	大连圣亚	31.77	2068	000584	友利控股	31.77
2069	000150	宜华地产	31.73	2070	002061	江山化工	31.67
2071	600870	ST 厦华	31.57	2072	600297	美罗药业	31.57
2073	000952	广济药业	31.56	2074	002259	升达林业	31.47
2075	600173	卧龙地产	31.46	2076	000592	中福实业	31.39
2077	600812	华北制药	31.37	2078	601106	中国一重	31.33
2079	600485	中创信测	31.08	2080	600105	永鼎股份	31.08
2081	002188	新嘉联	31.08	2082	000958	ST 东热	30.99
2083	600193	创兴资源	30.95	2084	600320	振华重工	30.87
2085	002156	通富微电	30.75	2086	300097	智云股份	30.74
2087	002149	西部材料	30.72	2088	000543	皖能电力	30.67
2089	000533	万家乐	30.56	2090	300095	华伍股份	30.55
2091	600512	腾达建设	30.54	2092	000510	金路集团	30.54
2093	600683	京投银泰	30.53	2094	601002	晋亿实业	30.46
2095	000025	特力 A	30.46	2096	000902	中国服装	30.43
2097	600243	青海华鼎	30.42	2098	000821	京山轻机	30.27
2099	002202	金风科技	30.26	2100	000890	法尔胜	30.26
2101	600493	凤竹纺织	30.24	2102	000511	银基发展	30.11
2103	300084	海默科技	30.01	2104	002027	七喜控股	29.89
2105	600331	宏达股份	29.87	2106	000526	银润投资	29.86
2107	002084	海鸥卫浴	29.81	2108	600896	中海海盛	29.76

续　表

排名	评价单位代码	单位名称	评价得分	排名	评价单位代码	单位名称	评价得分
2109	000595	*ST 西轴	29.75	2110	000005	世纪星源	29.73
2111	300094	国联水产	29.67	2112	600346	大橡塑	29.66
2113	600178	东安动力	29.64	2114	000014	沙河股份	29.64
2115	600408	安泰集团	29.48	2116	002174	梅花伞	29.47
2117	002506	超日太阳	29.31	2118	600715	*ST 松辽	29.00
2119	600844	丹化科技	28.97	2120	600319	亚星化学	28.97
2121	002446	盛路通信	28.94	2122	600287	江苏舜天	28.86
2123	000717	韶钢松山	28.86	2124	600316	洪都航空	28.82
2125	600854	ST 春兰	28.69	2126	000008	ST 宝利来	28.49
2127	600321	国栋建设	28.35	2128	300118	东方日升	28.33
2129	300111	向日葵	28.26	2130	000903	云内动力	28.26
2131	000498	*ST 丹化	28.25	2132	000929	兰州黄河	28.05
2133	600087	*ST 长油	27.97	2134	002211	宏达新材	27.94
2135	600069	银鸽投资	27.82	2136	000898	鞍钢股份	27.78
2137	000813	天山纺织	27.71	2138	600596	新安股份	27.69
2139	600866	星湖科技	27.66	2140	600249	两面针	27.56
2141	600238	海南椰岛	27.33	2142	000558	莱茵置业	27.13
2143	600615	丰华股份	27.11	2144	000668	荣丰控股	27.08
2145	000155	*ST 川化	27.03	2146	600338	*ST 珠峰	26.98
2147	000953	ST 河化	26.92	2148	000693	S*ST 聚友	26.92
2149	000767	*ST 漳电	26.77	2150	600692	亚通股份	26.75
2151	000791	西北化工	26.68	2152	600207	ST 安彩	26.65
2153	002504	东光微电	26.65	2154	000611	时代科技	26.47
2155	600860	ST 北人	26.45	2156	600191	华资实业	26.23
2157	600435	中兵光电	26.18	2158	000899	*ST 赣能	26.17
2159	000035	*ST 科健	26.15	2160	000697	*ST 炼石	26.13
2161	000545	*ST 吉药	26.03	2162	000993	闽东电力	26.02
2163	000760	博盈投资	25.99	2164	000016	深康佳 A	25.75
2165	600330	天通股份	25.73	2166	000056	*ST 国商	25.72
2167	000534	万泽股份	25.67	2168	000959	首钢股份	25.65
2169	002145	*ST 钛白	25.61	2170	600848	自仪股份	25.55
2171	002166	莱茵生物	25.51	2172	600641	万业企业	25.40
2173	000893	东凌粮油	25.39	2174	600163	福建南纸	25.37
2175	600127	金健米业	25.17	2176	000955	ST 欣龙	25.08
2177	600836	界龙实业	24.99	2178	002218	拓日新能	24.96
2179	600760	中航黑豹	24.80	2180	600198	大唐电信	24.73
2181	600894	*ST 广钢	24.71	2182	600986	科达股份	24.67
2183	002047	成霖股份	24.66	2184	000594	国恒铁路	24.58
2185	002248	华东数控	24.56	2186	600766	ST 园城	24.52
2187	000923	河北宣工	24.43	2188	000605	*ST 四环	24.30
2189	000567	海德股份	24.29	2190	000727	华东科技	24.25
2191	000576	*ST 甘化	24.11	2192	002468	艾迪西	24.08
2193	600532	*ST 华科	24.05	2194	600713	南京医药	23.92
2195	600405	动力源	23.77	2196	600777	新潮实业	23.64
2197	600679	金山开发	23.62	2198	002528	英飞拓	23.58
2199	000613	ST 东海 A	23.58	2200	600393	东华实业	23.55
2201	002039	黔源电力	23.52	2202	000913	钱江摩托	23.52
2203	002459	天业通联	23.43	2204	600215	长春经开	23.39

续 表

排名	评价单位代码	单位名称	评价得分	排名	评价单位代码	单位名称	评价得分
2205	600186	莲花味精	23.28	2206	000503	海虹控股	23.01
2207	000652	泰达股份	22.92	2208	000836	鑫茂科技	22.68
2209	000627	天茂集团	22.53	2210	000662	＊ST 索芙	22.46
2211	000606	青海明胶	22.40	2212	600265	景谷林业	22.37
2213	000557	＊ST 广夏	22.34	2214	600719	大连热电	22.28
2215	600180	ST 九发	21.95	2216	000520	长航凤凰	21.79
2217	600145	ST 国创	21.70	2218	600385	＊ST 金泰	21.64
2219	600416	湘电股份	21.61	2220	600620	天宸股份	21.58
2221	300073	当升科技	21.52	2222	600751	SST 天海	21.34
2223	600305	恒顺醋业	21.34	2224	600769	ST 祥龙	21.32
2225	600291	西水股份	21.24	2226	600358	国旅联合	21.17
2227	000615	湖北金环	21.02	2228	600281	＊ST 太化	21.01
2229	600515	ST 海建	20.85	2230	600540	新赛股份	20.77
2231	600301	ST 南化	20.66	2232	600610	SST 中纺	20.65
2233	600179	ST 黑化	20.61	2234	600640	中卫国脉	20.59
2235	600076	＊ST 华光	20.56	2236	600603	＊ST 兴业	20.55
2237	000068	ST 三星	20.43	2238	000519	江南红箭	20.23
2239	600876	洛阳玻璃	20.22	2240	600239	云南城投	20.16
2241	002102	＊ST 冠福	20.12	2242	000669	＊ST 领先	20.12
2243	300086	康芝药业	20.07	2244	601866	中海集运	19.91
2245	000673	ST 当代	19.72	2246	600273	华芳纺织	19.51
2247	600698	＊ST 轻骑	19.34	2248	600730	中国高科	19.20
2249	300116	坚瑞消防	18.80	2250	000018	ST 中冠 A	18.66
2251	600656	ST 博元	18.55	2252	600706	ST 长信	18.54
2253	600390	金瑞科技	18.50	2254	600980	北矿磁材	18.47
2255	600151	航天机电	17.93	2256	000585	＊ST 东电	17.80
2257	000720	＊ST 能山	17.50	2258	000806	＊ST 银河	17.49
2259	000565	渝三峡 A	17.49	2260	600539	ST 狮头	17.37
2261	600432	吉恩镍业	17.36	2262	002072	ST 德棉	17.31
2263	000676	ST 思达	16.64	2264	002265	西仪股份	16.60
2265	002019	＊ST 鑫富	16.24	2266	000505	ST 珠江	16.06
2267	000815	＊ST 美利	16.02	2268	000971	ST 迈亚	15.96
2269	600882	＊ST 大成	15.67	2270	600753	东方银星	15.50
2271	002172	澳洋科技	15.49	2272	600961	株冶集团	15.12
2273	000504	ST 传媒	14.94	2274	601179	中国西电	14.85
2275	002112	三变科技	14.77	2276	002114	＊ST 锌电	14.76
2277	600095	哈高科	14.50	2278	000663	永安林业	14.43
2279	601268	二重重装	14.01	2280	000918	嘉凯城	14.00
2281	600275	ST 昌鱼	13.95	2282	000838	＊ST 国兴	13.78
2283	000420	＊ST 吉纤	13.60	2284	601919	中国远洋	13.41
2285	600392	太工天成	13.19	2286	600084	ST 中葡	13.10
2287	600110	中科英华	12.66	2288	002362	汉王科技	12.42
2289	000922	ST 阿继	12.27	2290	600250	南纺股份	12.18

续 表

排名	评价单位代码	单位名称	评价得分	排名	评价单位代码	单位名称	评价得分
2291	000908	ST 天一	11.90	2292	600213	亚星客车	11.77
2293	000617	石油济柴	11.50	2294	600091	ST 明科	11.49
2295	600217	ST 秦岭	10.95	2296	000597	东北制药	10.70
2297	600877	中国嘉陵	10.68	2298	002162	斯米克	10.64
2299	000751	*ST 锌业	10.50	2300	600146	大元股份	9.82
2301	600800	ST 磁卡	8.95	2302	600359	新农开发	8.56
2303	600444	ST 国通	8.20	2304	600202	哈空调	7.41
2305	002200	*ST 大地	7.37	2306	600707	彩虹股份	5.69
2307	000972	新中基	4.64	2308	000897	津滨发展	2.05

附 录 三

2011年度中国上市公司分类财务指标及评价得分

表一：

序号	单位名称	企业户数	修正分数					
			小计	财务效益	资产质量	偿债风险	发展能力	市场表现
1	全国A股上市公司	2276	61.72	21.93	9.25	9.05	12.36	9.13
2	一、按行业划分							
3	农林牧渔业A	45	58.87	18.52	10.23	8.57	11.95	9.60
4	采掘业B	55	75.82	29.23	13.15	10.36	13.93	9.15
5	制造业C	1398	60.83	21.15	9.20	9.10	12.61	8.77
6	食品、饮料C0	90	78.64	28.28	12.27	11.10	16.55	10.44
7	纺织、服装、毛皮C1	73	57.91	20.73	8.01	8.32	10.96	9.89
8	造纸、印刷C3	42	50.28	16.13	7.62	7.42	8.59	10.52
9	石油、化学、塑胶、塑料C4	248	60.21	19.54	10.50	8.21	13.14	8.82
10	电子C5	136	56.24	18.09	7.92	9.15	12.87	8.21
11	金属、非金属C6	190	58.40	19.76	11.50	7.21	11.24	8.69
12	非金属矿物制品业（建筑材料）C61	68	69.49	28.37	8.03	8.45	15.87	8.77
13	机械、设备、仪表C7	438	63.50	23.13	8.33	10.05	14.02	7.97
14	普通机械、专用设备（装备制造）,	209	58.94	20.95	6.59	9.37	13.89	8.14
15	交通运输设备制造业C75	95	68.81	26.20	10.08	10.45	14.58	7.50
16	医药、生物制品C8	144	64.67	23.60	7.98	10.24	13.09	9.76
17	医药制造业C81	118	65.09	23.79	8.07	10.07	13.32	9.84
18	其他制造业C9	37	56.13	19.67	8.67	8.31	11.54	7.94
19	电力煤气及水的生产和供应业D	73	57.18	19.86	11.81	4.74	10.49	10.28
20	电力、蒸汽、热水的生产和供应业（D01）	61	56.31	19.39	11.98	4.44	10.31	10.19
21	自来水的生产和供应业（D05）	9	59.92	23.73	4.43	9.67	11.72	10.37
22	建筑业E	47	54.31	18.32	9.98	5.19	12.37	8.45
23	交通运输、仓储业F	73	61.88	21.57	12.55	8.92	9.59	9.25
24	铁路运输业（f01）	3	78.00	28.99	14.43	10.20	9.46	14.92
25	公路运输业（f03）	9	59.63	23.50	6.18	8.30	12.06	9.59
26	管道运输业（f05）	0	26.28	5.38	0.00	5.9.	0.00	15.00
27	水上运输业（f07）	12	22.16	0.00	10.53	4.53	0.00	7.10
28	航空运输业（f09）	6	66.52	26.80	15	7.87	10.76	6.09
29	信息技术业G	177	57.73	19.05	9.24	10.02	10.34	9.08
30	通信及相关设备制造业（G81）	56	54.43	17.64	7.68	8.88	11.02	9.21
31	计算机及相关设备制造业（G83）	15	56.92	17.65	10.91	10.46	8.65	9.25
32	计算机应用服务业（G87）	88	61.36	20.92	7.98	10.64	12.79	9.03
33	批发和零售贸易业H	123	62.61	21.05	8.50	8.51	14.70	9.85
34	房地产业J	130	52.35	22.13	0.00	6.68	13.84	9.70
35	社会服务业K	70	68.09	21.95	9.53	9.78	15.52	11.31
36	传播与文化产业L	31	71.97	22.27	10.37	11.52	14.2	13.61
37	综合类M	54	54.52	18.44	8.04	7.99	10.69	9.36
38	二、按规模划分							
39	100亿元以上	187	63.79	23.38	10.63	8.35	11.94	9.49
40	50－100亿元	173	66.04	21.56	15.00	8.41	12.49	8.58
41	10－50亿元	884	60.60	20.34	9.46	8.99	12.76	9.05
42	10亿元以下	1032	64.47	21.61	8.25	10.03	15.35	9.23
43	三、按地点划分							
44	沪市	790	61.79	21.86	10.18	8.07	12.32	9.36
45	深市	1387	60.17	21.08	8.09	9.08	12.92	9.00
46	其中：深圳主板（000）	462	58.30	20.28	8.47	7.96	12.40	9.19
47	中小企业板（002）	644	62.79	22.55	7.93	9.90	13.50	8.91

续 表

序号	单位名称	企业户数	修正分数					
			小计	财务效益	资产质量	偿债风险	发展能力	市场表现
48	创业板（300）	281	63.55	23.04	6.36	10.79	14.50	8.86
49	四、按上市时间							
50	2011年上市	279	67.55	24.52	7.97	9.65	14.81	10.6
51	2010年上市	344	57.80	20.81	7.51	10.51	11.24	7.73
52	2009年上市	97	59.32	20.32	7.65	7.77	14.45	9.13
53	2008年上市	77	60.50	21.88	8.34	8.96	12.46	8.86
54	2007年上市	115	66.05	25.54	10.36	9.64	11.82	8.69
55	2006年以前上市	1364	60.87	21.63	9.60	8.09	12.25	9.30
56	五、其他							
57	中央企业控股A股上市公司	283	60.79	22.34	9.98	8.30	11.60	8.57
58	煤炭B01	27	79.25	30.49	12.17	11.24	15.17	10.18
59	零售H11	77	72.07	24.19	12.94	9.99	14.65	10.30
60	外贸H21	21	61.74	19.28	12.84	7.10	13.46	9.06
61	钢铁（采掘+制造）B05，C65	34	52.52	15.58	12.68	6.32	8.49	9.45
62	有色金属（采掘+制造）B07，C67	63	65.29	22.73	12.42	7.90	14.32	7.92
63	石油石化（采掘+制造）B03，C41，C43	175	73.12	27.30	13.91	9.42	13.42	9.07
64	建筑建材（建筑业+建材）C61，E	115	55.55	20.60	7.95	5.35	13.01	8.64
65	按照申银行业代码分类							
66	建筑建材（申银）	113	55.56	20.36	8.08	5.46	12.97	8.69
67	汽车整车和零部件（申银）	73	70.90	26.63	11.43	10.64	14.55	7.65
68	纺织服装（申银）	72	58.03	20.70	7.90	8.61	10.90	9.92
69	轻工制造（申银）	83	54.09	17.43	7.97	7.77	11.12	9.80
70	医药生物（申银）	174	64.57	22.94	8.39	10.15	13.13	9.96
71	房地产（申银）	146	51.17	21.75	0.00	6.68	13.05	9.69
72	信息服务（申银）	125	61.67	19.90	9.62	10.75	10.93	10.47
73	有色金属（申银）	77	64.99	22.80	11.73	8.01	14.53	7.92
74	黑色金属（申银）	34	53.44	16.27	12.76	6.23	8.66	9.52
75	机械设备（申银）	316	57.95	20.95	6.84	9.38	12.85	7.93
76	机械设备－不包括金属制品（申银）	299	57.74	20.75	6.69	9.49	12.92	7.89
77	机械设备+非汽车交运设备－金属制品	339	58.00	20.30	6.98	9.39	13.48	7.85
78	化工（申银）	235	68.85	23.94	13.49	8.67	13.86	8.89
79	石油+化工（申银）	236	71.93	26.61	13.50	9.30	13.60	8.92
80	煤炭（申银）	39	78.44	30.45	12.11	11.26	14.90	9.72
81	电力（申银）	56	54.26	19.42	10.52	4.05	10.34	9.93
82	家用电器（申银）	43	64.92	22.63	10.17	9.73	14.39	8.00
83	商业贸易（申银）	92	65.48	20.68	12.94	8.56	13.69	9.61
84	餐饮旅游（申银）	29	65.40	22.24	9.28	10.86	12.27	10.75

表二：

序号	单位名称	流动资产	资产总额	上市公司户均平均总资产	流动负债
1	全国 A 股上市公司	1122631345.00	2270644738.00	227600.00	968521384.40
2	一、按行业划分				
3	农林牧渔业 A	7123617.62	12175058.80	4500.00	5025979.44
4	采掘业 B	118727174.20	437326988.80	5500.00	137198681.50
5	制造业 C	458039506.00	823466975.10	139800.00	365708032.80
6	食品、饮料 C0	23515497.68	40118465.04	9000.00	15714475.88
7	纺织、服装、毛皮 C1	14800025.95	25818007.25	7300.00	11338968.75
8	造纸、印刷 C3	8090485.86	18088353.82	4200.00	7640778.40
9	石油、化学、塑胶、塑料 C4	40562507.67	92295623.34	24800.00	36946534.53
10	电子 C5	31607017.97	52189572.26	13600.00	19107140.89
11	金属、非金属 C6	103344423.60	242738984.50	19000.00	109992619.70
12	非金属矿物制品业（建筑材料）C61	17708081.50	44784478.03	6800.00	16446844.68
13	机械、设备、仪表 C7	201044130.20	291483417.10	43800.00	144116175.50
14	普通机械、专用设备（装备制造）,	71512551.86	101071872.40	20900.00	43960615.74
15	交通运输设备制造业 C75	71818794.04	114129705.60	9500.00	58777327.90
16	医药、生物制品 C8	27621629.97	45124646.08	14400.00	14226308.32
17	医药制造业 C81	25175267.51	41104731.97	11800.00	13346599.54
18	其他制造业 C9	7453787.14	15609905.80	3700.00	6625030.90
19	电力煤气及水的生产和供应业 D	26670934.00	176494665.10	7300.00	55125193.74
20	电力、蒸汽、热水的生产和供应业（D01）	24433335.44	168624958.10	6100	53235780.63
21	自来水的生产和供应业（D05）	1667419.33	6085871.43	900.00	1103003.10
22	建筑业 E	179847683.30	232758129.60	4700.00	148443918.10
23	交通运输、仓储业 F	32123827.74	152609869.40	7300.00	40480146.16
24	铁路运输业（f01）	1757039.82	13044124.05	300.00	2217257.89
25	公路运输业（f03）	1082526.32	6410333.48	900.00	1777280.15
26	管道运输业（f05）	0.00	0.00	0.00	0.00
27	水上运输业（f07）	9698696.43	33188923.44	1200.00	8057426.60
28	航空运输业（f09）	8326328.32	50432967.33	600.00	18000583.85
29	信息技术业 G	39751509.09	93475405.02	17700.00	41406166.68
30	通信及相关设备制造业（G81）	17123007.81	22150626.55	5600.00	10790838.04
31	计算机及相关设备制造业（G83）	5416532.50	7111969.38	1500.00	3420521.56
32	计算机应用服务业（G87）	11750904.400	16168612.88	8800.00	5300108.31
33	批发和零售贸易业 H	55813314.11	82811944.36	12300.00	48043655.09
34	房地产业 J	163899666.80	186560821.40	13000.00	98977956.78
35	社会服务业 K	17905984.71	30969732.90	7000.00	12373001.87
36	传播与文化产业 L	6237703.36	10636333.54	3100.00	2802621.68
37	综合类 M	16490423.82	31358813.63	5400.00	12936030.57
38	二、按规模划分				
39	100 亿元以上	678628531.80	1526893325.00	18700.00	662729592.00
40	50－100 亿元	112607408.30	213400632.90	17300.00	93680512.44
41	10－50 亿元	220791564.10	373793957.50	88400.00	162167278.60
42	10 亿元以下	110603840.60	156556822.60	103200.00	49944001.33
43	三、按地点划分				
44	沪市	425926501.70	963562941.70	79000.00	413975898.40
45	深市	381441215.30	622121369.10	138700.00	270845633.70
46	其中：深圳主板（000）	241936808.20	416162544.80	46200.00	200312646.10

续 表

序号	单位名称	流动资产	资产总额	上市公司户均平均总资产	流动负债
47	中小企业板（002）	114045986.30	173037846.80	64400.00	64912624.18
48	创业板（300）	25458420.86	32920977.45	28100.00	5620363.36
49	四、按上市时间				
50	2011 年上市	61260427.45	90760091.85	27900.00	34139329.49
51	2010 年上市	63686898.60	95783371.16	34400.00	27386780.68
52	2009 年上市	97172943.93	130467043.30	9700.00	72281116.04
53	2008 年上市	73742325.67	106577340.00	7700.00	59442924.78
54	2007 年上市	125466720.50	365035438.60	11500.00	127778765.40
55	2006 年以前上市	701302028.60	1482021453.00	136400.00	647492468.00
56	五、其他				
57	中央企业控股 A 股上市公司	473473753.30	1134487552.00	28300.00	483526002.80
58	煤炭 B01	37385083.09	105574187.40	2700.00	31269665.82
59	零售 H11	26846502.32	43382943.26	7700.00	24189306.41
60	外贸 H21	17483488.65	23718342.57	2100.00	13665488.74
61	钢铁（采掘＋制造）B05，C65	48269134.89	125336268.40	3400.00	62628514.11
62	有色金属（采掘＋制造）B07，C67	32540574.01	70027966.15	6300.00	28244356.47
63	石油石化（采掘＋制造）B03，C41，C43	98742843.04	372149016.00	17500.00	124879150.90
64	建筑建材（建筑业＋建材）C61，E	197555764.80	277542607.70	11500.00	164890762.70
65	按照申银行业代码分类				
66	建筑建材（申银）	198310534.30	277701592.70	11300.00	165113071.30
67	汽车整车和零部件（申银）	50765484.46	87116597.44	7300.00	42404537.74
68	纺织服装（申银）	15257723.14	24561567.75	7200.00	10220983.13
69	轻工制造（申银）	14957223.56	29158079.79	8300.00	11845318.35
70	医药生物（申银）	32239819.57	50119281.20	17400.00	17192971.11
71	房地产（申银）	173806256.00	201578096.90	14600.00	106053029.50
72	信息服务（申银）	21527109.01	72439364.50	12500.00	27985304.64
73	有色金属（申银）	35308431.79	75487279.73	7700.00	29952053.96
74	黑色金属（申银）	52930286.39	135009423.40	3400.00	67477871.86
75	机械设备（申银）	105961681.50	148149769.40	31600.00	67721977.27
76	机械设备－不包括金属制品（申银）	99272870.69	138020253.40	29900.00	63091621.85
77	机械设备＋非汽车交运设备－金属制品	137693845.60	191893500.60	33900.00	91953133.10
78	化工（申银）	74382624.99	207869030.80	23500.00	80363571.82
79	石油＋化工（申银）	112924625.00	399621830.80	23600.00	136367371.80
80	煤炭（申银）	38547665.11	108883527.40	3900.00	32637897.68
81	电力（申银）	21457592.99	163239825.60	5600.00	51547561.85
82	家用电器（申银）	33188241.14	44866058.21	4300.00	25939244.85
83	商业贸易（申银）	42905294.10	65091230.72	9200.00	37349257.26
84	餐饮旅游（申银）	2502379.83	5958197.25	2900.00	1815138.42

表三：

序号	单位名称	一年内到期的非流动负债	长期借款	应付债券	年末负债合计	S 总股本
1	全国 A 股上市公司	79898853.51	232692805.00	79985825.74	1340582138.00	201984325.20
2	一、按行业划分					
3	农林牧渔业 A	175388.89	373056.17	89037.88	5678394.86	2042396.21
4	采掘业 B	12334854.90	31107868.86	20492399.53	205466723.50	36354873.26
5	制造业 C	23940425.03	53769833.97	19510569.14	456186605.70	81919863.21
6	食品、饮料 C0	423423.70	977402.50	607294.32	17889165.50	4735202.98
7	纺织、服装、毛皮 C1	760480.72	1463376.77	297598.90	13542785.70	2981301.62
8	造纸、印刷 C3	533035.71	1876461.52	505443.09	10645792.92	1748325.55
9	石油、化学、塑胶、塑料 C4	3057518.39	9165206.09	1385803.07	49424539.45	10458032.48
10	电子 C5	831075.41	4708295.36	822248.56	25843644.26	7451505.12
11	金属、非金属 C6	13018625.81	21806418.53	10210154.08	145761837.30	20432617.43
12	非金属矿物制品业（建筑材料）C61	2302441.75	5061795.85	2209219.19	24807077.83	3799094.89
13	机械、设备、仪表 C7	4336917.64	11373306.73	4408667.58	167326286.30	26623536.31
14	普通机械、专用设备（装备制造）	2146431.17	7195771.32	2366802.45	55918129.46	10025360.19
15	交通运输设备制造业 C75	1543145.87	2368285.30	1268351.49	66437865.61	9630002.17
16	医药、生物制品 C8	668340.25	1254768.03	899091.32	17392832.73	5949066.25
17	医药制造业 C81	617753.14	1150555.36	899091.32	16341892.7	5175606.10
18	其他制造业 C9	311007.40	1144598.44	374268.22	8359721.63	1540275.47
19	电力煤气及水的生产和供应业 D	9534163.47	56950820.64	8896355.73	125731465.20	13191141.60
20	电力、蒸汽、热水的生产和供应业（D01）	9424451.07	55956015.28	8357294.04	122161771.50	11996011.03
21	自来水的生产和供应业（D05）	97612.10	935478.79	440308.85	2618145.98	966106.72
22	建筑业 E	6354529.24	22917972.94	10423705.45	186217314.50	11570455.16
23	交通运输、仓储业 F	9150315.15	26196426.19	9730126.42	85972246.53	19558562.22
24	铁路运输业（f01）	599163.53	0.00	1494454.85	3852686.28	2325585.04
25	公路运输业（f03）	51255.95	1078905.33	205625.80	3422413.60	880722.93
26	管道运输业（f05）	0.00	0.00	0.00	0.00	0.00
27	水上运输业（f07）	3041807.53	7964665.05	3170773.45	20221535.33	3712121.05
28	航空运输业（f09）	4544287.70	10767112.11	1441830.90	37387508.91	3953106.67
29	信息技术业 G	239671.59	1521472.24	3927359.54	48007095.24	7708233.88
30	通信及相关设备制造业（G81）	154761.80	967068.11	392738.95	12801125.27	1937695.67
31	计算机及相关设备制造业（G83）	31332.42	18842.73	49249.72	3584178.80	834397.17
32	计算机应用服务业（G87）	36853.41	396363.32	134099.10	6028637.34	2341303.20
33	批发和零售贸易业 H	1177433.32	4004395.03	507311.52	53840748.68	6803654.31
34	房地产业 J	15488557.64	28945117.65	4433719.94	134732353.5	12731213.32
35	社会服务业 K	543131.49	4078077.63	345680.88	17271799.38	3790303.05
36	传播与文化产业 L	150415.50	446034.81	235767.67	3906585.89	1766842.38
37	综合类 M	809967.29	2381728.90	1393792.04	17570804.90	4546786.56
38	二、按规模划分					
39	100 亿元以上	60168662.07	177009492.00	68104637.14	951689226.40	113760076.70
40	50 - 100 亿元	7635027.66	21754842.91	6298557.66	127155685.70	20261954.40
41	10 - 50 亿元	9623406.34	27568015.12	5205907.01	202273918.90	45238747.72
42	10 亿元以下	2471757.44	6360454.96	376723.93	59463306.84	22723546.36
43	三、按地点划分					

续 表

序号	单位名称	一年内到期的非流动负债	长期借款	应付债券	年末负债合计	S总股本
44	沪市	39475525.99	111366465.30	39450772.91	591435785.60	84119879.24
45	深市	19739839.05	52535829.84	11285268.79	344505677.10	60746675.62
46	其中：深圳主板（000）	17132404.37	45432932.90	9934076.29	262939545.60	37699187.41
47	中小企业板（002）	2511277.03	6833035.07	1341433.10	75385589.36	19052154.26
48	创业板（300）	96157.65	269861.87	9759.40	6180542.10	3995333.95
49	四、按上市时间					
50	2011年上市	1264949.98	6611882.98	1311899.72	43609521.12	7389317.38
51	2010年上市	882246.26	2334530.96	1796777.68	33001621.98	12837687.80
52	2009年上市	3915766.59	11509625	5803098.93	92775329.51	10061827.51
53	2008年上市	2326486.30	4341584.82	3332256.03	69504180.47	7964911.29
54	2007年上市	10084921.71	32051045.31	14579194.48	187067493.50	31209637.36
55	2006年以前上市	61424482.67	175844136.00	53162598.90	914623991.20	132520943.80
56	五、其他					
57	中央企业控股A股上市公司	42953931.77	136020816.80	49552890.15	704965284.60	85437319.55
58	煤炭B01	3418092.73	10816434.92	2615283.44	47200185.05	6803132.65
59	零售H11	363316.60	1360835.18	169116.02	26329159.48	4043053.13
60	外贸H21	497547.47	2233258.90	338195.50	16726351.89	1352463.55
61	钢铁（采掘+制造）B05，C65	8704650.62	10952045.95	4086917.95	79351846.46	10860838.22
62	有色金属（采掘+制造）B07，C67	2127992.75	5373871.80	3529625.65	38529806.63	5835500.80
63	石油石化（采掘+制造）B03，C41，C43	10510749.40	24451046.76	17809875.30	181788024.40	34018179.16
64	建筑建材（建筑业+建材）C61，E	8656970.99	27979768.79	12632924.64	211024392.30	15369550.05
65	按照申银行业代码分类					
66	建筑建材（申银）	8463591.21	27302984.33	12929713.98	210987289.50	15498383.60
67	汽车整车和零部件（申银）	1052396.56	1688766.17	1158044.30	48127673.79	5822972.77
68	纺织服装（申银）	458429.56	936569.14	267944.08	11966299.39	3090037.82
69	轻工制造（申银）	849829.85	2475300.84	809940.63	15802940.80	3314111.12
70	医药生物（申银）	765040.25	1317261.25	899091.32	20432911.44	6615969.02
71	房地产（申银）	15583637.77	31093735.29	4763468.65	144314764.10	14255165.72
72	信息服务（申银）	202847.48	686788.45	3880478	33362362.51	6717074.90
73	有色金属（申银）	2221193.70	6131017.16	3677871.20	41257036.19	6484224.52
74	黑色金属（申银）	8985943.23	12083407.55	4829396.02	86123626.84	11299453.50
75	机械设备（申银）	2313099.07	6218139.53	3633076.39	80050081.77	15219295.07
76	机械设备－不包括金属制品（申银）	2029442.13	5452554.40	3234232.59	74141448.94	14488674.02
77	机械设备+非汽车交运设备－金属制品	3171395.83	9988760.98	3508914.72	109968037	19887663.46
78	化工（申银）	7407720.62	15705326.35	11831459.29	113603233.20	19174335.43
79	石油+化工（申银）	11194820.62	26998126.35	18606159.29	197099433.20	37476435.43
80	煤炭（申银）	3494958.31	10996109.46	2590303.05	48798240.57	7416787.89
81	电力（申银）	9330358.90	55353040.44	7961862.35	119275393.30	11476232.05
82	家用电器（申银）	449286.76	2094054.09	739813.54	29395762.47	3670515.26
83	商业贸易（申银）	859812.23	3750782.95	549062.79	42669187.06	5456038.33
84	餐饮旅游（申银）	130977.04	321360.31	0.00	2215651.05	1044733.68

表四：

序号	单位名称	所有者权益合计	上市流通股份	限售股份	营业收入	营业成本
1	全国 A 股上市公司	929966197.13	163505294.03	39848274.77	1883924653.55	1532764507.85
2	一、按行业划分					
3	农林牧渔业 A	6496663.93	1397094.91	624561.08	7054824.23	5532986.39
4	采掘业 B	231860265.37	37106097.00	1252950.35	544783282.09	419333467.17
5	制造业 C	367184063.56	63067581.03	18107095.51	712199153.80	590746642.29
6	食品、饮料 C0	22229299.57	3614710.27	1120492.71	43709248.87	30995772.06
7	纺织、服装、毛皮 C1	12275221.56	2407589.92	573711.69	17068892.23	13450864.92
8	造纸、印刷 C3	7442560.89	1371821.37	376504.19	9349004.07	7781908.55
9	石油、化学、塑胶、塑料 C4	42871084.02	7874517.79	1901593.80	80755407.84	68445571.44
10	电子 C5	26345928.12	5879314.13	1572191.07	33893420.88	27425492.51
11	金属、非金属 C6	96977147.16	16770552.39	3648570.66	238822619.73	213482741.34
12	非金属矿物制品业（建筑材料）C61	19977400.16	2813673.32	971946.35	23043789.86	16155945.56
13	机械、设备、仪表 C7	124060824.77	19296839.99	7287944.16	244379199.17	197398295.54
14	普通机械、专用设备（装备制造）	45153742.86	6160795.84	3826092.19	55103588.73	43349164.70
15	交通运输设备制造业 C75	47691840.03	7552278.81	2077443.37	124805674.27	102774886.53
16	医药、生物制品 C8	27731813.32	4811168.61	1126878.31	31861012.16	21558258.69
17	医药制造业 C81	24762839.28	4179583.07	985003.71	29838880.87	20363500.27
18	其他制造业 C9	7250184.15	1041066.56	499208.92	12360348.85	10207737.24
19	电力煤气及水的生产和供应业 D	50763199.97	9404577.70	3786563.88	60742482.53	51882552.29
20	电力、蒸汽、热水的生产和供应业（D01）	46463186.68	8833433.69	3162577.32	58313967.64	50137076.39
21	自来水的生产和供应业（D05）	3467725.46	418136.95	547969.78	1104888.43	639867.89
22	建筑业 E	46540815.08	7173699.76	4396755.36	212443723.27	188114652.16
23	交通运输、仓储业 F	66637622.85	15842268.28	3695354.63	67909063.79	54462202.27
24	铁路运输业（f01）	9191437.77	2271049.87	54535.16	6260457.21	3927687.46
25	公路运输业（f03）	2987919.90	597769.50	282953.43	1312288.34	735700.73
26	管道运输业（f05）	0.00	0.00	0.00	0.00	0.00
27	水上运输业（f07）	12967388.10	3573613.32	117611.78	12865546.92	13117590.37
28	航空运输业（f09）	13045458.42	3082819.91	870243.41	30497180.79	24785431.28
29	信息技术业 G	45468309.67	6423898.95	1284079.95	61106080.62	46100653.00
30	通信及相关设备制造业（G81）	9349501.26	1544262.66	393433.02	15861083.93	11562098.74
31	计算机及相关设备制造业（G83）	3527790.57	651405.25	182991.93	12185080.58	11106148.94
32	计算机应用服务业（G87）	10139975.47	1758778.48	582269.72	10636474.75	7435219.80
33	批发和零售贸易业 H	28971195.69	5243703.06	1559951.22	137867954.54	122180145.74
34	房地产业 J	51828467.96	10622387.90	2331319.11	41957713.06	25189629.29
35	社会服务业 K	13697933.53	2420015.14	1370287.98	18703693.07	14341472.55
36	传播与文化产业 L	6729747.68	899126.58	805551.02	5469836.37	3664333.81
37	综合类 M	13787911.84	3904843.72	633804.68	13686846.18	11215770.89
38	二、按规模划分					
39	100 亿元以上	575204098.34	98023886.62	17270745.07	1318141289.78	1074974975.09
40	50－100 亿元	86244947.12	16428681.84	3593272.73	166713095.51	138125823.50
41	10－50 亿元	171423635.92	36510962.16	8651014.99	307167071.61	251020468.31
42	10 亿元以下	97093515.75	12541763.41	10333241.98	91903196.65	68643240.95
43	三、按地点划分					
44	沪市	372127059.31	73219053.68	10140014.51	874816999.08	726388497.48
45	深市	277519385.99	43748636.03	17165337.82	453061843.65	365603353.94
46	其中：深圳主板（000）	153126693.37	31327180.39	6541412.48	310559700.73	256604750.90
47	中小企业板（002）	97652257.34	11004086.29	8045960.66	128721423.44	100071494.78
48	创业板（300）	26740435.28	1417369.35	2577964.68	13780719.48	8927108.26
52	2009 年上市	37691713.80	3741758.83	6320068.70	100553187.40	85631025.69
53	2008 年上市	37073159.50	9193987.14	734000.84	89474900.83	73987258.67
49	四、按上市时间					
50	2011 年上市	47150570.61	1663897.02	5725140.35	61214205.23	48667866.89
51	2010 年上市	62781749.23	4419461.57	8418226.39	59399334.98	45643661.38

续 表

序号	单位名称	所有者权益合计	上市流通股份	限售股份	营业收入	营业成本
54	2007 年上市	177967945.00	30313533.42	894211.37	328274274.44	250151921.43
55	2006 年以前上市	567301058.99	114172656.05	17756627.12	1245008750.67	1028682773.79
56	五、其他					
57	中央企业控股 A 股上市公司	429522267.71	72362022.00	12371499.84	1038094527.72	852874779.60
58	煤炭 B01	58374002.35	5887284.94	915809.81	73921891.26	51673711.41
59	零售 H11	17053783.80	3145367.77	897685.33	59328828.17	48259499.44
60	外贸 H21	6991990.70	1326083.14	26380.41	53033388.63	50424712.81
61	钢铁（采掘+制造）B05，C65	45984422.02	8986014.84	1874804.19	135009694.69	125206803.72
62	有色金属（采掘+制造）B07，C67	31498159.51	7265189.46	574469.33	76194724.12	67199744.36
63	石油石化（采掘+制造）B03，C41，C43	190360991.77	32271996.32	1331236.87	506205395.36	397844693.06
64	建筑建材（建筑业+建材）C61，E	66518215.24	9987373.08	5368701.71	235487513.13	204270597.72
65	按照申银行业代码分类					
66	建筑建材（申银）	66714303.22	9888483.19	5586504.19	239026889.72	207854730.87
67	汽车整车和零部件（申银）	38988923.65	4490761.91	1331930.87	100821283.69	83085349.75
68	纺织服装（申银）	12595268.35	2245032.48	845005.35	16629104.92	12743540.89
69	轻工制造（申银）	13355139.00	2559861.96	754249.15	18677182.58	15418776.14
70	医药生物（申银）	29686369.72	5141922.73	1504108.17	41138423.09	29751785.67
71	房地产（申银）	57263332.80	12032089.61	2249801.80	47279748.03	28964356.73
72	信息服务（申银）	39077001.91	5113245.76	1541409.38	36389368.75	25148616.93
73	有色金属（申银）	34230243.58	7885276.23	562025.06	78513016.10	68632733.25
74	黑色金属（申银）	48885796.55	9406826.44	1892607.86	148632838.52	137779945.87
75	机械设备（申银）	68003381.68	10766401.22	4429918.27	96387341.27	76535346.07
76	机械设备-不包括金属制品（申银）	63782498.53	10275204.73	4190493.71	86224887.37	68004154.16
77	机械设备+非汽车交运设备-金属制品	81829157.70	13580754.80	6283933.10	121241543.20	97462568.83
78	化工（申银）	94265797.66	16368280.75	2134111.01	332390135.07	278495446.03
79	石油+化工（申银）	202522397.66	34630378.53	2174111.01	532774435.07	421023846.03
80	煤炭（申银）	60085286.96	6386247.14	1030502.85	76711302.31	54083807.50
81	电力（申银）	43964432.26	8671668.71	2804563.32	56279638.84	48546087.12
82	家用电器（申银）	15470295.68	3122344.67	548170.66	51949070.40	42012647.68
83	商业贸易（申银）	22422043.62	4358966.96	1097071.34	109018151.79	96419050.18
84	餐饮旅游（申银）	3742546.19	866181.48	178552.21	4000125.42	2555670.07

表五：

序号	单位名称	营业利润	利润总额	净利润	非经常性损益	经营活动产生的现金流量净额
1	全国 A 股上市公司	126310687.80	135196139.90	106442007.00	10392778.89	112368122.60
2	一、按行业划分					
3	农林牧渔业 A	432876.49	479396.42	449138.38	44359.37	474558.21
4	采掘业 B	44823532.21	44943442.79	34759969.97	-253418.93	61336263.82
5	制造业 C	44111992.01	49408754.74	40438393.79	6381459.77	28857746.40
6	食品、饮料 C0	5085797.09	5484069.13	4179498.33	538426.97	5131560.15
7	纺织、服装、毛皮 C1	1409753.40	1590439.48	1275707.08	240481.01	558603.15
8	造纸、印刷 C3	209647.65	331466.07	257894.36	67660.81	398557.08
9	石油、化学、塑胶、塑料 C4	3883768.59	4565369.49	3686882.22	685275.48	3617981.12
10	电子 C5	1959699.18	2516975.26	2105537.83	898068.44	974797.00
11	金属、非金属 C6	8708863.57	9684547.12	7598130.42	1080230.31	12292157.73
12	非金属矿物制品业（建筑材料）C61	3622749.65	4076205.79	3168965.00	326267.39	2464669.46
13	机械、设备、仪表 C7	18608060.58	20399394.45	17269107.49	1916879.68	3350169.40
14	普通机械、专用设备（装备制造）	5126450.25	5687122.68	4811820.74	604420.19	-2347445.58
15	交通运输设备制造业 C75	9502001.71	10068523.71	8559554.00	907601.23	4530907.83
16	医药、生物制品 C8	3688208.89	4039423.88	3380100.13	679605.23	1856553.26
17	医药制造业 C81	3307997.4	3620328.54	3026557.68	605835.03	1546567.45
18	其他制造业 C9	558193.06	797069.86	685535.93	274831.84	677367.51
19	电力煤气及水的生产和供应业 D	3246905.04	4138751.49	3204206.17	951933.21	10408051.86
20	电力、蒸汽、热水的生产和供应业（D01）	2766253.32	3582923.39	2722541.47	852221.81	9866291.81
21	自来水的生产和供应业（D05）	381452.76	447521.22	391544.79	90703.13	393894.36
22	建筑业 E	7079046.3	7417748.63	5579923.33	261156.93	-4527971.1
23	交通运输、仓储业 F	6947921.43	7466245.71	5621576.54	435246.99	11052586.72
24	铁路运输业（f01）	1848353.71	1825051.58	1400545.24	-18415.22	1906884.97
25	公路运输业（f03）	326586.65	365805.00	274915.90	34350.63	444125.19
26	管道运输业（f05）	0.00	0.00	0.00	0.00	0.00
27	水上运输业（f07）	-1005825.62	-1029090.82	-1163939.45	73990.86	-430108.61
28	航空运输业（f09）	2213756.69	2650799.53	2227782.85	234712.08	5469939.77
29	信息技术业 G	2256413.90	3048712.90	2553133.32	455890.35	7365485.28
30	通信及相关设备制造业（G81）	530367.62	890289.45	770131.94	205387.48	-253818.60
31	计算机及相关设备制造业（G83）	273788.18	356637.56	296748.02	39840.04	306300.12
32	计算机应用服务业（G87）	893879.73	1128472.33	977452.60	172924.08	300421.22
33	批发和零售贸易业 H	4754759.20	5029147.54	3782609.42	780917.76	2112938.17
34	房地产业 J	8813910.71	9084214.72	6690006.42	829111.36	-6558620.81
35	社会服务业 K	1853242.57	1952413.14	1522410.95	94260.33	1322293.11
36	传播与文化产业 L	692472.56	784154.72	708426.77	102821.44	608490.08
37	综合类 M	1297615.34	1443157.09	1132211.96	309040.31	-83699.16
38	二、按规模划分					
39	100 亿元以上	84972967.31	88940503.23	69285773.70	4107191.29	97032978.01
40	50-100 亿元	12008904.44	13049430.80	10425125.99	1702211.35	5118477.05
41	10-50 亿元	19596013.17	21869239.87	17350576.29	3008641.36	9122952.64
42	10 亿元以下	9732802.84	11336965.99	9380531.04	1574734.89	1093714.88
43	三、按地点划分					
44	沪市	51219202.44	55494074.86	43509364.71	5455044.41	53573164.98
45	深市	32221231.42	36009394.39	28865048.52	4483977.32	16746079.60
46	其中：深圳主板（000）	18455136.49	21047100.81	16509846.78	3359466.75	12210062.64
47	中小企业板（002）	11529699.38	12484242.22	10246975.86	948492.87	4511045.28
48	创业板（300）	2236395.55	2478051.36	2108225.88	176017.70	24971.68
49	四、按上市时间					
50	2011 年上市	5130237.28	5621325.03	4669447.29	484985.76	791857.27
51	2010 年上市	6074123.02	6590322.38	5475767.63	401998.85	1302966.22

续 表

序号	单位名称	营业利润	利润总额	净利润	非经常性损益	经营活动产生的现金流量净额
52	2009 年上市	5951942.32	6319097.98	4843003.37	263514.21	-2260858.04
53	2008 年上市	5633624.55	5835438.97	4645235.97	276841.37	2041507.59
54	2007 年上市	27721994.91	27863515.70	21756614.29	-230850.85	36004392.91
55	2006 年以前上市	75798765.68	82966439.83	65051938.47	9196289.55	74488256.63
56	五、其他					
57	中央企业控股 A 股上市公司	58405268.81	61081225.68	47276878.62	2055654.46	73245810.63
58	煤炭 B01	13580495.95	13500888.02	10350066.05	5839.97	15088124.37
59	零售 H11	2986735.36	3124406.49	2339273.73	282196.97	3476385.34
60	外贸 H21	1248239.42	1306938.08	1000619.58	354706.89	-1053092.55
61	钢铁（采掘+制造）B05，C65	1484176.29	1788063.17	1392490.15	434628.57	7489538.27
62	有色金属（采掘+制造）B07，C67	4646460.54	4813379.30	3756872.29	343724.56	3269673.11
63	石油石化（采掘+制造）B03，C41，C43	31347604.16	31803088.47	24760683.65	-105590.66	47092275.79
64	建筑建材（建筑业+建材）C61，E	10701795.95	11493954.42	8748888.33	587424.32	-2063301.64
65	按照申银行业代码分类					
66	建筑建材（申银）	10612912.68	11422684.26	8681760.91	576259.09	-1534108.26
67	汽车整车和零部件（申银）	7917406.29	8263470.34	7048014.48	705148.10	4634077.62
68	纺织服装（申银）	1504077.91	1681811.32	1313888.51	223560.34	-72700.74
69	轻工制造（申银）	713882.03	966156.80	773148.75	174002.65	600734.68
70	医药生物（申银）	3855347.11	4237744.02	3519761.82	578786.23	1835535.23
71	房地产（申银）	9486529.39	9771915.74	7208596.59	869640.20	-6613271.76
72	信息服务（申银）	2256999.61	2673290.48	2273932.50	266311.10	8183370.44
73	有色金属（申银）	5076258.90	5180264.40	4036300.39	330458.40	3528857
74	黑色金属（申银）	1869487.42	2230654.54	1767211.30	508460.55	8003855.28
75	机械设备（申银）	7970335.57	8838051.77	7428904.38	1012593.46	-1481239.09
76	机械设备-不包括金属制品（申银）	7342597.35	8169196.77	6927163.67	983207.36	-1509747.77
77	机械设备+非汽车交运设备-金属制品	9256005.67	10358738.09	8769893.27	1199782.35	-2293078.66
78	化工（申银）	14462287.42	15322657.74	11793111.34	878523.84	18658611.33
79	石油+化工（申银）	32913987.42	33750257.74	26393811.34	386423.84	47674111.33
80	煤炭（申银）	13621876.25	13545662.57	10368239.88	21188.51	15308313.22
81	电力（申银）	2570141.92	3414305.03	2613844.47	784939.60	9637580.14
82	家用电器（申银）	2233335.37	2749538.07	2276957.53	271972.67	1454221.70
83	商业贸易（申银）	3587511.57	3747003.36	2797223.62	477892.76	2406944.38
84	餐饮旅游（申银）	448642.44	458840.97	350839.31	18847.17	503659.10

表六：

序号	单位名称	扣除非经常性损益净资产收益率（%）	总资产报酬率（%）	总资产周转率（次）	流动资产周转率（次）	资产负债率（%）
1	全国 A 股上市公司	11.15	7.45	0.91	1.86	59.04
2	一、按行业划分					
3	农林牧渔业 A	6.80	5.31	0.61	1.05	46.64
4	采掘业 B	15.93	11.78	1.35	5.16	46.98
5	制造业 C	10.23	7.61	0.95	1.72	55.4
6	食品、饮料 C0	18.34	15.83	1.23	2.12	44.59
7	纺织、服装、毛皮 C1	9.02	8.00	0.70	1.26	52.45
8	造纸、印刷 C3	2.64	3.89	0.55	1.26	58.85
9	石油、化学、塑胶、塑料 C4	7.81	7.18	0.97	2.23	53.55
10	电子 C5	4.93	5.90	0.72	1.15	49.52
11	金属、非金属 C6	7.17	5.83	1.05	2.49	60.05
12	非金属矿物制品业（建筑材料）C61	16.09	11.84	0.57	1.50	55.39
13	机械、设备、仪表 C7	14.04	8.25	0.94	1.36	57.41
14	普通机械、专用设备（装备制造）	10.63	6.83	0.63	0.90	55.33
15	交通运输设备制造业 C75	18.43	10.34	1.22	1.91	58.21
16	医药、生物制品 C8	10.90	10.65	0.78	1.28	38.54
17	医药制造业 C81	10.95	10.57	0.81	1.32	39.76
18	其他制造业 C9	6.31	7.14	0.87	1.82	53.55
19	电力煤气及水的生产和供应业 D	4.63	5.20	0.37	2.52	71.24
20	电力、蒸汽、热水的生产和供应业（D01）	4.19	5.03	0.37	2.65	72.45
21	自来水的生产和供应业（D05）	9.23	8.98	0.19	0.72	43.02
22	建筑业 E	12.42	4.37	1.01	1.31	80.00
23	交通运输、仓储业 F	8.13	5.70	0.47	2.20	56.33
24	铁路运输业（f01）	16.15	14.7	0.47	3.30	29.54
25	公路运输业（f03）	8.39	7.73	0.22	1.33	53.39
26	管道运输业（f05）	0.00	0.00	0.00	0.00	0.00
27	水上运输业（f07）	-9.10	-2.66	0.40	1.35	60.93
28	航空运输业（f09）	16.67	5.22	0.64	3.92	74.13
29	信息技术业 G	4.81	3.90	0.69	1.66	51.36
30	通信及相关设备制造业（G81）	6.46	5.85	0.79	1.02	57.79
31	计算机及相关设备制造业（G83）	7.56	5.10	1.79	2.34	50.40
32	计算机应用服务业（G87）	8.79	7.83	0.73	0.99	37.29
33	批发和零售贸易业 H	11.68	7.60	1.87	2.80	65.02
34	房地产业 J	12.43	5.99	0.25	0.29	72.22
35	社会服务业 K	11.87	7.60	0.70	1.21	55.77
36	传播与文化产业 L	10.34	8.40	0.58	1.01	36.73
37	综合类 M	6.18	6.19	0.46	0.89	56.03
38	二、按规模划分					
39	100 亿元以上	12.00	7.20	0.93	2.14	62.33
40	50－100 亿元	10.96	8.08	0.85	1.61	59.59
41	10－50 亿元	9.15	7.56	0.91	1.54	54.11
42	10 亿元以下	9.48	8.96	0.70	0.99	37.98
43	三、按地点划分					
44	沪市	10.96	7.33	0.98	2.26	61.38
45	深市	9.72	7.38	0.81	1.33	55.38

续 表

序号	单位名称	扣除非经常性损益净资产收益率（%）	总资产报酬率（%）	总资产周转率（次）	流动资产周转率（次）	资产负债率（%）
46	其中：深圳主板（000）	9.29	6.75	0.82	1.43	63.18
47	中小企业板（002）	10.70	8.76	0.84	1.26	43.57
48	创业板（300）	8.60	8.31	0.49	0.62	18.77
49	四、按上市时间					
50	2011年上市	12.73	8.37	0.83	1.29	48.05
51	2010年上市	8.37	7.29	0.66	0.96	34.45
52	2009年上市	13.16	6.19	0.88	1.17	71.11
53	2008年上市	12.72	6.61	0.93	1.34	65.21
54	2007年上市	12.80	8.88	0.96	2.85	51.25
55	2006年以前上市	10.59	7.22	0.91	1.96	61.71
56	五、其他					
57	中央企业控股A股上市公司	11.04	6.68	0.99	2.43	62.14
58	煤炭B01	19.19	15.04	0.78	2.17	44.71
59	零售H11	13.86	8.78	1.56	2.52	60.69
60	外贸H21	9.82	6.58	2.39	3.32	70.52
61	钢铁（采掘+制造）B05，C65	2.15	2.94	1.12	2.96	63.31
62	有色金属（采掘+制造）B07，C67	11.77	9.23	1.19	2.56	55.02
63	石油石化（采掘+制造）B03，C41，C43	13.75	9.98	1.47	5.80	48.85
64	建筑建材（建筑业+建材）C61，E	13.49	5.56	0.94	1.33	76.03
65	按照申银行业代码分类					
66	建筑建材（申银）	13.37	5.49	0.95	1.34	75.98
67	汽车整车和零部件（申银）	18.82	10.91	1.29	2.16	55.25
68	纺织服装（申银）	9.22	8.36	0.71	1.17	48.72
69	轻工制造（申银）	4.89	5.58	0.70	1.40	54.2
70	医药生物（申银）	11.15	10.19	0.92	1.43	40.77
71	房地产（申银）	11.99	5.95	0.26	0.30	71.59
72	信息服务（申银）	5.4	3.97	0.53	1.83	46.06
73	有色金属（申银）	11.82	9.30	1.14	2.44	54.65
74	黑色金属（申银）	2.65	3.23	1.15	2.98	63.79
75	机械设备（申银）	10.54	7.20	0.72	1.00	54.03
76	机械设备-不包括金属制品（申银）	10.44	7.10	0.69	0.96	53.72
77	机械设备+非汽车交运设备-金属制品	10.32	6.58	0.71	0.99	57.31
78	化工（申银）	12.62	9.14	1.75	5.09	54.65
79	石油+化工（申银）	13.61	9.97	1.44	5.37	49.32
80	煤炭（申银）	18.62	14.62	0.78	2.17	44.82
81	电力（申银）	4.32	5.04	0.37	2.94	73.07
82	家用电器（申银）	14.42	7.17	1.29	1.72	65.52
83	商业贸易（申银）	11.41	7.02	1.85	2.84	65.55
84	餐饮旅游（申银）	9.45	8.69	0.71	1.65	37.19

表七：

序号	单位名称	已获利息倍数	营业收入增长率（%）	资本扩张率（%）	市场投资回报率（%）	股价波动率（%）	营业利润率（%）
1	全国 A 股上市公司	7.88	24.27	17.20	-31.17	96.03	6.70
2	一、按行业划分						
3	农林牧渔业 A	4.66	29.39	20.19	-28.56	95.49	6.14
4	采掘业 B	18.05	34.28	11.62	-31.40	94.59	8.23
5	制造业 C	7.52	22.9	22.83	-32.76	98.74	6.19
6	食品、饮料 C0	35.34	46.86	27.24	-25.32	88.01	11.64
7	纺织、服装、毛皮 C1	5.53	16.51	14.83	-27.44	92.90	8.26
8	造纸、印刷 C3	2.02	11.71	6.94	-25.14	86.75	2.24
9	石油、化学、塑胶、塑料 C4	4.27	31.87	26.28	-32.36	98.83	4.81
10	电子 C5	11.39	22.31	16.16	-35.19	102.43	5.78
11	金属、非金属 C6	3.71	20.86	14.26	-31.71	105.87	3.65
12	非金属矿物制品业（建筑材料）C61	7.07	32.2	30.05	-30.09	111.07	15.72
13	机械、设备、仪表 C7	21.32	20.33	31.00	-36.63	102.10	7.61
14	普通机械、专用设备（装备制造）	21.38	25.29	32.8	-35.81	101.28	9.30
15	交通运输设备制造业 C75	22.54	20.33	34.96	-38.07	108.50	7.61
16	医药、生物制品 C8	14.76	20.81	26.98	-29.41	87.35	11.58
17	医药制造业 C81	13.66	21.89	27.43	-28.88	87.54	11.09
18	其他制造业 C9	4.59	15.60	25.80	-36.53	103.68	4.52
19	电力煤气及水的生产和供应业 D	1.92	18.97	8.96	-25.04	93.86	5.35
20	电力、蒸汽、热水的生产和供应业（D01）	1.81	19.02	8.39	-24.45	98.81	4.74
21	自来水的生产和供应业（D05）	7.84	13.00	13.72	-28.88	73.22	34.52
22	建筑业 E	5.18	9.26	19.02	-34.37	99.66	3.33
23	交通运输、仓储业 F	10.53	14.24	9.36	-31.32	92.07	10.23
24	铁路运输业（f01）	16.18	8.53	9.74	-5.47	57.07	29.52
25	公路运输业（f03）	4.84	38.04	8.65	-32.36	78.02	24.89
26	管道运输业（f05）	0.00	0.00	0.00	0.00	0.00	0.00
27	水上运输业（f07）	-4.79	-10.6	-8.86	-39.09	114.67	-7.82
28	航空运输业（f09）	0	17.44	19.98	-44.14	115.97	7.26
29	信息技术业 G	8.49	15.16	8.97	-32.84	89.83	3.69
30	通信及相关设备制造业（G81）	4.09	22.83	15.06	-32.09	89.7	3.34
31	计算机及相关设备制造业（G83）	0.00	-6.25	7.99	-33.96	79.96	2.25
32	计算机应用服务业（G87）	87.02	21.13	24.04	-33.17	89.63	8.40
33	批发和零售贸易业 H	9.85	31.42	29.08	-29.10	86.58	3.45
34	房地产业 J	12.34	20.74	22.11	-26.68	101.61	21.01
35	社会服务业 K	22.56	58.06	32.13	-21.84	80.88	9.91
36	传播与文化产业 L	193.07	23.06	35.10	-12.75	69.71	12.66
37	综合类 M	4.61	19.49	7.26	-29.91	95.96	9.48
38	二、按规模划分						
39	100 亿元以上	8.06	22.88	12.56	-28.45	99.19	6.45
40	50－100 亿元	5.65	24.46	18.26	-32.56	104.84	7.20
41	10－50 亿元	6.83	25.83	20.78	-30.97	99.13	6.38
42	10 亿元以下	23.87	40.83	43.59	-31.61	91.32	10.59

续 表

序号	单位名称	已获利息倍数	营业收入增长率（%）	资本扩张率（%）	市场投资回报率（%）	股价波动率（%）	营业利润率（%）
43	三、按地点划分						
44	沪市	6.63	27.51	15.45	-28.9	100.67	5.85
45	深市	7.81	21.87	23.67	-32.47	93.71	7.11
46	其中：深圳主板（000）	5.70	20.6	17.79	-30.42	98.06	5.94
47	中小企业板（002）	13.88	24.58	28.18	-33.26	92.28	8.96
48	创业板（300）	0.00	26.25	46.79	-34.06	89.85	16.23
49	四、按上市时间						
50	2011年上市	11.19	15.40	153.39	-31.20	62.89	8.38
51	2010年上市	0.00	25.38	7.49	-37.28	105.72	10.23
52	2009年上市	9.83	31.07	18.07	-31.87	92.91	5.92
53	2008年上市	12.53	9.54	17.25	-31.69	101.24	6.30
54	2007年上市	12.64	23.67	7.45	-31.89	104.68	8.44
55	2006年以前上市	6.33	25.53	16.41	-29.49	99.56	6.09
56	五、其他区						
57	中央企业控股A股上市公司	7.63	23.73	10.25	-32.72	104.05	5.63
58	煤炭B01	18.69	40.91	18.03	-27.85	83.34	18.37
59	零售H11	15.09	27.98	35.12	-27.87	80.00	5.03
60	外贸H21	9.58	28.96	13.38	-29.79	104.79	2.35
61	钢铁（采掘+制造）B05，C65	2.02	14.23	6.15	-28.10	101.96	1.10
62	有色金属（采掘+制造）B07，C67	5.32	33.38	18.95	-34.9	111.93	6.10
63	石油石化（采掘+制造）B03，C41，C43	13.05	33.03	11.17	-31.05	98.29	6.19
64	建筑建材（建筑业+建材）C61，E	5.70	11.15	22.13	-31.84	106.40	4.54
65	按照申银行业代码分类						
66	建筑建材（申银）	5.90	11.39	22.31	-32.38	102.55	4.44
67	汽车整车和零部件（申银）	33.63	16.49	37.13	-37.58	106.69	7.85
68	纺织服装（申银）	7.34	15.58	13.85	-27.49	91.81	9.04
69	轻工制造（申银）	2.86	24.43	19.64	-27.63	94.48	3.82
70	医药生物（申银）	13.44	20.90	28.67	-28.29	87.35	9.37
71	房地产（申银）	11.16	17.48	18.09	-26.93	100.83	20.06
72	信息服务（申银）	41.78	21.64	10.83	-26.42	82.21	6.20
73	有色金属（申银）	5.25	33.89	20.30	-35.49	109.09	6.47
74	黑色金属（申银）	2.15	15.46	6.28	-27.56	102.41	1.26
75	机械设备（申银）	12.04	23.92	26.55	-36.81	102.41	8.27
76	机械设备-不包括金属制品（申银）	13.11	24.25	27.23	-37	102.86	8.52
77	机械设备+非汽车交运设备-金属制品	13.78	27.17	26.21	-37.08	103.69	7.63
78	化工（申银）	8.46	31.77	19.84	-32.43	96.57	4.35
79	石油+化工（申银）	12.12	33.6	12.72	-32.34	96.36	6.18
80	煤炭（申银）	17.29	40.39	17.73	-28.38	93.19	17.76
81	电力（申银）	1.78	19.59	8.01	-25.54	100.77	4.57
82	家用电器（申银）	22.16	19.67	25.43	-35.85	105.29	4.30
83	商业贸易（申银）	10.88	27.78	22.90	-29.55	90.82	3.29
84	餐饮旅游（申银）	15.63	27.75	13.86	-24.97	81.32	11.22

表八：

序号	单位名称	盈利现金保障倍数	总股本收益率（%）	存货周转率（次）	应收账款周转率（次）	速动比率（%）	现金流动负债比率（%）
1	全国 A 股上市公司	1.06	49.53	4.14	14.01	72.33	11.6
2	一、按行业划分						
3	农林牧渔业 A	1.06	21.68	1.81	14.79	74.52	9.44
4	采掘业 B	1.76	88.50	10.67	38.51	53.55	44.71
5	制造业 C	0.71	47.12	4.77	11.95	87.74	7.89
6	食品、饮料 C0	1.23	89.19	4.71	41.05	101.54	32.65
7	纺织、服装、毛皮 C1	0.44	39.85	2.40	13.81	74.14	4.93
8	造纸、印刷 C3	1.55	14.51	3.64	8.29	73.22	5.22
9	石油、化学、塑胶、塑料 C4	0.98	34.01	6.71	18.67	78.72	9.79
10	电子 C5	0.46	29.03	5.35	6.50	134.03	5.10
11	金属、非金属 C6	1.62	35.63	5.19	31.82	54.92	11.18
12	非金属矿物制品业（建筑材料）C61	0.78	86.29	3.09	11.98	71.00	14.99
13	机械、设备、仪表 C7	0.19	59.52	4.39	7.28	104.15	2.32
14	普通机械、专用设备（装备制造）	-0.49	51.53	2.89	3.89	122.56	-5.34
15	交通运输设备制造业 C75	0.53	72.86	6.40	13.36	91.47	7.71
16	医药、生物制品 C8	0.55	57.97	3.92	7.33	149.62	13.05
17	医药制造业 C81	0.51	60.05	4.00	7.37	144.45	11.59
18	其他制造业 C9	0.99	43.78	3.75	10.18	66.86	10.22
19	电力煤气及水的生产和供应业 D	3.25	21.43	12.13	9.23	39.44	18.88
20	电力、蒸汽、热水的生产和供应业（D01）	3.62	19.63	12.72	9.15	37.29	18.53
21	自来水的生产和供应业（D05）	1.01	39.40	2.40	7.12	125.73	35.71
22	建筑业 E	-0.81	43.49	3.31	6.57	77.95	-3.05
23	交通运输、仓储业 F	1.97	26.20	24.17	20.15	72.33	27.30
24	铁路运输业（f01）	1.36	60.62	13.45	28.43	64.78	86
25	公路运输业（f03）	1.62	28.43	6.29	17.76	52.33	24.99
26	管道运输业（f05）	0.00	0.00	0.00	0.00	0.00	0.00
27	水上运输业（f07）	0.00	-37.11	21.70	13.64	111.27	-5.34
28	航空运输业（f09）	2.46	52.27	91.18	35.96	43.63	30.39
29	信息技术业 G	2.88	28.83	7.17	6.34	78.48	17.79
30	通信及相关设备制造业（G81）	-0.33	38.82	3.62	3.90	123.56	-2.35
31	计算机及相关设备制造业（G83）	1.03	28.52	10.32	6.72	128.90	8.95
32	计算机应用服务业（G87）	0.31	44.38	4.47	4.46	186.22	5.67
33	批发和零售贸易业 H	0.56	53.79	6.94	35.39	74.24	4.40
34	房地产业 J	-0.98	49.74	0.24	28.87	41.73	-6.63
35	社会服务业 K	0.87	41.17	3.07	12.37	98.29	10.69
36	传播与文化产业 L	0.86	40.49	4.80	11.09	185.60	21.71
37	综合类 M	-0.07	22.19	1.65	14.49	68.57	-0.65
38	二、按规模划分						
39	100 亿元以上	1.40	55.51	4.54	16.92	61.98	14.64
40	50-100 亿元	0.49	46.52	3.50	13.65	73.64	5.46
41	10-50 亿元	0.53	37.71	3.57	10.11	87.11	5.63
42	10 亿元以下	0.12	44.69	2.89	6.59	159.20	2.19

续 表

序号	单位名称	盈利现金保障倍数	总股本收益率（%）	存货周转率（次）	应收账款周转率（次）	速动比率（%）	现金流动负债比率（%）
43	三、按地点划分						
44	沪市	1.23	46.99	4.61	19.74	59.88	12.94
45	深市	0.58	48.10	2.97	10.87	88.16	6.18
46	其中：深圳主板（000）	0.74	41.96	2.74	14.71	66.8	6.10
47	中小企业板（002）	0.44	58.23	3.73	7.48	127.57	6.95
48	创业板（300）	0.01	62.29	3.31	4.12	394.04	0.44
49	四、按上市时间						
50	2011年上市	0.17	71.89	3.65	7.89	135.15	2.32
51	2010年上市	0.24	45.38	4.41	6.21	188.25	4.76
52	2009年上市	-0.47	45.58	2.90	6.91	87.46	-3.13
53	2008年上市	0.44	54.97	4.48	7.80	92.09	3.43
54	2007年上市	1.65	62.83	6.06	16.25	61.64	28.18
55	2006年以前上市	1.15	45.50	3.97	17.56	62.72	11.50
56	五、其他						
57	中央企业控股A股上市公司	1.55	49.98	5.10	15.61	58.48	15.15
58	煤炭B01	1.46	145.04	13.85	25.65	105.92	48.25
59	零售H11	1.49	57.54	6.51	58.75	75.18	14.37
60	外贸H21	-1.05	64.70	6.44	41.68	64.92	-7.71
61	钢铁（采掘+制造）B05，C65	5.38	12.80	5.86	64.06	41.96	11.96
62	有色金属（采掘+制造）B07，C67	0.87	56.62	5.29	39.65	68.25	11.58
63	石油石化（采掘+制造）B03，C41，C43	1.90	67.65	9.84	40.26	42.1	37.71
64	建筑建材（建筑业+建材）C61，E	-0.24	53.48	3.29	6.87	77.25	-1.25
65	按照申银行业代码分类						
66	建筑建材（申银）	-0.18	52.23	3.43	7.04	78.65	-0.93
67	汽车整车和零部件（申银）	0.66	97.56	9.18	18.72	95.64	10.93
68	纺织服装（申银）	-0.06	41.96	2.15	13.21	84.56	-0.71
69	轻工制造（申银）	0.78	23.66	3.32	9.66	80.42	5.07
70	医药生物（申银）	0.52	53.70	4.62	7.40	144.57	10.68
71	房地产（申银）	-0.92	48.08	0.26	21.02	41.81	-6.24
72	信息服务（申银）	3.60	29.42	10.83	10.31	66.96	29.24
73	有色金属（申银）	0.87	54.49	5.09	32.87	70.56	11.78
74	黑色金属（申银）	4.53	14.75	6.03	61.6	43.52	11.86
75	机械设备（申银）	-0.2	49.58	3.03	4.04	115.13	-2.19
76	机械设备-不包括金属制品（申银）	-0.22	48.36	2.92	3.84	116.43	-2.39
77	机械设备+非汽车交运设备-金属制品	-0.26	44.74	3.01	4.27	109.66	-2.49
78	化工（申银）	1.58	59.39	9.84	36.16	52.25	23.22
79	石油+化工（申银）	1.81	66.01	9.55	37.70	45.69	34.96
80	煤炭（申银）	1.48	132.82	13.19	24.91	103.79	46.90
81	电力（申银）	3.69	19.68	14.59	10.15	33.99	18.70
82	家用电器（申银）	0.64	62.13	6.14	14.42	98.36	5.61
83	商业贸易（申银）	0.86	48.88	6.39	52.17	68.82	6.44
84	餐饮旅游（申银）	1.44	29.41	4.68	19.17	106.93	27.75

表九：

序号	单位名称	带息负债比率（%）	累计保留盈余率（%）	三年营业收入平均增长率（%）	总资产增长率（%）	营业利润增长率（%）
1	全国 A 股上市公司	46.03	40.82	21.5	20.41	7.12
2	一、按行业划分					
3	农林牧渔业 A	54.40	20.83	21.20	12.30	9.51
4	采掘业 B	41.45	62.64	22.42	18.13	4.55
5	制造业 C	45.07	35.85	19.62	22.27	14.82
6	食品、饮料 C0	36.04	50.23	26.59	28.55	44.11
7	纺织、服装、毛皮 C1	56.11	34.36	15.79	13.81	-0.78
8	造纸、印刷 C3	62.70	24.70	11.96	15.45	-57.74
9	石油、化学、塑胶、塑料 C4	58.48	29.08	19.25	24.98	16.38
10	电子 C5	51.65	19.14	19.76	26.22	42.22
11	金属、非金属 C6	60.15	38.65	13.22	14.25	4.96
12	非金属矿物制品业（建筑材料）C61	61.40	44.34	27.81	26.47	45.48
13	机械、设备、仪表 C7	25.65	37.00	26.60	28.36	16.70
14	普通机械、专用设备（装备制造）	38.87	34.48	21.88	37.34	16.40
15	交通运输设备制造业 C75	19.99	40.28	34.06	27.25	18.44
16	医药、生物制品 C8	44.21	40.06	21.98	24.53	11.12
17	医药制造业 C81	44.00	41.55	22.72	25.27	11.8
18	其他制造业 C9	52	35.29	20.75	20.60	-19.84
19	电力煤气及水的生产和供应业 D	80.77	26.10	22.41	13.60	-14.57
20	电力、蒸汽、热水的生产和供应业（D01）	81.30	25.46	22.52	13.42	-19.05
21	自来水的生产和供应业（D05）	63.28	31.73	22.49	14.00	32.92
22	建筑业 E	32.86	28.63	26.53	23.57	18.57
23	交通运输、仓储业 F	62.56	30.62	10.81	11.62	-29.32
24	铁路运输业（f01）	54.34	38.27	20.47	-2.84	12.61
25	公路运输业（f03）	52.93	39.06	18.85	16.27	0.79
26	管道运输业（f05）	0.00	0.00	0.00	0.00	0.00
27	水上运输业（f07）	76.52	14.91	-11.81	7.79	-158.95
28	航空运输业（f09）	57.52	25.53	21.80	12.71	-24.69
29	信息技术业 G	28.76	20.26	19.98	11.72	-0.79
30	通信及相关设备制造业（G81）	30.95	27.47	18.97	21.8	-26.07
31	计算机及相关设备制造业（G83）	27.87	32.41	47.63	9.53	-19.50
32	计算机应用服务业（G87）	32.11	30.40	19.01	24.41	24.09
33	批发和零售贸易业 H	32.77	42.82	25.29	28.37	26.02
34	房地产业 J	42.46	41.44	26.68	29.99	18.65
35	社会服务业 K	45.63	34.62	32.20	35.90	28.28
36	传播与文化产业 L	26.33	30.15	18.44	30.87	43.87
37	综合类 M	51.68	27.36	19.91	11.08	6.17
38	二、按规模划分					
39	100 亿元以上	46.10	46.11	20.89	17.90	2.71
40	50-100 亿元	50.73	39.65	21.62	19.20	15.41
41	10-50 亿元	45.02	33.35	21.71	22.86	12.45
42	10 亿元以下	38.25	21.28	30.64	45.61	32.37
43	三、按地点划分					
44	沪市	50.13	41.36	20.54	17.65	11.41

续 表

序号	单位名称	带息负债比率（%）	累计保留盈余率（%）	三年营业收入平均增长率（%）	总资产增长率（%）	营业利润增长率（%）
45	深市	45.10	34.26	21.97	25.15	11.91
46	其中：深圳主板（000）	46.61	36.15	21.21	22.45	14.79
47	中小企业板（002）	40.92	34.42	23.14	28.92	7.51
48	创业板（300）	31.90	21.69	29.33	43.13	12.31
49	四、按上市时间					
50	2011 年上市	39.13	36.68	25.82	59.95	4.91
51	2010 年上市	34.23	22.61	20.79	15.34	10.06
52	2009 年上市	35.09	28.51	28.54	34.57	30.36
53	2008 年上市	25.98	33.68	23.92	24.91	31.81
54	2007 年上市	44.10	55.34	20.83	15.39	-9.12
55	2006 年以前上市	49.81	39.72	20.84	18.81	11.21
56	五、其他					
57	中央企业控股 A 股上市公司	46.18	45.74	20.66	16.89	-3.63
58	煤炭 B01	47.37	47.95	29.82	25.57	20.34
59	零售 H11	22.94	44.24	22.43	32.00	28.82
60	外贸 H21	44.90	47.06	24.44	14.83	35.02
61	钢铁（采掘+制造）B05，C65	57.43	35.37	7.94	9.12	-55.92
62	有色金属（采掘+制造）B07，C67	65.90	40.61	23.08	19.77	50.34
63	石油石化（采掘+制造）B03，C41，C43	42.45	63.25	20.84	16.89	-0.88
64	建筑建材（建筑业+建材）C61，E	36.22	33.22	26.65	24.03	26.49
65	按照申银行业代码分类					
66	建筑建材（申银）	35.54	32.44	26.57	24.41	27.04
67	汽车整车和零部件（申银）	19.02	46.19	35.42	26.27	9.51
68	纺织服装（申银）	50.01	34.79	17.69	11.42	0.47
69	轻工制造（申银）	61.70	26.48	17.23	21.40	-24.85
70	医药生物（申银）	40.97	37.34	20.65	26.13	10.73
71	房地产（申银）	42.96	41.43	25.85	26.63	14.47
72	信息服务（申银）	26.73	19.97	14.59	10.39	23.53
73	有色金属（申银）	65.92	39.81	22.78	21.42	54.40
74	黑色金属（申银）	57.82	35.19	9.22	9.77	-49.17
75	机械设备（申银）	34.66	33.80	20.11	23.89	8.14
76	机械设备-不包括金属制品（申银）	33.29	32.41	21.53	24.33	6.93
77	机械设备+非汽车交运设备-金属制品	32.27	31.91	22.31	29.79	11.57
78	化工（申银）	48.38	55.15	20.01	20.62	7.13
79	石油+化工（申银）	44.04	61.73	21.18	18.24	0.32
80	煤炭（申银）	46.63	47.06	28.73	24.04	19.34
81	电力（申银）	82.24	26.05	23.49	12.90	-21.29
82	家用电器（申银）	26.58	35.84	23.66	26.53	51.68
83	商业贸易（申银）	30.95	42.14	22.98	23.90	22.84
84	餐饮旅游（申银）	33.46	24.49	24.25	11.79	28.68

后　记

2011年，受货币紧缩、地产调控、日本地震、欧债危机、高铁撞车，政策转向等事件的冲击，全球经济复苏的不稳定性和不确定性进一步增加，中国作为全球第二大经济体和其他新兴经济体一样面临通货膨胀、金融脱媒以及经济增长放缓等局面。股票市场单边下跌贯穿了2011年全年，年底上证指数收盘2199点，较2010年下跌21.69%。

中联研究院、中联智汇投资基金、中联资产评估集团有限公司、中联造价咨询有限公司、中联税务师事务所、中兴财光华会计事务所与国务院国资委有关专家共同组成上市公司业绩评价课题组，以财政部等五部委颁布的《企业绩效评价操作细则（修订）》为基础，结合中国上市公司的特点，构建了一套包含20多项财务指标的业绩评价体系，连续十一年开展了上市公司业绩评价分析工作，并出版了《中国上市公司业绩评价报告（2012）》。

课题组把上市公司的经营业绩放在中国经济转型的宏观背景下，通过跟踪市场特点，对上市公司财务数据的系统分析，从而发现未来成长亮点。报告系统分析了上市公司运行的国际国内宏观经济背景，对上市公司业绩进行了综合评价，并依据评价成果，深入征询了各界专家的意见，最终评选出中国资本市场最具权威、系统、科学的中联百强排名。课题组还深入煤炭、石油石化、有色等12个重点行业，进行了细致分析，所选行业覆盖了产业规划重点扶持行业和投资者关注的市场热点板块。

全书共分15章，其中第一章由徐文石撰写；第二章由邓艳芳、胡超撰写；第三章由穆东升撰写，第四章由戎婷、王恺撰写，第五章由刘凯撰写，第六章由唐章齐、李莹、何雪华撰写，第七章由潘明撰写，第八章由金阳撰写，第九章由陈志红、孟鸿鹄撰写，第十章由鲁杰钢、李业强撰写，第十一章由刘松、腾飞撰写，第十二章由王淑贤、卢仁杰撰写，第十三章由刘朝晖撰写，第十四章由孔祥坡撰写，第十五章由田祥雨撰写，附录中的《上市公司业绩评价体系说明》由孙庆红、刘志撰写。孙庆红、刘绍娓、徐文石、穆东升、潘明负责统稿工作。孙庆红、刘志负责本书数据采集、处理和统计分析工作。全书由王子林、沈莹审定。

2012年5月